近代汉语虚词研究

A STUDY ON THE FUNCTION WORDS OF MODERN CHINESE LANGUAGE

钟兆华　著

中国社会科学出版社

图书在版编目（CIP）数据

近代汉语虚词研究／钟兆华著．—北京：中国社会科学
出版社，2011.1（2014.10 重印）
ISBN 978 - 7 - 5004 - 9486 - 7

Ⅰ.①近…　Ⅱ.①钟…　Ⅲ.①汉语 - 虚词 - 研究 - 近代
Ⅳ.①H146.2

中国版本图书馆 CIP 数据核字（2011）第 012146 号

出 版 人	赵剑英
责任编辑	任　明
特约编辑	成　树
责任校对	曲　宁
责任印制	李　建

出　　版	中国社会科学出版社
社　　址	北京鼓楼西大街甲 158 号（邮编 100720）
网　　址	http://www.csspw.cn
	中文域名：中国社科网　　010 - 64070619
发 行 部	010 - 84083685
门 市 部	010 - 84029450
经　　销	新华书店及其他书店

印刷装订	北京市兴怀印刷厂
版　　次	2011 年 1 月第 1 版
印　　次	2014 年 10 月第 2 次印刷

开　　本	710 × 1000　1/16
印　　张	27.5
插　　页	2
字　　数	501 千字
定　　价	50.00 元

目　　录

前言 ……………………………………………………………………… (1)

第一章　副词 …………………………………………………………… (1)

　第一节　时间副词"忆昔" …………………………………………… (1)

　第二节　时间副词"已经" …………………………………………… (10)

　第三节　时间副词"新来" …………………………………………… (19)

　第四节　方式副词"共相" …………………………………………… (25)

　第五节　程度副词"益" ……………………………………………… (34)

　第六节　否定副词"别" ……………………………………………… (42)

　第七节　否定副词"休" ……………………………………………… (51)

　第八节　疑问副词"何忽" …………………………………………… (61)

　第九节　疑问副词"还" ……………………………………………… (70)

　第十节　疑问副词"将非" …………………………………………… (77)

第二章　连词 …………………………………………………………… (86)

　第一节　并列连词"和" ……………………………………………… (86)

　第二节　并列连词"并" ……………………………………………… (92)

　第三节　并列连词"泊" ……………………………………………… (101)

　第四节　并列连词"兼" ……………………………………………… (107)

　第五节　并列连词"将" ……………………………………………… (113)

　第六节　并列连词"共" ……………………………………………… (119)

　第七节　并列连词"同" ……………………………………………… (124)

　第八节　进层连词"兼" ……………………………………………… (129)

　第九节　进层连词"仍" ……………………………………………… (137)

　第十节　假设连词"若还" …………………………………………… (143)

　第十一节　假设连词"必若" ………………………………………… (150)

　第十二节　假设连词"忽然" ………………………………………… (156)

　第十三节　假设连词"要" …………………………………………… (163)

　第十四节　让步连词"假使" ………………………………………… (169)

　第十五节　让步连词"假饶" ………………………………………… (176)

　　第十六节　让步连词"就是" ……………………………………（183）

　　第十七节　让步连词"便" ………………………………………（190）

　　第十八节　选择连词"将" ………………………………………（196）

　　第十九节　选择连词"为" ………………………………………（204）

　　第二十节　选择连词"还" ………………………………………（214）

第三章　介词 …………………………………………………………（224）

　　第一节　时间介词"经" …………………………………………（224）

　　第二节　方所介词"就" …………………………………………（228）

　　第三节　方所介词"望" …………………………………………（237）

　　第四节　方所介词"往" …………………………………………（245）

　　第五节　方所介词"在" …………………………………………（253）

　　第六节　对象介词"从" …………………………………………（259）

　　第七节　对象介词"就" …………………………………………（267）

　　第八节　对象介词"问" …………………………………………（275）

　　第九节　牵涉介词"连" …………………………………………（282）

　　第十节　牵涉介词"和" …………………………………………（290）

　　第十一节　牵涉介词"并" ………………………………………（298）

第四章　助词 …………………………………………………………（308）

　　第一节　语气助词"吗" …………………………………………（308）

　　第二节　语气助词"呀" …………………………………………（320）

　　第三节　语气助词"啊" …………………………………………（333）

　　第四节　语气助词"哪" …………………………………………（346）

　　第五节　语气助词"者" …………………………………………（357）

　　第六节　语气助词"咱" …………………………………………（368）

　　第七节　动态助词"讫" …………………………………………（377）

　　第八节　动态助词"定" …………………………………………（386）

　　第九节　比拟助词"似的" ………………………………………（393）

　　第十节　格助词"的" ……………………………………………（411）

后记 ……………………………………………………………………（427）

前　言

　　《近代汉语虚词研究》是本人于 1989 年向中国社会科学院语言研究所申报的一个课题。当时对虚词这一领域，无论是古代还是近代，都知之甚少。所以，起初只提出一个五年的期限。作为科学研究，所需资料是第一位的，白手起家，从第一张卡片做起。只要在"近代"这个范围，资料之收集，也就不避庞杂，不论文言或是白话，书面或是口语，未分主次，兼收并蓄。时空上，从大唐到清代，末了再做到六朝，需要时，再往前做一点儿。经过若干年，资料工作始粗具规模。虽然如此，深感知识浅薄，不自量力。所幸当时身处微妙境遇，没有人管束，也就没有了干扰。自个儿上的独木桥，硬着头皮安心走下去就是了。

　　工作伊始，商务印书馆张万起先生建议我先做词典。承蒙他的鼓励和张罗，以《近代汉语虚词词典》的选项，在该馆立了个项目。因此，课题的运作，便形成了先词典、后专题的路子。今天回头看，词典先行，有两个好处：通过词典，借以投石问路，比较多地了解近代汉语虚词平面上的真实状况，初步分出轻重主次，即从近代汉语词汇、语法角度看，哪些需着重关注的，都似乎有了些眉目，为下一步工作多了些思想准备；在此基础上，随时有针对性地注意收集相关资料，为本书的撰写打下了相当的基础。但词典的编辑，耗时费力，整个课题的时限拉长了，实际上后来干脆没了时限，也就有了更多琢磨的工夫。

　　本书之撰写，始于 2000 年底。其时，在副词、连词、介词、助词四个板块中，拟定了近 80 个专题。这些条目，就其现状而言，大致可以分为如下几类：在此前的汉语研究中人们尚未接触到的；虽有所触及而未曾深入的；相对此前的认识，在词汇意义或语法意义上有所拓展的；在学术上有争议的问题提出自己的见解，等等。这些问题的提出或解决，都能为汉语历史发展与变化的认识，有所补益。

　　本书对所涉及问题的探讨，立足于近代汉语，始终以汉语传统语言学的基本理论与方法，凭借自己掌握的比较丰富的资料，阐释词汇构成与词汇意义或语法意义，探讨其历史的使用与变迁，或说明与现代汉语的历史联系。在研究过程中，始终注重汉语语词本身内在的联系与特点，以求得具体问题正确的思考与合理的解决。居于这种认识，在叙述中，常常提到词族。

　　汉语经过几千年的使用与传承，其间有变化、发展与消失。因此，我们可以通过现代汉语中的"活化石"，发现近代以至古代同一族群的语词。例如我们以现代汉语介词"连"的词汇意义与语法意义为参照，发现历史上"并"、"和"、"兼"、"带"等具有同一的词汇特性，并根据这一族群所显示的共有的语法特性，定名为"牵涉介词"。又如吕叔湘先生于1943年就指出，"从昆弟假贷"（《史记·司马相如传》）句中的"从"字，和白话的"从"字意思完全不同①，却与"和"（"和老太太讨去"）、"跟"（"跟人打听"）、"问"（"仓老鼠问老鸹去借粮"②）的语法意义相同。我们后来考知，从宏观上说，它们在汉语历史上同属一个词族，只是"从"、"就"、"向"属于前一个历史层次，而"和"、"问"、"跟"等属于后一个历史层次而已。其中，"向"就有似"活化石"，它从汉代一直使用到现代汉语，通过它可以把两个历史层次有机地联系起来。在这个意义上，我们的工作，就是语言考古。也就是说，"近代汉语虚词研究"这一课题，从一开始就未受"近代"这一概念过多的约束，而是以史的探讨为宗旨，根据研究对象自身的历史状况，灵活处理的。

　　前面所说，我们常在意于词族在词汇意义和语法意义上所具有的共同特性。我们利用这一特性，可以反过来寻求某些历史语言现象并获得规律性的认识。比如说，并列连词，从六朝至唐宋时期——除去"与"、"及"较为古老的——经常使用的还有"将"，"泊"，"并"，"兼"，"共"，"同"，"和"等七个，往往都始见于隋、唐，主要在唐。但是，在隋、唐之前都可以见到这些形体的介词用例。按照汉语实词、虚词两个大类的划分，介词和连词都同属虚词。根据这一历史事实，我们有相当充分的理由推论，近代汉语历史上，并列连词的近亲是介词，而不是别的。也就是说，并列连词不应当直接从动词或形容词演变而来，应当出自原本已有过某种变化的介词，这才更符合它们发展变化的历史轨迹。我们认为，在掌握了这种具有规律性的认识之后，就可以避免类似在对个别语词（如连词"和"）的研究中出现的把握不定的现象。

　　我们认为，从古至今，对汉语而言，语气始终是很重要的。除了句子具有语气外，同一语词在使用上也具有不同的语气。不同的语气，就导致词汇意义差别的出现。如"未"，《魏书·韩麒麟传》"卿为著作，仅名奉职，未

---

　　① 《中国文法要略》，商务印书馆1982年新一版，第47页。

　　② 按，《乾隆抄本百廿回红楼梦稿》第六十一回："这可是仓老鼠问老鸹去借粮，守着的没有，飞着的倒有。"其中"问"字，庚辰本《石头记》作"和"，《戚蓼生序本石头记》作"合"。

是良吏也"。《伍子胥变文》"纵使万兵相向，未敌我之一身。"其中"未"表示否定语气。《玄门灵妙记》"公未论事，但问官僚'见王尊师乎?'"（《太平广记》卷七一"窦玄德"）《通幽记》"汝未虑即死，且可受吾能事耳!"（《太平广记》卷一三十"窦凝妾"）其中"未"表示禁止语气。又如"无"，曹植《浮萍篇》"茱萸自有芳，不若桂与兰。新人虽可爱，无若故所欢。"《旧唐书·于志宁传》"至于公主，服是斩缞，纵使服随例除，无宜情随例改。"其中"无"表示否定语气。王肃《家诫》"凡为主人饮客，使有酒色而已，无使至醉。"陈鸿《长恨歌传》"太上皇亦不久人间，幸惟自安，无自苦耳。"其中"无"表示禁止语气。我们认为，否定与禁止只是语气上的差别，其本质都是否定。禁止词的概念失于确切。我们用这个观点去看待"休"和"别"，得到了一种新的认识，也解决了相关的历史疑惑。

　　诸如上面一些看法，近于几个认识上的总结。汉语实词、虚词两大类，虚词的难点就在"虚"上。许多的词类，要说出个所以然很费劲儿。甚至对某些词，要超出语词构成的一般可能去考虑。

　　汉语是几千年历史传承下来的，既是历史的，也是社会的。社会历史现象通过实词得到充分反映，有时在虚词中也能得到反映。比如，现代汉语使用频率很高的时间副词——"马上"。"马"是动物名词，"上"是方位词，两个构成成分与虚词词义毫不相关，怎么会结合成一个虚词呢？以汉语词汇的构成方式，很难得到合理的解释。我们翻开历史得知，古人，特别是官员出行，大多以马代步，有要紧事务不能耽搁，在马背上即行办理。例如：

　　太祖尝使（阮）瑀作书与韩遂，时太祖适近出，瑀随从，因于马上具草，书成呈之。（《三国志·魏书·王粲传》裴松之注引鱼氏《典略》）

　　《续世说》记载房元龄"在秦王府十余年，常典管记，军符府檄，驻马立成"，都是社会历史生活的真实写照。人们生活上有急事也如此，例如：

　　此朝士又策马而归，以书简质消梨，马上旋龁。（《太平广记》卷二一九"梁新赵鄂"）

　　诸如白居易《途中寒食》"马上垂鞭愁不语"，《绿窗新话》卷下"使知名者马上奏琵琶以慰悦之"，《艳史》"明夜马上来迎"（十一回），《金瓶梅》"昼夜马上行去"（四八回），《香囊记》"你每马上巡视"（二六出），《古今小说》"乌帽宫袍，马上迎归"（卷二七），这些处在动词谓语和动词短语之前的"马上"，就具有成为时间副词的语法条件。特别明显的是后面几例，办理事务时，求其速达，乃以马为代步，这种行为进行的方式，人们口头上就用"马上"来表达。大概这种意念久而久之，逐渐成为口语习惯，"马上"便成了表达行为状态发生快速变化的副词。这种用法形成于清代末年。如果此说不算离谱，那么，这个语词就具有深厚的社会历史文化背景，很难仅从语词构成上去探求明白。现在人们口头上常说的"立马"，是"立刻"、"马上"紧缩而成的，已经在构词上规范化了，谁也不会再去探究其中"马"字与牲畜有什么样的历史瓜葛。然而，这类语词在虚词中并不多见，绝大多数都是有构词规则可循的。

在学术研究中，学术讨论与学术批评是经常碰到的问题。学术讨论是对某一见解提出异议，以寻求得到科学的认识。本人曾经在文章里就提到过，助词"呀"是"啊"的音变说，不符合汉语历史实际。"啦"形成于"了"与"啊"的合音，也是值得质疑的。在个别问题上，如禁止词"别"的来源、格助词"的"之历史音读等问题，本人在王力先生和吕叔湘先生两位先辈的不同意见之间申述自己的看法，都属严肃的学术探讨。两位先生有知，也会首肯的。学术批评，在学术研究中，也是常有的，而且应该纳入学术研究的范围。错误的学术思想，不端的学术作风，不严肃的学术态度，必然导致错误的学术方法和学术结论的产生。如某人探源"似的"，明显是在先入为主的思想指导下，臆断汉语比拟助词受阿尔泰影响，搬自蒙古语，以致断言"似"和"也似"始见于元代。从文章的资料根据、论证方法、理论依据乃至结论，都完全违背汉语的历史事实。因此，我们批评此类学术行为是学术作风浮躁、急功近利的必然结果，并非所谓"马虎"。这样的学术行为，跟"科学"二字毫不沾边。搞到这种程度，连北都不知在何方，何从探源！面对学术界极个别的此类现象，有学术良知的研究人员，都有责任予以批评。这种批评，同样也是严肃的。

最后要提到的一点是，国内在近几十年的汉语研究中，内外交流多了，走出去的人多了，带进来的东西也多了，传统语言学的理论与方法似乎显得有些尴尬，连解决汉语历史本身的问题似乎都显得不怎么管用了。不少人都致力于以某种先进理论，用以解决汉语研究的问题。其实，判断是非并不复杂，那就是看你的结论是不是科学的，即是否合乎汉语实际的。上面提到的某人对比拟助词"似的"之探源，就是一例。再如，太田辰夫氏"呵"的弱化说在国内的时行，也都是如此。对汉语来说，句末语气助词就是那么一个音，口头上有了这个音，人们就要用音同或音近的汉字来描写它，以便在书面上反映它的存在与使用。于是乎我们就经常碰到这样一种现象，一个语气，往往有几个不同的形体同时或先后存在。我以为，把语气助词的产生看作是实词弱化或虚化的结果，不符合汉语的历史实际。了解传统语言学的理论与方法是基础，对外来的理论与方法须要鉴别，对于研究者说来，同样重要，否则，将事与愿违。汉语史的研究者，若摒弃传统语言学，必将带来负面的结果。本书的撰写，充分地根据汉语的特点，运用汉语音韵学、传统语言学的理论与方法来提出问题与解决问题，以期得出经得起推敲的结论。惟其如此，本书的撰写与表达的方式，都显得不甚入时。但我相信，其中绝大多数的结论是言之成理的，会被多数同行所接受。同时，也欢迎同行们的批评与指正。

　　汉语史的研究，就词汇、语法而言，还有许多工作要做，需要靠扎扎实实的工作才能做好，而最主要的是资料工作。诚如吕叔湘先生 1983 年所说，"资料工作做好了，近代汉语的研究就有了扎实的基础。"① 我以为，现在恐怕还是这个问题。吕叔湘先生生前曾希望有一部能够与《现代汉语词典》平起平坐的《近代汉语词典》。鄙人理解，这是当初吕先生组建近代汉语研究室的目标之一。毋庸讳言，要编纂这样一部词典，更要做好扎实的基础工作。但愿吕先生的愿望实现有日！

钟兆华
二〇〇七年七月于北京潘家园寓所

---

① 刘坚《近代汉语读本》（上海教育出版社 1985 年版）吕序。

第一章　副　　词

第一节　时间副词"忆昔"

"忆昔"，在汉语的历史资料里，我们有许多的例证，说明它具有独特的词汇意义，那就是在时间概念上与"今"相对，表示"从前"或"过去"。本节讨论"忆昔"的词汇意义、它的构成以及汉语史上的使用情况。

（一）看到"忆昔"，很容易被读作动补结构。事实证明，这种解读，在很多情况下往往与句子的意思不协调。例如：

（1）忆昔尧为天，十日烧九州。金烁水银流，玉燋丹砂焦。（卢仝《月蚀诗》）

（2）忆昔永嘉际，中原板荡年。衣冠坠涂炭，舆辂染腥膻。国势多危厄，宗人苦播迁。南来频洒泪，渴骥特每思泉。（詹琲《永嘉乱衣冠南渡流落南泉作忆昔吟》诗）

（3）忆昔楚王宫，玉楼妆粉红。纤腰弄明月，长袖舞春风。（刘希夷《春女行》）

（4）征人歌古曲，携手上河梁。李陵死别处，宵杳玄冥乡。忆昔从此路，连年征鬼方。（鲍溶《苦哉远征人》诗）

（5）忆昔阮公为此曲，能令仲容听不足。一弹既罢复一弹，愿作流泉镇相续。（李冶《从萧叔子听琴赋得三峡流泉歌》）

据《琴集》云，《三峡流泉》，晋阮咸所作也。

以上五例，均出自唐人之手。诚然，作者在他们的人生中没有过"十日烧九州"、"永嘉之乱"那样的实际经历。因此，在这里，把"忆"读作回忆或思念，于情理有悖。这样的用例时常能够碰到。如：

（6）出门望终古，独立悲且歌。忆昔鲁仲尼，悽悽此经过。众人不可向，伐树将如何。（高适《宋中十首》之六）

（7）忆昔西施人未求，浣纱曾向此溪头。（施肩吾《越西怀古》诗）

（8）忆昔吴王在宫阙，馆娃满眼看花发。舞袖朝欺陌上春，歌声夜怨江边月。（李嘉祐《伤吴中》诗）

（9）忆昔与项王，契阔时未伸。鸿门既薄蚀，荥阳亦蒙尘。（王珪《咏

汉高祖》诗）

（10）忆昔刘、项起义争雄，三尺白刃，博（拨）乱中原。（《汉将王陵变》）

（11）忆昔周宣歌鸿雁，当时籀史变蝌蚪。（苏轼《石鼓》诗）

（12）忆昔龙飞光武。怅当年、故人何许。羊裘自贵，龙章难换，不如归去。（葛立方《水龙吟·游钓台作》词）

（13）忆昔采诗周太史，不间小夫井贱吏。（刘宰《运河行》）

上面用例中的"忆昔"，离说话者所生活的年代太远了，说话者都未能经历其事。从事理上或情理上说，作者无从"回忆"那些遥远的史实。因此，我们转换一个角度，把"忆昔"泛泛地读作"从前"、"往昔"那样的时间概念，那么这些用例的解释就文从字顺了。

（二）在汉语里，作为表示"往昔"一类的词，在使用上都常有共同的特点，那就是"今"、"昔"对举，形成一种句子的格式，或语意的一种表达方式、段落结构的一种形式。如：

昔在高堂寝，今宿荒草乡。（陶渊明《拟挽歌辞》之二）

昔为人所羡，今为人所怜。（庾信《伤王司徒褒》诗）

我昔孩提从我兄，我今衰白尔初成。（元稹《寒食日毛空路示侄晦及从简》诗）

昔在西州，纵猎甚乐，今欲寻旧赏，谁能从吾猎者？（《资治通鉴·唐纪高宗调露元年》）

自昔多诗句，而今几许存。（梅尧臣《吊矿坑惠灯上人》诗）

如果我们认为上述表示时间上"今"、"昔"对举的表达方式，是一种句子的格式，甚至段落构成的一种形式，那么，我们就可以借助这一表达方式来了解"忆昔"所具有的词义特性。比如，明代有句签诀说：

忆昔兰房分半钗，而今忽把信音乖。（《醒世姻缘传》五二回）

与"而今"相对举的这个"忆昔"，就是一个时间副词，表示当初或过去。它是一个词的形体，不能再加分割。这样的用例很多，我们略举例于后。

（14）忆昔传游豫，楼船壮横汾。今兹讨鲸鲵，旌旆何缤纷。（李白《九日登巴陵置酒望洞庭水军》诗）

（15）忆昔与帝同队游戏，情受甚于同气；今陛下富有四海，令人钦服。（韩偓《海山记》）

（16）忆昔艰难际，生逢历数屯。……今虽逢圣旦，止愿作良臣。（李鹰《颜鲁公祠堂诗》）

（17）忆昔周室衰，周人咏《黍离》。君今饷我黍，为赋《黍离》诗。（元·李俊民《毋应之饷黍》诗）

（18）忆昔联床风雨，叹今彼各天涯。（《西厢记》二本楔子）

（19）忆昔淮南儿孙布地，猗欤盛欤，不可及矣；今观先生渊流更长，悠也久也，何可当哉！（李贽《焚书·王龙谿先生告文》）

（20）忆昔相期，使我悠悠注想今；俯今过矣，教人种种暗猜疑。（《盐梅记》二八出〔驻马听〕）

以上数例，说话时的时间都以单音节"今"来表示的。唐宋以来，以"今"为主要构成成分的双音节词增多，与"忆昔"相配搭使用所形成的格式也更多。例如：

甲，"忆昔……今来……"式。

（21）忆昔千秋节，欢娱万国同。今来六亲远，此日一悲风。（戎昱《八月十五日》诗）

（22）忆昔几游集，今来倍叹伤。（温庭筠《经李处士杜城别业》诗）

"今来"泛指诸如"今日"或"如今"。在此类用法当中，唐宋间更多的是用"今日"与"忆昔"相对举使用。

乙，"忆昔……而今……"式。

（23）忆昔故人为侣伴。而今怎奈成疏间。水远山长无计见。（杨无咎《渔家傲》词）

（24）忆昔俱年少。向斯晨、登高怀古，赋诗舒啸。……元子寄奴曾富贵，到而今、一一消磨了。君不乐，后人笑。（刘克庄《贺新郎·己未九日同季弟子侄饮仓部》词）

（25）忆昔游方日，获得二种物。一是金刚链，一是千圣骨。……而今年老矣，一物知何物。掷下金刚链，击碎千圣骨。抛向四衢道，不能更惜得。（《五灯会元》卷十九大沩法泰禅师）

丙，"忆昔……如今……"式。

（26）忆昔私家恣娇小，远取珍禽学驯扰。如今沦弃念故乡，悔不当初放林表。（刘商《胡笳十八拍·第八拍》）

（27）忆昔当年栽柳时，新芽苗苗嫌生迟。如今婉转梯着地，常向绿阴劳梦思。（崔珏《门前柳》诗）

（28）忆昔舜耕历山鸟为耘，如今老鸦种麦更辛勤。（苏轼《鸦种麦行》）

（29）忆昔上林花发时，黄蜂撩乱蝶参差。如今花落枯枝在，付与秋虫挂网丝。（明·刘基《忆昔》诗）

丁，"忆昔……至今……"式。

（30）忆昔北寻小有洞，洪河怒涛过轻舸。……徒然咨嗟抚遗迹，至今梦想仍犹佐。（杜甫《忆昔行》）

（31）忆昔胡兵围未解，感得此神天上下。至今云旗图我形，为君一顾烟尘清。（皎然《周长史昉画毗沙门天王歌》）

（32）忆昔在昭阳，舞衣红绶带，绣鸳鸯。至今犹惹御炉香，魂梦断，愁听漏更长。（薛昭蕴《小重山》词）

（33）忆昔面前当一箭，至今犹是骨毛寒。（《济颠语录》）

（34）忆昔綵衣环几鸟，于今清血洒橱杯。（陈舜俞《挽刘夫人词》）

例（34）"于今"，意同"至今"。

我们认为，上述各式例句中的"忆昔"，是应当看作表示过去的时间的。除此之外，如"忆昔西游两鬓青，即今镜里雪千茎"（陆游《忆昔》诗）之类，都是相同的使用形式。"忆昔"在这类的句式里，都表示过去的时间，不应当读作动补结构。①

"忆昔"表示过去的时间，它可以是很古远的过去；也可以是对说话人而言是较近的过去，都是说话人所经历的某一时期；也可以泛指说话"如今"、"至今"以前的或远或近的时间；当然，也可以指特定的过去某时。如此等等，有如我们今天所说的"从前"、"以前"，所指称的时间范围很广。

（三）我们前面解释了"忆昔"所含的基本意义及使用情况。作为时间副词的"忆昔"，其构成成分中的"昔"，为人们所普遍熟悉，不必赘述。我们这里所要解释的，是"忆昔"构成成分之一的"忆"。

在汉语里，某一个词的使用过程中，往往会有几个相关的形体同时或先后存在，因而形成一个词族。这种现象的存在，为我们认识其中相关的有关成分，提供了思考的空间，有益于问题的探讨与解决。要了解"忆"，我们也可以从此入手，加以探讨。

（35）久之，世祖访颖于群臣曰："往忆邢颖长者，有学义，宜侍讲东宫，今其人安在？"司徒崔浩对曰："颖卧疾在家。"世祖遣太医驰驿就疗。（《魏书·邢峦传》）

在这一段话中，我们着重于世祖的问话，而其中又着重于"往忆"。从句意前后对照看，"往"、"忆"都是相对于"今"而言，不同的只是，前

---

① 有时在篇幅较长的诗文里，"忆昔"与"今"之间相隔较远，使人容易忽略是对举使用的形式，因而误把"忆昔"当作动词结构看待。如《汉语大词典》"忆"③"回忆"所举韩愈《送侯参谋赴河中幕》诗例，即属此类。

者是复合体，而后者是单音节。据文意，在这里，只能是"忆"犹"往"，犹"昔"。"忆"、"往"同义，把"往忆"看作是个同义复合词，是唯一合适的诠释。

然而，汉语历史文献上，尚查找不到对"忆"的这种解释。不仅如此，适于这种解释的"往忆"，也尚难见到。但我们可以找到相关的佐证。

（36）忆向宣华夜依栏，花光妍暖月光寒。如今塌飒嫌风露，且只铜瓶满插看。（范成大《赏海棠二绝》诗）

（37）忆向城南共说诗，山民与我定相随。如今独来还独往，此恨除君人不知。（翁卷《悼旧呈赵紫芝》诗）

例（36）、例（37）的"忆向"，都与"如今"相偶，犹如"今"、"昔"之对举使用。二例的"忆向"，犹如"往忆"，也是个同义复合词。显然，其中的"忆"，也犹"往"，犹"昔"，在这里不宜读作动词。

在汉语史上，还有一个同类的复合词，使用得比较频繁，那就是"忆昨"。"昨"用以泛指过去的时间。如："实迷途而未远，觉今是而昨非"（陶渊明《归去来辞》）。"忆"、"昨"同义，因而也可以结合成双音节词，犹如"往忆"、"忆向"一样，用以表示过去的时间①。例如：

（38）忆昨经过处，离今二十年。（沈佺期《少游荆湘因有是题》诗）

（39）忆昨犹儿童，今来抱青紫。 （高适《酬秘书弟兼寄幕下诸公》诗）

（40）忆昨狂催走，无时病去忧。即今千种恨，惟共水东流。 （杜甫《忆弟》诗）

（41）上善若水任方圆，忆昨好之今弃捐。（顾况《宜城放琴客歌》）

（42）忆昨别离日，桐花覆井栏。今来思君时，白露盈阶溥。 （贾至《寓言》诗）

"忆昨"在唐代的诗文中使用得较频繁，宋代仍然可以见到。例如：

（43）忆昨曾将明使指，軿车踏遍东城。重来游戏拥双旌。江山皆故部，英俊尽门生。 （姚述尧《临江仙·送使君刘显谟归三衢》词）

（44）忆昨初为海上行，日斜来往看潮生。如今身是西归客，回首山川觉有情。（王安石《铁幢浦》诗）

（45）忆昨同君访月林，几年相别到于今。（戴复古《滕审言相遇话旧》

---

① 偶尔也说"昨忆"。杜甫《青阳峡》诗："昨忆踰陇坂，高丘视吴岳。"《九家集注杜诗》引赵彦材云："见青阳峡之高乃思往昔所见以譬之也。"可资参证。

诗)

我们认为,"往忆"、"忆向"、"忆昨"、"忆昔"都是表示往昔意义的一族时间副词。它们都是通过同义复合形成的复音词。其构成成分的"忆",与"往"、"昔"、"向"、"昨"词义相同。原则上说,同义复合词的每一个构成成分都能够独立使用,否则无所谓复合之说。"忆"也是如此。下面我们就来看看"忆"的部分用例。

(46) 忆作千金子,宁知九逝魂。……今成转蓬去,叹息复何言。(陈子昂《宿空舲峡青树村浦》诗)

(47) 忆与君别年,种桃齐蛾眉。桃今百余尺,花落成枯枝。(李白《独不见》诗)

(48) 忆年十五心尚孩,健如黄犊走复来。庭前八月梨枣熟,一日上树能千回。即今倏忽已五十,坐卧只多少行立。(杜甫《百忧集行》)

例出《九家集注杜诗》卷七。"忆年"句后有注语云:"年"一作"昔"。

(49) 忆作儿童随伯氏,南来今只一身存。(韩愈《过始兴江口感怀》诗)

(50) 忆在江南日,同游三月时。……如今各千里,无计得相随。(张籍《寄友人》诗)

(51) 忆始识君时,爱君世缘薄。我亦吏王畿,不为名利着。……今来各何在,老去随所讬。(白居易《寄王质夫》诗)

(52) 忆就江僧乞,和烟得一茎。剪黄憎旧本,科绿惜新生。(齐己《和孙支使惠示院中庭竹之什》诗)

作者说,以前向江僧乞得一茎竹,种在庭院里,现在新生成丛。

(53) 黄冠乃谓使者曰:"忆含质在仙都,岂意千年为兽身,悒悒不得志,聊为述怀一章。"乃吟曰:"昔为仙子今为虎,流落阴崖足风雨。更将斑毳被余身,千载空山万般苦。"(《玄怪录》卷三"黄志忠")

按,故事中的严四,即是仙子含质,从紫府被谴谪下界为虎。文中所说"忆……在仙都",与诗中所云"昔为仙子",实同指一事。"忆"、"昔",为同义互文。

以上数例,都是唐人的用例。直到宋、元间,我们仍然可以看到"忆"的用例。例如:

(54) 忆共庭兰倚砌栽,柔条轻吹独依隈。自知佳节终堪赏,为惜流光

未忍开。（徐铉《和张少监晚菊》诗）

对秋而言，春、夏已是过去的时光，所以用"忆"。

（55）冷蕊暗香空旖旎。也应是、春来憔悴。风度将谁比。忆曾插向香
　　　罗□。（赵鼎《惜双双·梅》词）

（56）忆曾把酒泛湘漓，茉莉球边擘荔枝。一笑相逢双玉树，花香如梦
　　　鬓如丝。（范成大《再赋茉莉二绝》诗）

（57）忆汝娶妇时，曾借资圣寺钱，今本处伽蓝神遣人押长老来索取，
　　　可急买纸钱烧与之。（《夷坚支志》甲集卷六"资圣土地"）

（58）忆见堤边种柳初，重来高树满东湖。交游太半入鬼录，歌醉一时
　　　逢酒徒。（戴复古《豫章东湖感旧》诗）

（59）白发飘萧寄短篷，春深杯酒忆曾同。……故人别后遥相望，夜夜
　　　空随斗柄东。（元·贡师泰《风泾舟中》诗）

以上所举"忆"表示"往昔"的用例，主要见于唐代，宋代为其次，元以后就很难见到了。然而"忆"之起始使用，似乎还要更早些。作出这种推测的依据，是双音节的"忆昔"出现得很早。

（四）唐代之前，作时间副词使用的"忆"，我们得到的用例并不多，但很重要。有了读如"昔"的"忆"，我们前面提到的"忆向"、"往忆"、"忆昨"等，才有了认定它们为复合结构的根据。有了这些同义复合词的存在，我们据以认定"忆昔"的词性，就有了实在的佐证。

我们在前面的论述过程中所引用的几乎所有的例句中，都出自唐代以后，唯一例（35）"往忆"出自《魏书》。这就是说，副词"忆"的使用，在时间上应当不晚于南北朝。但是，我们得到的用例只是个别的。例如：

（60）吾尝忆与夫人共登玄陇朔野及曜真之山视王子童，王子立就吾求
　　　请太上隐书。（《汉武帝内传》）

据《四库全书提要》考证，《汉武帝内传》原题班固撰，根据不足，可能是魏晋间文士所为。据此，"忆"之用同"昔"，已见于魏晋。

（61）忆我少壮时，无乐自欣豫。（陶渊明《杂诗十二首》之五）

逯钦立先生在《陶渊明集》和《先秦汉魏晋南北朝诗》中，都在"我"下有校语云："曾本云，一作为，又作昔。苏写本云，一作昔。"如果是"昔"，那么"忆昔"复合使用，"忆"的词性自不待言。就是"忆"单独使用，以时间副词解读，语意同样通顺。更主要的是，在晋代它已不是孤证。例如：

（62）可怜司马公，作性甚温良。忆昔水边戏，使我不能忘。（《司马休

之从者歌》）

（63）忆昔姊抱逮于篱间听邻家读书，今万不遗一。（《拾遗记》卷六"后汉"）

由此看来，时间副词"忆"与"忆昔"的使用，起码可以追溯到晋代。此后南北朝时期，偶有所见。例如：

（64）忆昔好饮酒，素盘进青梅。（鲍照《代挽歌》）

（65）采桑归路河流深，忆昔相期柏树林。奈许新缣伤妾意，无由故剑动君心。（江总《怨诗》）

从历史文献上所反映的情况看，"忆昔"之使用，主要在唐宋期间，尤其是唐代，在韵文中使用得较多，偶尔也在记叙文中使用。

此外，我们还应当注意的是，"忆昔"并不一定都与"今"等对举出现，这种情况常能碰到。例如：

（66）忆昔同携手，山栖接二贤。笙歌入玄地，诗酒坐寥天。（宋之问《使至嵩山寻杜四不遇》诗）

（67）忆昔山阳会，长怀东上游。称觞阮林下，赋雪谢庭幽。（卢僎《稍秋晓坐阁遇舟东下扬州即事寄上族父江阳令》诗）

（68）忆昔偏舟此南渡，荆棘烟尘满归路。（刘长卿《时平后送范伦归安州》诗）

这些用例虽见得不用"今"与"忆昔"相对举使用，但在语意上，它的使用总具有今昔对比的意味。

（69）明州长史外台郎，忆昔同年翰墨场。一自分襟多岁月，相逢满眼是凄凉。（刘禹锡《赠同年陈长史员外》诗）

（70）忆昔分襟童子郎，白头抛掷又他乡。三千里外巴南恨，二十年前城里狂。（元稹《赠吴渠州从姨兄士则》诗）

（71）忆昔同游紫阁云，别来三十二年春。白头相见双林下，犹是清朝未退人。（曹松《赠广宣大师》诗）

（72）忆昔先皇在日，未尝无故巡游。陛下纂承已来，率意频离宫阙，劳心费力，有何所为。（《太平广记》卷二四一"王承休"）按，原注出《王氏闻见录》。

（73）忆昔花间相见后，只凭纤手，暗抛红豆。人前不解，巧传心事，别来依旧，辜负春昼。（欧阳炯《贺朝阳》词）

以上是唐五代的部分用例。

（74）忆昔词场共着鞭，当时莺谷喜同迁。关河契阔三千里，音信稀疏二十年。（李昉《赠邓洵美》诗）

(75) 忆昔僦居明德坊，官资俱是校书郎。青衫共直昭文馆，白首同登政事堂。（吕端《赠李公》诗）

(76) 忆昔金门初射策，一日声华喧九陌。少年得意出风尘，自为青云无所隔。（寇准《感兴》诗）

(77) 忆昔联名唱行殿，一日声华九垓遍。自知无用甘林泉，君亦何为尚州县。（黄公度《送弟士季赴永春》诗）

(78) 忆昔过秦陇，连山看秋雪。阴风鸿雁号，积冻松桧折。驱车渡河洛，反顾尚明灭。大笑咫尺途，居然异寒热。（刘敞《秋热》诗）

(79) 忆昔真妃子。艳倾国，方姝丽。朝复暮，嫔嫱妒，宠偏颇。三尺玉泉新浴，莲羞吐、红浸秋波。（李冠《六州歌头·骊山》词）

(80) 忆昔药山生一虎。华亭船上寻人渡。散却夹山拈坐具。呈见处，繁驴橛上合头语。（黄庭坚《渔家傲》词）

(81) 忆昔相逢何处，看飞鸿雪迹，休更回头。百年心事，长逐水东流。（何梦桂《八声甘州·送王野塘北归》词）

以上是宋人的部分用例。作为时间副词，"忆昔"一直使用到元、明间。例如：

(82) 忆昔侍郎镇成都，将佐盈庭宾客趋。锦官城外笳鼓发，驷马桥边高盖车。（虞集《空山歌》）

(83) 忆昔奎章学士家，夜吹琼琯泛春霞。先生归卧江南雨，谁为掀帘看杏花。（陈旅《题虞先生词后》诗）

(84) 忆昔持纱溪边洗，正遇春初霁，芳心不自持。谁料多才，忽然相值。（《浣纱记》四五出〔南步步娇〕）

像上面这些用例，尽管有的不用表示"今"义的时间词相配合使用，尽管行为事态有的是说话者所经历的，也都不要以动补结构去解读"忆昔"，这在语意上才是准确的。

通过对"忆昔"词义的分析，对"忆昔"构成的解剖，对"忆昔"存在所具有的语言环境的述说，应该说作为一个词儿，它的历史存在毋庸置疑。如果说容易引起疑义的话，在于"忆"的动词用法为人们所熟悉，会影响我们的认识。以"忆"为构词成分形成的"往忆"、"忆向"、"忆昨"、"忆昔"等词，其中的"忆昨"、"忆昔"，似乎应当看作是唐、宋间书面语的常用词。它们在使用上都存在共同的特点，甚至应该说是弱点，那就是多使用在韵语中。我们在元、明时代所见到的用例，都是如此。这种弱点，也许正是导致它们最终消失的主要原因。

第二节　时间副词"已经"

"已经"，不管是书面语还是口语，都是现代汉语普通话里使用得很普遍的一个词儿。在汉语史研究中，自从太田辰夫之"曾经"、"已经"之"'经'接尾辞化"①的说法出来之后，被一些研究者视为定论；论证"经"如何或何时"词尾化"，也成为一些研究者的选题。他们忽视了两个重要的史实：一是我们的先人是怎么看这个"经"的；二是单音节的"经"在历史文献中是怎么被使用的。本节我们打算围绕这两个问题来展开探讨。

（一）在讨论"已经"本身之前，我们首先来考察一下"已经"所处的历史语言环境，对我们进一步的探讨会有积极意义。

刘淇《助字辨略》卷三"已"下引用此例后说：

尝，曾也。已，尝也。尝已，重言也。凡曾为此事曰已，故已得为尝也。

刘淇是说，"尝"、"曾"、"已"，三者义同；"尝已"是并列的组合形式。

（1）要事之三年所，即尝已为人治诊病，决死生，有验，精良。（《史记·仓公传》）

"尝已"既然是并列形式，无疑"已尝"也是并列形式。例如：

（2）太祖曰："卿昔何不道之？"彧阳惊曰："昔已尝为公言也。"（《三国志·魏书·荀彧传》裴松之注引《献帝春秋》）

（3）难保者，言已尝有罪过，不可保也。（《汉书·平帝纪》颜师古注语）

"常"通"尝"，故也有"已常"：

（4）近年为权势作弊具入，诸处偷贩私，已常禁治。（《元典章·户部六·杂例》）

"尝"、"已"可以重言，可以并列，根据刘淇所说，"曾"、"已"同样可以重言，可以并列。例如：

（5）曾已备有真意，路上撞见荣文，一时未带来。（《皇明中兴圣烈传》四卷"许志吉骗害徽民"）

在使用上，"曾已"难以见到，"已曾"却甚是常见。例如：

（6）已曾天上学，讵是世中生。（庾信《和咏舞诗》）

---

① 《中国语历史文法》，北京大学出版社 1987 年中译本，第 258 页。

（7）只待朝廷有知己，已曾读却无限书。（任华《寄杜拾遗》诗）

（8）五百年前已曾注记，我今日来揎撮你。（《张协状元》十六出［排歌］）

（9）这般骚扰上，已曾禁约去来。（《通制条格》卷十六"军马扰民"）

（10）已曾预禀仁兄，令小道送兄长还京师毕日，便回山中学道。（《水浒传》九十回）

（11）奴家记得昔年有病，曾请过一个女医姓孟的，用药甚效，已曾着人请去。（《燕子笺》十六出）

这些置于动词谓语前的"已曾"，以及"尝已"、"已常"等，都表示行为事态已然或发生过。

与上述具有相同词汇特征的，还有"业已"。刘淇在《助字辨略》卷五释"业"为"既已也"。他引用了《史记》下列两个例子："太后业已许其行酒，无以罪也。"（《外戚世家》）"是时汉兵已踰句注，二十余万兵已业行。"（《刘敬传》）然后他解释说："业已，已业，并重言也。"

杨树达《词诠》卷七"业"条，除刘淇所引《刘敬传》例外，增举下列《史记》用例，均为"业已"重言："心独悔，业已拜。"（《吴王濞传》）"项王范增疑沛公之有天下，业已讲解。"（《项羽本纪》）"业已许其军法，无以罪也。"（《齐悼惠王世家》）"夫士业已屈首受书，而不能以取尊荣。"（《苏秦传》）在汉语历史上，上述所提到的同义复合词，唯有"业已"在秦汉以后持续使用着，直至今天的书面语。

上面所叙述到的，是以"已"、"业"、"曾"、"尝"为基本词素复合而成的复音词。它们作为时间副词，修饰动词谓语，表示已然或发生过。在汉语史上，能与它们分别相结合成时间副词使用的，那就是"经"。

（二）在汉语历史上存在过、甚至如今还在使用的几个词——"已经"、"业经"、"曾经"、"尝经"，其中的成分"经"，具有什么样的特性呢？在历史文献资料中，能给我们提供识读依据的是顾野王的《玉篇》。他在该书卷三十之"八"部"曾"条释云：

曾子登切，则也。又才登切，经也。

《玉篇》告诉我们，现在读"才登切"的"曾"，与"经"的词汇意义相同。同义互训，是汉语训诂学上的一个原则。故反之，"经"也可以释作"曾"。这是南北朝萧梁时代的人留给我们的解释。关于这一点，在汉语史研究历史上予以论证的，首推徐仁甫先生。他在《广释词》[1]中有专门一

---

[1] 《广释词》，四川人民出版社1981年版。

段，论释"经"的"曾"义。全文引述如下：

经犹"曾"，尝也，时间副词。刘令娴《答唐娘七夕所穿针》："曾停霍
君骑，经过柳惠车。"刘瑗《左右新婚》："琴声妾曾听，桃子婿经分。"刘
缓《敬酬刘长史咏名士悦倾城》："经共陈王戏，曾与宋家邻。"陈释惠标
《咏水》："曾添疏勒井，经涌贰师营。"皆"曾""经"互文，"经"犹
"曾"也。江总《闺怨》："故人虽故昔经新，新人虽新复应故。""昔经新"
谓昔曾新。卢思道《从军行》："谷中石虎经箭射，山上金人曾祭天。"亦
"经""曾"互文。何逊《咏杂花》："井上发新花，谁言不经染？"谓不曾
染也。

徐氏的解释，能给《玉篇》以佐证，说明"经"有"曾"义，是有历
史根据的。徐氏通过韵语互文同义的使用特点，指出"经"的时间副词用
法，无疑是揭示了一个史实，开拓了一个新思路。我们在下面补充几个
用例：

（12）经飡林虑李，旧食绥山桃。（庾信《道士步虚词》之十）

（13）经眠虎头枕，昔坐象牙床。（寒山"精神殊爽爽"诗）

"经"与"旧"、"昔"互用。

（14）臣经怪其事，而论者云"避三互"。（《后汉书·蔡邕传》）

"经怪"，即"曾怪"，谓曾经疑惑。

（15）宜高选博士，取行为人表，经任人师者，掌教国子。（《三国志·
魏书·刘馥传》附靖）

（16）有寿木之林，一树千寻，日月为之隐蔽。若经憩此木下，皆不死
不病。（《拾遗记》卷五"前汉上"）

（17）二郡太守刘瓆、成瑨考案其罪，虽经赦令，而并竟考杀之。（《后
汉书·陈蕃传》）

（18）（沈）演之尝作让表，未奏，失本，喜经一见，即便写赴，无所
漏脱。（《宋书·吴喜传》）

（19）在官以来，不冒一级，官虽不达，经为九卿。（《魏书·崔亮
传》）

（20）祖天子，父天子，身经作皇太子。（《南齐书·张敬儿传》）

（21）昭经为弘觉法师弟子，为僧采莱，被野猪所伤。（慧皎《高僧传》
卷七宋吴虎丘山释昙谛）

（22）此牛经患漏蹄，治差已久，恐后脱发，无容不相语。（《梁书·明
山宾传》）

（23）江外狂狡，妄构妖逆，虽经殄除，民未安堵。（《隋书·杨素

传》)

从汉魏到隋唐间，我们可以看到不少这样的用例。正是由于"曾"、"经"义同，所以很早就有了"曾经"、"尝经"复音词的出现。例如：

曾经

(24) 曾经再犯公断道路劫夺行人者，依法行决。(《魏书·世宗纪》)

(25) 绿房千子熟，紫穗百花开。莫言行万里，曾经相识来。(庾信《忽见槟榔》诗)

尝经

(26) 晔外甥谢综，雅为晔所知，熙先尝经相识，乃倾身事综，与之结厚。(《宋书·范晔传》)

(27) 子乔少年尝经出家，末虽还俗，犹常诵习《观世音经》。(《冥祥记》)

直至宋、元间，"经"表"曾"义的副词用法，仍能见到。如：

(28) 姚洪，本梁之小校也。在梁时，经事董璋。(《旧五代史·唐书·姚洪传》)

(29) 因此，有本县长官梁瑜并万户梁瑛等经诣本府，乞改名额为太平兴国观。(《元代白话碑集录·〔18〕一二五三年平遥崇圣宫给文碑》)

江总《闺怨》"故人虽故昔经新"句，徐氏说"昔经新"即"昔曾新"。在历史文献中，凡"昔＋经＋动"格式中的"经"，常表示"曾"义，表示主语曾经有过某种行为或状态，这个"经"是不能以其他词义予以解释的。例如：

(30) 阐陀比丘，昔经为奴，远叛从学，教授五百童子。(《经律异相》卷十九之七标目)

(31) 我昔经事宋明帝，卿可思讳恶之义。(《南齐书·文学传·王智深》)

先，犹"昔"。"先＋经＋动"格式亦如是。例如：

(32) 游历多年，与卿先经相识。(《魏书·鹿悆传》)

(33) 晋山阴县令石密，先经为御史。(《太平广记》卷一一九"万默")按，原注出《还冤记》。

此外，我们常见到的"未(或'不')＋经＋动"格式中的"经"，也往往为"曾"义。例如：

(34) 自朕践阼，途路梗塞，卿无由奉表，未经为臣。(《宋书·袁颛传》)

(35) 今后有父母、祖父母亡殁未经迁葬者，其主家之长，不得辄求仕

进。(《旧五代史·周书·太祖纪》)

(36) 顺义军牒即云州县错误文字，不经朝廷处分，待不发。（沈括《乙卯入国奏请·别录》）

(37) 夫技艺骇众，世自有之，不经见者，以为妄谈。（《友会谈丛》卷中）

(38) 你二十年死生冤业，到如今未经还彻。（《刘行首》三折）

(39) 他在潭州为官，未经赴任，便去清安观中，央道姑为媒，倒娶了谭记儿做夫人。（《望江亭》二折）

(40) 惟独老身这篇印谱，想是先生到也未经看过。

院君的印谱，小子虽是不曾看过，若说施于何所，小子定须有个刻法。（《醋葫芦》四回）

例（40）上下两句，是两人的对话。"未经"和"不曾"在否定"看过"上同义。明人对这类"经"字的理解与使用，是极富启示意义的。唐人令狐楚《思君恩》诗："眼看春又去，翠辇不经过。"中华书局1960年本《全唐诗》"经"字下有校语云"一作曾"。这一异文，亦即"经"表"曾"义的佐证。

(41) 退婚书存留一张，还认得手模脚样。难道是未经妥当，为甚的弄虚腔？（《红楼梦传奇·吞金·［园林好］》）

据此推理，现代汉语常见的"未经"，本应该是汉语历史的延续，读作"未曾"义。只是由于"经"表"曾"义早已不为人们所熟悉，于是都把"未经"当作"未经过"加以理解了。这是一种将错就错的历史误会。

（三）我们前面提到，作为单音节的时间副词，"已"、"业"、"曾"、"尝"、"经"都是同义词。上面讨论了复合词"曾经"、"尝经"及其相关问题。接着，我们讨论"已经"。这里的关键问题是，"已经"的"经"，是否也有"已"义？为此，我们由近及远来分析一些用例。

(42) 他心下思量，自己已有这们一把年纪，儿子亦经出仕，做了二三十年的官，银子亦有了。古人说得好："急流勇退"。我如今很可以回家享福了。（《官场现形记》三七回）

引例前文有过交代，"他有个大少爷，是捐的湖北候补道，此时正进京引见"。文意很明白，"亦经出仕"，就是"也已做官"。经，犹"已"。

(43) 原来岳元帅早经料到桧贼请储君亲征，必有异谋，因此留心防备，故差牛皋、余化龙在御前保驾。（《精忠传弹词》五一回）

"早经料到"，即早已料到。清人小说《三门街》"黑甜乡早经领略了"（三五回），"父母早经亡过"（五二回），都是其例。

(44) 再过数日，圣旨下了，州里奉着宪牌……一一挨拿。只有贾石名

字，先经出外，只得将在逃开报。（《古今小说》卷四十）

前文"贾石算定……必然累及，所以预先逃走"。"先经出外"，"经"表示已然。

（45）这还可以借口说是女兄，又经出嫁。（《醒世姻缘传》八九回）

（46）瞿能看见燕王马经屡换，箭已射尽，所挥之剑剑锋又已击缺。
　　　　（《续英烈传》十七回）

此例的"马经屡换"、"箭已射尽"、"剑锋又已击缺"，是三个并列的短语，都表示已然的行为或状态。"经"与"已"以同义异文被使用在句中。

（47）后数日，生行，夫人暨莺送于道，法聪与焉。经于蒲西十里小亭
　　　　置酒。（《董解元西厢记》① 卷六）

末句意谓夫人等虽刚出门上路，长亭已经预备好酒席了。末句"经于蒲西……"即是"已在蒲西……"之谓。对于这末句，《西厢记》的其他几种版本都作了改动。王实甫《西厢记》② 四本三折作"十里长亭安排下筵席"。王德信《西厢记》（又称《北西厢》）③ 十五出作"就十里长亭安排下筵席"。"安排下"依然表达了《董西厢》已然的语意。

（48）况今虽经位极人臣，更何颜求觅！是以须待出于特命，且不能效
　　　　人干请结讬，以至势须恬静。（《能改斋漫录》卷十二"晏元献
　　　　节俭"）

此例出自作者所引晏殊写给其兄的手帖。以书规劝兄嫂，守官必曰廉，曰官下不可营私。晏殊在宋仁宗庆历年间，拜集贤殿学士、同平章事，兼枢密使，故自称"位极人臣"。例中说"虽经位极人臣"，如何如何，其中"经"是修饰"位极人臣"的，表示已然。

（49）先经阵殁将校，各与追赠。（《旧五代史·梁书·末帝纪》）

例文为五代梁末帝朱友贞平息惠王朱友能之乱，改元龙德，大赦天下，优赏有功所下的制书。例中"先经阵殁将校"，应读作"先//经//阵殁//将校"，犹说"此前已阵亡的将校"。

（50）先经流贬罪人，不幸殁于贬所，有情非逆恶，任经刑部陈牒，许
　　　　令归葬，绝远之处，仍量事官给棺椁。（《旧唐书·宣宗纪》）

陆贽《奏议窦参等官状》说："先虽已经流贬，更移向远恶处者，伏以窦参罪犯，诚合诛夷。"例文"先经流贬"，即同"先虽已经流贬"，词义语

意均同。

　　（51）妾家夫婿经离久，寸心誓与长相守。（高适《秋胡行》）

　　（52）主典云："经忏悔者，此案勾了；至如张目骂父，虽蒙忏悔，事未勾了。"（《太平广记》卷一一五"张法义"）按，原注出《法苑珠林》。

　　张法义的师傅赴天曹救徒弟，对主典说："其罪尽忏悔除灭讫，天曹案中已勾毕。今枉追来，不合死。"例文是主典的回答。从前后文看，张的罪"尽忏悔"了，别的都勾了，惟"张目骂父"一罪未勾了，所以被拘至天曹。那么，"经忏悔"，犹"已忏悔"。

　　（53）异日，玄宗复以长生为请，对曰："经有之焉。我命在我，匪由于他，当先内求而外得也。……"因以《三峰歌》八首以进焉。（《太平广记》卷二二"罗公远"）按，原注出《神仙感遇传》及《仙传拾遗》、《逸史》等书。

　　唐玄宗向罗公远请求长生的秘方，罗说我这里已经为你准备好了，于是进奉《三峰歌》八首。

　　（54）（孙明）善持《金刚经》，日诵二十遍，经二十年。……吏引明入府，王问："汝有何福？"答云："持《金刚经》已二十年。"王言"此大福也"。（《太平广记》卷一百五"孙明"）按，原注出《广异志》。

　　例中"经二十年"就是"已二十年"。"经"、"已"前后互用，说明两者词义之一致性。

　　由于"经"有"经历"、"经过"等义，当"经"的"已"义仍尚未被人们所认识的情况下，往往容易被人误解为"经过"等义。随之而来的，就是把复音词"已经"误读为"已//经"。

　　（55）女与道平言誓甚重，不肯改事。父母逼迫，不免出嫁刘祥。经三年，忽忽不乐，常思道平，念怨之深，悒悒而死。（《搜神记》卷十五"王道平"）

　　在敦煌发现的《搜神记》异本中，就这段文字而言，稗海本与之较为一致，句道兴本则作了些改动。其中把"经三年……悒悒而死"句，改写为"已经三年，女即恚死"。改写人准确地把握住"经三年"的"经"是"已经"，而不是别的。

　　（56）灵太后令曰："直绳所纠，实允朝宪。但忠事经肆宥，又蒙特原，无宜追罪。余如奏。"（《魏书·于栗磾传》附忠）

　　灵太后是针对御使中尉元匡的上奏说上述话的。"忠事经肆宥"，是于忠的事已经赦宥的意思。因为元匡在其奏中，前半段奏于忠"幸国大灾，肆其愚戆，专擅朝命，无人臣之心"。后半奏太后未亲政前，朝廷所出现的诸多弊端，建言"已经恩宥，正可免其叨窃之罪……冒阶而进者，并求追夺"。灵太后说"经肆宥"，是比照元匡"已经恩宥"的话而说的，"经"与"已经"表达同样的意思。

（57）自暮秋与小姐相别，倏经半载之际。（王实甫《西厢记》五本楔子）

"倏经半载"这几个字，王德信改编的《北西厢》十七出删去"倏"字，改作"已经半载"。显然，用"已经"改写"经"字，是确切的对释。

（58）（秦）妃闻，悲泣不能自胜……叹曰："我女大圣，死经二十三年，犹能与生人交往。"（《搜神记》卷十六"驸马都尉"）

故事前文说，女谓辛道度曰："我秦闵王女，出聘曹国，不幸无夫而亡。亡来已二十三年，独居此宅。"母女俩前后同说一事，女儿用"已"，母亲用"经"。

据此，我们似乎还可以作些推论，六朝隋唐间出现在"死"、"亡"、"卒"等动词与时间数量之间的"经"字，大概通常应以"已"义作释。如：

帝曰："君妻卒经几年矣？"支曰："三年。"（《列异传》）

太祖梦觉，喜而复悲，即发人往问帝南人死虚实，使回云"亡经十五日"。（稗海本《搜神记》卷四）

岁余，妻暴亡，经三载，见梦其夫。（《太平广记》卷一百七"吴可久"）

在汉语里，"亡"、"卒"之类，不具有行为持续的特性。《敦煌变文集·大目乾连冥间救母变文》"青提夫人〔亡来〕已经三载"，极具参照价值。

我们在有了上面的讨论之后，就能更好理解如下几例：

（59）此桥经破落，复更修补，今无复文字。（《水经注》卷十六"谷水"）

（60）西有二石阙，虽经颓毁，犹高丈余。（《水经注》卷十六"谷水"）

（61）浅深依树色，舒卷听人裁。假令春色度，经著手中开。（刘孝绰《咏剪彩花》诗）

这一段，我们通过例句的解读，并借助于异文之佐证，说明汉语历史上，时间副词"经"用同"已"义。曾、已，是副词"经"的两种语气。

据此便能以并列复合的方式，构成"曾经"、"尝经"与"已经"、"业经"在历史上使用。

（四）今天普遍使用的时间副词"已经"，有着长远的历史。现在所见到的较早用例，在西汉、魏晋时期。如：

（62）杜陵秋胡者，能通《尚书》，善为古隶字，为翟公所礼，欲以兄女妻之。或曰："秋胡已经取妻而失礼，妻遂溺死，不可妻也。"（《西京杂记》卷六）

（63）生理茫茫，永无依归。播流江表，已经数世。（孙绰《谏移都洛阳疏》）

（64）自臣奉辞汉中，已经六年。（《三国志·蜀书·蒋琬传》）

（65）父母强逼，乃出聘刘祥，已经三年，日夕忆君，结恨而死。（《搜神记》卷十五"王道平"）

副词是修饰动词或形容词的，用于时间数量前的"已经"，或是一种强调的用法。例（65）说成"已经出聘刘祥三年"；或是与句式有关，如例（64）"已经"与时间介词"自"不便搭配，置于"六年"之前。

在汉语历史上，两种情况下"已经"不能加以拆解：

1. 用于形容动词或形容词前者。

（66）（桓）玄虽窃名雄豪，内实恇怯，加已经奔败，众无固心。（《宋书·宗室传·临川烈武王道规》）

（67）已经轻瘦谁为共。魂绕徐熙□。耻同桃李困春容。肯向毫端开发、两云中。（吕本中《宣州竹·墨梅》词）

（68）或闻议者从谓京师已经残破，不可复入。（《三朝北盟汇编》卷九四）

（69）休休。不似少年游。两鬓已经秋。（张可久《木兰花慢·重过吴门》词）

2. 与表示完成的助词相搭配使用者。

（70）恰似一间屋，鲁只如旧奖之屋，其规模只在；齐则已经拆坏了。（《朱子语类》卷三三）

（71）据舶商回帆，已经抽解讫物货。（《通制条格》卷十八"市舶"）

（72）照得至元十九年二月初十日通政院奏奉圣旨，已经遍行照会了当。（《元典章·户部二·使臣》）

（73）已经赦宥的事了，必当减罪。（《水浒传》三六回）

如果说"秋胡已经娶妻"的"已经"可看作"已曾"的话，那么，"已经奔败"、"已经轻瘦"中的"已经"，就很难这样解读了，必是读为

"已然"方始与语意切合。

我们上面把时间副词"曾经"、"已经"的形成及其相关问题作了一些讨论。我们要证实的是，太田"接尾辞化"的说法是没有根据的，完全不符合汉语的历史实际；诚然，据之再去论证其如何词尾化，同样是不足取的。重视前贤的科学见解，能使我们少走弯路①。

第三节　时间副词"新来"

（一）作为时间副词，表示此前不久至现在的一段时间，现代汉语最常使用的有"近来"。在汉语的历史上，与之具有相同的结构形式和词汇意义的，曾经还有"顷来"和"新来"。它们都是由单音节的时间副词＋时间词缀"来"构成的。从构词形式和词汇意义上说，这三个词及相关形体是汉语史上时间副词中的一个族群。本节在主要介绍"新来"及其相关的多音节形式，在此之前，有必要扼要地对另外两个词作简略的交代。

就现有的资料看，"顷来"出现略早，其使用大致从三国至北宋初年之间。然而，使用频率并不高，且可能是书面用语。例如：

（1）顷来闻汝与诸友书讲肆学传，滋滋昼夜，衍衍不怠。（《孔丛子·连丛子上·与子琳书》）

如果《孔丛子》真是王肃伪作，该是三国时文字。

（2）顷来天时人情，良可寒心。（《晋书·孔愉传》附严）

（3）顷来南北务殷，不容仰遂冲操。（《魏书·献文六王列传·彭城王》）

（4）（令言）急呼其子曰："此曲兴自早晚？"其子对曰："顷来有之。"（《隋书·艺术传·万宝常》附王令言）

（5）陛下顷来酒色过度，不虔郊庙。（《建康实录》卷二十后主长城公主叔宝）

（6）顷来王业稍可，非无酒食，而唐突卿等宴会者，朕初有此孙，故相就为乐耳。（《旧唐书·燕王忠传》）

史料显示，"顷来"使用下限大约在北宋间。

"近来"之兴起，与"顷来"大致相当，在魏晋间。例如：

---

① 《汉语大词典》"经"¹ 第15项释义"曾，已"。举例《南史·周山图传》："义乡县长风庙神姓邓，先经为县令。"

（7）近来意亦殊已莫莫，犹当一定之，恐不全。（陆云《与兄平原书》）

例出《全晋文》。

（8）及至都，（敦）复曰："近来人情何如？"（《晋书·谢鲲传》）

（9）彝及李韶，列朝之中唯此二人出身官次本在臣右，器能幹世，又并为多。近来参差，便成后替。（《魏书·张彝传》）

（10）近来朝廷殊无纲纪。（《隋书·高颎传》）

（11）近来无奈牡丹何，数十千钱买一颗。（柳浑《牡丹》诗）

（12）此地本佳，但近来佳气已走了。（《夷坚支志》景集卷四"荣侍郎坟"）

自唐以来，"近来"一直在口语书面都呈现高频率的使用态势。

从历史上说，作为时间副词，单音节的"顷"、"近"、"新"很早就是共时存在的。就是多音节词而言，也都在唐代曾经共时存在过。在这一族群内，"顷"是单独成词使用的①；"新"与"近"能结合成多音节词。我们在下面着重介绍"新"及其与"近"的结合与使用。

（二）用作时间副词的"近"和"新"，它们的来源是不同的。"近"是在时空概念上与"远"相比较而言；而形容词之"新"，与"旧"相对。当用以修饰行为或状态之发生，就形成了表示"方"义的时间副词。如果在语气上比"方"时间更长，这时的"新"，即与"近"义相当。

在汉语研究历史上，杨树达先生是最早揭示"新"的时间副词用法的前辈学者。他在《词诠》卷六收有时间副词"新"。如《汉书·陈汤传》例"时成都侯商新为大司马卫将军"，此义是由形容词"新"引申而来最为直接的时间副词，而且在战国秦汉时期，已经使用得很普遍。如：

（13）诸侯新服，陈新来和，将观于我。（《左传·襄公四年》）

（14）吾闻之，新沐者必弹冠，新浴者必振衣。（《楚辞·渔父》）

（15）遇天雨之新霁兮，观百谷之俱集。（宋玉《高唐赋》）

（16）用刀十九年，刃若新廰研。（《吕氏春秋·季秋纪·精通》）

（17）楼缓新从秦来，赵王与楼缓计之。（《战国策·赵策三·秦攻赵于长平》）

（18）赵王新立，太后用事。秦急攻之，赵氏求救于齐。（《史记·赵世家》）

（19）长吏新到，辄发民缮修城郭。（《后汉书·陆康传》）

---

① 俄顷，有顷，表示时间短暂，不属此例。

"新"在这一意义上的用法，一直延续使用着。下面略举数例：

（20）妹新从婿家来，非其所及。（《搜神记》卷十七"张汉直"）

（21）温（峤）新至，深有诸虑。（《世说新语·言语》）

（22）云鬓半偏新睡觉，花冠不整下堂来。（白居易《长恨歌》）

（23）环立翠羽，双歌丽调，舞腰新束，舞缨新缀。金莲步、轻摇彩凤儿，翩翩作戏。（汪元量《凤鸾双舞》词）

（24）斩了贼臣，封了兄弟，新安治楚国华夷。（《楚昭王疏者下船》楔子［端正好］）

（25）原来是两个新到的老花子，在那边求钱，对人说苦。（《醋葫芦》二回）

（26）兼且疑王中见新打罢官司，自己难以上街走动，故意儿拿捏。（《歧路灯》三二回）

"新"的这种用法，一直延续使用到现代汉语。

然而，我们注意到，犹"方"义的"新"，主要用以修饰动词谓语本身，表示行为动作是眼下发生的，或刚发生的。当"新"置于动词短语之前时，行为发生的时间通常与说话时的时空稍长。这时，"新"的词汇意义就与时间副词"近"相当，犹言某行为是前不久发生或出现的。例如：

（27）荆王新得美女。（《韩非子·内储说下六微·说三》）

（28）季辛与爰骞相怨。司马喜新与季辛恶，因微令人杀爰骞。（《韩非子·内储说下六微·说三》）

（29）郑新附楚，畏之，反助楚攻晋。（《史记·晋世家》）

（30）道过郑，郑新与楚亲，乃执解扬而献之楚。（《说苑·奉使》）

（31）会吴大将军孙壹率众降，或以为吴新有衅，必不能复出军。（《三国志·魏书·钟繇传》附毓）

（32）方今国家大举，新有发调，军师远征，上下劬劳。（《晋书·何曾传》）

（33）（程）雄新受寄一婢，颇甚端丽，名曰鹦鹉。（王度《古镜记》）

（34）新获一丽人，已税得其舍。（沈既济《任氏传》）

"新"只有在这一用法的出现之后，才能与时间副词"近"成为同义词。

（三）"新"从形容词引申为表示"方"义的时间副词，再引申为"近"义的时间副词，这就为它在使用方面拓宽了空间。即能够构成犹"近来"义的多音节时间副词，成为当时的常用词。下面按历时的顺序作简要叙述。

甲，近新、近新来。

"新"获得"近"义之后，到唐代，以复合的形式构成了具有相同词汇意义的"近新"。例如：

（35）卓氏近新寡，豪家朱门扃。（杜甫《奉酬薛十二丈判官见赠》诗）

（36）威容丧萧爽，近新迷远旧。（韩愈《南山诗》）

（37）姪儿不知，我近新认了个义女儿，叫做翠鸾。（《潇湘雨》一折）

（38）（杨二）近新一病不起。（《二刻拍案惊奇》卷四）

此类用例并不多见。

"近新"缀以时间词尾"来"，形成新的时间副词——"近新来"。例如：

（39）只今袖手野色里。望长淮、犹二千里。纵有英心谁寄。近新来、又报胡尘起。绝域张骞归来未？（王埜《西河》词）

宋人的用例尚少。只有在元曲中能见到较多的用例。如：

（40）壮怀怎消？近新来病体儿直然教。我自暗约，也枉了医疗。（《三夺槊》二折［梁州第七］）

（41）戒刀头近新来钢蘸，铁棒上无半星儿土渍尘缄。（《西厢记》二本楔子［滚绣球］）

按，明朝崔时佩、李景云《西厢记》（俗称《南西厢》）十三出［红芍药］作"戒刀头新来钢蘸，铁棒头上尘土不染"。

（42）浑家刘氏，近新来亡化过了。（《五侯宴》楔子）

（43）近新来有一个秀才，到我这庄上……此人满腹文章，留在庄儿上教些学生读书。（《荐福碑》一折）

（44）要见除非梦，梦回总是虚。梦虽虚，犹兀自暂时节相聚。近新来和梦无。（吕止庵《后庭花》小令）

（45）想薄情镇日迷歌酒，近新来顿阻鳞鸿，京师里恋烟花。（无名氏《月照庭》套数）

以上是元曲中的部分用例。

（46）近新来把不住船儿舵。特故里搬弄心肠软，一似酥蜜果。（《金瓶梅》七四回）

（47）近新来冷淡了芙蓉朵，一点樱桃久不抹，谁待向菱花镜里黏整佃窝。（《红梅记》二九出［普天乐］）

（48）他元是个游嘴光棍，这篦头、赞礼，多是近新来学了撑哄过日子的。（《二刻拍案惊奇》卷二五）

"近新来"从宋代起，一直使用到明代，是当时的一个口语词。它是由"近新"＋"来"构成的，而非"近"＋"新来"所致。

乙，新来。

"新来"是"新"＋时间词缀"来"形成的一个时间副词。它的构成与词汇意义都与"近来"相同。"新来"的使用始见于宋人诗词。例如：

（49）短羽新来别海阳，真珠高卷语雕梁。（滕白《燕》诗）

（50）坠髻慵梳，愁蛾嬾画，心绪是事阑珊。觉新来憔悴，金缕衣宽。（柳永《锦堂春》词）

（51）怨月恨花烦恼，不是不曾经着。这情味，望一成消减，新来还恶。（刘一止《喜迁莺·晓行》词）

（52）新来省悟一生痴。寻觅上天梯。抛失眼前活计，踏翻暗里危机。（朱敦儒《朝中措》词）

（53）篆台芬馥。初睡起、横斜簪玉。因甚自觉腰肢瘦，新来又宽裙幅。（杨无咎《阳春》词）

（54）嵇康转轴声幽喧。新来多病娇无力。娇无力。浅红转黛，自然标格。（曾觌《忆秦娥》词）

（55）玉臂都宽金约。歌舞新来忘却。回首故人天一角。半江枫又落。（毛开《谒金门》词）

（56）平生怕道萧萧句。况新来、冠欹弁侧，醉人多误。（刘克庄《贺新郎》词）

（57）荔子故多种，色香俱不同。新来尝小绿，又胜擘轻红。（戴复古《赵景贤送荔枝》诗）

（58）捷书连昼，甘洒通宵，新来喜沁尧眉。许大担当，人间佛力须弥。（郭居安《声声慢·寿贾师宪》词）

此后历代都能见到使用。如：

（59）许多时节分鸳侣，除梦里有时曾去。新来和梦也不曾做。（《董解元西厢记》卷七［剔银灯·尾］）

（60）你道是新来加你做寿亭侯，枉受了些肥马轻裘。（《千里独行》二折［红芍药］）

（61）新来俺那浑家根前，得了一个小的。（《儿女团圆》二折）

（62）女儿，我闻得你新来爱观书史，丢却女工。（《红梅记》三出）

（63）那玉环妹妹呵，新来倚贵添尊重。（《长生殿》七出［满园春］）

从上面的用例可以看到，"新来"多见于诗词曲韵语里。

丙，新近。

"新"获得"近"义，两者复合，构成了"近新"。到了明代，出现逆向复合的"新近"，词汇意义不变。由于成词的时代早晚不同，构词方式时有差别，"新近"不再下接时间词缀"来"构成"新近来"。"新近"出现的历史语言环境是元、明早期白话，它也顺理成章地使用到现代汉语。

资料显示，它始见于元人杂剧，但还只是个别用例而已。例如：

（64）摇几下桑琅琅蛇皮鼓儿，唱几句韵悠悠信口腔儿。一诗一词，都是些人间新近希奇事。（《货郎旦》四折［梁州第七］）

明代的用例，见于明末白话小说，特别是《醒世姻缘传》的为多。如：

（65）那来旺儿因他媳妇自家痨病死了，月娘新近与他娶了一房媳妇。（《金瓶梅》二二回）

（66）此妇非别，乃舍表妹陆蕙娘，新近寡居在此。（《拍案惊奇》卷十六）

（67）新近往通州去看他，送了他大大的二两银。（《醒世姻缘传》九回）

（68）新近郭总兵不问了成都卫的军么？（《醒世姻缘传》八五回）

到了清代，使用面就比较宽广了。例如：

（69）王成新近亦因病故，只有其子，小名狗儿。（《红楼梦》六回）

（70）原来员外新近买来要养金鱼的，尚未贮水。（《说岳全传》二回）

（71）新近他二房里还要把那个小的儿叫我养活。（《儿女英雄传》二二回）

（72）新近大人为庞昱一事，先斩后奏。（《三侠五义》十七回）

（73）俺闻前朝并无探花这个名号，是太后新近取的。（《镜花缘》八回）

（74）新近有好两注生意，弄得好，将来都是对本的利钱。（《官场现形记》五十回）

从上面用例看到，"新近"成词之后，融合了"新"和"近"的特点，既可置于句首，也可用于句中。

这一节，我们以历史发展为主线，以"新"为中心，叙述时间副词"新"的形成，与"近"的关系，以及使用情况。在以"新"、"近"为中心的多音节词中，在现代汉语里仍然使用的有：近来，新近。在使用到明清间消失的有：近新，新来，近新来。它们消失的原因是什么呢？"近新"的用例极少，使用的时间段落也极有限，姑且略过。至于"新来"、"近新来"，从使用上看，似乎它们是词曲的习用语。虽然也见诸小说或戏曲宾白，却只是偶尔一用而已。反之，"近来"、"新近"的历史状况正相反，几乎不见于词曲，而多出现在白话小说中。由此可见，词曲衰落，"新来"、"近新来"随之消亡；白话兴起，"近来"、"新近"得以沿袭。也就是说，能否进入口语，是使用寿命长短的关键。

第四节　方式副词"共相"

"共相"作为一个词形，在绝大多数的汉语工具书里尚难见到①。我们考察其词汇意义，在汉语历史上与"更相"、"互相"有同义的关系。它们在构成上具有相同或相近的地方，曾经在相当一段时间内共时存在过。随着汉语历史的发展，到了宋代以后，"共相"、"更相"先后消失了。我们这里要解决的问题，一是它的词汇意义，二是它的构成与使用。下面逐一加以讨论。

（一）为了识别"共相"的词汇意义，我们先了解一下相关的一些词，不无参考价值。在汉语史上，"更相"训作"互相"或"相互"，是人们所熟知的事实。例如：

诸侯更相诛伐，周天子弗能禁止。（《史记·秦始皇本纪》）

诸王并自立，分为五单于，更相攻击。（《汉书·宣帝纪》）

至令百姓饥荒，更相噉食。（《后汉书·孝安帝纪》）

兄弟愧惧，更相推让，卒为善士。（《隋书·隐逸传·李士谦》）

当"共"处在"更相"之"相"的位置，又具有必须的语意要求时，"共"就有获得了与"相"同样的词汇意义。例如：

（1）杨震将葬，大鸟来止亭树，下地安行，到柩前正立，低头泪出。众人更共摩抚抱持，终不惊骇。（司马彪《续汉书·杨震传》）

（2）（令狐）景、（庞）熙等畏恐，不敢复止，更共诌媚。（《三国志·魏书·三少帝纪·齐王芳》）

（3）其令此六人，更共往来，与太子习数备宾友也。（晋惠帝《选东宫师友诏》）②

（4）众鸟……更共议言："此比丘常住林中，我等应去，更求余栖。"（《经律异相》卷十九"跛璩鹜鸟乞羽"）

---

① 何金松《虚词历时词典》（湖北人民出版社1994年版）虽收有"共相"，但非本节所要讨论的对象，是不同词汇意义的词。

② 例出严可均校辑《全晋文》卷七。今本《晋书》略去"并以道义之门"以下文字，改为"与太子游处，以相辅导焉"。

（5）曰："我本此国，流离异域，子母相携，来归故里。"人皆哀愍，更共资给。（《法苑珠林》卷六"苦乐部"）

以上"更共"例。

（6）自有中丞、司隶以来，更互奏内外众官，惟所纠得无内外之限也。（《晋书·傅玄传》附咸）

（7）承平无事上元节，丝竹歌声更互发。（宋太宗《缘识》诗）

（8）酒美，直无比。小瓮新醅浮玉蚁。……十花更互来相对，常伴先生沉醉。（曾慥《调笑令·破子》词）

以上"更互"例。从词义方面说，例（4）表示行为动作是在多个主体相互间进行的，其余诸例都表示多个主体交互着做某事。所有其中的构词成分"共"或"互"，意思也都犹"相"。正因为如此，"共"和"互"还可以构成意义相同的复合词，表示"相互"义。例如：

（9）子春及众士互共攻劫，论难锋起，而辂人人答对，言皆有余。（《三国志·魏书·方技传·管辂》裴松之注引《辂别传》）

（10）宋尼释昙辉……身如木石，亦无气息；姊大惊怪，唤告家人，互共抱扶，至晓不觉。（《冥祥记》）

（11）是时群象相趋奔赴，竞汲池水，浸渍树根，互共排掘，树遂蹎仆。（《大唐西域记》卷三"佛牙伽蓝"）

"互共"，犹如"更相"。

这些用例表明，在汉语历史上，"共"除了具有我们所熟悉的与副词"同"词汇意义相通之外，还与方式副词"相"、"互"的词汇意义相通。认识这一点，有助于我们了解汉语历史上的一些词汇现象。

（二）在汉语史的研究中，首先指出"共"有"相"义的是徐仁甫先生。他在《广释词》卷五"共"之第三项云：

共犹"相"，副词。谢灵运《初往新安桐庐》："江山共开（一作闲）旷，云日相照媚。""共"犹"相"。王素《学阮步兵体》："联绵共云翼，嬿婉相携持。"亦"共"、"相"互文。

徐先生以互文同义的方法，指出副词"共"的一个历史用法，是一个颇有价值的发现。虽然互文并不全同义，但并不排除互文同义的事实，而且这仍然是识别词义的途径之一。六朝时期诗中的这类用法不乏其例。如：

（12）颓紫共彬驳，云锦相凌乱。（谢朓《和刘中书绘入琵琶峡望积布矶》诗）

（13）荇间鱼共乐，桃上鸟相窥。（萧纲《春日想上林》诗）

（14）高僧迹共远，胜地心相符。（江总《入摄山栖霞寺》诗）

此后隋、唐、宋诗，都能看到这种用法。如：

（15）花草共荣映，树石相陵临。（杨素《山斋独坐赠薛内史》诗）

（16）共待酬恩罢，相将去息机。（权德舆《送穆侍御归东都》诗）

（17）大蝘腾共结，修蛇飞相盘。（皮日休《上真观》诗）

（18）灵寿桃枝奇共结，金砂银铄贵相联。（宋·薛田《成都书百事韵》）

（19）相从挹天真，共话到禅悦。（韩琦《虚心堂会陈龙图》诗）

（20）幸有风光相挽引，那无宾友共追陪！（刘敞《登城》诗）

事实上，魏、晋时期已见"共"作"相"义的用例。如：

（21）念与君一共离别，亦当何时共坐复相对。（甄皇后《塘上行》）

一共离别，谓"自相离别"。后句的"共坐"，谓同坐。

（22）时于禁屯颍阴，乐进屯阳翟，张辽屯长社，诸将任气，多共不协；使俨并参三军，每事训喻，遂相亲睦。（《三国志·魏书·赵俨传》）

（23）金龟是纽，山河是膺，朱紫共袭，剑玉相承。（《魏故仪同笴使君墓铭》）

（24）我正见一物甚黑，而手脚不分明，少日中多夕来，辄共斗。（《幽明录》）

故事开头作者描写说："诸葛长民富贵后，尝一月，或数十日，辄于夜中惊起，跳踉，如与人相打状。"其中"相打"，即例中"共斗"。共，犹"相"。

（25）其一人，乃（智）达从伯母，彼此相见，意欲共语。（《冥祥记》）

可以推见，到六朝时期，"共"用同"相"，已趋普遍。

我们前面提到"互共"同义复合，在互文中也可以得到佐证。例如：

（26）共惊别后霜侵鬓，互说年来疾逼身。（唐·李中《维舟秋浦逢故人张矩同泊》诗）

不过这类用例很少见。近代汉语中表示"相"义的"厮"盛行时，"厮"、"共"也时有作互文的用例。如：

（27）敬瑭道："小孩儿每怎敢与大人厮试？愿与您郎君共赛。"（《五代史平话·晋史》卷上）

前文娄戒忒没说："既是如此，我与您厮赛一交，看取谁强谁弱。"对话中"共赛"、"厮赛"先后出现，显然意思相同。

由于"共"与副词"同"有相通的用法，通过互文识别是"同"义还是"相"义，有时也会在疑义之间，但毕竟是一种方法。此外，处于下列位置的"共"，往往用同"相"。

甲，在单音节副词（或具有副词作用的单音节词）与双音节动词谓语之间。

（28）（郭）汜、（吕）布乃独共对战。（《三国志·魏书·刘表传》裴松之注引《英雄记》）

（29）时诸债主，竞共云集。（《经律异相》卷十三"憍陈如拘邻等五人在先得道二缘"）

（30）王因召衍，阴共计议。（《隋书·郭衍传》）

乙，在单音节副词（或表示方式的单音节词）与动补短语之间。

（31）时全寄、吴安、孙奇、杨竺等阴共附霸。（《三国志·吴书·吴主五子传·孙霸》）

（32）王领军大有任此意，近亦同游谢中，面共咨之，所据理未释所疑也。（桓玄《与释慧远书》）

（33）时诸儒传习师说，舛谬已久，皆共非之，异端蜂起。（《贞观政要·崇儒学》）

丙，在"共＋为＋名词"的结构之内。其中"名词"是双音节的并列结构。

（34）蜀有重险之固，吴有三江之阻，合此二长，共为唇齿，进可并兼天下，退可鼎足而立。（《三国志·蜀书·邓芝传》）

（35）今不图之，恐曹嶷复至，共为羽翼，后虽欲悔，何所及邪？（《晋书·载记·石勒》上）

（36）昔者菩萨曾为师子，在林中住，与一猕猴，共为亲友。（《经律异相》卷十一"曾为师子身与猕猴为亲友"）

（37）（何妥）遂奏威与礼部尚书卢恺、吏部侍郎薛道衡、尚书右丞王弘、考功侍郎李同和等共为朋党。（《隋书·苏威传》）

（三）上面讨论了如何识别"共"之具有"相互"的用法，这里讨论它的历史使用。作为方式副词，"共"通常是在动词谓语之前，表示行为动作是两个或多个主体间进行的。受这个条件的约束，被修饰的行为动作范围就有了一定的限制，多表示争斗、对话等适合于多个主体相互间进行的行为动作。这种用法已见于汉代。例如：

（38）今两虎共斗，其势不俱生。（《史记·廉颇传》）

这种用法，魏晋时期，我们在《三国志》看到颇多使用。例如：

（39）群臣共斗，一人劫天子，一人质公卿，此可行乎？（《三国志·魏

书·董卓传》裴松之注引华峤《汉书》)①

（40）身是张益德也，可来共决死！（《三国志·蜀书·张飞传》)

（41）吕布之捨袁绍从张杨也，过邺临别，把手共誓。（《三国志·魏书·张邈传》)

（42）敦据石头，初王敦将下，朝士共议，周顗以为敦刚愎不仁，亲杀害平子，必能称兵以向朝廷。（邓粲《晋纪》)②

从上面的用例可以明显看到，受到行为动作发生时行为主体相互关系的制约，"共"所修饰的动词谓语一般不带补语。

六朝时期，我们看到广泛使用的状况。如：

（43）行达桃墟村，见有七人下路乱语，疑非常人，还告郡县，遣兵随齐受掩讨，遂共格战，悉禽付狱。（《宋书·谢灵运传》)

（44）香门侧有大井，旁设水罂，里中儿童各竞饮水，争水共斗。（《会稽典录》卷下"夏香"）

（45）孔子尝游于山，使子路取水，逢虎于水所，与共战，揽尾得之，内怀中。（殷芸《小说》)

（46）母子共谈，知是佛力。（《宣验记》)

（47）达皂荚桥，见亲表三人，住车共语，悼惠之亡。（《冥祥记》)

（48）我等诸天，亦当有分，若共争力，则有胜负。（《经律异相》卷六"天人龙分舍利"）

以上是六朝时期的部分用例。

（49）路入松声远更奇，山光水色共参差。（皎然《法华寺上方题江上人禅空》诗)

（50）将恐两虎共斗，势不俱全。（海顺《三不为篇》诗)

上述用例，多个主体都是并立的，只是行为动作是在主体间进行的，动词谓语一般不带补语。

此外，犹如"相"那样，"共"也同样可以表示行为动作是一方对另一方所发出的。这种用法，也出现不晚。例如：

（51）恭为中牟令。有亭长借牛不还……恭叹曰："化不行也！"欲解印绶去，掾吏共留。（司马彪《续汉书·鲁恭传》)③

（52）布，五原人也，去徐州五千余里，乃在天西北角，今不来共争天东南之地。（《三国志·魏书·吕布传》裴松之注引《英雄记》)

---

① 华峤，晋少府卿，著《后汉书》。《隋书·经籍之》有记载。
② 见汤球《晋纪辑本》。《隋书·经籍志》记载：《晋纪》十一卷，讫明帝晋荆州别驾邓粲撰。
③ 见《七种后汉书》，周天游校本，河南人民出版社 1987 年版。

（53）遹尚幼蒙，今出东宫，惟当赖师傅群贤之训。其游处左右，宜得
　　　正人使共周旋，能相长益者。（《晋书·愍怀太子传》）

（54）卦成……辂曰："非有他祸。直客舍久远，魑魅罔两共为怪耳。"
　　　（《搜神记》卷三"管辂"）

以上是魏晋时期的部分用例。其后相当长的历史时期里，都可以看到使
用，偶尔可见到动词谓语带补语的用例。

（55）尝共比方班氏所作，非但不愧之而已。（范晔《狱中与诸甥姪
　　　书》）

（56）耳闻不如目见，吾曹目见，何可共辨！（《魏书·崔浩传》）

（57）须达言："太子不应妄语。"即共兴讼。（《经律异相》卷三"精
　　　舍"）

（58）天厌乱德，妖实人兴，或空里时有大声，或行路共传鬼怪。（《隋
　　　书·高勱传》）

（59）汝妻与他人私，又盗物，仍共讳骂，神道岂容汝乎？（《太平广
　　　记》卷三九三"华亭堰典"）按，原注出《原化记》。

（60）怜君与我金石交，君归可得共载否？（卢仝《石请客》诗）

（61）且共淹留话离索，一尊浊酒为君倾。（宋·祖无择《送刘进士游
　　　边》诗）

（四）"共"与"相"在词汇意义上，曾经有过同义的关系，这就足以
解释"更共"、"更互"、"互共"几个形体在汉语史上的存在与使用。它们
与"更相"、"互相"一起，都是属于一个词族的同义词。"更共"之与
"更相"，"互共"之与"互相"，就它们的构成关系而言，都是并列的。从
这种关系中不难推断，那么"共"和"相"之间的关系，也都应该是并立
的。它们相互间的特性，是判断它们能构成并列关系的"共相"之根据。
它也是这个词族的一员。下面我们着重叙述"共相"在历史上的使用。

作为方式副词，"共相"的使用，已见于汉代。

（62）今《毛诗》、《左氏》、《周礼》各有传记，其与《春秋》共相表
　　　里。（《后汉书·卢植传》）

（63）愿假臣两营二郡，屯列坐食之兵五千，出其不意，与护羌校尉赵
　　　冲共相首尾……可不烦方寸之印，尺帛之赐，高可以涤患，下可
　　　以纳降。（《后汉书·皇甫规传》）

（64）是以盗发之家，不敢申告，邻舍比里，共相压迮，或出私财，以
　　　偿所亡。（《后汉书·陈宠传》附忠）。

上述《后汉书》例，都是向皇帝的上疏或上书，出自官方文献。在

《后汉书》中的另一些用例，如："后游京师，与卫尉阴兴、大司空朱浮、齐王章共相友善。"（《后汉书·马援传》）"中常侍苏康、管霸等复被任用，遂排陷忠良，共相阿媚。"（《后汉书·陈蕃传》）"自是正直废放，邪枉炽结，海内希风之流，遂共相摽搒。"（《后汉书·党锢传·序》）等等，除《党锢传·序》例多半是出自范晔，其余两例无从判断其所自出。到魏晋时期，"共相"的使用已属常见。

（65）若今郡守百里，皆各得其人，共相经纬，如是，庶政岂不康哉！（《三国志·吴书·步骘传》）

（66）（李）寿闻大喜，请会宗族，共相庆贺。（《三国志·魏书·庞淯传》裴松之注引皇甫谧《列女传》）

《三国志》传注中常能见到。如："兴迁为丞相，与休宠臣左将军张布共相表里。"（《三国志·吴书·濮阳兴传》）"时（曹）爽专朝政，党与共相进用。"（《三国志·魏书·钟会传》裴松之注引何劭《王弼传》）"是时，当世俊士散骑常侍夏侯玄、尚书诸葛诞、邓飏之徒，共相题表。"（《三国志·魏书·诸葛诞传》裴松之注引《世语》）按，司马光《资治通鉴·魏明帝太和四年》改"共相题表"为"更相题表"。

（67）顷者以来，役赋转重，狱犴日结，百姓困扰，甘乱者多，小人愚崄，共相煽惑。（《晋书·郭璞传》）

（68）时久旱，长老共相谓曰："彼树常有黄气，或有神灵，可以祈雨。"因以酒脯往。（《搜神记》卷十八"树神黄祖"）

据上述情况可推见，"共相"在魏晋时期已属常用词范围。

（69）南彭城蕃县民高阇、沙门释昙标、道方等共相诳惑，自言有鬼神龙凤之瑞，常闻箫鼓音。（《宋书·王僧达传》）

（70）世祖践祚，赵彦深本子如宾僚，元文遥、和士开并帝乡故旧，共相荐达，任遇弥重。（《北齐书·尉瑾传》）

（71）又诏福行豫州事，与东豫州刺史田益宗共相影援，绥遏蛮楚。（《魏书·宇文福传》）

（72）时刘显地广兵强，跨有朔裔，会其兄弟乖离，共相疑阻。（《北史·张衮传》）

（73）兄弟三人，共相抚掬，婴孩抱疾，得及成人。（《南齐书·胡谐之传》）

以上是见于史书的部分用例。

（74）时东羌、西虏，共相攻伐，国寻灭亡。（《异苑》卷四）

（75）中兴之始，天步久难，与献武帝同拯难危，志存匡辅，迭禀成

规，共相鱼水。(《大齐白水县开国男子辉墓铭》)①

(76) 达多每称什神俊，遂声彻于王。王即请入宫，集外道论师，共相
攻难。(慧皎《高僧传》卷二晋长安鸠摩罗什)

(77) 后安陀罗国与摩罗婆耶国，共相诛伐，多年不刬。(《经律异相》
卷二"帝释从野干受戒法")

(78) 佛在舍卫精舍，有四比丘，坐于树下，共相问言："一切世间，
何者最苦?"(《经律异相》卷十八"四比丘说苦遇佛得道")

(79) 恒患在世有人，务驰求金币，共相赠遗，幽途此事，亦复如之。
(《冥祥记》)

六朝时期，可以说是方式副词"共相"的使用最为活跃的时期。隋唐
以后，则开始有所减少。

(80) 俄而，江南人李稜等聚众为乱，大者数万，小者数千，共相影
响，杀害长吏。(《隋书·杨素传》)

(81) 遂州人多好捕猎，及闻所说，共相鉴戒，永断杀业。(《太平广
记》卷一百二"赵文信")按，原注出《法苑珠林》。

(82) 朕今志在君臣上下，各尽至公，共相切磋，以成治道。(《贞观治
要·求谏》)

(83) 时诸外道共相议曰："宜行诡诈，众中谤辱。"(《大唐西域记》
卷六"伽蓝附近传说")

(84) 及成礼，遽遭殴辱，左右婢仆，皆是扶同，共相毁訾，不胜其
苦。(《王氏见闻·杨铮》)②

(85) 年至一五，誓愿出家，诣于父母。二亲共相谓曰："宿缘善果，
不可夺志。"(《祖堂集》卷十七闽南和尚)

表示"相互"意义的"共相"，较晚的用例在宋代还可以看到。如：

(86) 豁达乾坤神妙理，逍遥铅汞共相依。(宋太祖《逍遥咏》)

(87) 是日诏曰：枢密使朱弘昭、冯赟，宣徽南院使孟汉琼，西京留守
王思同，前邠州节度使药彦稠，共相朋煽，妄举干戈，互兴离间
之谋，几构倾亡之祸。(《旧五代史·唐书·末帝纪》上)

(88) 文殊张帆，普贤把柁，势至观音，共相唱和。(《法演禅师语录》
卷上)

总体说来，"共相"使用的特点是，组成四字格式。四字格式在句中充

---

① 例出赵超《汉魏南北朝墓志汇编》，天津古籍出版社 1992 年版，第 403 页。

② 例出吴曾祺《旧小说》乙集卷六。

当谓语。这个谓语要求两个或多个主语。四字格式的后半部分，主要由动词充当，其次是名词。名词是由在事理上或情理上的单音节词复合而成的。例如：表里，首尾，经纬，唇齿，鱼水，影响，当这些词前置以"共相"时，即表示主体间形成某种具有比拟意义的相互关系。这种形式，应该是"共为唇齿"之类省略"为"而形成的一种格式。当后半部分是动词时，其构成乃以同义复合为主，如：庆贺，攻伐。但也可以其他形式，如：影援，朋煽，疑阻。有一点是共同的，这些动词都不能要求带宾语或补语。

以"共相"所构成的四字短语，就其组成看，有四种情形：

A. 共相＋单音节动词，如"老子道经分付得，少微星许共相攀"（吕岩《七言》诗），都出于诗，是受格律约束的结果。

B. 共相＋单音节形容词，如"今日爪牙谁敢敌，当时声迹共相高"（唐・李微诗）。

C. 共相＋双音节动词，如（66）共相庆贺，（69）共相诳惑。

D. 共相＋双音节名词，如（75）共相鱼水，（80）共相影响。

究其实，A 是权宜用法，不宜看成定式。只有 C、D 后半部分构成成分有别，来源不一，应该看作两个短语形式。我们在了解了"共相"使用上的特点之后，对类似下面的例子就不难辨别：

今其书编离简断，以是门人弟子共相缀，随记其所闻，而无次叙，非子故所著之书也。（刘向《子华子书录》）

荥阳人张福，船行还野水边。夜有一女子，容色甚美，自乘小船，来投福……因共相调，遂入就福船寝。（《搜神记》卷十九"鼍妇"）

这里两例短语形式既有别，语意也不同，应分别读作"共//相缀"，"共//相调"。

最后，还要提一下的就是，"共相"除了表示主体相互间的行为动作之外，还可以表示一方对另一方的行为动作。例如：

（89）异日，有一书生寓高家宿，云欲入中常山隐，父母即以高凭之。是夕咸见村人共相祖送。（慧皎《高僧传》卷十一宋伪魏平城释玄高）

（90）各自饥困，以君贤，欲共相济耳，恐不能兼有所存。（《晋书・郗鉴传》）

这种用法直到唐宋时期还能见到。如：

（91）朕赖公等共相辅佐，遂令图圄空虚。（《贞观政要・君臣鉴戒》）

（92）男女空饿肚，状似一食斋。里正追庸调，村头共相催。（王梵志"贫穷田舍汉"诗）

(93) 师竟就树缚屋，升座示众云："爱闲不打鼓山鼓，投老来看雁荡
　　　山。傑阁危楼浑不见，溪边茆屋两三间。还有共相出手者么?"
　　　（《五灯会元》卷二十龙翔士珪禅师）

尽管这一用法不如表示"相互"义那么普遍，但也说明了"共相"全
面传承了"共"和"相"的语法职能。

在汉语历史上，还有一个"相共"，似乎是"共相"倒序构成的，其实
不然。它们的构成成分间形同而义异，且两个成分间的关系也不同。在词汇
意义上，它们没有瓜葛，是两个词。

第五节　程度副词"益"

关于副词"益"，刘淇《助字辨略》卷五云：加甚之辞也。《孟子》：
"如水益深，如火益热。"杨树达《词诠》卷七，除接受刘说，称之为"表
态副词，愈也，更也"外，另立"副词，稍也，渐也"一项。此后的词书
基本都延用杨氏之说。本节试图探讨的，是"益"的甚辞用法。

（一）我们根据文献资料，从有关"益"表示程度副词的使用方式，以
及与其他词素的结合，发现某些现象；借助这些现象作为线索，引发一些思
考，提出"益"有甚词用法的判断。这些现象有：

甲，互文。

（1）端坐剩心惊，愁来益不平。（张文成《游仙窟》）

"剩"、"益"都是甚辞。参张相《诗词曲语辞汇释》卷二"賸"条，
"字亦作剩"。

（2）及明，至一大石穴之嵌空数十步，寂无居人，猿狖极多，松萝益
　　　邃。（《太平广记》卷一九四"聂隐娘"）按，原注出《传奇》。

其中的"猿狖极多，松萝益邃"，是并列的偶句。此"益"，犹"极"，
犹"甚"。

（3）闻汴军益盛，攻兖甚急，存信遣帝率三百骑而往，败汴军于任城，
　　　遂解兖州之围。（《旧五代史·唐书·明宗纪一》）

（4）王与黄游处颇久，相得益欢。（《夷坚支志》甲集卷七"黄左之"）

（5）他日，司马到一郡，泊驿舍，呼唤语移时，大相契合，益以称赏。
　　　（《夷坚支志》癸集卷十"温慆遇异人"）

犹如上面用例，"益"分别与表甚之词"剩"、"极"、"甚"、"颇"、
"大"互文使用，为我们提供了有益的启示，即"益"具有"颇甚"义。

与此相类，还有异文，后面随处说明之。

乙，异位。

"益"表示加甚，是最常用的用法。例如：

及撤其簀，见全素之尸已亡去，徒有冠带衣履存焉。生大异，且以为神仙得道者。即于几上视石砚，亦亡见矣。生益异之。（《宣室志》卷八"好神仙而不识神仙"）

明旦视事，案上有一小帖子曰："钱三万贯，乞不问此狱。"公大怒，更促之。明日，又见一帖子来曰："钱五万贯。"公益怒，令两日须毕。（《太平广记》卷二四三"张延赏"）按，原注出《幽闲鼓吹》。

颙自此大富，致园屋，为治生具……（胡人）已而又以珍贝数品遗于颙，货于南越，获金千镒，由是益富。（《太平广记》卷四七六"陆颙"）

"大……益"的句式，"益"是在"大"（或"极"、"甚"等）的程度基础上加甚的。当语句甚至段落形成这样一种格局时，"益"便犹"更"，犹"愈"。但是在实际使用中，"益"被置于"大"或"甚"的位置，而且与后面表示加甚的"愈"相配出现。例如：

（6）及壬子之日，驷带卒，国人益惧；后至壬寅日，公孙段又卒，国人愈惧。（《论衡·死伪篇》）

例（6）"益惊……愈惧"相配使用，这时"益"处于前述"大"或"甚"的语法位置上，而不是通常其所表示加甚的语法位置上。

（7）以父名岳，终身不听乐，大朝会有乐，亦以事辞之；客有犯其讳，则恸哭急起，与客遂绝。太宗闻之，嘉叹益久。……温叟曰："晋王身为京兆尹，兄为天子，吾为御史长，拒之则鲜敬，受之则何以激流品乎？"后太宗闻之，益加叹重。（《玉壶清话》卷二）

前后两个段落，以太宗闻之表示赞叹，形成"益……益加……"的句式或段落结构，而"益"在表甚的语法位置上。慧皎《高僧传》卷九讲石勒对佛图澄的依重过程，"勒益敬之……勒益加尊重"之间相距较远，但语意一贯，"益"仍属表甚地位。这种语法位置移异的现象，我们这里姑且称之为"异位"。所谓异位，是以"益"表"愈"、"更"作为参照的标准而说的。语法位置的移异结果，词汇意义随之发生变化，使"益"获得表甚的职能。这种异位现象，也是我们用来探讨或识别"益"具有表甚语法职能的方法之一。

丙，同义复合构词形式。

在汉语的双音词中，有一类同义复合词，两个单音节并具有相同意义的词素，在并列复合成双音节词之后，所构成的新词保持原有词素的词义不变。我们利用这一词汇构成的特性，判断"益"具有表甚特性的方法之一。

1. 颇益

（8）恪乃语是税居之士，曰："不幸冲突，颇益惭骇，幸望陈达于小娘子。"（唐·顾夐《袁氏传》）

（9）每闻他方之产可以利济人者，往往欲得而艺之；同志者或不远千里而致，耕获菑畲，时时利赖其用。以此持论颇益坚。（徐光启《甘薯疏序》）

2. 深益

（10）夫人……令婢然烛，而火悉已灭。婢空还，夫人深益叹恨。（《太平广记》卷一百三"豆卢夫人"）按，原注出《法苑珠林》。

3. 益大

（11）陈讶而视之，则成两钱矣；回顾，客已不见。及还庵取出，皆金钱也，益大惊异。（《夷坚支志》景集卷九"陈待制"）

（12）于是燕王因益大信子之。子之闻之，使人遗苏代金百镒，而听其所使。（《韩非子·外储说右下·说三》）

4. 益深

（13）钦想所为，益深勤企。（韩愈《答沧州李使君书》）

（14）访闻差去使臣，殊乖体认，不能敦于勉谕，而乃临以威刑，自有所闻，益深愧悼。（《旧五代史·晋书·少帝纪三》）

以上（8）至（14）作状语。

5. 益极

（15）俄而阴晦迷路，茫然不知所归，怅怅而行，困闷益极。（《续玄怪录》卷四"李卫公靖"）

按，《太平广记》卷四一八"李靖"条作"益甚"。

6. 益甚

（16）至是，（刘）胤腊日饷默酒一器，肫一头，默对信投之水中，忿愤益甚。（《晋书·郭默传》）

（17）刘讶益甚，遂驰归。比至其家，妻方寝。（白行简《三梦记》）

（18）元、张二人忽见之，惶惧益甚，且虑为其所害。（《太平广记》卷三百四"元载张谓"）按，原注出《宣室志》。

（19）今秋夏虽稔，而帑廩无余；黎庶虽安，而贫弊益甚。（《旧五代史·晋书·桑维翰传》）

（20）却说炀帝驾至江都，荒淫益甚，酒卮不离口。（《唐书志传通俗演义》十三节）

以上（15）至（20）在双音节形容词或形容动词后面作补语，表示程度极甚。如上所举"颇益"、"深益"、"益大"、"益深"、"益极"、"益甚"，都是以并列复合方式构成的。表明"益"与"大"、"极"、"颇"、"深"、"甚"个词素一样，具有相同的词汇意义。根据这一特性，我们认为，汉语历史上"益"曾经也是个甚辞，似乎被我们疏忽了。

（二）当"益"表示加甚意时，前面通常都存在前提条件：

1. 在已甚的前提基础上加甚。例如：

坤甚惧，起而讯之……坤益惧，因告妻孥。（《太平广记》卷三五一"王坤"）

客大惊，登时却回……客益惧，奔谢观主，哀求生命。（《太平广记》卷七二"张山人"）

已甚和被加甚的动词或形容词，前后应是相同的或相近者，如"惊"与"惧"。

2. 在已然的行为状态基础上加甚。例如：

北海相孔融闻而奇之……融既得济，益奇贵慈。（《三国志·吴书·太史慈传》）

时有表言仲卿酷暴者，上令御史王伟按之，并实，惜其功不罪也……仲卿益恣，由是免官。（《隋书·赵仲卿传》）

二公见之，前告叩头，辞理哀酸，求送人世。双鬟不答，二公请益苦。（唐·佚名《玉壶记》）

如《玉壶记》"益"是在叩头哀酸之上而"苦"。

然而，这只是从篇章构成上识别"益"的一个途径。很多场合要靠语意去辨别。譬如，当"益"在某篇章或表述情节相连贯的段落中不存在上述类似的前提时，我们就须要作些审视的工夫，看看究竟表示什么。例如：

（21）唐敬宗皇帝御历，以天下无事，视政之余，因广浮屠教，由是长安中缁徒益多。（《太平广记》卷一百一"鸡卵"）按，原注出《宣室志》。

（22）钴鉧潭在西山西，其始盖冉水自南奔注，抵山石，屈折东流。其颠委势峻，荡击益暴，啮其涯，故旁广而中深。（柳宗元《钴鉧潭记》）

（23）山明远，沧州人，字彦德。其先亦衣冠之族，至明远益贫，无室家可依。（《夷坚支志》甲集卷十"山明远"）

（24）余友柳大中金，性僻嗜书，搜罗奇籍，传写殆遍，亲自雠校，不吝假借，由是人益贤之。（明·俞弁《逸老堂诗话》下）

这些用例，都处于故事的开头，没有类似情状可比对，这几个"益"

都不表示加甚，以表示情状极甚作释，于语意最为吻合。作为一种类型视之可也。

我们前面提到的互文和异位现象，以至于例（21）至例（24）类型的用法，还是比较容易识别的，然而，这类用法的实例却极有限。大量的用例要靠我们去审读，从而加以识别。下面用例都出自唐人：

（25）道衡久当枢要，才名益显，太子诸王争相与交。（《隋书·薛道衡传》）

（26）于时，车匦见王瞿夷所说辛苦，益悲流泪，述前苦谏。（《法苑珠林》卷十"使还部"）

（27）上骇然流汗而寤，登时令往太液池发视不获，上益不乐。（曹邺《梅妃传》）

（28）是日亭午不来，佩候望于门，心摇目断，日既渐晚，佩益怅然。（《太平广记》卷三百六"卢佩"）按，原注出《河东记》。

（29）（郑）知古所见中夜之事小验，益忧。（《玄怪录》卷四"岑曦"）

（30）郑子发誓，词旨益切，任氏乃回眸去扇，光彩艳丽如初。（沈既济《任氏传》）

（31）堂上人益怒，令武士以大棒挝其脑，一击而碎，有声如墙崩。（韩偓《开河记》）

（32）忽寤而四视，其光益著，若日月之照。（《太平广记》卷二八"僧契虚"）按，原注出《宣室志》。

（33）戚玄符者，冀州民妻也……及为民妻，而舅姑严酷，侍奉益谨。（《太平广记》卷七十"戚玄符"）按，原注出《墉城集仙录》。

（34）翱不测，即回，望其居，见一青衣三四人，偕立其门外，翱益骇异。（《太平广记》卷三六四"谢翱"）按，原注出《宣室志》。

（35）（李）靖亦驰马速征，俄即到京，与张氏同往，至一小板门，扣之，有应者出……延入重门，门益壮丽。（张说《虬髯客传》）

（36）此非人世，乃仙府也。驴走益远，予之奉邀。（卢子《逸史·崔生》）

（37）须臾，华山大风折树，自西吹云，云势益壮，直至华山。（戴君孚《广异记·三卫》）

（38）有令史麴思明一人，二年之内，未尝有言……冬曦益怪之。（包湑《会昌解颐录·麴思明》）

后文有云："蒙注授其官，及所请俸料，一无差谬。冬曦甚惊异之。""益"、"甚"义同，都表程度之甚。

(39) 环之可上，望甚远，无土壤而生嘉树美箭，益奇而坚。（柳宗元《小石城山记》）

(40) 自是上每游韦、杜间，必过（王）琚家，琚所谪议合意，益亲善焉。（郑綮《开天传信记》）

(41) 有樵叟三五人，诣其家饮酒，常不言钱，礼而接之，虽数益敬。（《太平广记》卷三五"冯大亮"）按，原注出《仙传拾遗》。

表甚的"益"与表加甚的"益"，都是程度副词。它们的差别就在于"度"的不同：前者不及后者的程度高，在"颇"、"甚"、"深"相同或相近的程度上。当我们以这种认识接触古代文献时，就能比较合理解释某些似是而非的意境。例如：

(42) 今来思往事，往事益悽然。风月同今昔，悲欢异目前。（李绅《移九江》诗）

作者遭贬九江一纪，如今得天书昭雪，"重作朱轓广客"，故有"往事益悽然"的感慨。这个"益"只宜作"颇甚"解读，才符合作者的原意。

（三）我们前面以唐人的用例，说明唐人对表甚的"益"使用情况。实际上，这种用法历史悠久，已见于战国秦汉。如《史记》、《汉书》就不乏其例。

(43) 夫创少瘳，又复请将军曰："吾益知吴壁中曲折，请复往。"将军壮义之。（《史记·灌夫传》）

(44) 大将军青既益尊，姊为皇后，然黯与亢礼。（《汉书·汲黯传》）

(45) 关东富人益众，多规良田，役使贫民。（《汉书·陈汤传》）

除《史》、《汉书》之外，其他文献也能见到使用。如：

(46) 杨文仲亦言，所知家妪死，已敛未葬，忽起饮酒食，醉后而坐棺前祭床上。如是三四，家益厌苦。（桓谭《辨惑》）

(47) 帝益愧爱后，赐无方千万，入后房闼。（伶玄《赵飞燕外传》）

《韩非子》记载有下面一段话：

尧禅天下，虞舜受之，作为食器，斩山木而财之，削锯修其迹，流漆墨其上，输之于宫，以为食器。诸侯以为益侈，国之不服者十三。舜禅天下而传之于禹，禹作为祭器，墨染其外，而朱画其内，缦帛为茵，蒋席颇缘，觞酌有采，而樽俎有饰。此弥侈矣，而国之不服者三十三。夏后氏没，殷人受之，作为大路，而建九旒，食器雕琢，觞酌刻镂，白璧亚墀，茵席雕文。此弥侈矣，而国之不服者五十三。（《韩非子·十过》）

这段话由"……益……弥……弥……"几个段落构成。"益"与后面的"弥"相配合，构成表示加甚的句式，"益"表示"颇甚"。可见"益"表

"甚"义，由来已久。到了魏晋六朝，已经颇为常见。例如：

（48）母感后言流涕，便令后与嫂共止，寝息坐起常相随，恩爱益密。（《三国志·魏书·后妃传·文昭甄皇后》裴松之注引《魏略》）

（49）饮食既绝，辞诀而去。家人大小，哀割断绝。如是数年，家益厌苦。（《搜神记》卷十八"狗"）

（50）焦先者，字孝然，河东人也，年一百七十岁。……衣弊则卖薪以买故衣着之，冬夏单衣。太守董经，因往视之，又不肯语，经益以为贤。（葛洪《神仙传·焦先》）

（51）休上书谢罪，帝遣屯骑校尉杨暨慰谕，礼赐益隆。（《三国志·魏书·曹休传》）

（52）景和元年十一月二十九日晡时，帝出幸华林园，建安王休仁、山阳王休祐、山阴公主并侍侧，太宗犹在祕书省，不被召，益忧惧。（《宋书·恩倖传·阮佃夫》）

（53）及朝士滥祸，帝益忧怖，诏逸昼夜陪侍，数日之内，常寝宿于御床前。（《魏书·杨播传》附逸）

（54）自兹以后，而虎患遂息。众益敬异，一县士庶，略皆奉法。（《冥祥记》）

《冥祥记》仑氏二女故事，其末云："刺史韦朗、孔默等并迎供养，闻其谈说，甚敬异焉。于是溪里皆知奉法。"与例末所述意近，"益敬异"同"甚敬异"。

（55）《东观汉记》曰："郅郓为上东门侯，光武尝夜出还，诏开门欲入，郓不内。上令从门间识面，郓曰'火明辽远。'遂拒不开。"由是上益重之。（《水经注》卷十六"穀水"）

（56）商人答曰："卿吾良友，今相忘乎？"妇人怅然，意益不悦，怪商人言。（《经律异相》卷十"能仁为帝释身度先友人"）

资料显示，表甚的"益"在书面上一直使用到宋、元、明、清间。例如：

（57）诸谏官纷纭言事，细碎无不闻达，天子益厌苦之。（《旧唐书·隐逸传·阳城》）

（58）邺怒，遣人告善达受人金，下狱。善达素刚，辞益不逊，遂死于狱中。（《旧五代史·唐书·西方邺传》）

（59）（女）遂以拥项香罗，令浩题诗……女阅之，益喜曰："君真有才者。生平在君，愿君留意。"（《绿窗新话》卷上"张浩私通李莺莺"）

　　此例原出《青琐高议》别集卷四《张浩花下与李氏结婚》。冯梦龙改写后以"宿香亭张浩遇莺莺"为题，编入《警世通言》卷二十九。其中"女阅之，益喜"，改为"女见诗，大喜"。

（60）明日取视之，则空篮弊杓如故。众益哂其妄。（《铁围山丛谈·韩生》）

（61）（李）承之既登第，官浸显，益有直声。（《邵氏闻见录》卷十三）

（62）今人解杜诗，但寻出处，不知少陵之意，初不如是……纵使字字寻得出处，去少陵之意益远矣。（《老学庵笔记》卷七）

（63）王与黄游处颇久，相得益欢。（《夷坚支志》甲集卷七"黄左之"）

以上是宋人的部分用例。

（64）（西门庆）睃视妇人云鬟斜軃，酥胸半露，娇眼乜斜，犹如沉醉杨妃一般，淫思益炽，复与妇人交接。（《金瓶梅》二八回）

（65）（崔）乃私厚贿忠贤心腹门人，愿身为忠贤门下儿，父事忠贤。贤喜其尊己附己也，待之益厚。（《皇明中兴圣烈传》卷一"崔呈秀契拜魏忠贤"）

（66）家人皆以为异，相聚偶语。妇微有闻，益羞怒，遍挞奴婢。（《聊斋志异》卷六"马介甫"）

（67）光阴迅速，瞬逾十年，年将古稀，仍无所出。宗族之贫者，咸思争继，哓哓不休，益厌苦之。（《女聊斋》卷二"李老"）

　　在明、清时期，如《聊斋志异》这样的文言小说，用例较多，其他白话小说很难见到了。据此推测，作为表甚的"益"，长期以来，具有书面的使用特性。既被排除在早期白话之外，很自然，不可能沿袭到现代汉语。

　　我们对"益"表甚职能，作如上初步的探讨。我们从"益"的使用中提出问题，又以实例证实其表甚职能的历史存在。由于我们对"益"表甚用法疏于了解，提出几种读法，借以识别与加甚之不同。我们认为，把表甚的用法从"益"的职能中离析出来，有利于准确理解历史文籍。反过来，也能合理解释那些复合词之所以出现与使用。这样一来，在汉语历史上"益"的副词用法有三种含义：

　　1. 表示逐渐地。《汉书·灌夫传》："夫居家，卿相侍中宾客益衰。"颜师古云："以夫居家，而卿相侍中素为夫之宾客者渐以衰退不复往也。"以"渐"训"益"。

2. 表示颇甚。《玉泉子·赵琮》："琮以久随，计不第，穷悴甚，妻族益相薄。"

3. 表示加甚。《韩非子·孤愤》："主上愈卑，私门益尊。"

这三个义项，前两项未能使用到现代汉语，已经消失；就是后一项，也处于半消失状态。如：

原来当初只知是贾母的侍儿，益想不到是袭人。（《红楼梦》一二十回）

像这样使用的"益"，现代汉语似乎也已经见不到了。现代汉语所能见到的，多半是如"精益求精"、"多多益善"之类，近乎格式性表达方式。由于其内涵与形式的近乎完美的统一，还会长时间使用下去。在近代汉语里出现的"益发"，充其量偶见于书面而已；至于"益加"、"益更"等，压根儿就没有。从汉语历史发展的趋势看，已经很明显，表甚的副词"益"也将成为历史的遗存。

第六节　否定副词"别"

在现代汉语里，"别"不表示否定，只表示禁止。关于"别"，长期以来是一个颇具疑义的词，也是语言学界颇受关注的一个词。主要原因是语言学界一代宗师吕叔湘先生和王力先生学见之不一；而且长期以来，尚未有人提出大家能趋于认同的意见来。

吕叔湘先生在早年的《中国文法要略》第十七章之 34 节①里说：

可是"不要"一词用久了已经失去原义，干脆成了一个禁止词。到了"不要"二字合音成"别"（北京）的时期，那就和"休"、"莫"等单词没有什么两样了。

由于该书读者对象的关系，吕先生在 1942 年"上卷初版例言"里说"解说却无法详尽"。当然包括"别"在内，吕先生只是提出问题，或者只是一种推测，尚未加以论证。但禁止词"别"来自"不要"的合音，其观点却是很明白的。

王力先生不赞同这一说法。他在 1954 年新一版的《中国语法理论》（中华书局出版）第三章第二十二节"语气"里说：

否定的祈使语气不用语气词，只往往用副词"别"字。普通总以为"别"字是"不要"的合音，但这是很难解释的，因为"不"和"要"的合音该是 biao，不该是 bie。所以"别"字的来源还是尚待考证的。

_____

① 根据商务印书馆 1982 年新 1 版，第 306 页。

王力先生也只是提出问题，直觉合音很难解释，来源需要考证。直觉的根据应当是反切。王先生在"不该是 bie"下的注里说：苏州的"勿要"（fiao）才真的是"勿要"的合音。

于是乎有人便对禁止词"别"考源起来①，并攒出一个绝妙的音变程式来。该文与其说是考源，毋宁说是对"合音"说的求证！这在"很难解释"之上又横生出一个"很难解释"来。

"别"，《广韵》"薛"韵"皮列切，又彼列切"。宋元音变，入声韵尾脱落，即成今音［pie］②。即使表示禁止，与"别"的其他义项有异，又何须由"不要"再合出一个相同的音读来呢？说明"合音"说在理论上或逻辑上存在显而易见的缺陷。汉语研究，必须注意到形、音、义是一体的三个有机组成部分。就表禁止的"别"而言，形和音都不是问题之所在，那么，剩下的就是义。下面我们就从词义方面加以考察。

（一）在汉语的历史上，任何一个禁止义的副词，都与否定语气有割不断的联系。因此，任何绕开否定用法去探求禁止义来源的做法，都将很难得到合理的解释。根据这一原则，我们得首先探寻"别"否定用法。

（1）十万人家火烛光，门门开处见红妆。歌钟暄夜更漏暗，罗绮满街尘土香。星宿别从天畔出，莲花不向水中芳。宝钗骤马多遗落，依旧明朝在路旁。（张萧远《观灯》诗）

这是唐人的一首叙事诗，描写节日观灯的景象。第五、六句是一组对仗工整的否定句，语句的结构完全相同。在句中，"别"和"不"处在完全相同的语法位置上。在这样的语法位置上，"别"与"不"的语法职能当然也相同，那么，"别"、"不"应当都是表示否定的。

（2）官园树影昼阴阴，咫尺清凉莫浣心。桃李别教人主掌，烟花不称我追寻。（齐己《移居西湖作二首》诗之二）

这首诗，是作者移居西湖的生活写照之一。作者"桃李别教人主掌，烟花不称我追寻"，凡事自己操劳。两首诗自始至终只叙述作者自己的闲居生活，不涉及他人。第三、四句一组对句，"别"、"不"的语法职能和词义均相同，表示否定。

（3）在我成何事，逢君更劝吟。纵饶不得力，犹胜别劳心。凡事有兴

---

① 江蓝生：《禁止词"别"考源》，见《语文研究》1991 年第 1 期，后收入《近代汉语探源》，商务印书馆 2001 年版。

② "别"字，《中原音韵》以"入声作平声"归入"车遮"韵。陆志韦先生拟"车遮"韵为［ɛ］。王力先生《汉语语音史》拟元代音系"车遮"齐齿为［iæ］。杨耐思《中原音韵音系》拟"车遮"韵开口为［ɜ］。邵荣芬《中原雅音研究》拟"遮韵"开口为［ie］。

废，诗名无古今。百年能几日，忍不惜光阴。（杜荀鹤《赠李蒙叟》诗）

此诗虽是写给别人、并劝人吟咏的，但只是作者以谈自我感受的方式来表达一种看法，没有一定要对方接受或如何做的意思。诗中的"不得力"和"别劳心"两个短语，都是表示否定意义的。"别"、"不"，都是否定副词。

（4）玄武湖边林隐见，五城桥下棹洄沿。曾移苑树开红药，新凿家池种白莲。不遣前驺妨野逸，别寻道客互招延。棋枰寂静陈虚阁，诗笔沉吟劈彩牋。（徐铉《奉和宫傅相公怀旧见寄四十韵》）

这是四十韵中的四韵。作者在这段文字里，叙述了致仕之后的寂寥生活。"别"和"不"一样，都是表示否定自我行为的。

（5）近律有"天上骄云未肯问，十年江海别常轻"。（宋·黄彻《碧溪诗话》卷三）

"别"义同"未"，表示否定。

以上五例，我们从韵语的对仗，通过互文同义，能最直观地了解到"别"的词性。我们以语意和语法两方面，可以确定"别"的否定副词性质。

但是，大多数情况下"别"和"不"并不都是对偶使用的，这就需要对文献加以审读。我们有了对上面数例的判断，获得了"别"、"不"同样具有否定副词用法的认识，审读也就有了依据。

（6）自小信一作习成疏懒性，人间事事总无功。别从仙客求方法，时到僧家问苦空。（张籍《书怀》诗）

作者讲述内心的人生感受。"从……求……"是一种句式①，表示向谁求取什么。作者说我不向仙客访求长生之术。此诗意只说自己，无关他人，"别"不表劝阻。

（7）牢落东溪满鬓丝，一身扶杖二男随。鸣鸠在处携书卷，科斗生时想墨池。日夕爱琴怜犬子，春风咏雪喜胡儿。我家命驾还千里，别与鲈鱼为后期。（张祜《所居即事六首》之三）

全诗都是叙述作者本人的闲居生活。"还千里"、"为后期"也都是作者的行为。

（8）浪翻全失岸，竹迸别成林。鸥鸟犹相识，时来听苦吟。（许棠《冬杪归陵阳别业五首》之一）

历经乡国乱离之后，作者回到老家，景象萧条。"竹迸别成林"即是其

---

① 参见本书第三章第六节对象介词"从"。

一。句中的"别"是对"成林"的否定。

(9) 静室谭玄旨，清宵独细听。真身非有像，至理本无经。钟定遥闻水，楼高别见星。不教人触秽，偏说此山灵。（张蠙《宿开照寺光泽上人院》诗）

此诗用了三、四个否定句，对光泽上人的宣扬表示疑义。"别见星"也是表示否定意义的短语。

(10) 洛阳多女儿，春日逞华丽。共折路边花，各持插高髻。髻高花匼匝，人见皆睥睨。别求酽酽怜，将归见夫婿。（寒山"洛阳多女儿"诗）

踏青的妇女采摘野花插满头髻，不是为了获得人家的喜欢，而是为了回家见夫君的。"别求"即"不求"。

(11) 竹价长东南，别种殊草木。成林处处云，抽笋年年玉。（张南史《竹》诗）

作者爱种竹子，聊以自足。"别"否定"种殊草木"的行为。

(12) 耳闻犹气绝，眼见若为怜。从渠痛不肯，人更别求天。（张文成《游仙窟》）

"别求天"，即不求于天。日人志村良治解释末了两句为"即使他无情地拒绝了我，我也不再向天界央求别人"[1]。释"别"为"不"是确切的。

(13) 始元二年，吏告民盗用乘舆御物，案其题，乃茂陵中明器也，民别买得。（霍）光疑葬日监官不谨，容致盗窃，乃收将作以下系长安狱考讯。（《汉武故事》）[2]

根据例文之意，"民别买得"一语，当是否定句，语法关系清楚。

(14) 上堂云："尔诸人无端走来这里觅什么？老僧祇解喫饮屙屎，别解作什么。"（《云门匡真禅师广录》卷上）

白居易《感事》诗："唯知趁杯酒，不解炼金银。""祇……，别……"复合句，犹如"唯……，不……"复合句，"别"亦犹"不"，表示否定。

以上是唐五代的若干用例。

(15) 序齿颠毛贵，传家子绶青。兰芳应作膳，椿老别添龄。（宋庠《次韵和吴侍郎寄致政张郎中以令子倅府迎侍河阳》诗）

(16) 玉瘦檀轻无限恨，南楼羌管休吹。浓香吹尽有谁知。暖风迟日也，别到杏花肥。（李清照《临江仙·梅》词）

---

[1] 志村良治：《中国中世语法史研究》，江蓝生、白维国翻译本，中华书局1996年版，第289页。

[2] 见《古小说钩沉》，原注据《御览》八十八。

这是该词的下阕。最后一句意为，暖风晚些儿来呀，还不到杏花盛开的时节。

（17）日长减破夜长眠，别听笙箫吹晓。锦牋封与怨春诗，寄与归云缥缈。（辛弃疾《出塞·春寒有感》词）

春天日长夜短人困，没听见吹晓的笙箫。"别"犹"未"，犹"没"，表示否定。

（18）佛者曰："十二时中，除了著衣喫饭是别用心。"（《朱子语类》卷一二一）

前文说："若不是主静，便是穷理，只有此二者。既不主静，又不穷理，便是心无所用，闲坐而已。"所谓"心无所用"，即可以为"别用心"作注脚。也可参照理解例（14）"别解作什么"之语意。

（19）师曰："阇黎别问，山僧别答。"曰："请师别答。"（《五灯会元》卷七龙华灵照禅师）

根据例文，如果在前面补入下面两句，语意就会更清楚：师曰："阇黎问。"曰："不问。"——这样，"别"的否定意义也更清楚。

不管是唐人还是宋人的用例，"别"在陈述句中具有的否定副词的语法功能，应该是不必疑义的。

下面的用例是通过词组形式使用的，也有助我们了解"别"的否定意义。

（20）但有双松当砌下，更无一事到心中。金章紫绶堪如梦，皂盖朱轮别似空。（白居易《新昌闲居招杨郎中兄弟》诗）

作者老病家中，有如空似梦的感觉。"别似"，就是"不如"。

（21）那是柔肠易断，人间事、独此难禁。雕笼近，数声别似春琴。（吴元可《凤凰台上忆吹箫·秋意》词）

（22）直至上元，谓之预赏。惟周待诏瓠羹贡余者，一百二十文足一个，其精细果别如市店十文者。（《东京梦华录》卷六"十六日"）

"别如"同"别似"，即"不如"。前述此类"别"，均表示否定。

既然说"别"是个否定词，那么，它同样具备一个否定副词在近代汉语通常都有的基本功能，即对"有"的否定。例如：

（23）居山别有非山意，莫错将予比宋纤。（贯休《山居诗二十四首》之五）

（24）曹山行脚时，问乌石灵观禅师，如何是毗卢师法身主。石曰"我若向汝道即别有也"。（《筠州洞山悟本禅师语录》）

（25）老丞倦闷偏宜矣，旧客过从别有之。（刘兼《从弟舍人惠茶》诗）

（26）老氏欲保全其身底意思多；释氏又全不以其身为事，自谓别有一物不生不灭。（《朱子语类》卷一二六）

（27）今月六日，离新添馆路中，有北界马协司徒续后赶来，相祗揖云："阙下久住不易，今来归去，煞是喜庆，甚好事。"（李）回答云："别有甚喜庆好事，只是且得一行人马安乐回归。"（沈约《乙卯入国奏请·别录》）

（28）师一日见僧披衲，师曰："得怎么好针线？"曰："祇要牢固。"师曰："打草惊蛇作甚么？"曰："客来须看。"师曰："祇有这个更别有？"曰："云生岭上。"（《五灯会元》卷十五沩潭怀澄禅师）

（29）（生）眼下里衣单又值雪，况肚中饥馁。（旦）粥食奴旦夕供些。（生）衣裳身上蓝缕。（合）胡乱度日，别有区处。（《张协状元》十二出〔狮子序·换头〕）

（30）见一日八十番觑我膘脂，除我柯杖外别有甚的。（曾瑞《羊诉冤》套数）

（31）〔白敏中云〕小姐别有甚么嘱咐小生的言语？（《㑇梅香》三折）

如果上面的"别"我们理解得不错，那么下面一例就出现得很早：

（32）其受命不应仙者，虽日见仙人，成群在世，犹必谓彼自异种人，天下别有此物。（《抱朴子·内篇》卷三"勤求"）

"别"也能置于"是"前面，表示否定。例如：

（33）既说不乱三纲五常，又说别是魁伟底道理，却是个甚么物事？也是乱道！（《朱子语类》卷一二三）

（34）他别是一般人，怎好劝得！（《章台柳》十三回）

"别"能否定动词，如：

（35）教小官一言难尽。当初委实是夫妻来。今蒙相公恩顾，小官怎敢别言。（《云窗梦》四折）

（36）予客晋阳，《对西山》诗云："好山俱在目，楼上坐移时。碧树亦佳侣，白云非远期。心闲聊对景，兴转别成诗。操笔有常变，兵家韩信知。"（明·谢榛《四溟诗话》卷四）

意谓面对美景，心不在焉也写不成诗。

"别"也可以否定形容词，如：

（37）姿容秀雅别寻常，劝君莫作等闲看。（《钟馗全传》卷一）

"别寻常"，即不寻常。

我们上面用了较多的篇幅来讨论"别"表示否定用法的历史存在，从各个角度，说明其存在具有实在性。我们所熟悉的是现代汉语，我们需要超乎自身经验的局限去认识、看待历史事实。这也就是通常所说的科学的、事实求是的态度。

（二）我们在考察了副词"别"具有否定意义之后，这就为进一步了解其禁止意义的使用提供了必不可少的前提。我们前面说过，禁止或劝诫从宏观上说也是一种否定，只是表达的语气不同罢了。王力先生以"否定的祈使语气"来界定"别"，实在是眼光独到！"别"由否定语气而生发禁止语气，几乎是汉语否定副词的一个共同规则。这就是禁止语气的"别"产生的前提。所谓的考源，如果不懂得或故意撇开这一前提，无疑会迷失方向。

根据现在所掌握的资料，表示禁止语气的"别"初唐时期已经出现。例如：

（38）妻儿嫁与鬼，你向谁边告。教你别取妻，不须苦烦恼。（王梵志"世间何物重"诗）

末句"教你别取妻"，"你"是被劝诫对象，"别"否定"你"的"娶妻"行为。

（39）雀儿语燕子："不由君事瞥头。问君行坐处，元本住何州？宅家今括客，特敕捉浮逃；黠儿别设诮，转急且抽头。"（《燕子赋》）

雀儿占了燕子的巢不想归还，企图把燕子吓跑，故意捏造说官家捉浮逃，叫他赶紧走。雀儿诫敕燕子"别设诮"。

上面唐五代的两个用例，都是很典型的"别"表示禁止语气的例子。

（40）今学者亦多来求病根，某向他说，头痛灸头，脚痛灸脚。病在这上，只治这上便了，更别讨甚病根也。（《朱子语类》卷一十四）

这是朱熹答时举疑问的其中一段话。时举自言："常苦于粗率，无精密之功，不知病根何在？"朱子答曰："不要讨甚病根。但知道粗率，便是病在这上，便更加仔细便了。……"下接例文。朱子是说，知道"粗率"，这就是病根，不必再找了。"不要讨"、"别讨"都是对时举表示的禁止语气。

（41）今后随投下人户，但犯奸盗重罪等事，并从有司约会本管官司一同理问定断，毋得有狗，别致违错。（《元典章·刑部三·内乱》）

（42）别近谤俺夫妻每甚的，止不过发尽儿掏窝不姓李，则今日暗昧神祇。（《哭存孝》一折［尾声］）

（43）只恐怕老夫人知道无干净。别引逗出半点儿风声，夫人他治家严

肃狠情性。(《㑇梅香》一折［幺篇］)

作为两个历史层次的表示禁止语气的否定副词，明清之际是"休"与"别"此消彼长的交替时期。这两个词都多在北方官话区域内通行，大概这就是刘淇所说"方言"之意。即使就明代北方官话区域出现的白话小说而言，也只有到了明朝末年，表禁止的"别"才在相当口语化的部分小说中使用，如《金瓶梅》、《醒世姻缘传》，特别后者使用得更多。例如：咱别分了不是来（八回），你别合他一般见识（三二回）老爷且别打（八八回），就是我，也别停的久了（九十回）等等，其使用频率是比较高的，远在《金瓶梅》之上。其他小说也偶有使用的。如：

(44) 此处无鱼，且别下钩。(《醋葫芦》十四回)

到了清代的小说资料里，所见到的使用范围就比较宽广了。例如：

(45) 妈妈走罢，别疯疯颠颠的。(《红楼梦》七四回)

(46) 老弟，你可别硬作呀！(《儿女英雄传》十六回)

(47) 说的是了，员外别喜欢；说的不是了，员外也别恼。(《三侠五义》六九回)

(48) 和尚别胡嚷，哪有阴天大老爷？(《济公全传》四四回)

(49) 快别请分子，白不中用！(《红楼复梦》二三回)

(50) 你别信他们胡诌，没有的事。(《老残游记》四回)

(51) 老哥，你别拿人开心。(《官场现形记》三回)

到《老残游记》里，"别"已经取代了"休"，两者间同义替代的历史过程基本告一段落。到了现代汉语普通话系统里，除了以"不"构成的"不要"、"不得"等表示禁止语气之外，在这一意义上，"别"是禁止语气中唯一还在使用的单音节词。

在汉语的历史上，单音节的否定副词须要以双音节形式表示禁止或劝诫语气时，在其后接"要"或"得"即可成词。"休要"就是其中之一。还有现代汉语很常用的"不要"。这种构词形式，已是一条通则。除"不要"、"休要"之外，还须要提一下的，有下列若干个：

没要

(52) 短命的，且没要动旦，我有些不耐烦在这里。(《金瓶梅》五三回)

我劝世人没要学撑船，撑子船来弗得闲。(《运甓记》十二出)

莫要

(53) 莫要才看一遍不通，便掉下了。(《朱子语类》卷一十九)

做夫妻久想，莫要实指望便身亡。(《遇上皇》一折［幺篇］)

大哥，莫要造次，定没这事！（《水浒传》七三回）

莫要笑，莫要笑，你的来历我知道。（《济公全传》一回）

未要

（54）亦知白日青天好，未要高飞且养疮。（白居易《叹鹤病》诗）

须是见得此一章彻了，方可看别章，未要思量别章别句。（《朱子语类》卷十）

殿直道："未要去，还有人里！"（《简贴和尚》）

且未要把入宫一节，记挂在心。（《醒世恒言》卷十三）

勿要

（55）星官勿要取笑！（《牛郎织牛》八回）

海瑞叫道："勿要屈我！"（《海公大红袍全传》三七回）

"别要"也就是这个词族之中的一员。它们具有相同的结构形式和词汇意义。例如：

（56）李三你且别要许他，等我门外讨银子出来，和你说话去。（《金瓶梅》五一回）

（57）这事大爷再合老爷商议，别要忒冒失了。（《醒世姻缘传》十五回）

（58）老爷你别要把他们入狱，这几个贼都会邪术。（《济公全传》一八五回）

（59）不好！我别要栽了罢。（《三侠五义》五六回）

现代汉语普通话里，"别要"没有被继续使用。在所有表示禁止语气的双音节词中，除了"不要"之外，都被淘汰了。

在汉语发展的整个过程中，否定副词系统有几种情况值得一提：

1. 除了"休"之外，所有否定副词都属于唇音声母系统。"休"被弃用之后，否定副词就成为清一色的唇音字了。

2. 从宏观上说，否定和禁止都是表示否定的，它们只有语气上的区别，所以我认为它们应归属一类副词，都是否定副词；但从微观上说，"无"、"未"、"不"、"没"等偏于否定语气，"毋"、"勿"、"莫"、"休"、"别"等偏于禁止语气。从历时上看，"毋"、"勿"、"莫"——"休"——"别"之间，可分为三个历史层次，而"别"是其中最年轻的成员。语词的兴废并不是按时序来排列的。"别"与"休"之兴替，恐怕与否定副词系统都属唇音这一语言内部特性有关。

3. 根据对否定副词的整体考察，一般情况下，以"否定＋要"构成词组表示否定语气，如"不要"、"休要"，其中的否定成分根源于否定义，而不是根源于禁止义。也就是说，"不要"的"不"，"休要"的"休"，是表示否定的，而不是禁止的。同样，"别要"的"别"也根源于否定义，而非根源于禁止义。

4. 作为官话，或后来以北方方言为基础的普通话，表示否定语气的"别"使用到元、明间就止步了。但极少数的方言难免仍在使用。例如："沫若，你别用心焦！你快来亲我的嘴儿，我好替你除却许多烦恼。"（《女神·死的诱惑》）如果是"你别心焦"，则"别"为禁止语气，"别用"意为"用不着"，是否定语气。

从我们对否定副词"别"的考察可知，把"别"仅定义为"禁止词"起码是不全面的，因为不符合"别"本身的历史实际。科学地认识一个历史事实，需要有个过程。王力先生关于"别"字的来源持尚待考证的态度，实在是难言可贵！这正是我们后辈要认真汲取的。那种不切实际去探讨历史真实、强不知为知的作风，显然是与之格格不入的。当考源者都不再去认真阅读本字了，还能称是考源吗？

第七节　否定副词"休"

在汉语研究历史上，最早提到"休"的，是刘淇的《助字辨略》。他说：

方言莫也。李义山诗："西来双燕信休通。"温飞卿诗："休向人间觅往还。"

所谓"莫也"，在刘氏当是不单指禁止语气。但在汉语研究中，人们注意到的，往往只是它的禁止语气。本节拟对否定副词"休"作较全面的探讨。

（一）在讲到"休"的词汇意义时，人们都只提表示禁止或劝阻语气。对于这个意义，我们从一些韵语的对偶上，很容易得到启示。如：

（1）虎拙休言画，龙希莫学屠。（温庭筠《病中书怀呈友人》诗）

（2）莫将天人施沙门，休把娇姿与菩萨。（《维摩诘经讲经文》）

（3）人心情绪自无端，莫思量，休退悔。（冯延巳《醉花间》词）

上面若干用例，都是"休"、"莫"互文使用。以此说明"休"同"莫"义，表示禁止或劝阻，这是汉语探求词汇意义常用的方法之一，即互文同义。

此外，温庭筠《送崔侍郎赴幕》诗："相思休话长安远，江月随人处处圆"，《全唐诗》在"休话"下注云"一作莫道"。此一异文，以另一种形式显示"休"同"莫"义，表示禁止或劝阻语气。

在这里，我们用同样的传统语言学的原则来探求"休"另一个词汇意义，同样是行之有效的。请看用例：

(4) 休怪儿童延俗客，不教鹅鸭恼比邻。（杜甫《将赴成都草堂途中有作先寄严郑公五首》之二）

(5) 残莺著雨懒休啭，落絮无风凝不飞。（白居易《酬李十二郎》诗）

(6) 凿石养蜂休买蜜，坐山秤药不争星。（贾岛《赠牛山人》诗）

(7) 罗衣不挂因虫啮，半臂休穿为酒伤。（《敦煌变文集·秋吟一本》）

(8) 乾坤休驻意，宇宙不留心时如何？（《五灯会元》卷十四护国知远禅师）

上面（4）至（8）例，我们同样以互文的方式、以"不"的否定意义来审视"休"，是否可以认为"休"也具有与"不"相同的否定意义呢？我们既是提出问题，回答也是肯定的。应当提醒一点的是，我们这里是参照"不"以审视"休"，而不是相反。在汉语历史上，除了"不得"、"不要"等外，尚未发现"不"单独（如"休"那样）表示禁止语气的。

(9) 云鬟几迷芳草蝶，额黄无限夕阳山。与君便是鸳鸯侣，休向人间觅往还。（温庭筠《偶游》诗）

《全唐诗》"休"下有校云"一作不"。这一异文，也是一个提示，"休"与"不"在否定意义上有相通之处。

(10) 馆娃宫中春日暮，荔枝木瓜花满树。城头乌棲休击鼓，青娥弹瑟白纻舞。（王建《白纻歌》）

(11) 山中荆璞谁知玉，海底骊龙不见珠。寄语故人休怅怏，古来贤达事多殊。（牟融《寄周韶州》诗）

上面两例都是表示禁止的，我们以此为对象，略加分析。例（11）的被禁止对象是故人周氏，是作者点明了的。例（10）虽未点明，但也是清楚的，就是"击鼓"行为的施动者。也就是说，如果"休"是表示禁止的话，通常被禁止的对象即行为动作的施动者是他人，不是说话者自己。如果是表示否定的话，句中成分的关系就不一样了。下面以白居易的一些用例来加以讨论。

(12) 懒镊从须白，休治任眼昏。（白居易《晚出西郊》诗）

(13) 懒照新磨镜，休看小字书。（白居易《咏老赠梦得》诗）

这两首诗，都是作者自写老时的生活起居，不涉及任何人。因此，这里的"休"没有表示禁止的意思，只分别对"治"和"看小字书"的行为予以否定。

（14）自学坐禅休服药，从他时复病沉沉。（白居易《罢药》诗）

（15）登山寻水应无力，不似江州司马时。渐伏酒魔休放醉，犹残口业未抛诗。（白居易《寄题庐山旧草堂兼呈二林寺道侣》诗）

这两句也是作者老病时的自我写照，而不是写别人或劝阻他人的。例（14）说自从学坐禅就不吃药了，即使有时病得昏昏沉沉也坚持不吃药。例（15）后两句，"休"、"未"互文使用，最为清楚。

（16）自此光阴为己有，从前日月属官家。樽前免被催迎使，枕上休闻报坐衙。（白居易《喜罢郡》诗）

（17）自兹唯委命，名利心双息。近日转安闲，乡园亦休忆。（白居易《遣怀》诗）

这两例都是作者失官之后的写照，前一例无官一身轻，后一例反映心情抑郁。"休闻"、"休忆"都是写自身，非对他人。"休"都表示否定语气。

上面用例，意在说明这样一种语言环境，当说话者在处于自我表述的情况下，"休"所修饰的是说话者自我的行为动作，这时"休"不表示禁止，它的语法职能是否定，是个否定副词。我们的这种认识，在唐五代除了白居易的用例外，尚有其他人的用例获得支持。如：

（18）由来休愤命，命也信苍苍。（沈佺期《答魑魅代书寄家人》诗）

（19）近来心力少，休读养生方。（王建《原上新居十三首》之六）

（20）愿携汉戟招书鬼，休令恨骨填蒿里。（李贺《绿章封事》诗）

（21）莫种槿花，使朝晨而骋艳；休敲石火，尚昏黑而流光。（无名氏《少室仙姝传》）

（22）懒拂鸳鸯枕，休缝翡翠裙。罗帐罢炉熏。近来心更切，为思君。（温庭筠《南歌子》词）

（23）手风慵展一行书，眼暗休寻九局图。（韩偓《安贫》诗）

例（23）是作者卧疾深村时的生活写照。

（24）历历前欢无处说，关山何日休离别。（冯延巳《鹊踏枝》词）

这是触景而生情的词，作者抒发胸怀，仍是写自我，例中"休"也表否定。

（25）眼休抬，口休开，纷纷是非，如何得到来。（何仙姑《梅花引》词）

"眼"、"口"是主语，不是"休"的对象。意谓眼不睁，口不开，不惹是非。

在唐五代之后很长的历史时期里，我们仍能时常见到"休"表示否定的用法。例如：

（26）清风生两腋，尘埃尽，留白雪、长黄芽。解使芝眉长秀，潘鬓休华。（宋·王千秋《风流子》词）

"休华"，不白。

（27）二三君少壮，走上浮屠巅。……复想下时险，喘汗头目旋。不如且安坐，休用窥云烟。（梅尧臣《闻子美次道师厚登天清寺塔》诗）

休用，即"不用"。

（28）应更付属楼头，丁宁笛伴，莫把声声彻。玉女行春娇渡马，休是鹊桥轻别。对我三人，与君一醉，醉了樽重设。（沈瀛《念奴娇》词）

"休是"，非是，不是。"休"否定"是"。

（29）当初不似休来好。来后空烦恼。情人传语更商量。只得千金一笑、也甘当。（张孝祥《虞美人》词）

（30）新来衰态见，书懒读，镜休看。笑量窄才悭，卷无警策，杯有留残。（刘克庄《木兰花慢·己未生日》词）

例（30）的"懒读……休看"格式，有如例（22）的"懒拂……休缝"，都在于描写人的一种日常生活中的神态。

（31）回首看，平田阔，四方放去休栏过。八面无拘任意游，要收只在索头拨。（《古尊宿语录》卷十一慈明语录·牧童歌）

（32）珠帘休卷。爱惜龙香藏粉艳。胜友俱来，同醉君思倒玉杯。（曾觌《减字木兰花·席上赏宴赐牡丹之作》词）

（33）天上不知天，洞里休寻洞。洞府天宫在眼前，春日都浮动。（汪莘《生查子·春晴寓兴》词）

（34）情诗儿自今休吟，简贴儿从今莫写。（《董解元西厢记》卷四[墙头花]）

例（34）"休"、"莫"义同，都表示否定。

（35）张角言：如医可者，少壮男子跟我为徒弟，老者休要。（《三国志平话》卷上）

这是张觉对患者说的话，这个"休"否定"要"。

（36）小姐，你有甚么法儿，教惜春休闷哩？（《琵琶记》三出）

例（36）出《六十种曲》本。

（37）空山远，白云休赠，只赠梅花。（张炎《甘州·寄李筠房》词）

（38）休看你吃的，只看你穿的。且丢了你那羊皮者！（《蓝采和》一折）

这种"休……，只……"的句子，极能凸显"休"的否定意义。

（39）金屏幽雅，怎终教彩凤随鸦，休如艾猳。（《玉玦记》二二出
　　　［泣颜回］）

休如艾猳，犹说"不如艾猳"，或"艾猳不如"。

从上面的叙述可以看到，"休"表否定语气，大体在唐、宋、元、明间使用。《水浒传》八十回说："休说水路全胜。且说卢俊义引领诸将军马从山前大路杀将出来……"，其中的"休说"等同于"不说"。如《水浒传》六一回"且不说吴用、李逵还寨。却说……"，其中的"不说"亦同"休说"。这些都是说话人的口吻，并非劝止他人。明朝成化年间永顺堂刊行的《包龙图公案词话》为首两句是："休唱三皇并五帝，且唱仁宗有道君。"就是说唱者的口吻。说唱者常用这种句子，作为衔接前后说唱段落之间的方式。如："休唱府中排筵宴，且说仁宗帝主君"（《陈州粜米传》），"不唱解元拾得牒，且唱仁宗有道君"（《包待制出身传》），"莫唱秀才身死了，回又且唱二人身"（《歪乌盆传》）等等，其中的"休"、"不"、"莫"皆同，都表示否定语气。与此类似，我们在话本小说里，时常见到说话人所说的"话休饶舌"、"话休絮烦"、"话休繁琐"、"闲话休提，言归正传"之类的话，其中的"休"，也是表示否定语气的。说话人表示离开正题的话不说了，以此作为过度的插入语，紧接着转入正题。如果把它们作为禁止义理解，那就成为听众起哄了，这就在根本上背离了原来语意。也许由于后世否定用法的"休"逐渐减少甚至退出使用，表示禁止的"休"占尽了空间，容易形成一种误解，好像"休"仅仅用以禁止。即使碰见表示否定的用法，也容易被人们所忽略。试看后面的例子：

（40）又不会阔论高谈，休想做官滥。

　　　对君王休把平人陷，赵元酒性腌。

　　　不恋高官，休将人赚，这烦恼怎生担？（《遇上皇》四折）

这是赵元拜官后内心的自我表白。这几句中的"休"、"不"混用，都不是劝阻别人的，都是用以表示否定的。

上面我们较充分地论述了"休"的否定用法，即在说话人自我表述的语言环境下，通常表示否定，不表示禁止。但是，犹如规律不是绝对，在特定的条件下，说话人在自我表白、或自我表示一种愿望时，也可以表示禁止语气。如：

（41）张公见说心思想，不如急走且逃生。休在此间久停住，扬州去报
　　　二官人。（《包龙图公案词话·赵皇亲孙文仪公案传》）

此"休"是张公用来自我约束的，它是表示禁止语气的，不能视作否

定。这种用法，如今表示禁止语气的"别"仍然保留着。

我们上面的论述，在于阐明汉语历史上的一个事实，"休"是一个否定副词，犹如"未"、"莫"等副词一样，既表示禁止语气，也具有表示否定语气的功能。我们探究"休"的否定功能之历史存在，就给"休"表示禁止语气之产生与使用提供了语词自身的内在依据。

（二）否定是一种语气，表示禁止或劝阻也是一种语气。除了语气上的差别，没有本质上的不同。我们都看作是否定副词。前面我们论述了"休"的否定意义的历史存在，这里再考察它的禁止语气用法。关于这一点，我们前举"休"、"莫"对偶用例中，已经可以明白见到。此处补充两例：

（42）啼鸟休啼花莫笑，女英新喜得娥皇。（卢仝《小妇吟》）

（43）王章莫耻牛衣泪，潘岳休惊鹤鬓霜。（刘兼《中春登楼》诗）

实际上大部分用例都并不如此对偶使用，但根据语意，并不难识别。

从汉语历史上看，表示禁止的"休"，在唐五代已经大量使用。现在能见到的较早用例，出现于初唐。例如：

（44）劝君休杀命，背面被生嗔。（王梵志"劝君休杀命"诗）①

（45）人生相感动，金石两青荧。丈人但安坐，休辨渭与泾。（杜甫《奉酬薛十二丈判官见赠》诗）

（46）寄语塞外胡，拥骑休横行。（顾况《从军行二首》之一）

在杜甫的诗里已经可以看到较多的用例。中晚唐诗人使用得就更多了。例如：

（47）客泪数行先自落，鹧鸪休傍耳边啼。（韩愈《晚次宣溪辱韶州张端公使君惠书叙别酬以绝句二章》）

（48）休唱贞元供奉曲，当时朝士已无多。（刘禹锡《听旧宫中乐人穆氏唱歌》诗）

例（48）作者于唐德宗贞元二十一年（公元786年）以屯田员外郎贬郎州司马，到他写此诗时应在唐文宗大和年间，时历三十年左右，时世已经大变。

（49）请君休说长安事，膝上风清琴正调。（白居易《赠谈客》诗）

（50）僮仆休辞险，时平路复平。（杜牧《早行》诗）

（51）碧云多别思，休到望溪亭。（许浑《题冲沼上人院》诗）

（52）休向春台更回望，销魂自古因惆怅。（张泌《所思》诗）

（53）蹭蹬诸贫士，饥寒成至极。……贱他言孰采，劝君休叹息。（寒

---

① 见张锡厚《王梵志诗校辑》任半塘序："他的诗产生在初唐时期"。

山"蹭蹬诸贫士"诗)

"休"在唐诗的广泛使用，除了直接延伸至后世的诗之外，也在唐五代乃至宋人词作里广为使用。例如：

（54）为报行人休尽折，半留相送半迎归。（李商隐《杨柳枝》词）

（55）归时休放烛花红，待踏马蹄清夜月。（李煜《玉楼春》词）

（56）紫陌长，襟袖冷，不是人间风景。回看尘土似前生，休羡谷中莺。（薛昭蕴《喜迁莺》词）

（57）口含红豆相思语，几度遥相许。修书传与萧娘，倘若有意嫁潘郎，休遣潘郎争断肠。（敦煌词《竹枝子》）

在敦煌文献中，特别是在讲经文里，表劝阻的"休"也使用得比较多。如：

（58）休于浊世醉昏昏，须臾便是无常到。（《无常经讲经文》）

（59）休教烦恼久缠萦，休把贪嗔起战争。休遣信根沉爱网，休令迷性长愚情。休于世上求荣贵，休向人间觅利名……休贪爱恋人间宝，须是希求出世财。（《维摩诘经讲经文》）

就是在禅宗语录里也可见到这种使用方式。

（60）已到岸人休恋筏，未曾渡者任须船。（《祖堂集》卷十七正原和尚）

同样是韵文，宋词比宋诗更容易看到"休"的使用。例如：

（61）忍分散、彩云归后，何处更寻觅。休辞醉，明月好花，莫漫轻掷。（聂冠卿《多丽·李良定公席上赋》词）

（62）休效牛山，空对江天凝咽。尘劳无暂歇。（柳永《应天长》词）

（63）画楼钟动君休唱，往事无踪。聚散忽忽。今日欢娱几客同。（欧阳修《采桑子》词）

（64）休怨春归，四时有花堪醉。渐红莲、艳妆依水。（曹冠《粉蝶儿》词）

（65）听予叮嘱，休捱饥寒。休执外乐歌欢。休做风狂九伯，谄诈多般。休起无明业火，更休思、名利相干。休心急，也休迷休执，休受人谩。（金·马钰《满庭芳·赠赵雷二先生》词）

词作的直接承传，就是金元戏曲、散曲和明人传奇。例如：

（66）莫推辞，休解劝。你道是有人家宅眷，我甚恰才见水月观音现。（《董解元西厢记》卷一［惜黄花·尾］）

（67）若到并州早来取，休交人倚门专候。（《刘知远诸宫调》第二［耍三台］）

(68) 折末你叫丫丫叫到明，哭啼啼哭到黑，一任你打悲呵休想我还俗意。(《任风子》三折 [耍孩儿·二煞])

(69) 高力士道与陈玄礼休没高下，岂可教妃子受刑罚。(《梧桐雨》三折 [搅筝琶])

(70) 想人生最苦离别。唱到阳关，休唱三叠。(刘庭信《折桂令·忆别》小令)

(71) 紫芽荏苒，丹颖葳蕤。檀心馥郁，翠带离披。也不弱月桂寒梅，便休题杜若江蓠。(汤式《素兰》套数)

(72) 你到南朝说与秦丞相，休把誓盟忘。用计杀岳飞，免我心劳攘。(合) 用心主张，休作泛常。(《精忠记》十出 [四边静])

(73) 我孩儿休倚妻力势，常不是恁的。(《八义记》六出 [桂枝香])

从上面的叙述可以看到，唐代以来，表示禁止语气的“休”在韵文里应当是个常用词。我们所看到的较早用例，是王梵志的诗。但是，我们所见到的用于对话的例子，要比王梵志晚了好些。如：

(74) 师初行脚时，路逢一婆担水。师索水饮……婆云：“去！休污我水担！”(《瑞州洞山良价禅师语录》)①

此例的出现，已是中晚唐之间。北宋时期，我们所见到的用例尚不多，到了南宋才稍多起来。例如：

(75) 且休发狂猖，当歌对酒，不要忿怒。(《青琐高议》后集卷六“范敏”)

(76) 且休理会文字，只看他气象极好，被他所见处大。(《二程遗书》卷十五)

(77) 你若得回去时，传语娘娘道，我已为天偿债也，休苦烦恼。(《三朝北盟会编》卷八二)

(78) 朱宜人、李六郎，休打我，我便去也。(《夷坚丁志》卷十“水阳陆医”)

(79) 汝辈休惊，他将来会到我地位上在！(《齐东野语》卷十“杨太后”)

后来也见于宋元明戏曲的宾白中。例如：

(80) (丑) 不只带羞帽，且来学个钟馗捉小鬼。(末) 与我魆魆地里休说！(《张协状元》二七出)

(81) 哥哥，休听它家说，孙二不敢。(《小孙屠》九出)

---

① 见《禅宗语录辑要》，佛学名著丛刊本，上海古籍出版社1992年版。

（82）你休问我，去问那牧童。（《东窗事犯》四折）

（83）主公休饮酒，今日有细作来。（《博望烧屯》四折）

（84）你去烧香，休带喜孙去。（《焚儿救母》二折）

（85）今后得问的问，不得问的休胡说！（《西厢记》一本二折）

（86）老丞相，向日军令严紧，冒渎却休怪休怪。（《千金记》二八出）

最能说明禁止语气的"休"在近代汉语中处于基本词汇地位的，是在早期白话小说、又特别是明人小说中的普遍使用。下面略举明人的部分用例。

（87）是我一时间焦燥，你休怨我。（《三遂平妖传》四回）

（88）太尉要救万民，休生退悔之心，只顾志诚上去。（《水浒传》一回）

（89）行者近前一齐拦住道："休嚷！莫走了风！"（《西游记》三七回）

（90）今番却不让你，你那时休悔！（《西洋记通俗演义》三一回）

（91）长老休慌，待我去见他。（《济颠语录》）

（92）他两个仇恨深阔，非道力可解的。法师，休管他罢！（《王魁》）

（93）此后须要未晚早关门，无事休出屋。（《梼杌闲评》十回）

（94）哥儿才吃了老刘的药睡着了，叫五娘这边休打狗罢。（《金瓶梅》五八回）

（95）叫珍姨寻个去处躲躲，休在家里。（《醒世姻缘传》九回）

（96）你快去，休来缠我！（《古今小说》卷三）

（97）休听他放屁！好没廉耻！（《拍案惊奇》卷十三）

考察"休"使用的历史轨迹，可以看到，明、清之际，"休"的否定语气基本上已停止使用，剩下的只有禁止语气延续使用；其结果，反过来又对"休"之否定意义的历史存在，起到了遮蔽的作用。

（三）清代是禁止语气的"休"和"别"盛衰交替的时期。在清代中叶及其以前，许多小说都还相当普遍地能看到"休"的用例。如：

（98）你快休管，横竖与你无干。（《红楼梦》六十回）

（99）你那个样子，休来我面前抖威！（《歧路灯》五八回）

（100）贤弟，你休怪我言语干犯你。（《绿野仙踪》十三回）

（101）中原有了此人，我主休想宋室江山也。（《说岳全传》二四回）

（102）客官，你休小觑于我。（《飞龙全传》三五回）

（103）甥立意已决，阿舅再也休提。（《镜花缘》六六回）

（104）你先回去了，路上休再闹事！（《荡寇志》七二回）

（105）倒要留神，休叫他逃走了。（《三侠五义》八五回）

（106）咄！贼人休走！我二人在此等候多时！（《济公全传》五十回）

在这些小说里，往往是"休"、"别"两见。这应当是当时的惯常现象。

此外，还有以"休"为词根形成的多音节词，也是"休"作为否定副词的组成部分。但它们的形成并不都在清代，却都沿袭使用到清代。主要的有：

休得

（107）切劝学人，悟取灵台，休得外求。（吕岩《沁园春》词）

（108）你且住啼哭，休得叫骂。（《儿女英雄传》七回）

休要

（109）往事总堪惆怅，前欢休要思量。（冯延巳《清平乐》词）

（110）看了使不得，休要怪我。（《二十年目睹之怪现状》四一回）

"休得"＋"要"，就成为三个音节的新词——"休得要"：

（111）婆婆休得要水性，做大不尊小不敬。（《快嘴李翠莲记》）

（112）叫那雨师今晚收了雨脚，休得要点点滴滴打破芭蕉。（《许真君旌阳宫斩蛟传》）

"休得要"这种用例，尚未在清代的文献中见到。"休得"、"休要"是"休"的多音节词之代表形体，犹如"不得"、"不要"之于"不"，"别要"之于"别"，"莫得"、"莫要"之于"莫"，是禁止语气副词族群的共同特性。

我们对词话本《金瓶梅》第七回至第三十六回统计的情况是：除去"话休饶舌"、用作连词的"休说"这类的用法不算外，"休"74 例，"休得"2 例，"休要"45 例；"别"1 例，"别要"1 例。《老残游记》① 是清朝末年一部著名的小说，连同续集共 29 回，我们统计的结果是：除去连词"别说"一例外，禁止语气的"别"27 例，没有"休"或"休要"的用例。作为两个点的对比考察，无疑可以说明一种发展趋势，从明末至清末，"别"以同义替换的方式，逐步地取代了禁止语气的"休"在汉语中的使用。我们不怀疑《老残游记》同时或之后还会有"休"或"休要"在使用着的证据②，但是"休"与"别"历史交替的大势已经确立，这是不必怀疑的事实。

最后要提到的一点，是否定词"休"的来源。我们认为，最直接的来源，应当是它的动词本义，即《说文解字》所说的"息，止也"。《尔雅》"释诂"、"释言"承袭了这一解释。在唐五代诗词中使用这一动词义是，多次出现如下的句式：

---

① 齐鲁书社 1985 年版。

② 吕叔湘先生曾说过："保留在现代口语里的恐怕只有'休想'一语。"（《中国文法要略》第十七章节 32 节）"休想"实际上是一个固定了的形式，所以吕先生说它是"语"。

头眩罢垂钓，手痹休援琴。（白居易《病中宴坐》诗）

罢拈三尺剑，休弄一张弓。（《黄龙慧南禅师语录·续补》）

依卿所奏休寻捉，解冤释结罢言论。（《捉季布传文》）

四塞休征罢战，放战士，尽回戈。（敦煌词《献忠心·御制曲子》）

□□罢赞三乘义，白足休传四帝（谛）宗。（《敦煌变文集·秋吟一本》）

"罢"、"休"相偶，正是"止息"的本义。当"休"在动词谓语之前时，就容易获得否定的意思而演变成副词，由此再进而表示禁止语气。

"休"获得表示禁止语气之后，先后与"莫"、"别"分别有过共时使用的关系，而且相互比较贴近，以至于相互能够复合成双音节当作一个词的形式在句中出现。如：

（113）被人劝休莫瞒天。多应是、前生负你，今世使我偿填。（宋·刘弇《安平乐慢》词）

（114）劣冤家，小业种。情我做着屏风。可休别凿透桃园洞。（元·曾瑞《迎仙客·风情》小令）

汉语否定词类似的这种结合很难见到。

第八节 疑问副词"何忽"

"何忽"，是汉语历史上的一个疑问副词，尚未被人们所了解。本节我们拟在词性、构成及用法诸方面，予以必要的诠释和扼要的讨论。

（一）我们首先要了解的是"何忽"的基本意思及其出现的语意场合。这主要通过实际用例来了解，并作些简单的解说。

（1）始皇时……忽有大水，长欲没县；主簿令幹入白令。令见幹，曰："何忽作鱼？"幹又曰："明府亦作鱼。"遂乃沦陷为谷矣。（《水经注》卷二九"沔水"引自《神异传》）[1]

大水将至，仿佛有征兆，所以县令见幹即问："何忽作鱼？"显然，"何忽"在句中是用来表示询问语气的。

（2）前及一绿衣者，辛揖而与之语，乞儿后应和。行里余，绿衣者忽前马骤去，辛怪之，独言："此人何忽如是？"乞儿曰："彼时至，岂自由乎？"（《酉阳杂俎》续集卷一）

---

① 这似乎是南北朝时期颇为流行的一个民间传说，见于多种文籍，如：刘之遴《神录》（见《古小说钩沉》）、无名氏《神鬼传》（见《太平广记》卷四六八"长水县"条）等，均有"何忽作鱼"句。

本来同行的绿衣者，突然离开二人策马前去，辛秘对此人的举动觉得怪异，所以有"何忽如是"的自言自语。"何忽"在句中表示疑问语气。

（3）东郡送一短人，长七寸，衣冠具足。上疑其山精，常令在案上行，召东方朔问。朔至，呼短人曰："巨灵，汝何忽叛来？阿母还未？"（《汉武故事》）

例出《古小说钩沉》。《艺文类聚》卷六九："巨灵，汝何以叛？阿母健不？"虽然文字稍有出入，而"何忽"与"何以"都是用来表示询问的。

（4）少小期黄石，晚年游赤松。应成羽人去，何忽掩高封？（卢思道《春夕经行留侯墓》诗）

作者是说，张良从小学道，死后应当羽化而去，怎么堆那么高的坟呢？

（5）南宫鸳鸯地，何忽乌来止？故人锦帐郎，闻乌笑相视。疑乌报消息，望我归乡里。（白居易《答元郎中杨员外喜乌见寄》诗）

（6）韦端笏以候，良久，一人戴破帽、曳木屐而来……命仆呈谒，韦趋走迎拜。先生答拜曰："某村翁，求食于牧竖，官人何忽如此？甚令人惊。"（《玄怪录》卷三"齐饶州"）

韦参军按妻子言前往哀求田先生，刚见面，田先生尚不知道韦参军为何迎拜，故有此询问。

（7）全素依其言言之，其姨惊起，泣谓夫曰："全素晚来归宿，何忽致死？今者见梦求钱，言有所遗，如何？"（《玄怪录》卷三"吴全素"）

吴全素被阴司二吏所逼，现梦求钱。其姨惊梦，故有所疑问。

（8）或问内外侍灵是同，何忽缞服有异？答云，若依君臣之礼，则外侍斩，内侍齐。顷世多故，礼随事省。（《陈书·刘师知传》）

陈高祖死后，朝臣共议大行皇帝灵座侠御人所服衣服吉凶之制时，刘师知所引王文宪《丧服明记》中的话。例中是以问答的形式来表达的，"或问"句是个假设问句，"何忽"在句中是用来表示询问的。

（9）时王子妇取水回还，问其夫言："此中鼋肉，今在何处？"王子报言："鼋忽然还活，今已走去。"其妇不信，"何忽如是？鼋肉已熟，云何能走？"（《法苑珠林》卷十"求婚部"）

鼋肉煮熟了怎么能走？"何忽"在句中是用以表示疑问的。

（10）昂昂朝首，三帝炳盛。含章内秀，独绝水镜。美不可誉，善不可名。何忽茂年，儵然坠晖？（《王思墓志铭》）①

---

① 见赵超《汉魏南北朝墓志汇编》，天津古籍出版社 1992 年版。

（接上）这是北魏墓志铭，时为正始四年（公元 507 年）三月二十五日。引例是铭文，末了虽是问句，只是泛泛发问而已，意在慨叹。

我们从上面的用例中可以看到，"何忽"是以语气副词的职能出现在问句中的，或表示疑问，或表示询问。

（二）在用于问句的大前提下，除了疑问、询问之外，"何忽"的另一个重要职能，就是表示诘问语气。例如：

（11）臣从太原来朝陛下，何忽今日枉致无理？臣欲还晋阳，不忍空去，愿得太原王尸丧，生死无恨。（《洛阳伽蓝记》卷一永宁寺）

据《洛阳伽蓝记》载，庄帝诈言产太子，荣、穆并入朝，杀尔朱荣于明光殿。例为尒朱那耶律归等前去索讨太原王尸丧时对主书牛法尚说的话，责问怎么做无理的事杀害太原王。

（12）（吴）霸后梦青衣人责之曰："我本以女与君共事，若不合怀，自可见语，何忽乃加耻杀？"（《异苑》卷八）

青衣人以女子长辈的身份责备沈霸，此处的"何忽"是责备的口吻。

（13）义宾弟义綦，元嘉六年封营道县侯，凡鄙无识知，每为始兴王濬兄弟所戏弄。濬尝谓义綦曰："陆士衡诗云'营道无烈心'，其何意苦阿父如此？"义綦曰："下官初不识，何忽见苦！"（《宋书·宗室传·长沙景王道怜》附义綦）

"何忽见苦"句，是义綦反问的话。

（14）今月初诣李安民，语论"张敬儿不应死"，安民道："敬儿书疏，墨迹炳然，卿何忽作此语？"（《南齐书·谢超宗传》）

本传记载，谢超宗与张敬儿是姻亲，张敬儿被诛，超宗有不满之意。李安民，是丹阳尹，似乎他并不支持超宗的意见，"卿何忽作此语"，就是反问的话。

（15）详之初禁也，乃以蒸高事告母。母大怒，詈之苦切，曰："汝自有妻妾侍婢，少盛如花，何忽共高丽婢奸通，令致此罪！"（《魏书·献文六王传·北海王详》）

（16）后因朝集，考功郎窦威嘲之曰："麦是何姓？"铁杖应声曰："麦豆不殊，何忽相怪？"威赧然无以应。（《北史·麦铁杖传》）

据本传云，麦铁杖出身贫贱，以战功进位柱国。引例所述故事，本是窦威不把对方看在眼里，要拿麦取笑，结果麦铁杖反唇相讥。豆，谐音"窦"。

（17）梁初，人劝我相诛灭者，我答之犹如孝武时事：彼若苟有天命，非我所能杀；若其无期运，何忽行此？政足示无度量。（《梁书·

　　　　萧子恪传》)

　　萧子恪是齐文献王萧嶷的次子，梁高祖萧衍曾与子恪、子范兄弟有过一次长谈，说他是代明帝家天下，所以不同意对萧齐宗族采取诛灭的做法，这就是例中所说的，若其无期运，怎么用得着这样做?"何忽"在句中表示反诘语气。

　　（18）同欻不自觉，已见身在郡后沈桥。见一人在路坐胡床，侍者数百人……彼人因谓左右曰："向止令知处而已，何忽劳屈法师?"于是礼拜执别，令人送同还寺。（慧皎《高僧传》卷十二宋京师南涧寺释道同）

　　据《高僧传》载，道同素念《法华》，存念观音，因而几次处惊无险。后止南涧寺，常以《般舟》①为业。既然，那么沈桥所见坐胡床者当即是观音。所言"何忽劳屈法师"，是观音责问左右的话。屈，邀也。

　　（19）上微行，至于柏谷，夜投亭长宿，亭长不内，乃宿于逆旅。逆旅翁谓上曰："汝长大多力，当勤稼穑，何忽带剑群聚、夜行动众? 此不欲为盗则淫耳。"（《汉武故事》）

　　逆旅翁以长者的身份表示规劝与教训，"何忽"表示诘问的语气。

　　上举例（11）至（19），均出自南北朝的文献，全都见于对话。由此可想见，当时"何忽"表示诘问应是颇为上口的。隋、唐时代，仍然在不同的场合可以见到它的用例。例如：

　　（20）兰池长赵爽上军士张冰得玺，文曰"皇帝玺"。群僚上庆称德，寔曰："孤常忿袁本初拟肘②，诸君何忽有此言?"因送于京师。（《晋书·张轨传》附张寔）

　　张寔责问群僚，诸君怎么会有这样的说话呢? 斥责他们不应当有"上庆称德"的越轨言行。

　　（21）后有庆会，属令勿来，穆之犹往。食毕，求槟榔，江氏兄弟戏之曰："槟榔消食，君乃常饥，何忽须此?"（《南史·刘穆之传》）

　　刘穆之未发达时，被妻兄弟们所轻鄙，常拿他开心：槟榔消食，你是常饿肚子的，怎么要这个呢?"何忽"在句中表示诘问语气。

　　（22）（尔朱）兆怒曰："我与晋州推诚相待，何忽辄相猜阻、横生此言?"便禁止绍宗，数日方释。（《北齐书·慕容绍宗传》）

----

　　① 佛经，指《般舟三昧经》。东汉支谶译。"般舟"，梵文意为"出现"、"佛立"。谓修此禅定，十方诸佛就会出现在眼前。

　　② 袁绍"拟肘"，事见《三国志·魏书·武帝纪》："袁绍与韩馥谋立幽州牧刘虞为帝，太祖拒之。绍又尝得一玉印于太祖坐中，举向其肘，太祖由是笑而恶焉。"

（23）既北思攸济，将南睿所图。往来固无咎，何忽惮前桴？（沈佺期《夜泊越州逢北使》诗）

（24）须臾吏还，式犹视书。吏怒曰："故以相告，何忽视之？"式扣头流血。（《太平广记》卷三一六"周式"）按，原注出《法苑珠林》。

阴吏愤怒说：我特意嘱咐你，你怎么还打开看呢？

（25）僧荣明年在镇，夜设女乐。忽有一女人在户外，沈问之，答"本是杜青州弹筝妓采芝，杜以致夏侯兖州为宠妾，唯愿座上一妓为伴戏"，指下座琵琶。妓啼云："官何忽以赐鬼？"（《太平广记》卷三二四"夏侯祖观"）按，原注出《广古今五行记》。

现任兖州刺史沈僧荣的弹琵琶妓，诘问为何把她赐给夏侯。因夏侯已死，故称之为鬼。"何忽"表示诘问语气。

（26）须臾回顾，见一叟挟杖持花而来，讶曰："汝凡俗人，何忽至此？"（《太平广记》卷四九"陈惠虚"）按，原注出《仙传拾遗》。

（27）后（山人）忽辞云："某久此为客，将有没化之期，但益怅然。"汶曰："何忽若是？"曰："运数且尔，亦当委顺。"（《太平广记》卷四十"李山人"）按，原注出《原化记》。

（28）陛下二十日龙飞，二十一日献鹞雏者，此乃前朝之弊风，少年之事务，何忽今日行之？（《大唐新语》卷二"极谏"）

我们前面通过对用例的简要分析，概括地说，"何忽"的基本意义是在问句中表示疑问、询问和诘问语气，它的语法意义是用作副词。一个语词在有了确定的词汇和语法意义，就有了被广泛应用的基础。我们上面所举用例，都在南北朝以及隋唐时间范围内。事实上，它的使用还在南北朝之前，较早的用例已见于晋代。例如：

（29）麻姑，神人也，汝何忽谓其爪可爬背耶？（《太平广记》卷七"王远"）按，原注出《神仙传》。

《神仙传》自晋人葛洪撰。

（30）崔曰："小娘子何忽独步悽惶如此？"青衣曰："因被酒兴酣至此。"（《太平广记》卷三三九"崔书生"）按，原注出《博物志》。①

---

　　①　《太平广记》"崔书生"条，文字颇长，与今传本《博物志》之内容及文字之简略不尽协调。《隋书·经籍志三》记载，张华另有《张公杂记》一卷，《杂记》十一卷。此处疑《太平广记》所记出处或有误。

（31）至三门，状若城府，领及见官。官问："不追李及，何忽将来！"
　　　及又极理称枉。官怒，挞使者二十。（《太平广记》卷三八四
　　　"李及"）按，原注出《广异记》。

（32）大鹏从南来，众鸟皆戢翼。何忽冻老鸱，腩腩低头食？（习凿齿
　　　《嘲道安诗》）

例（32）出《先秦汉魏晋南北朝诗》，逯钦立据《太平御览》卷九二
七辑录。

可见，诘问语气，是"何忽"的重要职能。

（三）在汉语史上，与"何忽"结构和意义相同的，还有一个词，这就
是"那忽"。它们在大体相同的历史时期内使用。在历史文献里，我们可以
看到两者异文使用的例子。如例（16）《北史·麦铁杖传》"麦豆不殊，何
忽相怪？"一语，《隋书·麦铁杖传》作"麦豆不殊，那忽相怪？"因此，当
我们在这里讨论"何忽"的意义和用法的时候，有必要把"那忽"也加以
适当的讨论。

（33）此后每夜，辄闻若雷若风，四十许日，百姓相见，咸惊语："汝
　　　那忽戴鱼？"是夜，方四十里，与城一时俱陷为湖。（《搜神记》
　　　卷二十"邛都大蛇"）

这个故事，有如例（1）《水经注》故事，都是古时人们对洪水灾害具
有神话意味的一种解释。此例的"汝那忽戴鱼？"与例（1）的"何忽作
鱼？"都是意境相近、语气相同的一种问话。可见，"那忽"与"何忽"具
有相同的词汇意义与语法意义。

（34）沙门即命一人力送之。行少地，见其先死奴子倚高楼上，惊问：
　　　"四娘那忽至此？"（《冥祥记》）

王四娘被阴吏误拘，被送还阳时，偶然遇见已死的奴子。奴子惊异，故
有此问。

（35）昇明元年冬，（沈）攸之反，遣使报敬儿。敬儿劳接周至，为设
　　　酒食，谓之曰："沈公那忽使君来？君殊可念。"乃列仗于厅事前
　　　斩之。（《南齐书·张敬儿传》）

（36）什因嘲之曰："君不闻大秦广学？那忽轻尔远来？"（梁·慧皎
　　　《高僧传》卷三晋彭城郡释道融）

例（36）问话，是道融力屈婆罗门之后，鸠摩罗什嘲讽婆罗门的话。

（37）始兴王叔陵之在湘州，累讽有司，固求台铉。……高宗曰："始
　　　兴那忽望公？且朕儿为公，须在鄱阳王后。"（《陈书·孔奂传》）

（38）永元中，（昉）纡意于梅虫儿，东昏中旨用为中书郎。谢尚书令

王亮，亮曰："卿宜谢梅，那忽谢我？"昉惭而退。（《南史·任
昉传》）

（39）州中有土豪，外修边幅，而内行不轨，常为劫盗。鼎于都会时谓
之曰："卿是好人，那忽作贼？"（《隋书·艺术传·韦鼎》）

（40）服气崔常侍，烧丹郑舍人。常期生羽翼，那忽化为尘？（白居易
《感事》诗）

例（40）是白居易六十六岁时的诗。作者感慨崔、郑二人学仙不成，
反而早逝。

例（37）至（40），"那忽"皆表示诘问语气。

（41）韦氏至门，遣报孟家十三姝。韦生不信，曰："十三姝随孟郎入
蜀，那忽来此？"（《原化记·韦氏》）

韦生授杨子县尉，其姊十三姝随丈夫孟某赴任阆州录事参军，各奔东
西。至骆谷，十三姝因马惊坠入岩谷，后跨龙跃穴，腾空万里，自坠于江岸
深草之上，遇一渔翁得救，送至杨子县。韦生得报不信，故有"那忽来此"
之问。

我们从上面的用例中可以看到，"那忽"与"何忽"有着相同的词义和
用法，它们是在汉语历史上同一个时期内的一组同义词。我们在叙述"何
忽"的用法时，较早的用例追寻到晋朝，如《博物志》、《神仙传》等文籍，
以及习凿齿的嘲道安诗，都是晋代的例证。至于"那忽"，我们最早的用例
见于《搜神记》，如例（33）。然而我们发现，《搜神记》的文字其实出自
李膺的《益州记》，只个别文字有出入。《益州记》的文字今见于《后汉
书·南蛮西南夷列传·邛都夷》一节的注文中。关于李膺，《后汉书》卷六
十七有传。其中有云：

李膺字元礼，颍川襄城人也。……初举孝廉，为司徒胡广所辟，举高
第，再迁青州刺史。守令畏威明，多望风弃官。复征，再迁渔阳太守。寻转
蜀郡太守，以母老乞不之官。

在"不之官"下，李贤注引《谢承书》曰："出补蜀郡太守，修庠序，
设条教，明法令，威恩并行。蜀之珍玩，不入于门。益州纪其政化，朝廷举
能理剧，转乌桓校尉。"汉桓帝延熹二年（公元 159 年）"再迁河南尹"。可
见李膺确有蜀郡太守之经历。虽本传未提及《益州记》，但根据经历，出自
其手，情理可通。又《隋书·经籍志》记载：《益州记》三卷，李氏撰。这
个李氏，很可能就是李膺。如果推测不误，那么，"那忽"一词的使用，可
以追溯到东汉。

"何忽"、"那忽"在六朝隋唐时期，或书面，或口语，应该算是个常用

词。它们在文人们的笔下一直沿用到北宋。例如：

（42）李瑗作递误人，何忽从之，自取涂炭？（《旧唐书·宗室传·庐江王瑗》）

（43）曰予谢宾客，久与时世疏。何忽衡门下，见枉使君车？（刘敞《归牧相访示所作诗赋篇》诗）

（44）闻君早慕栖竹林，何忽作此悲来吟？（晁补之《依韵和子充杂言》诗）

（45）朝天驻足因临水，驰驱回头入望山。捧诏正当趋桂殿，寄诗那忽到松关？（魏野《和酬入内赵供奉见赠》诗）

从"何忽"、"那忽"的源流上说，这些应该是比较晚的用例了。晚唐五代及其以后的文献，如敦煌文献、宋词、元曲，都尚未见到它们的用例。它们似乎是一个历史层次的遗迹。

当然，任何事情都不是绝对的，都可能有例外。例如：

（46）适领一艺，未窥全豹，何忽另易一人来也？（《聊斋志异》卷八"司文郎"）

（47）半月后，有老翁诣举子曰："吾女托身为君妾，何忽见杀？"（《阅微草堂笔记》卷二四"滦阳续录（六）"）

这是两个清代的用例，都出自文言小说中。从本质上说，它们都已经是远离了现实语言的，只不过是文人笔下偶尔一用而已，似乎与"源流"二字已经无关。所以，不应与六朝隋唐以至宋代的使用相提并论。

（四）前面对"何忽"、"那忽"的用例加以简要的分析，我们认为它们是一对同义词，表示疑问、询问或诘问，充当副词。下面我们简略讨论一下它们的构成。"何"、"那"，在汉语历史上都表示疑问，这是众所熟知的。这里须要说明的是"忽"。我们所熟悉的"忽"的意义，如"忽然"、"若"等义，显然都与"何忽"、"那忽"所表示的实际含义不相关涉。因此，必须寻求一个新的认识，而最有效的途径还是实例本身。

（48）贾嘉隐年七岁，以神童召见。时太尉长孙无忌、司空李勣于朝堂立语，李戏之曰："吾所倚者何树？"嘉隐对曰："松树。"李曰："此槐也，何忽言松？"（《大唐新语》卷八"聪敏"）

韦绚《刘宾客嘉话录》亦记录有这一节故事，情节相同，文字略异。例中《大唐新语》"此槐也，何忽言松？"一句，《刘宾客嘉话录》作"此槐也，何言松？"并不作"何忽"。与此类似，例（15）"何忽共高丽婢奸通"句，唐人李延寿编写的《北史·献文六王传·北海王详》中作"何共高丽婢奸"，也不作"何忽"。这给我们的启示是，"忽"在"何忽"结构中，并非是必不可少的成分。

(49) 天宝中，陇西李陶，寓居新郑。常寝其室，睡中有人摇之，陶惊起，见一婢袍袴，容色甚美。陶问："那忽得至此？"婢云："郑女郎欲相诣。"（《太平广记》卷三三三"李陶"）按，原注出《广异记》。

据故事，郑女郎者，鬼妇也。后李陶参选，前往上都，途中疾笃。郑女郎前往省问，"其夕，至陶所，相见忻悦，陶问：'何得至此？'"值得我们注意的是，例中"那忽得至此"，与后文"何得至此"，都是李陶在意境相近情况下的发问。因此，这两句中的"那忽"与"何"，可以视为异文，它们的意思是相同的。

通过对例（48）（49）的分析可知，对"何忽"、"那忽"而言，"何"与"那"是词的基本成分，具有决定词汇意义的作用；而"忽"的存在与否，对词义不具有决定性的影响作用。也就是说，在"何忽"、"那忽"的构成成分中，"忽"是个辅助性的成分，它的作用似乎仅在于促成双音节结构的形成，不关乎词义本身。基于这一点，我们认为，"何忽"、"那忽"的构词形式是偏正结构。

事实上，能缀于"何"的后面充当辅助成分以构成双音词的，并不止于"忽"，只不过是"何忽"、"那忽"的使用频率比较高罢了。例如：

(50) 自此，每常闻风雨之声，三十日，是夕，百姓咸惊相谓曰："汝头何得戴鱼？"相逢皆如此言。（《太平广记》卷四五六"邛都老姥"）按，原注出《穷神祕苑》。

《太平广记》原注出《穷神祕苑》。唐人焦璐撰。其本事显然源于《搜神记》，即例（33）的故事。此例的"何得戴鱼"，《搜神记》则作"那忽戴鱼"。那么，不难推断，"那忽"的"忽"，犹如"何得"的"得"。

(51) 未及庭，真君顾曰："何得有俗物气？"黄冠争出索之，吏无所隐，乃为所录。（《太平广记》卷四九"温京兆"）按，原注出《三水小牍》。

此例"何得"，亦同上例。

(52) 浩恃其家世魏、晋公卿，常侮模、赜。模谓人曰："桃简正可欺我，何合轻我家周儿也？"浩小名桃简，赜小名周儿。（《魏书·崔浩传》）

我们从语意的角度说，"何得"、"何合"与"何忽"、"那忽"都是相同的；从构词的角度说，在这里"得"、"合"、"忽"的属性也应是一致的。

除"何忽"、"那忽"之外，"忽"为辅助成分，构成双音节词，在汉语的历史上并不多见，但并非没有。例如：

（53）救心诚坚，万苦莫退。渠有凌辱，妾必得还。无忽忿容，遂令永隔。勉之，从此辞矣。（《玄怪录》卷三"齐饶州"）

例中"无忽忿容"，是齐氏劝诫她丈夫的话。"无忽"的"无"，表示禁止语气，犹今语"别"；其中的"忽"，即同"何忽"、"那忽"的"忽"，是辅助成分。

我们通过例（50）至（53），可以印证"何忽"、"那忽"这种偏正结构之历史存在是真实的与可信的。

我们上面用较多的实例，证实"何忽"、"那忽"作为疑问副词之历史存在是毋庸置疑的。但在上举所有用例中，只有例（29）（46）句末分别有语气助词"耶"、"也"相配使用。这里再举一例，聊以补充。

（54）昔法盛昙无谒者，再往西方，有传五卷，略述此缘，何忽云罗什法师背负而来耶？（《太平广记》卷九三"宣律师"）按，原注出《法苑珠林》。

为其如此，诸多文籍校点，都以句号结句。这无疑增加了人们分辨的难度。

第九节　疑问副词"还"

疑问副词"还"，在问句中用以表示疑问、询问、诘问等语气。它在唐五代以后的较长时间里较为常见，现代汉语已经不用了。但从渊源上说，它是现代汉语选择连词"还"的来源。关于这一点，在选择连词部分加以讨论。这里主要讨论它的使用。"还"的本音《广韵》"删"韵"户关切"，《集韵》"删"韵作"胡关切"，是合口音。现代汉语副词"还"［hai］的开口音读，是后来经审定的。这里不讨论音读。

（一）从我们现在掌握的资料看，"还"用作疑问副词，比较可信的用例，见于中晚唐人的诗歌中。例如：

（1）越中地暖多成雨，还有瑶台琼树无？（白居易《雪中即事答微之》诗）

"还"在全诗的末句，表示询问语气。

（2）为问寒沙新到雁，来时还下杜陵无？（杜牧《秋浦途中》诗）

此诗说得更清楚，问大雁来的时候有没有到杜陵。

（3）黄鹤楼前春水阔，一杯还忆故人无？（杜牧《送王侍御赴夏口座主

幕》诗）

以上是唐人诗歌中的几个用例。但据在中晚唐间的禅宗语录里看到的情形推测，这时的"还"恐怕已经是个口语词儿了。请看其间的部分用例：

（4）师过净瓶与仰山，仰山拟接，师却缩手云："是甚么？"仰山云："和尚还见箇甚么？"（《潭州沩山灵祐禅师语录》）

（5）佛是幻化身，祖是老比丘，尔还是娘生已否？（《镇州临济慧照禅师语录》）

（6）师游方首谒南泉，值马祖讳辰修斋，泉问众曰："来日设马祖斋，未审马祖还来否？"众皆无对。（《筠州洞山悟本禅师语录》）

（7）僧问："和尚违和，还有不病者也无？"师云："有。"（《瑞州洞山良价禅师语录》）

（8）问："未审此水牯牛还解耕稼否？"曰："灼然。"（《抚州曹山元证禅师语录》）

以上是疑问副词"还"在中晚唐间禅宗语录中的用例，都见于问话。禅师们都是九世纪的人。这些用例虽出自禅和之口，除去禅机之外，其话语格式，都应是当时人们广泛使用的口语。因此，我们可以有理由说，疑问副词"还"始用于唐代，而且是口语的。

下面我们首先看看五代及其以后表示询问或是非问的用例。

（9）既无依倚，还善制衣否？（稗海本《搜神记》卷一）

（10）弇虎一见，破颜微笑，问言诸将："还识此阵？"诸将例皆不识。（《韩擒虎话本》）

此例可视为句末省去了"否"或"不"。

（11）公还诵《金刚经》以否？（《庐山远公话》）

五代的《祖堂集》承袭口语的特点，较多使用"还"作疑问词的问句。例如：

（12）达摩大师至此土，相承有四祖，汝还知不？（《祖堂集》卷三 牛头和尚）

（13）因小师行脚归，师问："汝乱走，还变也未？"（《祖堂集》卷十一 保福和尚）

（14）问："今日供养罗汉，罗汉还来也无？"（《云门匡真禅师广录》卷下）

（15）师云："既不说这箇，还说那箇否？"（《袁州仰山慧寂禅师语录》）

（16）闻道蹟西春不到，花时还忆故园无？（陈淘《水调词》）

上面唐五代的用例可以清楚看到，"还"用于问句，多用以询问事为之是否发生或可能与需要发生。句末的"不"、"无"、"否"、"未"表示是非问的否定部分。由于它们处于问句末，有助疑问语气的作用，但不是语气词。这种表示形式一直沿袭到明、清时期。例如：

（17）公家亦有妻子，还顾念否？（《旧五代史·汉书·刘铢传》）

（18）问："太古之时，人还与物同生否？"（《二程遗书》卷十八）

（19）达摩未来此土时，还有佛法也无？（《五灯会元》卷二 天柱崇慧禅师）

（20）到龙虎山，见叶道士在彼，问我："还带得篆来否？"（《湖海新闻夷坚续志》后集卷一"授箓感应"）

（21）陛下还有父兄也无？（《宣和遗事》后集）

（27）今岁谷丰登，百姓还赡足否？（《五代史平话·唐史》卷下）

（22）吾闻大名久矣，还肯降否？（《三国演义》十二回）

（23）请问二位，还歇息不歇息呢？（《三侠五义》一一九回）

诸如例（23），以及"还有信回来没有？"（《萨仙咒枣记》九回）都是"还……否"相同的表达方式，不过是更近于现代汉语就是了。

（二）上面我们就疑问副词"还"在是非问句中的使用情况从史的角度作了叙述，它的基本句式是"还……否"。其中出现在"否"的语法位置上的，还有"无"、"未"、"不"等否定词。必须区别清楚的是，"还……否"问句末的"无"、"否"、"不"等，都不是语气助词，而是否定词，对前面事为起否定作用。我们判断的根据是，除"无"之外，句末的"未"、"不"、"否"之后仍能下接语气助词，以构成问句。例如：

则之功效，为可加爵邑未邪？（《三国志·魏书·苏则传》裴松之注引《魏名臣奏》）

大王以仁等为足以料事势不也？（《三国志·魏书·桓阶传》）

比丘语王，汝害父夺国不耶？（《经律异相》卷十八"比丘拔母泥黎之苦"）

好事不如无，又安知其果吾子否也？（《夷坚志补》卷十八"侯郎中"）

"未"、"否"、"不"等在句末不能取代语气助词的语法地位。当句末语气助词"摩"、"么"等之兴起，"还"在问句中与语气助词相搭配，在使用上进入一个新的时期。与疑问副词"还"相配使用的句末语气助词，先后所见的有：

甲，么。

"么"是唐宋时期新兴的语气助词。宋、元音变之前音［o］，宋元音变之后音［a］。它是语气助词"吗"的前期形体①。从晚唐起，它是在是非问句中与"还"相配使用的最常见的句末语气助词。例如：

（24）王常侍一日访师，同师于僧堂前看，乃问："这一堂僧还看经么？"师云："不看经。"侍云："还学禅么？"师云："不学禅。"（《镇州临济慧照禅师语录》）

（25）父母未生时，还有这个么？（《筠州洞山悟本禅师语录》）

（26）师行脚时，有官人问："还有定乾坤底句么？"（《云门匡真禅师广录》卷下）

（27）仰山云："和尚背后是甚么？"师云："子还见么？"（《潭州沩山灵祐禅师语录》）

（28）且道，如今唤作无尽法藏是，无碍辩门是？还有道得底么？（《杨岐方会和尚语录·潭州道吾真禅师语要》）

在禅宗语录里，《祖堂集》用"摩"而不用"么"。例如：

（29）禅师曰："汝还闻曹溪摩？"（《祖堂集》卷三 慧忠国师）

（30）这个便是样子也，还有人得相似摩？（《祖堂集》卷十 安国和尚）

如此等等，它们是一个语气的两个汉字之语音描写形式。形体虽异，实则同一。

（31）陆删定还替得公么？（《朱子语类》卷一二四）

（32）暗数残更，半欹孤枕，对夜深灯火。怨泪频弹，愁肠屡断，伊还知么？（晁端礼《醉蓬莱》词）

（33）不知那董平还捉得晁盖一行人么？（《宣和遗事》前集）

（34）丑驴道："生的时候还不妨么？"（《梼杌闲评》四回）

（35）萧柏泉道："在此还见见院、道么？"（《儒林外史》三五回）

在这些用例中，唯例（33）是用叙述口吻提出疑问，其余都用于对话。

语气助词"么"在近代汉语中存在［o］、［a］两读，个人认为，元、明及其以后多半应读［a］。这里以形体为主，不作音读上的考究。

乙，吗。

"吗"在汉语历史上是"么"［a］的兴替形体，已见于辽代释行均《龙龛手鉴》，音莫霸切，清初始逐渐使用开来。与"还"在疑问句中相配使用，已是在清代中叶。例如：

（36）咱们有了这注银子，还往回里走吗？（《儿女英雄传》四回）

（37）那还不是跟水去了吗？（《老残游记》十四回）

---

① 参见本书第四章第一节语气助词"吗"。

（38）他连外国大夫的药都肯吃，他还肯为了这件事死吗？（《官场现形记》五八回）

（39）我们家里的规矩严，就连正经话常常也来不及说，还说得到这个吗？（《二十年目睹之怪现状》八二回）

丙，不成。

与诘问句末的"不成"相配使用，所表示的诘问口吻显得更加强烈。这时的"还"，相当于"难道"的语气。例如：

（40）老大年纪，尚如此嘴脸，那得你发积？除非天上吊下来，还是去那里打劫不成？（《今古奇观》卷十六）

"李汧公穷邸遇侠客"故事，原见《醒世恒言》卷三十。抱瓮老人辑入《今古奇观》卷十六。例文是编辑者所增添的。

（41）人家眼里有咱，就算不嫌弃了，还该推脱人家不成？（《歧路灯》十九回）

（42）他既来到这里，俺们遇见，还怕他飞上天去不成？（《三侠五义》一一九回）

（43）再看这三个孩子的居心行事，还会胡乱挥霍不成？（《儿女英雄传》三三回）

我们前面论述了"还"在疑问句中具有表示询问和诘问用法，再从"还"在疑问句中的语法位置和语法意义上对比，可知上面若干用例的"还"，相当于诘问副词"难道"。它们之间的这种特性，就使之能并列成"难道还"的结构，与句末的"不成"相配，使用在表示诘问的句子里。例如：

（44）但此刻正是沿途大水，车断走不得，你难道还能骑长行牲口去不成？（《儿女英雄传》三回）

（45）况我这样年纪，难道还赚你这张弹弓不成？（《儿女英雄传》十七回）

（46）老爷，你是做官做府的人，难道还吃我们这几个脚钱不成？（《官场现形记》四四回）

由此，在汉语历史上，曾经存在过：

1. 难道……不成？

2. 还……不成？

3. 难道还……不成？

三个类似的句式，所表示的语法意义都是相同的。

"还"既然表示诘问语气，那么，按照"难道"的构成方式，于是就有表示反诘的"还道"之出现与使用。例如：

（47）便万刮了乔才，还道报冤雠不畅怀？（《窦娥冤》四折［得胜令］）

（48）你拿的他害不好，你孙子还道吃得下饭去哩？（《醒世姻缘传》三
　　　　回）

这种用例虽然极少，却足证"还"所具有的表示诘问的职能。

（三）表示疑问的"还"，在它存在和使用的历史过程中，有两个现象
似乎关涉到它的存在与消失，值得略加讨论。

甲，具有可省略性。

所谓可省略性，就是在表示询问的句子里，"还"并不是必不可少的。
有许多时候，句子的语意就表达了疑问的意思，这种情况下，问句中的疑问
副词"还"的存在与否，于语意无大碍。例如：

（49）僧参次，便问："和尚还识字否？"师云："随分。"（《袁州仰山
　　　　慧寂禅师语录》）

紧接下一段有相似的文字云：

师坐次，有僧来作礼，师不顾。其僧乃问："师识字否？"师云：
"随分。"

其中"师识字否"，是例文"和尚还识字否"的省略说法。

（50）某甲拟随和尚去，还得么？（《抚州曹山元证禅师语录》卷上）

后文"四种异类"引述这段对话时作："某甲随和尚去，得否？"省略
其中的"还"，表问的语意未变。

（51）师云："还闻钟声么？"僧云："此是钟声。"师云："驴年梦见
　　　　么？"（《云门匡真禅师广录》卷中）

此例末句也是一句问话，是上承"还闻钟声么"而来的发问，原应作
"驴年还梦见么？"，却省略了"还"。"驴年"的问话是承袭上一节末了之
意而来的。其末句是：师云："驴年梦见三家村里汉。"

疑问副词"还"在问句中之省略，唐五代便是较为常见的现象。下面
列举《敦煌变文集》内的一些用例。如：

放卿入楚救其慈母，救得已否？（《汉将王陵变》）

陵在蕃中，有死色无？（《李陵变文》）

这个是，阿谁不是？（《舜子变》）

今蒙娘教，听从游学，未委①娘子赐许已不？（《秋胡变文》）

昨夜念经，是汝已否？（《庐山远公话》）

卿之所师，敌得和尚已否？（《降魔变文》）

目连启言狱主："此个地狱中，有青提夫人已否？"（《大目乾连冥间救

───────────────

①　委，原校作"季（知）"，误。参后文"未委娘子赐许以不？"今正。

母变文》)

如此等等,似乎是"还"从起始就有一种内在的特性,它不如询问原因的"为甚么"、询问方式的"作么生"、"如何"等那样,在表达语意方面具有使用上的稳定性。以至于在缺少"还"的情况下,问句的语意一般不会发生什么变化。由于这种内在因素,现代汉语普通话里几乎都弃用了。

乙,具有疑义性。

我们前面提到,由于"还"在诘问的意义上能与句末的"不成"相配合使用,它就成了难道的同义词。除了构成"还……不成?"的诘问句外,还与"难道"结合成"难道还",构成"难道还……不成?"的诘问句。然而,"难道还"这一三音节的组合并不那么紧密;再加上"还"本身并不如"难道"那样单一,它在句中的词义会引起疑义。如:

不是那老儿,难道还有别人?(《醒世恒言》卷三七)

兄若不应承,难道还攀扯闺阁弱质、坏他的清白?(《三侠五义》三八回)

我给他个昼夜兼行,难道还赶不上他么?(《三侠五义》一百回)

这是桩一举三得的事,难道还有甚么扭捏的去处?(《儿女英雄传》十回)

这四例都是反诘问句,虽然句末不是"不成"相配使用,"难道还"也完全应该作一个词或一个词组看待。因为这里的立足点是汉语历史,是近代汉语。如果我们立足于现代汉语的话,没有人会把它看作一个词,都会读作"难道//还有别人"、"难道//还赶不上他么",这是用不着怀疑的。

如果再在"难道"与"还"之间,插入其他成分,即使句末用了"不成",这时"还"的味儿多半发生变化。例如:

(52)难道人家偷驴、我还等着拔橛儿不成?(《三侠五义》二九回)

(53)难道仁兄还瞒着小弟不成?(《三侠五义》三八回)

(54)难道他还有那读史书的学问不成?(《儿女英雄传》二八回)

(55)难道父母下了葬、我还在这里住不成?(《儿女英雄传》二四回)

例(52)、例(55)两个分句之间我这里使用了"、"号,意谓这两个分句应是一体的。这些用例都应该还原为"难道还……不成?"来理解。随着时间的推移,与"难道"并列一起的"还"尚且不被人们所认识,与"难道"未并列一起的"还",在词义上很难联系到一起,更容易混同于其他用法的"还"。比如,与表示行为状态持续的"还",有时就很难分辨得清楚。这大概也是表示询问的"还"消失的因素之一。

当我们说表示疑问的"还"在现代汉语中消失之时,应该指出,这是就现代汉语普通话来说的。当今有的方言仍然使用着①。即使在普通话里，也在局部地使用着。只是由于某种原因，人们不这么看而已。

第十节　疑问副词“将非”

表示推度的疑问副词“将非”，历史上与“将无”、“将不”属同一个族群。我们以“将非”作为它们的代表形式。它是由表示推度的“将”和“非”并列构成的一个词。在先行分别讨论“将”和“非”的基础上，再讨论“将非”。

（一）在较早的汉语中，“将”用于问句，可以表示疑问和诘问。在诘问句中，可分为表示反诘和推度语气。如：

周书所谓，重黎实使天地不通者何也？若无然，民将能登天乎？（《国语·楚语下》）

韦昭注：“若重黎不绝天地，民岂能上天乎？”以“岂”释“将”，用作反诘。

在表示推度的用法中，我们所要讨论的，是在疑问句中所表示的推度语气。例如：

（1）亮呼吏持饧器入，问曰：“此器既盖之，且有掩覆，无缘有此，黄门将有恨于汝邪？”（《三国志·吴书·三嗣主传·孙亮》裴松之注引《江表传》②）

末句是孙亮讯问中藏吏的话。根据事由，孙亮怀疑黄门做了手脚。

（2）此二人，卿荆州之先贤也，初虽见囚，后皆擢用，为楚名臣。卿独不然，未肯降意，将以孤异古人之量邪？（《三国志·吴书·潘濬传》裴松之注引《江表传》）

孙权以揣测语气问潘濬不愿服降的原因。

（3）鬼便先担定伯数里，鬼言：“卿太重，将非鬼也？”定伯言：“我新鬼，故身重耳。”（《搜神记》卷十六“宋定伯”）

（4）（紫玉）歌毕，歔欷流涕，要（韩）重还冢。重曰：“死生异路，惧

---

① 兴宁客家话犹用表示询问的“还”，读［han］。如下列两组对话：

“姊姊养倒俫子。”、“还大［tʻai］唔也？”“七斤。”

“表弟娶倒隻老婆”。“还会做唔也？”“会做到死。”

“还”省略，句意不变。

② 《江表传》，晋人虞溥撰。虞溥，《晋书》卷八二有传，其中说“注《春秋经》、《传》，撰《江表传》及文章诗赋数十篇。”

有尤愆，不敢承命。"玉曰："死生异路，吾亦知之。然今一别，永无后期。子将畏我为鬼而祸子乎?"（《搜神记》卷十六"紫玉"）

末句是紫玉揣测韩重心思的问话。

（5）勒下令曰："去年水出巨材，所在山积，将皇天欲孤缮修宫宇也?"（《晋书·载记·石勒下》）

以上为晋代的几个用例。

（6）当今军粮要急，而卿不以在意，将由与城内婚姻邪?（《宋书·沈攸之传》）

（7）此峡多猨。猨不生北岸，非唯一处。或有取之放著北山中，初不闻声，将同狢兽渡汶而不生矣?（《水经注》卷三三"江水"）

作者揣测放之于北山的猨，同狢兽渡汶而去，故不生北岸。

（8）楚文王少时好猎，有一人献一鹰……王曰："吾鹰所获以百数，汝鹰曾无奋意，将欺余乎?"（《幽明录》）

"将欺余乎"，文王疑惑而猜测的话。

（9）此远国异人而能作吾国言，受害无难色，将是神人乎?（《幽明录》）

（10）何承天、颜延年俱为郎，何问颜曰："藿囊是何物?"颜答曰："此当复何解邪! 藿囊将是卿?"（《俗说》）

以上是魏晋六朝间"将"表示推度的几个用例。到唐代，我们还能见到它的用例。例如：

（11）臣闻西域有神，其名曰佛。陛下所梦，将必是乎?（《法苑珠林》卷十二"结集部"）

（12）约半月后，忽晨兴开肆毕，有一人若官僚之仆者，直前揖之云："官令召汝。"何意府尹之宅有取。未就路，仆又促之。何方束带，仆又不容……何乃愈疑，"将非人耶?"（《太平广记》卷三五三"何四郎"）按，原注出《玉堂闲话》。

末句是何四郎心里对仆者的揣测，"莫非不是人吧?"

从上面的用例中，我们可以看到，"将"所处的语言环境必须是：1. 用以表示询问或诘问的句子；2. 句末常有助词如"乎"、"也"、"耶（邪）"等与之呼应；3. 表示不很肯定的揣测或推度的语气。"将"的此类职能，在关于汉语的研究著作中，涉及者尚少①。我们从使用上看，在魏晋六朝至隋

---

① 太田辰夫《汉语史通考》，张万起《世说新语词典》，董志翘、蔡镜浩《中古虚词语法例释》，何金松《虚词历时词典》等都有所提及。

唐间，都见于对话。其后只能偶尔看到它的使用。如：

(13) 我辈朝廷大臣尚不敢轻出一语，他是何等之人，擅敢议及军机重事！将恃汝义父总兵官，藐视国家无人物么？（《绿野仙踪》三十回）

因此，在疑问句中表示推度这一语法范畴内，我们围绕"将"的使用展开，探讨相关的使用与历史发展。

（二）在汉语历史上，我们都熟悉"非"，通常是以否定或否定副词的职能被使用的。在否定词的群体中，如"不"、"无"、"莫"、"别"，都有用以表示推度的语气，"非"具备这一用法，不足为奇。下面我们就来看看这方面的用例。

(14) 屈原既放，游于江潭……渔父见而问之曰："子非三闾大夫与？何故至于斯？"（《楚辞·渔父》）

如果《渔父》不是后人的伪作，那么"非"用于疑问句表示推度，可以上推到战国时代。

(15) 老子曰："过故乡而下车，非谓其不忘故耶？"（《说苑·敬慎》）

(16) 式见而识之，呼嵩把臂，谓曰："子非孔仲山耶？"对之叹息。（谢承《后汉书·范式传》）

从上面的用例可以看到，"非"之用于疑问句表示推度语气，古已有之。其一，对人表示推测，例 (16)"子非 N……耶？"即其句式；其二，对事为表示推测，如例 (15)。这种推度语气的问话，在魏晋六朝基本上已经使用开了，多为问人。例如：

(17) 义真识其声，出就之，曰："君非段中兵邪？身在此。"（《宋书·武三王传·庐陵孝献王义真》）

(18) 太祖曰："此非刘桢也？石如何性？"桢曰："石出荆山玄岩之下，外炳五色之章，内秉坚贞之志。"（《水经注》卷十六"穀水"）

(19) 姑非鬼邪？衣服何至如此？（《幽明录》）

(20) 高祖称善者久之。（王）肃亦以芳言为然，曰："此非刘石经邪？"（《魏书·刘芳传》）

此谓刘芳论"古者男子妇女俱有笄"，言之确凿，如石经之足据，戏称他为"刘石经"。

(21) 长孙武艺逸群，又多奇略。后之名将，非此子邪？（《北史·长孙道生传》附晟）

在唐、宋时期，表示疑问或推度的"非"，多有使用。在当时的汉语里，应当是个常用词。略举例如下：

（22）赵王曰："汝非昔事齐王者乎？诚壮士也！"（《隋书·元胄传》）

（23）吾二十年前常与一人曾卜得"无妄之随"，今复得此卦，非曩昔贤乎？（《独异志》卷上"刘阒求卦"）

（24）君非柳十二乎？君船以风便，索君甚急，何不促回？（《玄怪录》卷二"柳归舜"）

（25）巫曰："卢郎非长而髯者乎？"曰："然。"（《续玄怪录》卷二"郑虢州騧夫人"）

（26）尝臂鸜立于衢，见二人紫衣，呼曰："公非李努眼子名和子乎？"（《酉阳杂俎》续集卷一"支诺臯上"）

（27）叹让之际，忽有一豪士……前揖生曰："公非李十郎者乎？"（蒋防《霍小玉传》）

（28）中有一人，与生且故，生指曰："子非冯翊田子华乎？"对曰："然。"（李公佐《南柯记》）

（29）如是非一，瞽叟怪之，语后妻曰："非吾舜子乎？"（《舜子变》）

（30）皇帝好微行，遇于逆旅，温（庭筠）不识龙颜，傲然而诘之曰："公非司马、长史之流？"帝曰："非也。"（《北梦琐言》卷四"温李齐名"）

（31）曹焕游嵩山，中途遇道士盘礴石上，揖曰："汝非苏辙之婿曹焕乎？"（《仇池笔记》卷下"神清洞"）

（32）宣宗即位，德裕奉册太极殿。帝退谓左右曰："向行事近我者，非太尉邪？"（《新唐书·李德裕传》）

（33）按说苑，武王伐纣，风霁而乘以大雨，散宜生入谏曰："此非妖欤？"（《能改斋漫录》卷六"天洗兵"）

（34）既出（井），即欲刃之。张呼曰："公非丁小大乎？"（《夷坚甲志》卷八"佛救宿冤"）

（35）一日，登对，孝宗顾问左右曰："是非手斩发冢盗者乎？"（《齐东野语》卷九"王公衮复雠"）

以上是问人的用例。从中可以看到：对所问的人，虽不十分肯定，多表示偏于肯定。被问人的回答多半是肯定而简单，一个"然"字即可。

（36）伫立久之，见一骑自西驰来，绣缋彷彿……至翱所，因驻谓翱："郎非见待耶？"（《太平广记》卷三六四"谢翱"）按，原注出《宣室志》。

（37）自公题记后，廨署补葺亦屡矣，而毫翰焕然独存，非神灵扶持而明征于今日耶？（《太平广记》卷二七八"高元裕"）按，原注出

《集异记》。

（38）琦口中有二鬼跃出，就坐食讫，初云未了。琦云："非要衣耶？"（《太平广记》卷一一一"王琦"）按，原注出《广异记》。

（39）会岭表使归，妃问左右："何处驿使来？非梅使乎？"（曹邺《梅妃传》）

以上四例是问事为。句式为"非……耶？"，可以有主语，如（36），也可以没有主语。

"非"这种用法，元、明、清间仍可偶见。例如：

（40）天明，阅客行囊，一少年忽直前问君和："非京师邸中乞我鱼不取者乎？"（《续夷坚志》卷四"盗谢王君和"）

（41）先生非许姓、为卜居而来乎？（《三教偶拈·许真君旌阳宫斩蛟传》）

（42）子非广平冷于冰、号不华者乎？（《绿野仙踪》十回）

（三）前面我们分别讨论了"将"和"非"在疑问句中表示的推度用法。"将"、"非"同义，再复合成为双音节的"将非"，用于疑问句，仍表示推度语气，犹如今天的"莫非"，其较早的用例已见于晋代。如：

（43）所住邻中常见竺家有青气如龙蛇之形。或有人谓竺曰："将非怪也？"（《拾遗记》卷八"蜀"）

糜竺获一妇人赠青芦杖，家僮云时见青芦杖自出门间，疑其为神。邻人所见即此之神异。

（44）祥在正始，不在能言之流。及与之言，理致清远，将非以德掩其言乎！（《晋书·王祥传》）

（45）符坚闻之，密有迎罗什之意。会太史奏云："有星见外国分野，当有大智入辅中国。"坚曰："朕闻西域有鸠摩罗什，将非此邪？"（《晋书·艺术传·鸠摩罗什》）

慧皎《高僧传》卷二所载，文字稍异：

（符）坚曰："朕闻西域有鸠摩罗什，襄阳有沙门释道安，将非此耶？"即遣使求之。

（46）以贾谊之才，仕汉文之世，不历公卿，将非运也！（《魏书·裴骏传》附宣）

（47）今以夫之尊，在河之阳，而阴承体卑，吞食尊阳，将非君道昏弱，无居刚之德，遂为阴细之人所能消毁乎？（《后汉书·五行志五》"灵帝建宁三年春，河内妇食夫，河南夫食妇。"刘昭注语）

刘昭提出疑问，妇人食夫，莫非是君道昏弱，无居刚之德所致？刘昭，梁朝人，《梁书》卷四九有传。

（48）闻因败为成，臂上金创，将非金印之征邪？（《南史·王玄谟传》）

（49）罗阅惊叹曰："希有希有，将非菩萨往化耶？"（慧皎《高僧传》卷三宋京兆释智猛）

（50）有奉佛居士吴县朱膺闻之，叹曰："将非大觉之垂降乎？"（《旌异记》）

鲁迅《古小说钩沉》辑录自《法苑珠林》卷十三，文字同《旌异记》，与《高僧传》（卷十三）稍异。

（51）九亲惊曰："未闻孩幼而能言，斯将非天龙鬼神之灵乎？"（《经律异相》卷九"普施求珠降伏海神以济穷乏"）

六朝时期，"将非"是个很常用的词。唐代仍见到它的用例。如：

（52）阿难林中忽感异梦，来白佛言："……将非世尊欲入寂灭？我心怀惧，故来请问。"（《大唐西域记》卷七"菴没罗女园"）

（53）吾此居近太行，怪物所生也，将非山精野魅乎？（《纪闻·修武县民》）

（54）有解者曰："夫日者，人君像也。今梦登山以捧日，将非登相位而辅人君乎？"（《太平广记》卷二七八"杨炎"）按，原注出《宣室志》。

（55）俄顷，忽见一烛在数十里外，光影极微。汶喜曰："此烛将非人居乎？"（《太平广记》卷三七八"张汶"）按，原注出《宣室志》。

在唐之后，"将非"就基本上被人们所弃用，只是偶尔尚可一见。如：

（56）此卦大奇！初利建侯，后变化飞龙在天。殿下将非要由王位而做皇帝么？（《续英烈传》五回）

从上面的叙述可知，"将非"在问句，多用以对事物、事为乃至事势的揣测，也用于对个人的揣测。例如：

（57）臣闻主忧臣辱，主辱臣死，大王所为不乐者，将非吕光乎？（《晋书·载记·秃发乌孤》）

（58）（苻）坚笑曰："将非赵文业耶？"（慧皎《高僧传》卷一晋长安昙摩难提赵正）

从资料显示，表示推度的"将"和"将非"，它们使用时间，大致到唐代为止，尚未见到有宋的用例。

（四）与"将非"同义、并具有相同结构形式的，还有"将无"① 和 "将不"。从文献资料上看，它们的使用频率都不高。

将无

(59)（庾）亮大会州府人士，嘉坐次甚远。（褚）裒问亮："闻江州有 孟嘉，其人何在？"亮曰："在坐，卿但自觅。"裒历观，指嘉谓 亮曰："此君小异，将无是乎？"（《晋书·桓温传》附孟嘉）

故事亦见陶渊明《晋故征西大将军长史孟府君传》。

(60) 王戎云："太保居在正始中，不在能言之流；及与之言，理中清 远，将无以德掩其言？"（《世说新语·德行》）

例（44）《晋书》例与此似有同一的出处。《晋书》作"将非"，此处 作"将无"。

(61) 此谈盖天人之际，岂臣所宜预！窃恐秦楚论强兵之术，孙吴尽吞 之计，将无取于此耶？（慧皎《高僧传》卷七宋京师东安寺释慧 严）

(62) 阿难惊觉，怖不自宁，思惟所梦，将无世尊欲般涅槃？（《经律异 相》卷十四"舍利弗先佛涅槃"）

例（52）《大唐西域记》例"将非"与"将无"异文。

(63) 沙弥归家，无有他变，八日晨还。师遥见之，怪其所以，七日应 亡，今何因缘，将无鬼神化现来乎？（《经律异相》卷二二"沙 弥救蚁延寿"）

从上述用例可以看到，它们都使用于六朝时期，在使用时段上，比 "将非"还要短促、还要古远些。其后只能见到偶尔使用。如：

(64) 妾母子来时，实未使闻。兹之怨啼，将无是姊？（《聊斋志异》卷 二"巧娘"）

(65) 此与吾襄年事适相符同，将无向所逐狐，今能为怪耶？（《聊斋志 异》卷五"农人"）

蒲松龄当然是把"将无"视为文言成分加以运用的。不仅如此，他还 在"将无"的基础上，使用了"将勿"这一形体，他处未见。例如：

(66)（妇）见女啼泪未干，惊曰："合卺之夕，悲啼不伦；将勿郎君粗 暴也？"（《聊斋志异》卷二"巧娘"）

---

① "无"在问句中表示推度，此处举唐人一例如下：

（田氏子）问："何以见魅？"竖曰："适下坡时，狐变为妇人，遽来追我。我惊且走，狐又疾 行，遂为所及，因倒且损。吾恐魅之为怪……因与痛击，故免其祸。"田氏子曰："汝无击人妄谓狐 耶？"（《纪闻·田氏子》）

（67）狐生女名婴宁，绷卧床上，家人皆见之。姑丈殁，狐犹时来；后
　　　求天师符粘壁间，狐遂携女去。将勿此耶？（《聊斋志异》卷二
　　　"婴宁"）

否定副词"勿"，也可用以表示推度，不过用例极其罕见①。

将不

表示推度语气的"将不"，所见有限，举例如下：

（68）融欲观其人，故造（李）膺门……太中大夫陈炜后至，坐中以告
　　　炜。炜曰："夫人小而聪了，大未必奇。"融应声曰："观君所言，
　　　将不早惠乎？"（《后汉书·孔融传》）

（69）时摩偷罗国有婬女名婆娑达，其有一婢往优波笈多处买香多得，
　　　其主问言："汝于何处得此多香，将不偷耶？"（《经律异相》卷
　　　十六"优波笈多出家降魔"）

上面我们对表示推度的疑问副词"将非"、"将无"在历史上的使用情
况，作了扼要的叙述。从总体上看，有两点值得一提：

1. 在汉语的历史发展方面说，表示推度语气的疑问副词，可以划分为
两个历史层次，"将非"、"将无"代表前一个历史层次，后一个历史层次的
代表是"莫不"和"莫非"。前一个历史层次的终点与后一个历史层次的起
点，都在唐代。后一个历史层次的"莫不"、"莫非"，则从唐代一直延续到
现代汉语。

2. 就"将非"等而言，我们这里指的是在疑问句中表示推度语气，
而不是泛指，因此称之为疑问副词。然而，有时也可以表示诘问语气。
例如：

（70）四友之人，亲受音旨，发斯谈者，将非穷达不可妄求，寿夭永无
　　　外请故耶？（陶渊明《与子俨等疏》）

例出《陶渊明集》。②《宋书·陶潜传》"将非"作"岂非"。

（71）即日大敌犹强，天衅未雪……今已丧钟山，复诛犹子，将非扬汤
　　　止沸，吞冰疗寒！（《梁书·高祖三王传·邵陵携王纶》与世祖
　　　书）

（72）窃人之财，犹谓之盗，子玄假誉攘善，将非盗乎？（《晋书·郭象
　　　传》史臣语）

（73）汝恩戚家子，当应将迎时俗，缉外内之欢。如汝自业，将无小伤

---

① 及贞阳覆败，边镇恇扰，高祖固已忧之，曰："吾今段如此，勿作晋家事乎？"（《梁书·侯
景传》）

② 中华书局 1979 年版，逯钦立校注本。

多异，以取天下之疾患邪？（《宋书·萧惠开传》）

（74）昔子建不欲妄赞陈琳，恐见嗤哂后代；今之过奢余论，将不有累清谈！（《梁书·文学传·伏挺》致徐勉书）

这几例的"将"都应释作"岂"；"将非"即犹"岂非"。句子的结构形式也有所区别。

第二章　连　词

第一节　并列连词"和"

本节讨论并列连词"和"，主要讨论它的产生与起始时代，以及在近代汉语的使用。

（一）并列连词"和"，是现代汉语高频率使用的一个词，不管是书面还是口头。从研究者的角度说，或者从汉语史的角度说，有争议的问题在于并列连词"和"是怎么来的。

最早提出这个问题的是王力先生。他在《汉语史稿》第三章说："这个'和'字是怎样发展来的呢？它是由动词发展来的。最初是'拌和'的意思，后来发展为'连带'的意思。'和'字的后一种用法大约是从晚唐（第九世纪）开始的。"① 后来王力先生的观点有了很大的改变。他在《汉语语法史》第十章说："连词'和'字应是由形容词'和'字虚化而来的。最初是虚化为介词。大约在唐代，'和'字就被用作介词了……由介词发展为连词，是很自然的事。宋代已经有了连词'和'字。"② 前后两个时期，王力先生的观点发生了根本的变化：由认为动词"和"从"拌和"义发展为"连带"义再逐渐发展为连词，改变为由形容词虚化为介词、再由介词发展为连词。

潘允中先生在《汉语语法史概要》第九章说："现代汉语的'和'原是个动词，在中古时期产生了一个新义，有连同的意思，见于唐人诗歌……在宋元时代的作品里，'和'开始用作介词，同时也作连词用。"③ 潘先生认为"和"的连词、介词用法都始于宋元时代。

史存直先生在《汉语语法史纲要》第六章说："在现在白话中和文言'与'字用法相似的有一个'和'字。'和'字也同样既是连词又是介词。这个'和'字大约是在唐宋之间产生的。"④ 史先生对此略显含糊。

---

① 中华书局 1980 年新 1 版，第 339 页。
② 商务印书馆 1989 年版，第 156 页。
③ 中州书画社 1982 年版，第 140 页。
④ 华东师范大学出版社 1986 年版，第 138 页。

连词"和"究竟什么时候开始出现，王力先生所提宋代用例是黄庭坚《阮郎归》词："摘山初制小龙团，色和香味全"。潘允中先生所提到的可靠的宋人用例莫过于岳飞的《满江红》词"八千里路云和月"句。由此可见，前辈们实际上认为连词"和"出现于宋代。

1989 年，刘坚发表了题为《试论"和"字的发展，附论"共"字和"连"字》① 一文。据作者说，"本文主要论述'和'字由动词发展成连词和介词的过程，作为'实词虚化'的一个例证。"显然，作者完全遵循着王力先生的旧有思路。作者虽说"和"字用作连词不始于宋元，但遗憾的是，作者受制于资料的欠缺和思路之守旧，未能做到应有的地位。

（二）据我们的考察，从八世纪中叶起，就已经能够较多地看见并列连词"和"的用例了。这些用例多见于唐人的诗歌。例如：

（1）同张侍御鼎和京兆萧兵曹华岁晚南园。（储光羲 诗题）

这是题目，见《全唐诗》卷一三九。我们撇开其中个人的职衔，则成为"同张鼎和萧华岁晚南园"。"张鼎和萧华"是介词"同"的宾语，关系很清楚。除了"和"的并列连词职能之外，没有什么可疑义的。张鼎，萧华，《全唐诗》、《全唐文》分别收录有他们的诗文。储诗中说，"公府传休沐，私庭效陆沉"，很明白，利用年间官府休假，他跟张鼎和萧华到私人宅第南园玩去。作者是开元间的进士。

（2）三月江城柳絮飞，五年游客送人归。故将别泪和乡泪，今日阑干湿汝衣。（戎昱《征人归乡》诗）

"别泪"相对游客而言，"乡泪"对自己怀念故里而言，从感情说有所区别。

（3）风雨荆州二月天，问人初雇峡江船。西南一望云和水，犹道黔南有四千。（窦群《自京将赴黔南》诗）

作者于唐宪宗年间贬官黔州刺史、黔州观察使。此诗即于 808 年赴黔州时所作。

（4）移舟试望家，漾漾似无涯。日暮满潭雪，白鸥和柳花。（卢纶《春游东潭》诗）

（5）花，花。深浅，芬葩。凝为雪，错为霞。莺和蝶到，苑占宫遮。已迷金谷路，频驻玉人车。（张南史《花》诗）

（6）半夜缘堤雪和雨，受他驱遣还又去。（王建《水夫谣》）

---

① 《中国语文》1989 年第 6 期。后经改编收入《近代汉语虚词研究》（语文出版社 1992 年版）一书。后又被收入蒋绍愚、江蓝生主编的论文集《近代汉语研究（二）》（商务印书馆 1999 年版）。

　　王建约摸生活在公元 767—830 年之间，与前引戎昱、窦群、卢纶等诗人生活的年代相差不远。在他们的作品里都使用了连词"和"，决不能看作是一种巧合。卢纶在《早春归盩厔旧居却寄耿拾遗湋李校书端》诗里说："引水忽惊冰满涧，向田空见石和云。"他在诗中重复地使用"和"字。我们有理由推断，公元八九世纪之间，连词"和"已基本上使用开了。在其后一直到五代，我们可以看到许多的用例。

　　（7）赵叟抱五弦，宛转当胸抚。大声麃若散，飒飒风和雨。（白居易
　　　　　《五弦》诗）

　　陈无己《诗话》：望夫石在处有之，古今诗人惟用一律。……黄叔达，鲁直之弟也，以顾况为第一，云："山头日日风和雨，行人归来石应语。"语意皆工。① 顾诗比白居易更早，"风和雨"用法相同。

　　（8）因题八百言，言直文甚奇。诗成寄与我，锵若金和丝。（白居易
　　　　　《和阳城驿》诗）

　　（9）松吹暑中冷，星花池上深。倘俳有声乐，请以丝和金。（鲍溶《窃
　　　　　览都官李郎中和李舍人益酬张舍人弘静夏夜寓直思闻雅琴见寄》
　　　　　诗）

　　晋代王羲之《兰亭诗》云："虽无丝与竹，玄泉有清声"。晋辞《子夜四时歌·冬歌》云："何必丝与竹，山水有清音"。例（8）、例（9）的"和"即用同这些诗中的"与"。

　　（10）野观云和月，秋城漏间钟。（马戴《同庄秀才宿镇星观》诗）

　　（11）梅雨和乡泪，终年共酒衣。（司空图《长亭》诗）

　　（12）破暗长明世代深，烟和香气两沉沉。（罗隐《长明灯》诗）

　　（13）嘉陵路恶石和泥，行到长亭日已西。（张蠙《题嘉陵驿》诗）

　　（14）鞍马和花总是尘，歌声处处有佳人。（卢廷让《樊川寒食》诗之
　　　　　二）

　　（15）谁步宋墙明月下，好香和影上衣襟。（李中《桃花》诗）

　　（16）古衣和藓衲，新偈几人传。（贯休《题宿禅师院》诗）

　　（17）愚徒死恋色和财，所以神仙不肯召。（吕岩《敲爻歌》）

　　（18）芦洲一夜风和雨，飞起浅沙翘雪鹭。（毛文锡《应天长》词）

　　（19）远声历历风和水，近色青青竹映松。（绍伯《题福昌馆》句）

　　（20）急命帅回休强进，若还坚执向前营，枉损马和兵。（易静《兵要

―――――――――――

　　① 吴开：《优古堂诗话·望夫石》，见丁福葆辑《历代诗话续编》上册，中华书局 1983 年版，第 278 页。

望江南·占怪象》词)

（21）花鬟月鬓绿云重。古祠深殿，香冷雨和风。（牛峤《临江仙》
词）

（22）佯不觑人空婉约，笑和娇语太猖狂，忍教牵恨暗形相。（后蜀·
毛熙震《浣溪沙》词）

有关唐代的用例，这里还可以补充几个：元稹《饮致用神麴酒三十
韵》："感君澄醴酒，不遣渭和泾。"无名氏《唐衢墓》诗："京洛先生三尺
坟，阴风惨惨土和云。"都是其例。

在敦煌变文里，也有"和"的用例。例如：

（23）上下撒花波对当，行间铺锦草和真。题姓署名纵凤舞，出年着月
象焉存。（《捉季布传文》）

（24）雀儿和燕子，合作《开元歌》。（《燕子赋》）

又《八相押座文》："九龙齐喷香和水，争欲莲花叶上身。"从上面的使
用情况可以看到，唐五代不乏其例，都在韵语里面。在汉语里，诗歌都近于
口语。因此，并列连词"和"之初起，在于口语，应无问题。

我们前面说到，储光羲、戎昱生活的那个年代，即唐玄宗开元、天宝
间，连词"和"已经使用开了。也就是说，唐代才"肇其端"①的说法，
显然是不符合汉语的历史实际的。事实证明，连词"和"之始用，不在唐
代。例如：

（25）井公能六著，玉女善投壶。琼醴和金液，还将天地俱。（南朝
陈·谢燮《方诸曲》）

琼醴（醴，甜酒），金液，都是对酒的美誉。和，连接两个并列的成
分。毫无疑问，这个"和"是并列连词。就谢诗而言，不允许人们把这个
"和"理解为动词或者别的成分。

（26）唐巡光帝则，夏务穆宸仪。珠旗扬翼凤，玉兽俨丹螭。流吹和春
鸟，交弄拂花枝。（隋·虞世基《奉和幸太原辇上作应诏》诗）

流吹，箛篴一类的乐器。根据"交弄拂花枝"句，则"春鸟"也应是
一种管乐器，否则无从"交弄"；虽有花枝，也无从"拂"之。"和"连接
两个具体事物，充当主语。因此，这个"和"也是并列连词。

由此可见，并列连词"和"，虽不发生在很早的年代，却也不晚至中唐
才"肇其端"。至于说"'和'字发展到宋代，一方面成为连词，一方面又

① 刘坚《试论"和"字的发展，附论"共"字和"连"字》。《中国语文》1989年第6期。

成为介词"① 的说法，显然与汉语历史发展的实际不相符合，是没有根据的。

（三）从上面的用例可以看到，连词"和"连接两个并列的名物词。这些名词所称代的，都是人们能够感触的具体事物。并列结构在句中可以充当主语，如"莺和蝶到"；可以充当宾语或补语，如"枉损兵和马"；其中包括充当介词宾语，如"同张侍御鼎和京兆萧兵曹华"。这些事物，可以是生物（包括人及称谓）和非生物。诸如这些具有主流意义的用法，到了宋代以后仍然持续着。聊举数例：

（27）锦筝参差朱槛曲。露濯文犀和粉绿。（钱惟演《玉楼春》词）

（28）霜月和银灯，乍送目楼台，星汉高下。爱东风、已暖绮罗香，竞走去来车马。（黄裳《宴琼林·上元》词）

（29）要识长生辈赤松。朱颜和绿发，正丰茸。当年今日堕仙宫。（王之道《小重山·詹德秀生日》词）

（30）湖水江湾隔数峰，篱门和竹夹西东。（林逋《易从上人山亭》诗）

（31）文书与睡中分日，衰病和愁总怕秋。（陆游《客思》诗）

（32）水遥花暝，隔岸吹烟冷。十里垂杨摇嫩影。宿酒和愁都醒。（施岳《清平乐》词）

（33）乐感羽毛皆率舞，神和福禄自来宜。（田锡《乾明节祝圣寿》诗）

与"愁"、"病"比较，"神"与"福禄"显得很抽象，但在人们的心目中似乎也是可以感知的事物。

至唐、宋间及其后，并列连词"和"的使用，出现一些发展和变化。主要有三：

其一，连接并列的形容词。例如：

（34）长恨阳和也世情，把香和艳与红英。（李山甫《柳》诗之三）

（35）东风吹绽海棠开。香麝满楼台。香和红艳一堆堆。（云谣杂曲《虞美人》）

（36）惜别伤离方寸乱。忘了临行，酒盏深和浅。（李清照《蝶恋花》词）

（37）讲论只凭三寸舌，秤评天下浅和深。（《新编醉翁谈录》甲集卷一

---

① 刘坚《试论"和"字的发展，附论"共"字和"连"字》。《中国语文》1989 年第 6 期。

"小说引子")

其二，连接并列的动词，并与之相关的动宾、动补和主谓结构。例如：

（38）问当时道德，今日功名。楚水吴山，向来多少送和迎。（陈德武《望海潮二调》词）

（39）可剗细草和蒸豆来，我欲饱食而死。（《夷坚丁志》卷十三"阎四老"）

（40）皇甫殿直把送柬帖儿和休离的上件事，对行者说了一遍。（《简贴和尚》）

（41）一只手揪住这厮泼毛衣，使拳搥和脚踢。（《盆儿鬼》三折〔庆元贞〕）

（42）王臣乃将樊川打狐得书，客店变人诓骗，和夜间打门之事说出。（《醒世恒言》卷六）

其三，突破了韵文的范围，用于记叙文等，更加口语化。例如：

（43）百姓稍怠缓者，贼在后以刀杀之，并其尸和柴草叠路。（《三朝北盟会编》卷一四七）

并，同"併"，"尸和柴草"是它的宾语。

（44）我去讨米和酒并豆腐，断送你去。（《张协状元》十一出）

例（44）的"和"与"并"都是并列连词，共同连接并列的三个具体事物。

（45）我和你尾这厮去，看他那里着落。（《简贴和尚》）

（46）唐军迎战，赵德钧和赵延寿先逃走了，唐军不战自溃。（《五代史平话·晋史》卷上）

（47）吴加亮和那几个弟兄共推让宋江做强人首领。（《宣和遗事》前集）

可以想象，"和"突破韵文的范围，同时在记述的文体中使用，就切实地用到了口头上。这为其后的使用拓宽了范围，乃至一直使用到现代汉语。

至于连词"和"的形成，王力先生后期一改从前的观点，认为介词先于连词出现，事实证明是符合汉语历史实际的[①]。但是王力先生提出由形容词虚化为介词的新观点，颇有点儿让人费解，王先生对这一提法也未作适当的解释。

我们在这一节，考察了汉语历史上的并列连词"和"。通过考察，可以明确如下三点：

_____

① 参见本书第三章第十节"牵涉介词'和'"。

1. 连词"和"已见于南北朝后期，唐代已不乏其例。见于宋代的说法不足为据。

2. 连词"和"使用之初，是以连接并列的名物词的。在唐、宋及以后的使用中有所发展，用以连接形容词、动词及动词短语，表示并列关系。

3. 关于连词"和"的来源，王力先生《汉语语法史》"由介词发展为连词"的观点符合汉语历史实际。

第二节　并列连词"并"

表示并列关系的连词"并"，在汉语历史上有过三个形体：使用最多的是"並"，其次是"并"，偶然也使用"併"。表示并列意义的形体应当是"並"，本体为"竝"。《说文》："併也。从二立。凡竝之属皆从竝。"竝，隶变为"並"。并列连词的"並"，正是它的本义，表示连接在语法上具备同等意义的成分。为方便起见，这里以"并"概"並"和"併"。有时为了引述的需要，偶尔使用"並"。

我们认为，同为虚词，并列连词"并"也是由介词使用发展过来的。对于介词"并"，前辈与时贤都指出，已见于汉代史籍。如：《史记·孝武本纪》"上乃遂去，并海上，北至碣石"。《汉书·文三王传·代孝王参》"并前在代，凡立四十年薨"。

（一）我们首先要讨论的是表示并列关系的连词"并"是什么时候开始使用的。在前人的著作中，裴学海《古书虚字集释》卷十有"並，与也"一解，例引《庄子·胠箧篇》"窃仁义並斗斛权衡符玺之利者"。裴学海先生以"並，与也"作释，并注明"训见词诠"。《词诠》"並"第五项："介词　与今语'连''合'义同"。《胠箧篇》例，杨树达先辈的诠释是比较恰当的。何金松《虚词历时词典》① 将此例的"并"释作并列连词，解读上有误。

就我们现在所掌握的资料而言，较早的用例见于汉代。如：

（1）时有犬走入山穴，邢子随入……见故妪主洗鱼，与邢子符一函并药，便使还与成都令桥君。（刘向《列仙传·邢子》）

例出汪曾祺《旧小说》。例中"并"连接"符"、"药"两个并列成分。

（2）（孙策）自与周瑜率二万人步袭皖城，即克之，得（袁）术百工及鼓吹部曲三万余人并术、勋妻子。（《三国志·吴书·孙破虏讨逆传》裴松之注引《江表传》）

---

① 《虚词历时词典》，湖北人民出版社 1994 年版。

例中是由连词"并"和"及"联合表示的并列关系，作动词"得"的补语成分。《江表传》的撰著者虞溥是晋初人。

（3）（孙）权征关羽……璋部下司马马忠禽羽并羽子平、都督赵累等。（《三国志·吴书·潘璋传》）

（4）临去，以一符并一传，著以小箱中，与陈尉。（《太平广记》卷七"王远"）按，原注出《神仙传》。

后文有云："陈尉家于今世世存录王君手书并符传于小箱中"。这两个"并"所连接的是相同的两个事物。

（5）吾向来于武昌冈逢先生共语，云暂至迷溪，斯须当返，令过语家人，收刀并履，何得尔乎？（《太平广记》卷十三"成仙公"）按，原注出《神仙传》。

下文云："刀履并在棺中，那应在外"。明"刀"、"履"是两个事物，例中并列。

进入六朝，能见到的用例就多了起来。例如：

（6）母黄氏昼寝，梦见一僧呼黄为母，寄一麈尾并铁镂书镇二枚，眠觉见两物具存。（慧皎《高僧传》卷七宋吴虎丘山释昙谛）

（7）度乃自下舫取书并钵，开书视之，字无人识者。（慧皎《高僧传》卷十宋京师杯度）

（8）郭缘生《续述征记》曰："逢山在广固南三十里，有祠并石鼓。"（《水经注》卷二六"巨洋水"）

与并列连词"和"稍加比较可知，在较早的用例中，"并"都见于陈述句，"和"却见于诗歌。与此相关，"和"常用以连接单音节词，"并"不在此限。两者的使用特性，颇显差别。

从文献资料上可以看到，连词"并"在此后相当长的历史时期里，跟"与"、"及"、"兼"、"泊"、"共"、"和"等表示并列关系的连词一起构成共时使用的纷繁局面。

（二）表示并列关系的连词通常首先连接具体人或事物等名词性词语，使之成为并列关系。所形成的这些并列结构，在句中是作为一个整体被使用的。就连词"并"的并列结构而言，可以充当如下几种句子成分：

甲，充当宾语或补语

（9）锋镝暂交，丑徒鸟散，生擒葛荣并其营部。（北魏《魏故使持节侍中太宰丞相柱国大将军……雍州刺使武昭王墓志》①）

---

① 赵超：《汉魏南北朝墓誌汇编》，天津古籍出版社1992年版。

（10）（托跋）焘又送毡各一领，盐各九种并胡豉。（《宋书·张畅传》）

（11）明帝永平五年，长安迎取飞廉并铜马，置上西门外平乐观。（《水经注》卷十六"穀水"）

（12）伟伯撰《封氏本录》六卷并诗赋碑诔杂文数十篇。（《魏书·封懿传》）

（13）白曜攻东阳，麒麟上义租六十万斛并攻战器械，于是军须无乏。（《北史·韩麒麟传》）

以上都是南北朝时期的几个用例。

（14）高祖闻而嘉叹，赐金百两并后宫四人。（《隋书·王韶传》）

（15）太宗特原其妻并一子为庶人，流之岭南。（《大唐新语》卷七"知微"）

（16）同学同年又同舍，许君云路并华辀。（刘禹锡《和苏郎中寻丰安里旧居寄主客张郎中》诗）

（17）泰卦却相逢，猛火烧干藉巽风。炼就黄芽并白雪，奇功。还返归坤道始穷。（吕岩《南乡子》词）

以上是唐五代几个用例。

（18）葛从周逐之至中都北，擒（朱）瑄并其妻男以献，寻斩汴桥下。（《旧五代史·梁书·太祖纪一》）

（19）道德内乐不假物，犹须朋友并良时。（欧阳修《答圣俞》诗）

良时，当指较好的上流社会环境。

（20）兆象不嘉，必有人口灾殃并妖异不祥之应。（《夷坚三志》辛集卷十"曾三失子"）

（21）安得良弓并快马，聊与诸公角力。（刘克庄《贺新郎》词）

（22）谁人将诏赦招安张表并张宝？（《三国志平话》卷上）

（23）据着生的年月，演的岁数，不是个义夫节妇，休想得五男并二女，死得交灭门绝户！（关汉卿《调风月》四折［落梅风］）

以上是宋、元的几个用例。

（24）忽报蜀中差马岱解暑药并粮米到，孔明令入。（《三国演义》八八回）

（25）特使刘唐赍书一封并黄金一百两，相谢押司并朱、雷二都头。（《水浒传》二十回）

（26）（刘）光祖即捕二程兄弟置狱，取其口词并汪革复洪恭书札，密地飞报枢密府。（《古今小说》卷三九）

（27）丽卿带了红旗女郎并四个丫鬟，告辞而别。（《荡寇志》一百一

回)

(28) 那边船上又送过了新剥的莲子并一盘鲜藕。(《花月痕》十一回)

(29) (林之洋)从箱中取出一包豆面并一包麻子,递给小山。(《镜花缘》四六回)

(30) 明间安一盘磨并方扁罗桶等物,却是卖豆腐生理。(《三侠五义》三回)

乙,并列结构作主语。

(31) 开皇二年,突厥沙钵略可汗并弟叶护及潘那可汗众十余万,寇略而南。(《隋书·达奚长儒传》)

(32) 首阳及汨罗,无乃祸其衷。杨朱并阮籍,未免哀途穷。(顾况《从江西至彭蠡入浙西淮南界道中寄齐相公》诗)

(33) 俄顷,采樵者并僧十余人到。(《太平广记》卷二十"王可交")按,原注出《续神仙传》。

(34) 听说古往今来名利客,今只有兔踪狐穴。六朝并五霸,尽输他云水英杰。(吕岩《无愁可解》词)

(35) 时四童子所生庶母并眷属等闻此事已,疾至王所。(《祖堂集》卷一释迦牟尼佛)

(36) 李白王维并杜甫,诗颠酒狂振寰宇。(王禹偁《酬安秘丞歌诗集》诗)

(37) (相国)寺三门阁上并资圣门,各有金铜铸罗汉五百尊、佛牙等。(《东京梦华录》卷三"相国寺内万姓交易")

(38) 监斩官并刽子二人来见太公。(《武王伐纣平话》卷下)

(39) 大师兄执着芭蕉扇,二师兄并土地随后。(《西游记》六一回)

(40) 这里喧乱,两边邻舍并街上过往人登时围看。(《金瓶梅》九九回)

(41) 王氏并冰梅站在屏后。(《歧路灯》六五回)

(42) 李宫裁并贾府三艳、薛宝钗、林黛玉、平儿、袭人等在外间听信息。(《红楼梦》二五回)

丙,并列结构作兼语。

(43) 梁时山阴县有暴水,流漂居宅,元规唯有一小船,仓卒引其母妹并孤侄入船,元规自执楫棹而去。(《陈书·儒林传·王元规》)

(44) 及过桂州,(杜)式方遣押衙乐某并副将二人当值。(《太平广记》卷一二二"乐生")按,原注出《逸史》。

(45) 公下马,召章家人并彦家人对立。(《青琐高议》前集卷·"明政"）

（46）不得差倩屯田军人并牛只车辆耕种私己田禾，般载己物。（《通制
　　　条格》卷七"禁治扰害"）

（47）有皇太子上殿争之，令胡僧一立藏十二人并五台僧二人道坚等与
　　　灵素斗法。（《宣和遗事》前集）

（48）至五月五日，郡王又去灵隐寺斋僧，长老引可常并众僧接入方
　　　丈。（《京本通俗小说·菩萨蛮》）

（49）须臾批了呈状，委的两个公人，一面白牌行拘陈经济、娼妇冯金
　　　宝并两邻保甲正身赴官听审。（《金瓶梅》九二回）

（50）赵老头儿从炕上爬起，唤醒了老伴并一家人起来。（《官场现形
　　　记》一回）

丁，并列结构作介词宾语，组成介宾短语，表示行为发生的方式，作
状语。

（51）丙寅，车驾幸繁台观稼。鄢陵居人程震以两歧麦穗并画图来进。
　　　（《旧五代史·梁书·太祖纪四》）

（52）少顷，一巨鼋升舟，其身长阔丈余，以首并足尽力压舟顶。（《夷
　　　坚丁志》卷十二"洞庭走沙"）

（53）不数日，尹再登对，以狱词并刀上。（《宋人小说类编》卷一之三
　　　"杀丐遗刀"）

（54）男女婚姻或以指腹并割衫襟为亲，既无定物婚书，难成亲礼，今
　　　后並行禁止。（《通制条格》卷四"嫁娶"）

戊，用作被处置的对象。

（55）今若将已西并北一带州县土地付与夏国，则不特昏主见在天德，
　　　云内地分出没……为害不细。（《大金吊伐录》卷一"白劄子"）

例中"西并北"，指黄河以西与黄河以北。

（56）哭的声将斡难河的水并川里林木都振动了。（《蒙古秘史》卷一）

（57）把陈经济并陈安揪簇採拥，驱至当厅跪下。（《金瓶梅》九二回）

（58）分付手下，将这大汉并被打的汉子代来见我。（《听月楼》十九
　　　回）

（59）一句话奉承的恶贼满心欢喜，将药并酒服下，立时觉得心神俱
　　　安。（《三侠五义》十九回）

（60）把这些丫头当官卖嫁并家私籍没入官，以充军饷。（《续金瓶梅》
　　　三六回）

（61）以此虫并篓笼中之物弃之，则无患矣。（李调元《南越笔记·金

蚕》)

此外，并列结构也可用以作定语。如：

(62) 今兖州延寿寺门外，盖军将衙门就法并斩断经之像，至今尚存。（《太平广记》卷一百八"兖州军将"）按，原注出《报应记》。

(63) 我在山寨里分给的并从征赏劳的财物，自从到东京，都把来周济了贫人。（《水浒后传》二四回）

这种用法总的说并不多。

（三）连接动词或动词短语，表示并列的行为或状态。

"并"作为并列连词，尚未见到连接形容词以表示并列关系的用例。就是连接动词，一不连接单音节动词，二是所连接的多半是主谓或动词短语。例如：

(64) 明年投劾径须归，莫待齿摇并发脱。（苏轼《春菜》诗）

(65) 君不见大通方丈空无物，亦不拈椎并竖拂。（晁补之《赠常州感慈邦长老》诗）

(66) 更话煎茶并扫地，泥中洗土转添愁。（释道宁《颂古十六首》之十三）

(67) 金空玉尽苗复出，喫苗喫花并喫实。（杨万里《题张以道上舍寒绿轩》诗）

(68) 待你久后身荣并奋发，把三斗鹹盐须喫他。（《刘知远诸宫调》第二〔出队子〕）

(69) 尽欢水饮而菽食，随缘女嫁并男婚。（元·吴师道《吴礼部诗话》）

(70) 击鼓鸣锣，杀人并放火。倚山为寨，号为拦路虎。（《幽闺记》九出〔水底鱼〕）

(71) 故烧毁房舍并损坏财物产畜、田场园圃积聚之物者，罪过原免，拟合刺字。（《元典章·刑部十一·刺字》）

(72) 迎宣接诏、国家祭祀并朔望行香，止是守土有司为班首。（《通制条格》卷八"谢贤迎送"）

(73) 且先向前打探出门入户的径路并看好我军可埋伏接应的所在，方可进攻。（《英烈传》四九回）

如上例中所连接的，是一种行为，而非单纯的动作。当我们讲"并"所连接的动词短语时，主要指的是动词带宾语或补语的成分。这种用法的出现并不晚。较早的用例已见于隋唐之前。例如：

(74) 元康五年十月十一日，刊石立表以纪勳烈并记过制度，永为后式焉。(《水经注》卷十四"鲍丘水")

遏，通"堨"，堤坝。

入唐以后，这种用法时有所见。

(75) 皇太子启后曰："医药备尽，今尊体不瘳，请奏赦囚徒并度人入道，冀蒙福祐。"(《贞观政要·赦令》)

(76) (何)妥复上封事，指陈得失，大抵论时政损益并指斥当世朋党。(《隋书·儒林传·何妥》)

(77) 十六年春正月辛未，祀南郊，诏：……恤理冤狱并赈孤老鳏寡不能自存者。(《建康实录》卷十七高祖武皇帝)

(78) 天子更捧缦僧伽梨衣，(太子)便脱旧日所着衣服并脱头冠、白马等付与车匿，将还王宫。(《祖堂集》卷一释伽牟尼佛)

从(二)、(三)两个部分的梳理过程中感受到，"并"用以连接动词结构表示并列关系，与连接名词或名词性结构相比，其使用频率要低得多。似乎可以这么说，"并"连接动词或动词结构，是一种扩展性用法。"立"的本义就是指人或事物并立的，词义的这种本性或许起到了某种抑制作用，仍值得探究。

(四)我们在叙述连词"并"时，都是只有一个连词使用于句中，连接对象也多半为两个。但在实际使用中，时见超乎这一限度。根据我们对有限资料的考察，当并列对象是三个或三个以上时，可以分为"并"单独表示并列关系和"并"与其他连词联合表示并列关系两个类型。

甲，"并"单独表示并列关系。

当并列的对象达到三个及其以上而又只用一个连词"并"体现它们的并列关系时，这时"并"通常置于最后两个并列对象之间。例如：

(79) 案(任)遐启弹新除谘议参骠骑大将军军事沈宪、太子庶子沈旷并弟息，敕付建康。(《南齐书·陆澄传》)

(80) 外头行省官、宣尉司官、各道廉访司官并路官每，依这体例教点觑整理者。(《通制条格》卷十四"计点")

(81) 那张三、李四并众伙伴一齐跪下。(《水浒传》七回)

(82) 王姑子且口里喃喃呐呐替李平儿念《密多心经》、《药师经》、《解冤经》、《楞严经》并《大悲中道神咒》。(《金瓶梅》六二回)

(83) 太祖听了大怒，即唤殿前校尉，星驰拿捉奸僧、江妈并本地知县。(《英烈传》四五回)

(84) 不过是那些游手博徒、屠户酒鬼并一班不肖子弟，在会上胡轰。

（《歧路灯》三回）

但是，偶有例外。如：

（85）其左右斩之而降，赐彩五百段、奴婢五十口并银甕宝带、良马十
　　　匹。（《隋书·周法尚传》）

（86）看盘如用猪、羊、鸡、鹅连骨熟肉并葱、韭、醋各一碟，三五人
　　　共浆水饭一桶而已。（《梦粱录》卷三"宰执亲王南班百官入内
　　　上寿赐宴"）

这两例把连词"并"置于前后几个并列的事物中间，算是个特例。

乙，联合表示并列关系。

联合表示并列关系，指连词"并"与其他并列连词一起在句中连接多
项并列的事物，以表示它们的并列关系。例如：

（87）魏主又遣送毡及九种盐并胡豉。（《宋书·张邵传》附畅）

（88）劭辄于墓所杀亮及弥妾并奴婢七八人。（《宋书·向靖传》附劭）

（89）诸王诸主出阁就第婚冠所须及衣裳服饰并酒米、鱼鲑、香油、纸
　　　烛等，并官给之。（《隋书·食货志》）

（90）宋江把杀阎婆惜一事和投奔柴大官人并孔太公庄上遇见武松、清
　　　风山上被捉遇燕顺等事，细细地都说了一遍。（《水浒传》三三
　　　回）

（91）须臾，茶上三巡，匡胤把那离别之情并在张家庄招赘为婿及与柴
　　　荣相遇的缘由，一一对张、罗二人说了一遍。（《飞龙全传》六
　　　回）

其中多是事物或事情的并列关系。它们的并列关系由"并"与"及"、
"和"相配合使用来实现的。

然而资料显示，联合表示并列关系的用法，更多的是用来表示人的并列
关系的。在社会生活中，物有优劣之分，但相互间一般不形成一定的关系。
相反，人在社会的复杂关系中存在，高低贵贱，主人仆役，都是社会的人的
关系。"并"和其他连词的联合使用，似乎为表示这种复杂关系在语言结构
上提供了方便。例如：

（92）昔黄帝除蚩尤及四方群凶并诸妖魅，填川满谷，积血成渊，聚骨
　　　如岳。（《拾遗记》卷一"高辛"）

例中并列的对象，是不宜以"蚩尤、四方群凶并诸妖魅"来表示的。
比较贴切的理解应该是：蚩尤及［四方群凶并诸妖魅］。与蚩尤相比，群凶
与妖魅可视为同类，它们并列，于情于理都不悖。在被黄帝驱除的对象这个
意义上，这个同类似乎被视为一个集合体与蚩尤成为并列对象的。后面一些

例子，都以这种理解去对待，似乎于语意更贴切些。

> （93）合心併力，占据要害，断绝桥梁，把隘拦击，救迎二圣与诸王皇族并后妃，期还宫阙。（《三朝北盟会编》卷九四）

二圣的地位自然比诸王皇族和后妃要高一等。因此，"救迎"的三个对象其并列关系也应当是：二圣与［诸王皇族并后妃］。

> （94）夜来梦至设斋，所见三宝前及两班筵上并孤魂等处，即无斋食，俱是溪鱼，不知为何。（《湖海新闻夷坚续志》后集卷二"僧思鱼食"）

> （95）邓艾、邓忠并二千军及开山壮士皆度了摩天岭。（《三国演义》一一七回）

邓艾、邓忠父子是将军，其余是军卒。

> （96）（月娘）带了孟玉楼和小玉并奶子如意儿，抱着孝哥儿，都坐轿子往坟上去。（《金瓶梅》八九回）

从上面的用例中可以清楚看到，在"并"和其他连词联合表示的并列关系中，有着明显的地位主次分别。其关系可以表示为：A＋［B＋C］。

联合表示的并列关系还可以有另外一种结构形式，同样明显地表示了并列对象主次的分别。例如：

> （97）亭午间，风雷忽作，光及男并所养一黄犬并震死。（《太平广记》卷一二四樊光）按，原注出《报应录》。

> （98）（符吏）受命而往，不移时，以枷锁押女与生并金莲俱到。（《剪灯新话》卷二"牡丹灯记"）

> （99）看那山顶上时，却是王伦和杜迁、宋万并许多小喽啰走下山来。（《水浒传》十二回）

> （100）却好至黄昏时分，陈巡检与孺人如春并王吉至梅岭下。（《陈巡检梅岭失妻记》）

此四例与例（93）至例（96）所不同者，前两者相并列为主，另一并列对象为次。它们的关系可以表示为：［A＋B］＋C。

由此可见，联合表示并列关系有三种结构方式，而后两种并列关系的对象都是人（其中包括神灵之类）。人的社会地位高低贵贱的差异是联合表示的并列关系三种结构、特别是后两种结构方式形成的根据。不管是有意识的还是无意识的，历史考察的结果表明，后两种结构形式恰切地展现了人在社会中的复杂存在。

本节我们讨论了连词"并"的兴起和历史上的使用情况。我们认为，在汉语史上一个相当长的时期，连词"并"有似于现代汉语连词"和"的地位。

第三节　并列连词"洎"

并列连词"洎",形成于唐代,在唐、宋间书面语里颇为常见。本节拟从史的角度探讨并列连词"洎",也连带探寻"暨"的并列连词用法及它们的关系。

"洎"在汉语历史上较早的用法是动词。如《庄子·寓言》:"吾及亲仕三釜而心乐,后仕三千钟而不洎,吾心悲。"郭象注:"洎,及也。"即首句"及亲"之意。《汉书·王莽传下》:"及北狄胡虏逆舆,洎南僰虏若豆、孟迁,不用此书。"颜师古曰:"洎,及也。"这种用法的"洎",容易向表示时空终始点的介词用法转化。如汉高祖《手敕太子》:"洎践祚以来,时方省书,乃使人知作者之意。"又如《宋书·张茂度传》:"自(陆)玩洎仲元,四世为侍中。"由介词再使用作并列连词,同在虚词范围内,当属自然之演变。

(一)"洎"之用作并列连词,以我们现在掌握的资料看,始用于唐代。在唐、宋期间,能见到的资料比较多,此后一直到清代,都可以见到一些用例。在这一节里,依照年代的顺序,以举例介绍它的词汇意义和语法功能。

(1) 颜与陆据、柳芳最善,茂挺与赵骅、邵轸洎华最善,天下谓之颜、萧之交。(李华《三贤论》)

李华生活于唐玄宗、肃宗、代宗朝。"洎"用于三者之间,表示并列关系。

(2) 神尧十八子,十七王其门。道国洎舒国,实惟亲弟昆。(杜甫《别李义》诗)

据九家集注本杜诗,唐高祖二十二子,道王名元庆,第十六子;舒王元名,第十八子。道国,舒国,即道王,舒王。"洎"在其间,表示并列关系。

(3) 皇帝曰嘻,无汝烦苦。荆、并洎梁,在国门户。(韩愈《元和盛德诗》)

中华书局本《全唐诗》"荆并洎梁"句下原注:"荆谓荆南节度使裴均,并谓河东节度使严绶,梁谓山南西道节度使严砺。""洎"连接三个并列的节度。

(4) 于是从峻洎侃,以究戒律,而大法以立;又从秀洎昱,以通经教,而奥义以修。(柳宗元《南岳大明寺律和尚碑》)

"洎"连接并列的人名。

（5）两掖诸公洎翰林学士三十余人，惊起就听，逮至卒吏，莫不众观。
（元稹《为乐天自勘诗集……即事成篇》诗题）

此例是元稹为白居易自勘诗集而写的即事诗标题中的一段记述。该诗的开头两句云："春野醉吟十里程，斋宫潜咏万人惊。"其中后一句即指例中所发生的事。"洎"在句中连接"两掖诸公"和"翰林学士"共同做主语成分。

（6）元和十年，玉童暴卒……其所饰终之具洎舍财梵侣、佛画莲宫、致席命乐之费，若不以家为者。（《玄怪录》卷二"党氏女"）

"洎"连接几个并列的事为。

（7）每天清云净，雨霁风息，山僧羽客洎簪缨好事者，亟来从之。（符载《襄阳张瑞公西园记》）

（8）（张）九龄洎裴耀卿罢免之日，自中书至月华门，将就班列，二人鞠躬卑逊，林甫处其中，抑扬自得。（郑处诲《明皇杂录》卷下）

（9）神痴良久，卢（冉）惊问之，（韩）具述所梦。遽呼吏访所市鱼处洎渔子形状，与梦不差。（《酉阳杂俎》续集卷三"支诺皋"）

（10）忽有白叟，自楼下小舟行吟而至，状貌古峭，辞韵清越。子牟洎坐客，争前致敬。（《太平广记》卷八二"李子牟"）按，原注出《集异记》。

（11）元和五年，一夕，闻南山有雷震暴，声闻数百里，若山崩之状，一郡惊惧。里人洎牛马鸡犬俱失声仆地，汗流被体。（《宣室志》卷五"石铭里"）

（12）楼成二日，我公与护军中贵人洎宾僚偕登而阅之。（韦庆复《凤翔鼓角楼记》）

例中"护军中贵人"和"宾僚"为并列关系。

（13）其于厚亲族、抚甥侄洎僮仆厮养，无不欢心。（无名氏《河东记·申屠澄》）

（14）其夜，因积薪起火，宗仁洎僮仆皆环火假寝。（《太平广记》卷七八"白皎"）按，原注出《异闻集》。

（15）罢刑部侍郎时，有粟千斛、书一车洎臧获之习笙磬弦歌者指百以归。（白居易《池上篇》诗序）

以上是唐人的部分用例。从这些用例中可以看到，连词"洎"的基本职能，是连接并列的词语。"洎"所构成的并列结构，可以充当主语、宾语等句子成分。"洎"通常连接两个并列的成分，但有时也可以连接三个并列成分。这时，"洎"被置于第二、三两项之间，如例（1）"赵骅、邵轸洎华"和例（3）"荆、并洎梁"。这是并列连词的通常用法。

（16）一日，中尉为宰相开筵，学士洎张起居同预焉。（《北梦琐言》卷五"张濬乐朋龟与田军容中外事"）

（17）骘雅好聚书，有《六经》、《汉史》洎百家之言，凡数千卷。（《旧五代史·梁书·孙骘传》）

（18）今以平甫之歌洎琼奴所题之文，具载于此，使后之人得其详也。（《青琐高议》前集卷三"琼奴记"）

（19）是知古先哲王洎先儒，非不有知者，但默昭而已矣。（《北山录》卷一）

（20）《倦游杂录》云："陇西地名鱼龙，出石鱼。掘地取石，破而得之，多鲫洎鳅，亦有数尾相随者。"（《能改斋漫录》卷七"鱼龙夜鸟鼠秋"）

（21）盖常胜军洎乡军之败，盘泊芦沟、涿州之间，积怨无以泄其怒，虏掠杀灭者莫知其数。（《三朝北盟汇编》卷二三）

在宋代，"洎"除了连接名词性词语之外，还可以连接动词短语。例如：

（22）及至和成洎从军北行，至河北州县，或有不降，每欲进去。（《三朝北盟汇编》卷八五）

（23）曾未逾时，杀伤兵卒洎所获器甲鞍马，其数甚多。（《大金吊伐录》卷二"上宋主书"）

（24）所销草料，须因土民洎纵人民般取，其中多有无知之人抗拒不服，以至军兵忿争。（《大金吊伐录》卷二"元帅府再与宋三省枢密院牒"）

在连接多个并列成分时，还有如下几种情形：

（25）马迁、班固洎歆、向，下笔点审皆嘲嘈。（欧阳修《绿竹堂独歌》）

（26）既尽取玉帛子女，公私财力，悉为耗竭，乃始劫迁二圣、中宫洎皇族尊幼、中外姻戚以行。（《三朝北盟会编》卷一百八）

例（25）、例（26）"洎"连接四个并列的成分，"洎"被置于中央位置。

（27）朝中陆氏三人，号曰"三陆"，即相国洎希声及威三人也。（《北梦琐言》卷四"吴融侍郎文笔"）

此例则与连词"及"一起使用，共同连接三个并列的成分。

（28）张全公朝议，与予洎士人、僧俗同列状以诉于州，乞置水约。

（《鹿史》卷一"利疚"）

此例把"洎"置于三个并列成分的第一、二之间。又《太平广记》卷二二十"申光逊"条："即命醇酒升余，以辛辣物洎胡椒干姜等屑仅半杯，以温酒调。"亦是其例。

(29)（马）扩将行，童贯呼李宗振、辛兴宗、企宗、永宗、孙渥、姚友仲、杜常、兰整洎仆十数人环列，以金杯酌酒第饮。（《三朝北盟汇编》卷十九）

此例用法实是把连词"洎"置于末两个对象之间，只是并列成分更多而已。

以上是宋人的部分用例和一些使用情况。作为一个多见于书面的"洎"，在金、元、明、清间，仍然可以见到。

(30) 定襄沙村，樊帅所居，说里中任实洎其妻张氏，七十三岁，同年月日时生，复同年月日时死，古今所无有。（《续夷坚志》卷一"任氏翁媪"）

(31) 牛冕洎转运使张适奔汉州。是秋，官兵讨平之。（《宋史·符彦卿传》附昭寿）

(32) 今夕上元，天官洎五岳文人考校日，不宜久立。（《湖海新闻夷坚续志》后集卷一"生神章"）

(33) 伯颜遣使来奏，宋母后幼主洎诸大臣百官已于正月十八日赍玺绶奉表降附。（《元典章·诏令》卷一）

(34)（老君）即命召三界众真、诸天帝君、十方神王洎诸众仙，顷刻净空而至。（《东游记》卷上"老君道教源流"）

(35) 荷蒙多罗惠郡王洎居士李德云等请住朝阳门外南海会寺，为开法第一祖焉。（清·释南湛《西域云居寺重开山第一代滇波古翁老人行略》）

从资料上显示，连词"洎"大概兴起于中晚唐之间。此后至宋代，是比较常用的历史时期，常见于史书、散文、诗歌、笔记小说等文献中。在宋代极具重要意义的语言材料——宋词中尚未见到。即使在戏曲兴盛的元代，也未曾在杂剧和散曲中见到。根据这些历史现象，我们似乎有理由推断，连词"洎"多使用书面，不是口语词。脱离口语，正是它未能一直沿袭使用下来的根本原因。

（二）在讲并列连词"洎"的时候，必须提到另一个音义相同的"暨"。它不仅比"洎"的连词用法出现早得多，而且至今在一些仪式或会议的横幅上还时有所见。如"第二届多国城市交通会议暨展览在京开幕"之类，从来用"暨"而不用"洎"。

"暨"的较早亦当是动词。如《国语·周语中》："上求不暨，是其外利也。"韦昭注:"暨,至也。"《汉书·贾捐之传》:"朔南暨声教,迄于四海。"师古曰:"暨,及也。"所以,张衡《西京赋》有"左暨河华,遂至虢上"句。曹丕《黎阳作诗》:"在昔周武,爰暨公旦。载主而征,救民涂炭。"《魏书·世祖纪上》:"列置新民于漠南,东至濡源,西暨五原、阴山,竟三千里。"这样的"暨"就极近于介词了。但是,事实上"暨"的并列连词用法也出现得很早。例如:

(36) 禹拜稽首,让于稷契暨皋陶。(《尚书·舜典》)

孔颖达疏:禹拜稽首,让于稷契与皋陶。

(37) 宋公之弟辰暨仲佗、石彄出奔陈。(《春秋经·定公十年》)

而《定公十一年》作"宋公之弟辰及仲佗、石彄、公子地自陈入于萧以叛。""暨"同"及",都是并列连词。

(38) 天降丧乱,靡国不夷。我暨我友,自彼京师。宗守荡失,越用遁违。迁于荆楚,在漳之湄。(王粲《赠士孙文始》诗)

(39) 呜呼!我群后暨众士,维文皇帝以禋祼之嗣托于予,训之诲之,庶厥有成。(后周·卢辩《为安定公告论公卿》文)

进入唐代,能较多地看见"暨"的用例。

(40) 弃家如遗来远游,东走梁、宋暨扬州。(韩愈《刘生诗》)

(41) 岁在丙辰元日,开成许州牧尚书杜公作文宣王庙暨学舍于兑隅,革故而鼎新也。(刘禹锡《许州文宣王新庙碑》)

(42) 卓闻而惧,因脱左鞋伸足推之,右座及罗、叶二师暨敕使皆仰仆焉。(包湑《会昌解颐录·张卓》)

(43) 尝为蜂螫手指,因大躁急,命奴仆暨里中小儿辈,箕敛蜂巢,购以善价,俄顷山聚于庭。(《太平广记》卷二四四"皇甫湜")按,原注出《阙史》。

(44) 蕃许之,约来日就送焉,且访其名暨所居。(《太平广记》卷九八"赵蕃")按,原注出《宣室志》。

(45) 宗仁暨舟子又实告。皎曰:"果如是,王升安所逃形哉!"(《太平广记》卷七八"白皎")按,原注出《异闻集》。

(46) 一日晚际,中尉封一合送与之,开之,有结巾二项暨甲煎面药之属。(五代·范资《玉堂闲话·冯宿》)

以上是唐五代的部分用例。

(47) 虙氏八卦画河图,禹汤皋彪暨唐虞。(欧阳修《绛守居园池》诗)

(48) 五指既遍,复用右手暨两眼,最后举体发烈焰,满堂炽然,不可向迹。(《夷坚支志》戊集卷九"蔡京孙妇")

（49）一日，泳开宴，召佑暨韩氏，谓曰："子二人今日可谢媒人矣。"（《绿窗新话》卷上"韩夫人题叶成亲"）

（50）毋伤于民，毋害于国，无及尔身暨尔家，则获神休而永。（《三朝北盟汇编》卷一一九）

（51）又其后欲幸东都，宰相暨朝臣谏者甚众，上皆不听，决意必行。（《能改斋漫录》卷十"李逢吉裴度谏穆宗"）

（52）次日，贼沿门剽掠，余孀女暨本厅兵级徐春妻俱被执。（元·韦居安《梅磵诗话》卷下）

（53）盖自此而上，眼、耳、鼻皆双窍；自此而下，口暨二便皆单窍。（《辍耕录》卷五"人中"）

以上是宋元时期的部分用例。

（54）正统十一年，太师英国公暨侯伯二十余人早朝毕，奏曰："臣等皆武夫，不谙经典，愿赐一日假，诣国子监听讲。"上命以三月三日往。（《寓圃杂记》卷二"英国公听讲"）

（55）凡诸皇子暨近支王公，及岁读书，必特简翰林官使授读。（《郎潜记闻》卷一）

（56）届二年，军机奏请派宗室王、贝勒、贝子、公暨大学士、六部尚书数人往查。（姚元之《竹叶亭杂记》卷一）

（57）时昆铜暨宜兴陈贞慧定生辈，皆就逮系狱。（李调元《尾蔗丛谈·复社事实》）

（58）雷人相庆得贤太守，其察属暨监司使，咸诵重之。（徐芳《诺皋广志·雷州盗》）

（59）是以督宪、抚宪暨司、道、府、县捐廉助赈。（林则徐《劝谕捐赈告示》）

（60）当下又备了一副大红金帖……下写"赵大礼率男百寿暨孙温载拜"。（《官场现形记》一回）

以上是明清时期的几个用例。

当我们把并列连词"洎"和"暨"摆在一个平面上综合起来考察的时候就会发现，它们有着几个主要的相同点：

1. 在并列连词这个意义上同属《广韵》"至"韵"臮"小韵，音"其冀切"。颜师古在《汉书·王莽传》中注里说："洎亦臮字也。臮，及也。"似乎可以说，从起始，"洎"、"暨"就是同义词，而"洎"是"臮"的俗体或通假字。

2. 连接并列的词语，在句中充当各种语法成分。

3. 连接动词短语的用法，都仅偶见。如"洎"之例（24）（25）；"暨"之例如：

(61) 后旬余，灵武帅送米暨馈羊五百。（《太平广记》卷一五六"李德裕"）按，原注出《补录记传》。

同时也有两个主要的不同点：是出现的时代不同，连词"暨"在先秦，而连词"洎"却在唐代见于使用。正是时代的因素，我们认为，"暨"的并列连词用法是属于上古汉语的，而"洎"的并列连词用法是属于近代汉语的。它们都使用于书面语。

第四节　并列连词"兼"

本节讨论并列连词"兼"。其一，梳理并列连词"兼"主要的历史用法；其二，义类连词"兼"，连接词语，也是表示并列关系，一并在此略加讨论。

（一）在韵文里，我们常可看到连词"兼"与一些表示并列关系的连词对举使用的语言现象。例如：

(1) 土控吴兼越，州连歙与池。（白居易《叙德书情四十韵上宣歙翟中丞》诗）

(2) 受命岂论年与月，歌娱宁有是兼非。（《欢喜国王缘》）

(3) 莫笑一蔬兼半菽，饱餐万壑与千岩。（杨万里《侧溪解缆》诗）

(4) 画共药材悬屋壁，琴兼茶具入船扉。（林逋《复赓前韵且以陋居幽胜诧而诱之》诗）

(5) 男须文墨兼仁义，女要裁缝及管弦。（《父母恩重经讲经文》）

此外，异文现象，也可作为参证。如：

(6) 唯有家兼国，终身共所忧。（刘长卿《湖南使还留辞辛大夫》诗）

中华书局（1960年）本《全唐诗》"家"下注云"一作'将'"。"将"、"兼"异文，犹"与"，均并列连词。如此等等，"兼"跟"与"、"共"、"及"对偶使用，以及"兼"、"将"异文，这对我们判断"兼"的并列连词之性质时，都极具参照价值。

从历史上看，"兼"作并列连词的用例出现得很早。例如：

(7) 王出在应门之内。太保率西方诸侯入应门左，毕公率东方诸侯入应门右，皆布乘黄朱。宾称奉圭兼币，曰："一二臣卫，敢执壤奠。"（《尚书·康王之诰》）

孔颖达疏云："奉圭兼币，币即马是也，圭是文马之物。"例中的圭、币，都是宾（即诸侯）奉献给王的，是两个并列的事物。

（8）孙权自破蜀兼平荆州之后，志盈欲满。（《三国志·傅嘏传》裴松之注引司马彪《战略》）

（9）五味、九变兼六和，令芳甘旨庶且多。（沈约《雅乐歌·需雅》）

（10）方隅克殄，汉南肃清，自非犯官兼预同逆谋，为一时所驱逼者，悉无所问。（《南齐书·王奂传》）

例中"自非犯官"与"预同逆谋"，指的是王奂谋乱事件当中的两类人。

（11）咸奏免河南尹澹、左将军倩、廷尉高光兼河南尹何攀等，京都肃然，贵戚慑伏。（《晋书·傅玄传》附咸）

由《尚书》一例，可见并列连词"兼"使用之早。"兼"的普遍使用是在唐宋。其主要用法有如下几种：

甲，连接词语，表示并列关系。

1. 连接名物词，表示并列关系，在历史上颇为普遍。例如：

（12）碧鲜俱照箸，香饭兼苞芦。（杜甫《槐叶冷淘》诗）

（13）十载名兼利，人皆与命争。（杜牧《送友人》诗）

（14）胡沙兼汉苑，相望几迢迢。（赵嘏《昔昔盐·今岁往辽西》诗）

（15）唐朝历历多名士，萧子云兼吴道子。（欧阳炯《贯休应梦罗汉画歌》）

（16）偷期锦浪荷深处，一梦云兼雨。（五代·阎选《虞美人》词）

（17）随分垂杨兼老桧，备员野寺更残僧。（杨万里《小泊梅堰登明孝寺》诗）

（18）三千儒服鸳兼鹭，十万犀兵虎与貔。（晁端礼《鹧鸪天》词）

上面这些用例，都是连接两个并列的成分。如果是连接三个以上的并列成分时，"兼"通常被置于后面两个成分之间。如：

（19）深山穷谷不可处，霹雳魍魉兼狂风。（杜甫《君不见简苏徯》诗）

（20）价重一篚香十株，赤金瓜子兼杂麸。（李贺《夜来乐》诗）

（21）留别郑三韦九兼洛下诸公。（高适 诗题）

（22）乌帽素餐兼施药，前生多恐是医僧。（韩偓《腾腾》诗）

（23）眼耳鼻舌身兼意，六用皆同一法智。（《汾阳无德禅师语录》卷下"都释六根圆明短歌"）

有时与别的并列连词一起使用，以表示并列关系。如：

（24）案头有朱笔及盂兼簿籍，因开簿籍以示胡。（《广异记·稽胡》）

2. 连接形容词、动词或动词短语，表示并列关系。例如：

（25）洸浣宁辞寒与热，抱持不惓苦兼辛。（《父母恩重经讲经文》）

（26）洸浣无论朝与暮，驱驰何惮热兼寒。（《父母恩重经讲经文》）

（27）回文歌罢，幽恨新兼旧。（晁端礼《蓦山溪》词）

（28）雨过园亭绿暗时。樱桃红颗压枝低。绿兼红好眼中迷。（晁补之《浣溪沙·樱桃》词）

（29）坐与卧，住兼行。常休忘静清。（金·王丹桂《醉桃源·赠赵姑》词）

（30）视事兼偃卧，对书不簪缨。（王维《赠房卢氏琯》诗）

（31）把钓覆棋兼举白，不离名教可颠狂。（韩偓《秋深闲兴》诗）

（32）马上盘枪兼舞箭，弯弓倍射胜陵君。（《捉季布传文》）

（33）郡与邑，风猛似雷声。折木飞沙兼走石，摇门拔户祸应生，第一怕三刑。（易静《兵要望江南·占风》词）

（34）母见欣然，遂留停歇数日，临行赠赍粮兼与衣一副。（《太平广记》卷一二一"崔尉子"）按，原注出《原化记》。

乙，连接词语，并列结构充当句子的各种成分。

1. 并列结构作主语。

（35）羲氏兼和氏，行之又则之。（乐伸《闰月定四时》诗）

（36）身带烟霞游汗漫，药兼神鬼在葫芦。（贯休《遇道者》诗）

（37）摘得新，枝枝叶叶春。管弦兼美酒，最关人。（皇甫松《摘得新》词）

（38）遍野飞禽兼走兽，莫遭网罗丧微躯。（《佛说阿弥陀经讲经文》）

莫，表示否定语气。

（39）猛风兼雨雹，偏要打奸臣。（《艳史》二十回）

并列结构也可以作兼语。如：

（40）送莫甥兼诸昆弟从韩司马入西军。（孟浩然 诗题）

（41）唯有贫兼病，能令亲爱疏。（包佶《岭下卧疾寄刘长卿员外》诗）

2. 并列结构作谓语。

（42）使君爱人兼爱山，时引双旌万木间。（皇甫冉《庐山歌送至弘法师兼呈薛江州》诗）

（43）平生心所爱，爱火兼怜雪。（白居易《对火玩雪》诗）

（44）内翰好才兼好古，秋来应数到君家。（徐夤《辇下赠屯田何员外》

诗）

（45）东山太傅，落落龙骧兼虎步。（仲殊《减字木兰花·李公麟山阴图》诗）

（46）渐白水、青秧鸥鹭下。老学种花兼学稼。心两挂。（刘克庄《朝天子》词）

（47）五月朔日，驾出钱塘门赏荷兼看斗龙舟。（《后水浒传》四十回）

3. 并列结构作宾语或补语。

（48）手把命珪兼相印，一时重叠赏元功。（韩愈《桃林夜和晋公》诗）

（49）才出山西文与武，欢从塞北弟兼兄。（令狐楚《奉和仆射相公酬忠武李相公见寄之作》诗）

（50）曾沾几许名兼利，劳动生涯涉苦辛。（元稹《新政县》诗）

（51）心存黄箓兼丹诀，家忆青山与白云。（马戴《失意书怀呈知己》诗）

（52）长筇自担药兼琴，话著名山即拟寻。（张蠙《赠段逸人》诗）

（53）捨却国城兼宝位，不贪五欲愿修行。（《妙法莲华经讲经文》）

（54）假饶贪恋色兼声，限来却被无常取。（《无常经讲经文》）

（55）女郎命青衣取诸卷兼笔砚，请汉阳与录之。（《博异志·许汉阳》）

（56）有狱卒二人，手执皮袋兼秘木至。（《太平广记》卷一百"屈突仲任"）按，原注出《纪闻》。

（57）我已见阎罗王兼亲属。（《太平广记》卷三三七"韦璜"）按，原注出《广异记》。

（58）因言祸福兼忠孝，吾爱君平善诲人。（欧阳修《送刘虚白》诗）

丙，并列结构充当被处置或被比拟的对象。

（59）神人曰："此久不治，便成勃虐，则不可治矣。"因以二符兼咒授韦氏。（戴君孚《广异记·薛义》）

（60）母常染患，昼日安静，夜间却发，背如刀刺兼殴打相似，不堪其苦。（稗海本《搜神记》卷七）

与并列连词"洎"不同，我们能在较比口语化的文献如敦煌变文、禅宗语录和唐宋词中见到"兼"的用例。如：

（61）修行直感动天宫，入定伏得龙兼虎。（《维摩诘经讲经文》）

（62）佛交浊世男兼女，成长了真须孝父母。（《父母恩重经讲经文》）

除了敦煌变文，在五代的其他文献中，也可以见到连词"兼"的用例。

（63）师云："不用问不是你问底事兼不是老僧说底事。"（《祖堂集》卷十四南源和尚）

（64）落发既毕，师礼谢度兼谢名。（《祖堂集》卷四丹霞和尚）

（65）应是秦云兼楚雨，留住，向花夸说月中枝。（孙光宪《定风波》词）

（66）欲寄彩笺兼尺素，山长水阔知何处。（张先《蝶恋花》词）

（67）不妨一半雨兼风，况对有情莺与燕。（曹勋《玉楼春》词）

从敦煌变文、禅宗语录到词作，都是比较口语化的文献。我们似乎可以认为，连词"兼"虽然出现得很早，但仍然进入了唐五代的口语，而并非仅仅停留在文人的笔下。

唐宋间被如此广为使用的并列连词"兼"，金、元之后，骤然丧失流通功能，从而罕能见到它的用例。这一现象，并非连词"兼"的特性，值得深究。

（二）并列连词"兼"还能与个别单音节并列连词结合成双音节的并列连词。这种现象涉及范围狭小，数量也不大，仅此一提。

1. 兼和

（68）大小官员兼和骨肉，一见青春生得贵容，争知道，此人也是，未遇潜龙。（《刘知远诸宫调》第十二［沁园春］）

例中的"骨肉"是"骨肉亲眷"的省称。前面［伊州令］有云："三娘陌地闻此语，陡把庞儿变。不避大筵，诸多公吏兼和骨肉亲眷，觑著洪义叱喝。"

2. 兼及

（69）出语不解三思，毁辱六亲兼及尊长。（《庐山远公话》）

（70）大王发愿已讫，便令武士推去新妇兼及孩儿。（《太子成道经》）

前文有云："令推新妇并及孩子入于火坑。"兼及、并及，义同。

（71）大王遂处分，令宫人五十兼及细乐，却迎新妇，赴于王城。（《悉达太子修道姻缘》）

3. 兼与

（72）日光兼与天边月，常向天边乡（多）皎絜。（《维摩诘经讲经文》）

这些复合词，只连接名词以表示并列关系。单音节并列连词复合为多音节连词，是汉语历史上常见的构词形式。但是，我们后面所讲的义类连词不具备这一构词功能。

（三）我们现在来讨论"兼"的另一类并列连词用法。在汉语历史上，这一类连词除"兼"之外，常见的还有"复"、"且"、"又"等。因而，时见"兼"与它们在韵语里对举使用。例如：

（73）寻常倚月复眠花，莫说斜风兼细雨。（吴融《风雨吟》）

（74）碧嶂前兼后，白云西复东。（寒山"无衣自访觅"诗）

（75）寻危兼采药，渡水又登山。（李端《与萧远上人游少华山寄皇甫侍御》诗）

（76）纵使有花兼有月，可堪无酒又无人。（李商隐《春日寄怀》诗）

（77）他日文兼武，而今粟且宽。（张九龄《送赵都护赴西安》诗）

以上用例，连词"兼"所连接的两种事物、行为或状态，具有语意方面的类似特性。连词所连接的两个并列的性状之发生与出现，一般具有一时一地的特点。所以，连接这类词并使之在语法上处于并列的词，有人称之为义类连词。如：

（78）飘入阔海中，出头兼没顶。（王梵志"愚人痴浞浞"诗）

（79）身如破皮袋，盛脓兼裹骨。（王梵志"身如破皮袋"诗）

（80）自言沂水曲，采萍兼采菉。（李华《詠史》诗之十一）

（81）又如圈中虎，号疮兼吼馁。（韩愈《嘲鼾睡》诗）

（82）可惜风吹兼雨打，明朝后日即应无。（白居易《吴樱桃》诗）

（83）疗饥兼解渴，一酸冷云浆。（白居易《早夏游平原回》诗）

（84）炼药空求仙，读书兼咏史。今日归寒山，枕流兼洗耳。（寒山"出生三十年"诗）

（85）自古控御全在仁，何必穷兵兼黩武。（王禹偁《战城南》诗）

（86）不奈风吹兼日瞭。国貌天香无物赛。（杜安世《玉楼春》词）

（87）晚来一霎风兼雨，洗尽炎光。（康与之《采桑子》词）

以上用例，"兼"连接动词、动宾或动补、主谓等成分，表示相关的两个行为或性状交替出现或发生。

（88）晨游百花林，朱朱兼白白。（韩愈《感春》诗之三）

（89）渐恐耳聋兼眼暗，听泉看石不分明。（白居易《题泉石》诗）

以上用例，"兼"连接形容词或短语，表示相关的两个性状交替出现或发生。

如果三种状态同时在句中出现，这时"兼"亦置于后两项之间。如：

（90）满袖满头兼手把，教人识是看花归。（薛濡《春郊游眺寄孙处士》诗）

这种情形难得一见。

从使用的历史上看，表示并列的连词"兼"出现得很早，而表示义类的连词"兼"见于唐宋韵语中，是适应韵语的一种书面语言现象。即使在很晚的语料中偶尔也都见于韵语。例如：

(91) 有谋无勇堪资画，有勇无谋易丧生。必竟有谋兼有勇，伫看百战百成功。(《古今小说》卷二一)

与此相关，义类连词所连接的对象所形成的并列结构是描写性的，并列连词所连接的对象所形成的并列结构是语法性的。这就是两类连词的基本区别。

第五节　并列连词"将"

刘淇《助字辨略》卷二"将"字下有一条训释云：

《史通·杂述篇》："子之将史，本为二说。"此将字，犹与也，及也。

子、史，指子书和史书。就虚词史研究而言，这里最早提出"将"有"与"义。其后，张相《诗词曲语辞汇释》卷三"将（二）"云："将，犹与也。"

今人的著作，如董志翘、蔡镜浩《中古虚词语法例释》、何金松《虚词历时词典》，对"将"字语法职能和历史探索的广度与深度方面，都已超乎前人。

本节拟在采纳有益见解的基础上再作些探讨。

（一）关于并列连词"将"始用于何时，在汉语史研究者中尚未有过集中的讨论，只能从例证的使用中窥见一二。就本人所见的有限著作中，陕西师范大学词典编写组的《古汉语虚词用法词典》所举一条为最早：

吉日兮辰良，穆将愉兮上皇。(《楚辞·九歌·东皇太一》)

其次是何金松《虚词历时词典》所列举的除《东皇太一》之外的两条：

飞来双白鹄，乃从西北来。十十将五五，罗列行不齐。(《玉台新咏·古乐府诗六首·双白鹄》)

非但保国将闺门，当保亲属在西州者。(《汉书·王莽传中》)

上述三例，以个人鄙见，值得推敲。

从宏观上说，早期的并列连词通常都连接名词性成分。《东皇太一》、《双白鹄》的"将"都与这一原则不一致。《东皇太一》例的"穆"、"愉"，根据词典编者的译文当是形容词。在近代汉语里，并列连词连接两个形容词的用例很难见到，何况是在上古！

《双白鹄》"十十将五五"例，中国书店据世界书局 1935 年版影印本其笺注之"按"有云："一作十十五五罗列成行"。据此，则"十十将五五"

似是"或十或五"、"十十复五五"之意。个人以为，此意似更切合原诗"罗列行不齐"句。总之，要判定这两例的"将"是个并列连词，恐有困难；充其量是个义类连词而已。

至于《王莽传》例，则似乎是误解。该例整段文字如下：

国将哀章颇不清，莽为选置和叔，敕曰："非但保国将闺门，当保亲属在西州者。诸公皆轻贱，而章犹甚。"

按文意，"国将哀章颇不清"，才有"莽为选置和叔"的举动。如果按《历时词典》的理解，"国将哀章"与"国将闺门"的结构相同，那么"将"都应当是连词。其实不然，"国将哀章颇不清"，是个主谓短语。《王莽传》中已经明白了。传中有云：

梓潼人哀章，学问长安，素无行，好为大言。见王莽居摄，即作铜匮为两：检署其一曰天帝行玺金匮图，其一署曰赤帝行玺某……

凭借拍马伎俩，拥护王莽篡汉，与其同伙 11 人，都成为王莽的辅佐，哀章被封为"国将美新公"。因此，"国将哀章"、"国将闺门"都应是偏正结构：前者是修饰关系，后者为领属关系。将，应读去声，不读平声。诚然，"保国将闺门"，不能读为"保 [国 + 将 + 闺门]"。也就是说，其中的"将"不是并列连词，"国将"是名词，是职衔，指代哀章，这才符合文义。

我们对前面几个用例的分辨，实际上对并列连词"将"在上古汉语中出现的可能性表示怀疑。下面提出本人所了解到的一些事实。

曹魏时期的应璩有《百一诗》，其中有一首，全文如下：

汉末桓帝时，郎有马子侯。自谓识音律，请客鸣笙竽。为作陌上桑，反言凤将雏。左右伪称善，亦复自摇头。

我们从结构上看，"凤将雏"的"将"连接着两个名词，但从语义上说，"将"的语法意义并不明确。然而，南朝人给了清楚的解释：

赵姬未鼓瑟，齐客罢吹竽。歌喧桃与李，琴挑凤将雏。（南朝陈·张正见《置酒高殿上》诗）

这是全诗的其中四句。从语意上说，《桃与李》、《凤将雏》都是歌曲；从语法意义上说，诗中"将"和"与"互文，很明白，它们都是并列连词，并列结构作补语。应璩诗中的《陌上桑》、《凤将雏》，也都是曲子。那么，"凤将雏"就是历史上因曲子的关系，成为一个固定结构，这个"将"在应璩那个时候也就应当是一个并列连词。张正见把两支曲子用到一起，给了我们最准确不过的提示。这是连词"将"较早的用例。我们说连词"将"形成于曹魏时期，大概离历史实际会更接近些。

（二）有了前面的叙述，就有了进一步探讨的方向，而且，张正见的诗也为我们识别"将"的并列连词用法提供了个例证，"将"和"与"对偶使用。下面我们就南北朝时期，首先循着这一用法，看看一些用例。

（1）风将夜共静，空与月俱明。（南朝梁·朱超《岁晚沉痾》诗）

（2）发与年俱暮，愁将罪共深。（南朝梁·庾肩吾《被执作诗》）

据传宋子仙破会稽，被拘，命他作诗以贯命。肩吾援笔立成，因释之。庾肩吾于梁简文帝大宝元年（公元550年）去世，生活于公元六世纪上半叶。

（3）雁与云俱阵，沙将蓬共惊。（北周·庾信《经陈思王墓》诗）

（4）人将蓬共转，水与啼俱咽。（南朝陈·江总《陇头水》诗）

上面这些用例，"将"和"与"对偶使用外，形成了一个标识性的特征，并列结构都在主语的语法位置上。在主语之后，谓语之前，有一个表示统括的词："共"、"俱"，表示主语的全部都具有某一行为或性状。

诗既如此，陈述句也如此。如：

（5）四天王将鬼神亿百千众，皆共举衰。（《经律异相》卷七"净饭王捨寿"）

"皆共"犹如"共"、"俱"，起统括作用。汉语中这种主语并列的句式一直沿用至今。

（6）泉将影相得，花与面相宜。（南朝梁·萧纲《和林下妓应令》诗）

这应是上述句式的变通形成。

上述句式的扩展，就成为下面用例的形式：

（7）鱼山将鹤岭，清梵两边来。（北周·庾信《奉和阐弘二教应诏》诗）

（8）新坟将旧冢，相次似鱼鳞。（北周·释无名氏《五盛阴》诗）

（9）偃松将古墓，年代理当深。（南朝陈·阴铿《行经古墓》诗）

（10）齐纨将楚竹，从来本相远。（南朝陈·周弘正《咏班竹掩团扇》诗）

（11）寒笳将夜鹊，相乱晚声哀。（南朝陈·阮卓《关山月》诗）

（12）独有刘将阮，忘情寄羽杯。（南朝陈·张正见《对酒》诗）

（13）借问仙将画，讵有此佳人。（南朝梁·萧纲《率尔为咏》诗）

前后分句分别是主语和谓语。

（14）三洲断江口。水从窈窕河旁流。啼将别共来，长相思。

三洲断江口。水从窈窕河旁流。欢将乐共来，长相思。（南朝梁·释法云《三洲歌》）

《三洲歌》里的"啼"、"别"、"欢"、"乐"都应当看作是名词性的成分，而不是别的。

从六朝时期看，并列结构作补语的并不多。如：

（15）云霞一已绝，宁辨汉将秦。（南朝陈·徐陵《山斋》诗）

以上是南北朝时期的用例和使用情况。南北朝是连词"将"的使用得到发展的一个阶段，我们所能得到的用例还不很多。我们从上面的用例中可以看到，并列连词"将"所连接的成分，不论是单音节词还是偏正词组，绝大部分都是名词性的。

（三）从我们对并列连词"将"的考察看，唐代是"将"得到较多地使用的一个时期，也是最重要的时期。这里我们以隋唐五代、特别是唐代的用例为基础，归纳"将"所形成的并列结构在句子中的基本情况。

从语法角度看，"将"的并列结构在语句中不外乎充当三种成分：1. 主语；2. 谓语；3. 宾语或补语。从已有的资料看，这三类句子成分使用频率的分布是绝对不均衡的。这其中，充当谓语的用例最为难得，我们只掌握着一例：

（16）阶上一眼井，四边青石甃。唯有护净僧，添缾将盥漱。（张籍　　　《上士泉缾》诗）

诗中"添缾"、"盥漱"，都是护净僧的行为动作，"将"是连接两个行为动作的，句子的主、谓关系很清楚。

其次，是并列结构充当宾语或补语。这一类的用例南北朝时期已出现，即例（15）"宁辨秦将汉"。从诗的语意看，"宁辨秦将汉"是表示一种诘问的语气。"秦将汉"，似乎并非写实，是"是与非"的一种比拟说法。我们从唐人的用例中也隐约可以领略到。例如：

（17）不辨秦将汉，宁知春与秋。（卢照邻《过东山谷口》诗）

（18）欲识秦将汉，尝闻王与裴。（卢象《送綦毋潜》诗）

我们姑且撇开"秦将汉"的含义，而这个并列结构用作补语却是实在的。

（19）倘遇鸾将鹤，谁论貂与蝉。（卢照邻《于时春也慨然有江湖之思寄赠柳九陇》诗）

（20）酷在兰将蕙，甘从葵与藿。（张九龄《杂诗五首》之二）

以上是"将"的并列结构作宾语或补语的一些用例。

连词"将"所构成的并列结构在句中作主语成分，比用作其他成分的使用频率都要高。这无疑与其通常连接名词性成分是密切相关的。从形式上看，并列结构作主语成分时，它所处的语言环境可分为句式与句子两类。

甲，句式，指格式化的句子。多见于韵文的对句。这种对句有并列结构作主语，多以单音节的动词或形容词作谓语，而在谓语之前大多有表示统括的副词。这是六朝时期强势用项的延续。例如：

(21) 命将时共泰，言与行俱危。（韦承庆《直中书省》诗）

(22) 愁将网共解，服与代俱明。（张说《赦归在道中作》诗）

(23) 静向懒相偶，年将衰共催。（司空曙《秋思呈尹植裴说》诗）

(24) 病将老齐至，心与身同归（白居易《授太子宾客归洛》诗）

(25) 方当金风届节，玉露启途，霜简与秋典共清，忠臣将鹰鹯并击。
（刘肃《大唐新语》卷二"刚正"）

以上用例的谓语都是单音节动词。

(26) 岸与恩同广，波将慈共深。（郑繇《经慈涧题》诗）

(27) 风将景共暖，体与心同舒。（白居易《东归》诗）

在白居易的诗中还有如："貌将松共瘦，心与竹俱空。"（《偶题阁下厅》诗）"地与尘相远，人将境共幽。"（《履道新居二十韵》）等，都是以形容词作谓语的。

(28) 性与时相远，身将世两忘。（白居易《分司洛中多暇数与诸客宴
游醉后狂吟偶成十韵》）

(29) 鸟将歌合转，花共锦争鲜。（宗楚客《奉和幸上阳宫侍宴应制》
诗）

如上两例谓语用的是动词短语。这类句子舍弃了常见的表示统括的词，相对六朝，这是个发展或变化。

乙，句子，指在诗句中，前一句是作主语的并列结构、后一句为谓语所构成的句子形式。例如：

(30) 寸心将夜鹊，相逐向南飞。（隋·何妥《门有车马客行》）

(31) 归骖将别棹，俱是倦游人。（王勃《临江》诗）

(32) 朝云将暮雨，长绕望思台。（张说《节义太子杨妃挽歌》）

(33) 孤云将野鹤，岂向人间住。（刘长卿《送方外上人》诗）

(34) 春心将别恨，万里共悠悠。（贾至《送陆协律赴端州》诗）

(35) 萧壁将沈影，梁薪尚缀烟。（李绅《题法华寺五言二十韵》诗）

(36) 唯有梅将李，犹带故乡春。（董初《昭君怨》诗）

这类句子也有变体，例如下面这个句子：

(37) 烟霞与虫鸟，和气将美雨。千里与万里，各各来相对。（贯休
《闻前王使君在泽潞居》诗）

这是全诗的其中四句，也是诗的一个自然段。此前诗中赞扬王使君"德变人性灵，笔变人风土"。例中这四句即是描述王使君恩德所带来的积

极效应。从语意看，前两句是主语，后两句是谓语，同样给人以完满的意境。

（38）塞外貔将虎，池中鸳与鹭。词人洞箫赋，公子鹖鹣冠。（李颀《送司农崔丞》诗）

这也是全诗的其中四句。前后语意关系不如例（37）那么清楚，基本格局仍然是主谓关系。

上面我们以唐代的用例为根据，归纳连词"将"所构成的并列结构在句中所充当的句子成分，在类型上具有一定的代表性。

我们上面所举用例，几乎全都出自唐诗，即便例（25）《大唐新语》的例子，也都是骈文式的句子。唐代在韵文之外，并非没有连词"将"的用例，只是我们掌握的数量有限。例如：

（39）仆射曰："过庭之名甚新，未知谁家子弟。"客将左右，皆称不知。（赵璘《因话录》卷四"谐戏附"）

（40）然章句之言，有显有晦……然则晦之将显，优劣不同，较可知矣。（刘知几《史通》卷六"叙事"）

或许是诗歌格律上五言七言的要求，表示并列的连词结构在诗歌创作时，具有使用上的方便之处，因此能见到的用例也就比较多。

（四）连词"将"早见于曹魏，兴于南北朝，唐代是使用得较多的历史时期。然而，唐代以后，我们没能见到更多的用例。也就是说，唐代以后，连词"将"未能得到更广泛的使用，不管是口语还是书面。

（41）忆性（昔）初至峻稽北，虏骑芬芬（纷纷）渐相逼。抽刀避（劈）面血成津，此是报王恩将得。（《李陵变文》）

"恩将得"，即是"恩与德"。

（42）戊寅，军前擒到李师道将夏侯澄等四十七人，诏并释付魏博及义成军收管。（《旧唐书·宪宗纪下》）

（43）素艳今无几，朱颜亦自衰。树将人共老，何暇更悲丝。（汤悦《鼎臣学士侍郎以东馆庭梅昔翰苑之毫末今复半枯……》诗）

（44）寒甚正前三五日，风将腊雪侵寅。彩鸡缕燕已惊春。（曹组《临江仙》词）

（45）水将树影乱揉碎，月与日光相对明。（杨万里《暮雨既霁将儿辈登多稼亭》诗）

（46）僧共老花俱在，客将春雁同回。（范成大《再游上方》诗）

（47）和气熏来，这般光景，管无风雨。画栋朱薨，锦坊绣巷，娘子将媭母。（吴潜《永遇乐·己未元夕》词）

吴潜生活于宋宁宗庆元二年（公元 1196 年）——宋理宗景定三年（公元 1262 年），已经是南宋末年。然而，到目前为止，本人尚未见到比这更晚的用例，很难说没有，即使有恐怕也不会多了。从曹魏到南宋，大体上经历了一千年左右的时间，终于从汉语发展的历史中退下来。这就是连词"将"的历史轨迹。有一点似乎值得探究，并列连词"将"的使用，始终与韵文紧密相关，但没有延续使用到元曲中。它所以消失，是否也与此相关，尚不得而知。

第六节　并列连词"共"

本节讨论并列连词"共"。主要在于连词"共"形成的时代，及其在汉语历史上的使用情况。

就近代汉语时期而言，我们认为，并列连词的形成，往往与该形体介词的使用有关。在这个问题上，现有资料显示，介词"共"的使用早于连词"共"。曹丕《禁复私雠诏》："贾复、寇恂，私相怨憾，至怀手剑之忿。光武召而和之，卒共同舆而载。"① 其中，介词"共"的宾语省略。《搜神记》卷十六"驸马都尉"："共君宿契，此会可三宵。"又《神仙传》："庐山庙有神，能于帐中共外人语。"② 这些都是先于连词使用的介词用例。

至于连词"共"出现何时，学界存在不同意见。何金松、董志翘等举《文心雕龙·征圣》例："体要与微辞偕通，正言共精义并用。"认为六朝时期已经有"共"的连词用例③。刘坚以《董解元西厢记》卷二"到此怎惜我贞共孝？多被贼人控持了"为"共"字连词的首例④。两种意见，相差甚远。

我们以为，何、董等所举用例，是骈体的常见句式。在这个语法位置上，经常跟"共"对举使用的是"与"，常用以指示比较对象的，宜审慎分析，他们所提示的与连词"共"出现的时间比较接近。刘坚若认为连词"共"首见于《董西厢》的话，很显然是失之于应有的考据。

下面就连词"共"的历史状况，作简要的考察。

---

① 见《全三国文》卷五。

② 见《太平广记》卷十一"栾巴"条。

③ 何金松：《虚词历时词典》，湖北人民出版社 1994 年版。董志翘、蔡镜浩：《中古虚词语法例释》，吉林教育出版社 1994 年版。

④ 见刘坚《试论"和"字的发展，附论"共"字和"连"字》，《中国语文》1989 年第 6 期；经改编收入刘坚等《近代汉语虚词研究》，语文出版社 1992 年版，第 206 页。

（一）就现有资料而言，连词"共"的使用，起码可以追溯到刘宋时期。其中有些例子，我们要作扼要的解说。例如：

（1）（李）催使兄子利共郭汜、樊稠与（马）腾等战于长平观下。（《后汉书·董卓传》）

例中"使兄子利共郭汜、樊稠"是个动补结构，"利共郭汜、樊稠"都是动补结构中动词"使"的补语，它们是并列的。句中"共"是连词，"与"是介词。为了确凿起见，这里提供一个佐证。唐代李贤对例（1）的史实引用《献帝纪》文字作注，注文如下：

禀与贾诩有隙，胁扶风吏人为（马）腾守槐里，欲共攻（李）催。催令樊稠及兄子利数万人攻围槐里，夜梯城，城陷，斩禀枭首。

这段文字是对同一史实的不同描述。文中的"催令樊稠及兄子利数万人"，就是《后汉书》"催使兄子利共郭汜、樊稠"另一种说法，或许是《后汉书》据以改写的。《献帝纪》的"及"，是不能以介词加以解释的，只能读作并列连词。《后汉书》用"共"来表述这个"及"，表明"共"也是并列连词。

（2）凤台无还驾，箫管有遗音。何时与汝曹，啖腐共吞腥。（鲍照《代升天行》）

诗中的"共"，连接两个并列的动宾短语。可见，刘宋时期，范晔的用例不是唯一的。此诗可当作佐证。

（3）尝遇康昕，昕自谓笔道过（康法）识。识共昕各作右军草，旁人窃以为货，莫之能识。（慧皎《高僧传》卷四晋剡东仰山竺法潜）

意谓康法识和康昕模仿王羲之的草书，没有人能够识别是谁作的。此"共"连接两个并列的人名。

（4）时比丘共长者捉绳，量度觅处，绳未至地，即自思惟。（《经律异相》卷十八"工巧比丘思惟成道"）

（5）旅人无语坐簷楹，思乡怀土志难平。唯当文共酒，暂与兴相迎。（隋·柳誓《阳春歌》）

如上述所示，这些唐朝以前用例，足以说明并列连词"共"在唐之前的历史存在①。有了六朝之起始，才能说明唐代"共"何以能较多地被使用。

（二）唐以降至元代，是连词"共"使用频率比较高的历史阶段。在这

---

① 在六朝的骈体文中，有两种句式：1. "文德与武功并震，霜威共素风俱举。"（《宋书·谢灵运传》）2. "金星与婺女争华，麝月共嫦娥竞爽。"（徐陵《玉台新咏·序》）我们认为，两种句式中的"共"，前者为并列连词，后者为介词。

个时期内，"并"、"共"、"和"、"兼"等都是比较常用的并列连词。与"并"在唐宋时期多用于韵文不同，"共"在隋唐五代时的使用面似乎就要宽广些。例如：

（6）洞庭秋正阔，余欲泛归船。莫辨荆吴地，唯余水共天。（孟浩然《洞庭湖寄阎九》诗）

（7）离别江南北，汀州叶再黄。路遥云共水，砧回月如霜。（刘长卿《酬皇甫侍御见寄时前相国姑臧公初临郡》诗）

（8）长桥题柱去，犹是未达时。及乘驷马车，却从桥上归。名共东流水，滔滔无尽期。（岑参《昇仙桥》诗）

（9）定觉身将囚一种，未知生共死何如。（元稹《酬乐天得微之诗知通州事因成四首》之四）

（10）君不见无愁高纬花漫漫，漳浦宴余清露寒。一旦臣僚共囚虏，欲吹羌管先汍澜。（温庭筠《达摩支曲》）

（11）泸曲雁飞下，秦原人葬回。丘坟与城阙，草树共尘埃。（马戴《白鹿原晚望》诗）

（12）杨柳阴中引御沟，碧梧桐树拥朱楼。金陵城共滕王阁，画向丹青也合羞。（花蕊夫人《宫词》之一百四）

（13）手携酒榼共书纬，回语长松我即归。（皎然《酬秦山人出山见呈》诗）

以上是唐诗的部分用例。

（14）梁人与周军多造舟舰，置于青泥水中，昭达遣文季共钱道戢尽焚其舟舰。（《南史·程灵洗传》附文季）

（15）昉卒后，高祖使学士贺纵共沈约勘其书目。（《梁书·任昉传》）

（16）十三年，流人杨钦亡入突厥，诈言彭公刘昶共宇文氏女谋欲反隋，称遣其来，密告公主。（《隋书·长孙览传》附晟）

（17）汝欲见吾之鼓，不辞对答往来，蟭螟共鹏鸟，如同飞对。（《庐山远公话》）

（18）大王共夫人发愿已讫，回鸾驾却入宫中。（《太子成道经》）

（19）弥勒共文殊亲问答，因兹众会得闻经。（《太子成道经》）

从唐到五代的用例看，连词"共"在当时应属口语词。这在宋词中也有较充分的体现。例如：

（20）小园东，花共柳。红紫又一齐开了。（柳永《红窗迥》词）

（21）今日开尊，多幸无风雨。休唱宴琼林一句。来年花共人何处。（黄裳《蝶恋花》词）

（22）最难忘，西湖北渚澄秋。玉砌雕栏好在，桃共李、能忆人不？（晁端礼《满庭芳》词）

（23）今度何郎，尊前疑怪，花共那人俱瘦。（刘一止《夜行船》词）

（24）人共景，都非昔。君共我，俱成客。且相逢一笑，笙歌箫笛。（吴潜《满江红·刘长翁右司席上》词）

（25）璇源一派接天流。秀毓君家公共侯。（无名氏《瑞鹧鸪·贺宗室子满月》词）

在宋诗中也能看到连词"共"的用例。如：

（26）幸有微吟可相狎，不须檀板共金尊。（林逋《山园小梅》诗）

（27）靖共介福由神听，告尔多方代帝咨。（李廌《贺小苏先生》诗）

在宋代，连词"共"在其他文献中也见使用。试举数例：

（28）初，李密亡命在雍丘，浚仪人王当匿于野，百当共勖说翟让，奉密为主。（《旧唐书·李勣传》）

（29）赤气内见紫微宫共北斗诸星，其气乍明乍暗。（《旧五代史·天文志·云气》）

（30）独宋共姬书首尾最详，何故？（《二程遗书》卷二二）

（31）余尝游湘共衡，下洞庭，入云梦，询诸故老，莫有知者。（《青琐高议》后集卷九"仁鹿记"）

（32）我共你入净妙国土中，着清净衣，说法身佛。（《古尊宿语录》卷四临济慧照语录）

（33）临后，只见观察共李侍郎高声骂詈出来，言语学不得。（《三朝北盟汇编》卷八二）

从前面的用例可以看到，连词"共"所构成的并列结构，在句中充当主语和补语成分。这也是并列连词所共通的语法职能。此外，连词"共"见于对话中，无疑是个口语词。

（三）金元明之际，连词"共"虽然逐渐走向消失，但在早期白话的各类文献中，仍不乏用例。例如：

（34）奈无情，风共雨，送新霜。（金·王寂《水调歌头》词）

（35）鸳侣分，连理劈，无端洪信和洪义，阻隔得鸾孤共凤只。（《刘知远诸宫调》第二［哨遍］）

元代的主要文献有两类，一是平话，二是元曲。在平话里，连词"共"多见于叙述口吻，并列结构常作主语。例如：

（36）杨青共杨玉到庄前，下马入去。（《杨温拦路虎传》）

（37）李克用共王重荣统军前来迎敌，尚让大败而走。（《五代史平话·

唐史》卷上）

（38）盖天大王、韦夫人共你父子二人煞好公事，似你这般人，留之何用！（《宣和遗事》后集）

（39）或有一日，妲己共纣王饮宴在摘星楼上。（《武王伐纣平话》卷上）

（40）（孙）权遂令鲁肃共军师奔豫章城。（《三国志平话》卷中）

（41）你却才支吾到数次十回，你管惹场六问共三推。（《魔合罗》四折［红绣鞋］）

（42）古今往来，我须尽知，贤的愚的，贫的共富的，到头这一场，难逃那一日。（《酲江亭》二折［锦上花］）

例（42）疑取自关汉卿《乔牌儿》套数，略加改动。"共"关汉卿曲原作"和"。

在元曲里，散曲不用说，自然是韵语；就是杂剧里头，连词"共"在曲词里的使用频率也高。比如《元刊杂剧三十种》在宾白（包括动作解说）里只有 9 个用例，而曲词中则有 39 个用例。《元刊杂剧三十种》的宾白极简练，文字少，或许是其原因之一。但是，我们通过对比，似乎可以得到一些启示。比如《元刊杂剧三十种》本《好酒赵元遇上皇》中有一例：

（43）也不做明廉共暗察，伯子共公男。自羞惭，官高后恼儿俺，禄重自忒贪。（《遇上皇》四折［梅花酒］）

《元曲选外编》本基本上完整地保留了所有曲词外，增加了不少的宾白。其中使用了并列连词"并"："丈人丈母并妻月仙……强要休书"（二折）；"和"："我和你见官府去来"（一折）；"同"："您同朕慢慢行将去来"（二折）。也出现"并"与"和"同用于一个句子的用例："又差人去东京拿他丈人丈母并妻和本处府尹"（四折）。然而，我们没有看到连词"共"。又《元刊杂剧三十种》本《薛仁贵衣锦还乡》中一例：

（44）对着这创业开基仁圣主，两边厢有文共武，都只道定天山三箭有谁伏。（《衣锦还乡》一折［油葫芦］）

《元曲选》本《薛仁贵荣归故里》对曲词作了较大的改动，但仍保留了"文共武"这一并列结构。同样，《元曲选》本增加了许多宾白。其中使用了并列连词"和"："老的也，着些甚么买那酒和鸡来"（二折）；"同"："将他一双父母同妻柳氏皆加封赠"（四折），我们同样未见使用连词"共"。《元曲选》、《元曲选外编》这些宾白，很可能是出于明人之手。如果这一推测不错的话，那么明代并列连词当中，"共"似乎已经不在常用词之列。然而，这只是可供我们参考的一个方面；另一方面，我们也在明清小说里仍看到一些用例。例如：

（45）只留鲁肃共阚泽及众谋士守寨。（《三国演义》四九回）

（46）只见地上都是米，娘共邻舍都吃一惊。（《三遂平妖传》三回）

（47）国王即出驾上殿，传旨"请驸马共他三位"。（《西游记》九四
回）

（48）有钱莫弃糟糠妇，贫时患难相依。何须翠绕共珠围，得饱家常
饭，冲寒粗布衣。（《醒世因缘传》六回）

（49）只见熄妇共女儿互相搂抱，低低而哭。（《醒世恒言》卷八）

与明代白话小说数量之多和篇幅之大相比，连词"共"的使用量就显
得微不足道了。到了清代，虽时有所见，但从历史发展的趋势看，已是了
了。例如：

（50）初，肆门将闭，即有秀才共一仆，来就外舍宿。（《聊斋志异》卷
四"念秧"）

（51）不是雷轰随电掣，也教魄散共魂飞。（《儿女英雄传》十一回）

（52）浑浊不分鲢共鲤，水清才见两般鱼。（《济公全传》九九回）

在明清传奇里亦可见连词"共"的用例。如：

（53）世上万般哀苦事，无过死别共生离。（《香囊记》三三出）

（54）索应该，撺掇他牛和女，完成咱盒共钗。（《长生殿》四一出
［夜雨打梧桐］）

诸如此类，已是脱离当时口语的仿古用法了。由此可见，逐渐脱离口
语，是连词"共"在汉语中消失的基本原因。

综观并列连词"共"的历史发展，似乎可以归纳几点：

1. 连词"共"在南北朝的刘宋时代已见使用，较早的用例见于范晔
《后汉书》和鲍照的诗。

2. 在很长的历史时期内，连词"共"曾经是个口语词。

3. 连词"共"在汉语发展中消失，是逐渐脱离口语的结果。

第七节　并列连词"同"

本节讨论并列连词"同"。与连词"和"一样，它也是现代汉语中一个
极常用的词。我们在这里主要探寻它发生、发展的轨迹。

（一）我们认为，汉语历史上，在近代汉语时期（这里泛指唐宋以来）
兴起的并列连词，其同一形体的介词用法，往往都使用在先。在这一语言历

史背景下，由介词进而使用作连词，具有规则的性质。连词"同"的形成可算是一例。就现在的考察看，介词"同"已见于六朝①。例如：

傅亮北征，在黄河中，垂至洛，遥见嵩高山。于时同从客在坐，问傅曰："潘安仁《怀旧赋》云'前瞻太室，旁眺嵩丘'，嵩丘，太室是一山，何以言旁眺？"（《俗说》）

《俗说》，见鲁迅辑《古小说钩沉》。引例的主语是傅亮，他"同从客在坐"。此"同"指示共同行为的对象。又如：

邵硕者……居无常所，恍忽如狂，为人大口，眉目丑拙。小儿好追而弄之，或入酒肆同人酣饮。（慧皎《高僧传》卷十宋岷山通云寺邵硕）

此例的"同"，用法如《俗说》例。再如：

寄言朝市客，同君乐太平。（隋·胡师耽《登终南山拟古》诗）

但对于并列连词"同"，隋以前，尚未见到它的用例。就是到了唐代，我们所能见到的用例也都不多。例如：

（1）奉和李大夫同吕评事太行苦热行兼寄院中诸公仍呈王员外。（刘长卿 诗题）

这是唐代诗人刘长卿的一个诗题。在唐、宋诗歌中，诸如"和……兼……"之类成为一种格式，是很常见的。我把此题标点为：

奉和李大夫同吕评事《太行苦热行》兼寄院中诸公仍呈王员外

"同"所连接的是两个并列的成分。

（2）忽闻扣户醉吟声，不觉停杯倒屣迎。共放诗狂同酒癖，与君别是一亲情。（白居易《喜裴涛使君携诗见访醉中戏赠》诗）

"诗狂"、"酒癖"，是"同"所连接的并列成分。并列结构在句中是"放"（犹相仿佛）的补语。连接"诗狂"和"酒癖"的"同"是个并列连词。

（3）和淮南李司空同转运员外。（罗隐 诗题）

《全唐诗》有两则注语，其中第二则与诗题有关，云"一作同转运卢员外赐绯"。据此，此诗题可使完整为："和淮南李司空同转运卢员外赐绯"。若此，可紧缩为"和'李司空同卢员外赐绯'"。"同"连接两个并列的成分，关系很清楚。

虽然我们掌握的用例并不多，却是并列连词"同"在唐代开始使用的实例。连词"同"在使用之初，也都是连接名词性成分，与其他并列连词

---

① 《古代汉语虚词词典》（商务印书馆 1999 年版）认为"同我妇子馌彼南亩"（《诗经·豳风·七月》）的"同"即是介词。

所具有的特性相一致。

（二）进入宋代，我们所能见到的用例略多了些，除了诗词之外，还见于史书及笔记小说等类的文籍。例如：

（4）丁亥，诏朱友谦同恶人史武等七人，已当国法，并籍没家产。（《旧五代史·唐书·庄宗纪》）

（5）时世重古不重新，破图谁画旧胡人。臂鹰捧盘犀利水，铁锁狮子同麒麟。（梅尧臣《观韩玉汝胡人贡奉图》诗）

例（5）后两句描绘了胡人贡奉情状，其中有狮子和麒麟，以锁拴着。

（6）蚕共茧、花同蒂，甚人生要见，底多离别。谁念我，泪如血。（吕渭老《贺新郎·别竹西》词）

（7）康节同叔父满酌大杯以献，大父一举而尽。（《邵氏闻见录》卷二十）

以上是北宋的若干用例。

（8）紫枢将命，紫微如绎，常近君王。旧山同梓里，荷月旦、久已平章。（张元幹《瑶台第一层》词）

（9）先人曾有杂录册子，记李仲和之祖同包孝肃同读书一僧舍。（《朱子语类》卷一二九）

（10）于是崇愈横肆，张邀商日宣法师同梁绳治之。（《夷坚支志》癸集卷四"张知县婢祟"）

（11）项看《类文》，见梁武同王筠和太子忏悔诗。（《宋人小说类编》卷二之一"王筠善押强韵"）

（12）松山和尚同庞居士喫茶，士举橐子曰："人人尽有分，为甚么道不得？"（《五灯会元》卷三松山和尚）

（13）上堂，召大众曰："还知道圣僧同诸人到这里么？"（《五灯会元》卷十功臣守如禅师）

在宋人的用例中，如同例（13）这样上口的尚属不多。但是这很重要，这种言文一致是延续使用并能存在于现代汉语的基础条件。

在元代的典籍中，主要有平话小说和元曲。平话小说用例如：

（14）石丙同许桂归燕寨见骑劫。（《七国春秋平话》卷中）

（15）冀王排筵会，请曹丞相同诸侯。（《三国志平话》卷上）

（16）那官人同妇女两个入大相国寺里去。（《简贴和尚》）

（17）我每同将军归投黄大王，今未蒙赏赐，便要行刑。（《五代史平话·梁史》卷上）

（18）耶律延禧同赵某并免朝见。（《宣和遗事》后集）

(19) 某年月日，卖儿人钱小马同卖人妻何氏。(《朴通事》)

《朴通事》唯有在这类契约签押时用连词"同"。

元人杂剧，我们以《元刊杂剧三十种》作为查考对象，还没有在曲词中发现连词"同"。在简洁的宾白里也没有见到连词"同"。唯一能见到的地方是对角色的动作提示部分。例如：

(20) 外末同旦与正末礼了。(《贬夜郎》三折)

(21) 正末做将文册同卜兆书一发放在金縢柜中了。(《周公摄政》一折)

这些提示性的科白文字，比那些文雅的曲词显然与口语更一致得多。至若《元曲选》宾白中的一些用例，如：

(22) 将他一双父母同妻柳氏，皆加封赠，重取回朝。(《薛仁贵》四折)

(23) 自从寡人同楚昭辅、石守信三人，扮为白衣秀士，随处私行。(《遇上皇》四折)

这些都不见于《元刊杂剧三十种》本，可能是明人的手笔。再如：

(24) 还有个香罗帕同这绣鞋儿，都揣在那秀才怀中。(《留鞋记》三折)

(25) 只因寇承御同陈琳救出太子，送到我府中收养，整整抬举了十年光景。(《抱粧盒》三折)

同样，这两例也可能是出于明人的笔下。总之，这时的连词"同"似乎宁从俗而不从雅。

(三) 明、清时期白话小说盛行，连词"同"被使用的频率也随之提高起来。通俗小说不用说，甚至在文人的笔记中亦时有所见。如明人李诩《戒庵老人漫笔》："丁晋公同夏英公看弄水椀。"(卷一)，由此可见连词"同"被广为使用的程度。此外，连词"同"所连接的成分通常都是名词性的词或词组。至于清末出现的下列用法：

他一定是慢慢的制买物件同作衣裳去了。(《老残游记·续集》三回)

你子翁带来的钱同你在上海化消的钱，我心中都有个数。(《官场现形记》九回)

那精明强干同尖酸刻薄，外面看着不差甚么，骨子里面是截然两路的。(《二十年目睹之怪现状》二十回)

诸如此类，连接短语和格式，这是此前所见不到的，也同样是并列连词"共"所不具备的。即使如此，与连接并列的名词性成分、也连接并列的动词短语的连词，仍显示出差别。或许正是这一差别，使它在现代汉语里远不如连词"和"的使用频率高。

下面以明、清时期的用例为依据略加归纳，可以看到连词"同"所构成的并列结构在句中充当如下几种语法成分：

1. 并列结构充当主语。例如：

（26）宋江的父亲宋太公同兄弟宋清都在那里等候。（《水浒传》三六回）

（27）却说那老者同鬼使把长老抬到一座烟霞石屋之前，轻轻放下。（《西游记》六四回）

（28）彦博同招讨领这十万人马，一日费了朝廷许多钱粮。（《三遂平妖传》十九回）

（29）当时不多一会，素姐同吕祥都不知去向。（《醒世姻缘传》八八回）

（30）这韩退之同林学士在南坛上虔诚祈祷。（《韩湘子全传》十二回）

（31）张多宝同包大将了五千缗悄悄送到主爵的官人家里。（《今古奇观》卷四十）

（32）盛从同船家都不在此么？（《儒林外史》八回）

（33）百鸟仙同百兽仙听了，随即分付侍从传命。（《镜花缘》一回）

（34）王通同华云龙二人够奔钱塘门。（《济公全传》四七回）

（35）钟馗同大头鬼等，遍地寻找短命鬼不着。（《钟馗平鬼传》五回）

（36）母子同狗三口，昼走长街，夜宿古庙。（《续金瓶梅》十六回）

（37）邓九公同褚一官夫妻，也照前拈香行礼。（《儿女英雄传》二一回）

（38）王孝廉同王乡绅叙起来还是本家。（《官场现形记》一回）

2. 并列结构充当补语、宾语或兼语。

（39）止是教吴二舅同玳安在门首生药铺子日逐转得来家中盘缠。（《金瓶梅》九五回）

（40）大爷送张爷上了船就来了，先着我送点心同梳盒来的。（《梼杌闲评》四回）

（41）宋江大喜，便邀何道士同一干头领到那忠义堂屋基地上。（《荡寇志》七一回）

（42）（鲍文卿）把班子暂托与他女婿归姑爷同教师金次福领着。（《儒林外史》二五回）

（43）安太太带了媳妇同褚大娘子仍在青云山庄住下。（《儿女英雄传》

二一回）

（44）公孙策请大人同白玉堂且上书房。（《三侠五义》一百三回）

（45）就借此乐，送孔昇真人同玉妃到忉利天宫去。（《长生殿》五十出）

（46）想着他丈夫同他公公、大伯子都被捉去的，断不能松散。（《老残游记》四回）

3. 并列结构充当定语。

（47）（兀术）一面命人收拾陆登同着夫人的尸首，合葬在城外高阜处。（《说岳全传》十六回）

例（47）并列连词"同"后缀"着"在明清小说中时有所见。如：果然一包金银同着白晃晃一把快刀埋在灰里。（《二刻拍案惊奇》卷三九）

（48）看银子同任三爷面上，就受几天罪也不要紧的。（《老残游记·续集》四回）

4. 并列结构用在"把"字后面充当被处置的对象。

（49）沈琼枝把诗同银子收在一个首饰匣子里。（《儒林外史》四一回）

（50）后来还是店里几个伙计上来，把俺妈同俺架了回去。（《老残游记》十四回）

（51）抚院便把三荷包同王协台两个人传了进去。（《官场现形记》六回）

此外，"同"还可以与另一连词一起把三个成分组合为并列结构。例如：

（52）严乡绅执意不肯，把小的的驴和米同稍袋都叫人短了家去。（《儒林外史》五回）

从上面的归纳可以看到，明、清时期的并列连词"同"是相当口语化的。这正是它能够进入现代汉语的根本。就连词"同"的发生、发展的历史而言，我们可以概括地说：

1. 连词"同"始用于唐代，明、清间得以较多的使用；

2. 连词"同"得以延续使用到现代汉语，在于它的口语化程度较高；

3. 连词"同"的局限在于，它所连接的基本上在名词性词语范围。这对今后的使用趋势有何影响，现在尚难推断。

第八节　进层连词"兼"

本节讨论进层连词"兼"。它的基本职能，是连接后一分句，表示与前一分句在语意、情理、事理或逻辑等相关问题上进一步陈述或补充，犹"况"，犹"且"。"兼"作为进层连词，具有悠久的使用历史。本节的任务在于历史的描写。

（一）进层连词"兼"，犹如别的进层连词，既可单独使用在后一分句表示进层关系，也可以与前一分句表示让步等语气的连词配合使用，构成相对固定的句式以表示进层关系。这里先讨论前者，然后再讨论后者。

单独使用连接后一分句表示进层关系，这一用法在汉语史上出现并不晚，汉魏已可见其用例。如：

（1）当吕氏之贵也，太后称制而专政，禄、产秉事而握权，擅立四王，多封子弟，兼据将相，外内磐结。（《潜夫论·忠贵》）

（2）本自无教训，兼愧贵家子。（《古诗为焦仲卿妻作》）

（3）（彭）宠亦很强，兼负其功，嫌怨转积。（《后汉书·朱浮传》）

（4）进素知中官天下所疾，兼忿蹇硕图己，及秉朝政，阴规诛之。（《后汉书·何进传》）

晋以后逐渐使用开来。

（5）余闲居寡欢，兼比夜已长，偶有名酒，无夕不饮，顾影独尽。（陶渊明《饮酒》诗序）

（6）又令长房啗屎，兼蛆长寸许，异常臭恶，房难之。（《神仙传·壶公》）

（7）将军以神武雄才，兼仗父兄之烈，割据江东。（《三国志·周瑜传》）

（8）刘殷至孝冥感，兼才识超世，此人终当远达，为世名公。（《晋书·孝友传·刘殷》）

（9）熙先善于治病，兼能诊脉。（《宋书·范晔传》）

（10）世祖以其壮勇，数有战功，兼悉北境险要，诏大千巡抚六镇，以防寇虏。（《魏书·来大千传》）

（11）世虽多人，皆有福德，兼为诸天之所守护，而我无力，不能得煞。（《经律异相》卷八"为闻半偈舍身"）

隋唐以后，乃至五代语体文，进层连词"兼"得到较广泛的应用。例如：

（12）此地险隘，兼复下湿，度其人马，三日方度，缓辔追讨，何虑不及？（《隋书·宇文弸传》）

（13）王刹利种也……敬崇三宝，岁造丈八尺银佛像，兼设无遮大会，周给贫窭，惠施鳏寡。（《大唐西域记》卷一"迦毕试国"）

（14）还山优诏许，遇我宿心亲。不负幽栖志，兼全宠辱身。（杜甫《寄李十二白二十韵》诗）

（15）幸有眼前衣食在，兼无身后子孙忧。（白居易《足疾》诗）

（16）后三日，会清化宅井无故自崩，兼延及堂隍东厢，一时陷地。（《博异志·敬元颖》）

（17）先父爱书，兼有著述。（张固《幽闲鼓吹》）

（18）只可数日，此民觉身渐轻，问其主人，此是何所，兼求还蜀之路（《太平广记》卷二五"采药民"）按，原注出《原仙记》，明抄本作《原化记》。

在唐五代，也见于讲唱文学和对话。如：

（19）相公处分，自今已后，新来贱奴，人不得下眼看之，兼与外名，名为善庆。（《庐山远公话》）

（20）某甲有山妻，兼有两颗血属。（《祖堂集》卷十五西堂和尚）

即使如此，从宋代使用的情况看，进层连词"兼"仍属于书面语，它没有进入宋元以后的口语。例如：

（21）太祖见而喜曰："张夫子且至矣。"即奏为掌记，兼赐金紫。（《旧五代史·梁书·张策传》）

（22）复有一绿衣秉简，二从者捧箱随之。箱中亦绿衣，（周）殷揖禧曰："命赐君，兼同奉召。"即以绿裳为禧衣之。（《稽神录》卷六"贝禧"）

（23）寻有禅僧曰誓，自会稽云门而来……明《大品》、《思益》、《维摩》等经，兼博通诸论。（《宋高僧传》卷八唐睦州龙兴寺慧朗传）

（24）他是见得这一边难成功，兼察得高宗意向亦不决为战讨计。（《朱子语类》卷一三一）

例（24）是有人问秦桧"何故不就攻战上做"时朱熹的答话。

（25）杀蟵子者乃彭富，与汝不相干，兼汝寿数未尽，更当复生。（《夷坚志补》卷三"檀源唐屠"）

从语言历史的角度说，到宋代是进层连词"兼"使用的末期。但明、清间仍偶见使用。如

（26）许浑诗，刘巨济泾曾得其手书"湘潭云尽暮烟出"。"烟"字极妙，兼是许之手笔无疑也。（《升庵诗话》卷十一"湘烟"）

（27）此间钱大郎，年纪虽少，最好拳棒，兼善博戏。（《古今小说》卷二一）

（28）一应风疾，服之立愈，兼能消痰定喘，壮人筋骨。（《水浒后传》三六回）

（29）其祖冷延年，精通岐黄，兼能针灸，远近有神仙之誉。（《绿野仙踪》一回）

从上面的叙述可以看到，单独连接分句表示进层关系的"兼"，在汉语历史上前后使用了相当长的时期。其主要使用时期在六朝至唐、宋间。

（二）在现代汉语里，在表示进层关系的句子中，多以复句的句式结构作为表达方式的，诸如"不但……而且……"之类，是一种常见的句式结构。"兼"作为表示进层的连词，在汉语的历史上，也曾经以这类句式结构使用过很长的时间。表示进层关系的连词"兼"，由单独使用到与其他词一起组成较固定的句式表示语意的进层关系，是汉语进层连词这一族群共同的语法特性。

为了条理上之清楚起见，我们把处于前一分句、而与进层连词"兼"相配合构成表示进层关系复句的连词（实为连词性词组）归为如下三类：

1. "不独"类，包括：不但，不独，不唯，不惟，不特，不徒，不止。其中"不独"、"不唯"使用稍多。

2. "非唯"类，包括：非但，非唯，匪唯，非惟，非徒，非直。其中"非唯"使用较多。

3. "岂徒"类，包括：岂特，岂徒，岂唯，岂惟，岂止。它们的用例均不多。

然后，我们以类别为单位，分别举例以明之。

甲，"不独……兼……"类句式。

（30）不但长时逢吉庆，兼交永不见刀兵。（《父母恩重经讲经文》）

（31）我不但无志于功名，兼绝情于燕好。（《聊斋志异》卷三八"白于玉"）

（32）侄女此去，不但求图，兼可与他面商一切也。（《荡寇志》一二十回）

（33）不独池中花故旧，兼乘旧日采花船。（白居易《六年秋重题白莲》诗）

（34）兼令相追，不独传语。（《广异记·吕谭》）

例（34）前后分句倒置。

（35）众谓（费）铁觜不独有口才，兼有胆勇。（《东斋记事·补遗》）

（36）若能急纳禄，不独可以延年，兼此鬼亦不复为祟矣。（《夷坚支志》景集卷五"高子润"）

（37）"功曹非复汉萧何"，不特见《汉书注》，兼《三国志》云"为功曹当如萧何也"，此说甚分明。（宋·吴可《藏海诗话》）

（38）不特任人攀折，兼使沾泥和土，见踩于马足车轮。（《镜花缘》一回）

（39）郑君不徒明五经知仙道而已，兼综九宫三奇，推步天文，河洛谶记，莫不精研。（《抱朴子·内篇·遐览》）

（40）此不惟杀鼠，兼能疗人众病。（《太平广记》卷八五"李客"）按，原注出《野人闲话》。

（41）粘罕此来，必有异志，宜以西兵十万出巡边，不惟备边，兼可压境议事。（《三朝北盟会编》卷二二）

乙，"非唯……兼……"类句式。

（42）向看贤判，非但伤足，兼似内损。（《朝野佥载》卷六）

（43）高公非徒君臣，兼以故旧姻戚，岂得闻其丧不往哭乎！（《资治通鉴·唐太宗贞观二十一年》）

（44）予有仙药，非徒治病，兼可度世。（《剪灯新话》卷三"申阳洞记"）

（45）（山叟）与之携手出东郊，赠药一粒，曰："非唯去疾，兼能去食。"（唐·无明氏《薛昭传》）

（46）非唯福利千千亿，兼使灾消万万垓。（《妙法莲华经讲经文》）

（47）厚赂其戎王左右及献马虏主，万全必归；非惟速归，兼恐厚得回礼。（张齐贤《洛阳搢绅旧闻记·李少师贤妻》）

（48）匪唯徇行役，兼得慰晨昏。（张九龄《奉使自蓝田玉山南行》诗）

（49）匪惟导水水有宅，兼丰物产饶生滋。（清·孙灏《汴城开渠浚壕纪事》诗）

（50）今若不劳兵甲望风自降者，非直处卿富贵，兼还其妇儿。（《魏书·刘休宾传》）

（51）非直入游宫，兼期植灵苑。（萧纲《枣下何纂纂》诗）

丙，"岂徒……兼……"类句式。

"岂徒"、"岂独"等在前一分句以诘问的方式表示让步，与后一分句的连词"兼"组成表示进层关系的句式结构。

（52）岂独年相迫，兼为病所侵。（白居易《自叹》诗）

（53）岂徒任遇重，兼尔宴锡繁。（张九龄《奉和圣制赐诸州刺史以题座右》诗）

（54）岂徒畅肢体，兼欲遗耳目。（白居易《春日闲居三首》之一）

（55）岂唯身所得，兼示心无事。（白居易《早热》诗）

（56）岂惟丘中赏，兼得清烦襟。（常建《张山人弹琴》诗）

（57）岂止形骸同土木，兼将寿夭任乾坤。（白居易《重题》诗）

这种句式使用的时间范围要狭窄得多。

我们从上面的叙述中看到，连词"兼"与前一分句表示让步的连词相配合，构成表示进层关系的复合句，从晋代（如《抱朴子》）到清代（如《镜花缘》），都能见到它的使用。从复合句中，可以进一步认识"兼"的进层连词的语法特性。

（三）汉语的词汇结构从单音节到多音节发展，这种趋势为众所认同。在多音节中，又以双音节词语为主流。在双音节词语的构成中，不论是实词还是虚词，同义复合（或说同义并列）是极重要的构词形式。当我们探讨进层连词"兼"时，忽视它的同义复合词是不适当的。①

在汉语历史上，诸多双音节词的两个构成成分之间的前后顺序并不是很固定。但我们发现，人们在使用过程中，会形成一种约定俗成的习惯，使我们今天仍能辨别当初人们心目中哪种顺序为主。比如，"兼且"一词，它的逆序则是"且兼"，在使用中明显出前者为主，后者为次。又比如"况兼"，人们不认为它的逆序应当成词并接受它而加以使用，即汉语历史上不存在"兼况"为结构的词形。这里，我们把"兼且"为序的姑且称为正序词，反之称为逆序词。

"兼且"是单音节进层连词"兼"和"且"以同义并列方式复合构成的。它的语法职能如"兼"如"且"，可以连接后一分句，单独使用；也可以连接后一分句，与前一分句表示让步的连词配合使用，都表示进层关系。

"兼且"单独连接后一分句，表示进层关系。例如：

（58）良由心独善，兼且情由放。（南朝梁·王筠《北寺寅上人房望远岫酝前池》诗）

这是我们目前所见到的最早用例。但是我们尚未得到唐人的用例。

（59）若说道我底学问如此，你的不是，必为人所攻，兼且所谓学问者，自承当不住。（陆九渊《语录》下）

（60）律令之有难解者，就文训释；格勒之有繁杂者，随事删除。止要谐理省文，兼且直书易会。（《旧五代史·刑法志》）

---

①　这里说的同义复合词，是指构成成分中以"兼"在前列的，以及它的逆序词。例如"兼且"及其逆序词"且兼"，"况兼"、"又兼"之类不在此例。

（61）那个书呆被我一阵胡闹，弄得他无法可施，兼且把婚书扯碎，口
　　　说无凭。（《忠烈全传》十七回）

（62）华老爷家这位小姐才一十六岁，生得如花似玉，兼且知书识字。
　　　（《人中画·风流配》一回）

（63）庞毅深悉秦封形势，兼且武艺超群。（《荡寇志》一二三回）

（64）但我听说铜烟厉害，不能遮藏；兼且铜臭薰人，恐四邻不依闹出
　　　事来。（《歧路灯》七六回）

（65）（苟才）觉得住在省里没甚趣味，兼且得了个怔忡之症……便带
　　　了全眷，来到上海。（《二十年目睹之怪现状》九五回）

"兼且"连接后一分句，与前一分句表示让步的连词配合使用，表示进
层关系。例如：

（66）今宜分割十余州，令食颗盐，不唯辇运省力，兼且少人犯禁。
　　　（《旧五代史·食货志》）

（67）应付稍缓，辄将官吏高悬痛箠，不徒索夫，兼且求贿。（《典故纪
　　　闻》卷十四）

（68）夫人顾氏，乃是吴县第一个大族。不惟容止端丽，兼且性格柔
　　　婉。（《醒世恒言》卷二六）

（69）这仇断难复的了；不但不能复仇，兼且要去陪礼。（《飞龙全传》
　　　三七回）

（70）不独金翠萦目，兼且那个长尾排着许多圆纹，陡然或红或黄，变
　　　出无穷颜色。（《镜花缘》二十回）

由于汉语历史上部分词语的词序具有某种不稳定性（或者说可逆性），
而且逆序构成的词，其词汇意义与语法意义不变。如"兼且"的逆序是
"且兼"①。例如：

（71）以臣愚昧，细思吴王张士诚，他与朱家久是不共之仇，且兼三吴
　　　粮多将众。（《英烈传》三四回）

（72）从天降下这们一个妗子，不惟报了大姑子的仇，且兼泄了众人的
　　　恨。（《醒世姻缘传》六十回）

（73）无奈外祖母执意要他去，且兼如海说："汝父年将半百，再无续
　　　室之意……"黛玉听了，方洒泪拜别。（《红楼梦》三回）

总的说，逆序词的使用频率一般不太高，在使用的习惯上居次要地位。

---

① 下面所举"且兼"例，都见于明、清。《魏书·废出三帝纪·前废帝广陵王》："尔朱世隆
等……以王潜默晦身，有过人之量，将谋废立，恐实不语，乃令王所亲申其意，且兼迫胁。王遂答
曰：'天何言哉！'世隆等大悦。"此"且兼"在疑似之间，姑备此。

与"兼且"具有同样构成和语法职能的，还有：

兼乃

（74）岂直暴盖露冕，不避寒暑，兼乃戢屦杖策，风雨必至。（《建康实录》卷十七高祖武皇帝）

（75）不唯禳却万般灾，兼乃蠲除千户难。（敦煌词《十二时·普劝四众依教修行》）

（76）不唯弄影，兼乃怖头。（《景德传灯录》卷二六温州雁荡山愿齐禅师）

（77）律师不唯落空，兼乃错会名言。（《五灯会元》卷三大珠慧海禅师）

"兼乃"一词，未见逆序。

兼亦

（78）非独力屈道穷，亦将无路还蜀，兼亦挟子垂翅，俱在笼樊。（北齐·杜弼《檄梁文》）

（79）不惟怀稻梁，兼亦竞腥膻。（白居易《感鹤》诗）

（80）岂惟欢陇亩，兼亦外形骸。（护国《题王班水亭》诗）

（81）非唯取笑于旁人，兼亦自添于惭悚。（《维摩诘经讲经文》）

（82）解义理，若一向靠书册，何由得居之安、资之深，不惟自失，兼亦误人。（《二程遗书》卷十五）

（83）东莱作《江西宗派图》……其图则真非有诠次，若有诠次，则不应如此紊乱，兼亦有漏落。（宋·曾季貍《艇斋诗话》）

它的逆序是"亦兼"。例如：

（84）至如孔颖达、赵弘智等，非惟宿德鸿儒，亦兼达政要。（《旧唐书·张玄素传》）

（85）非但耳聋，亦兼眼暗。（《景德传灯录》卷二十一福州白龙道希禅师）

我们从其中可以看到，逆序复合的形式，不改变原有的语法职能，不形成新的词义，但从历史的角度，我们应当把它们当作一个词看待，是客观存在。

通观表示进层关系的连词"兼"在汉语历史上的使用情况，可以看到如下几个与发展和变迁有关的现象：

1. 单用"兼"连接后一分句，以表示进层关系的句式始自于晋，宋代已经不多见了。

2. 连接后一分句的"兼",与用于前一分句的"非唯"、"不独"等相配合构成表示进层关系的句式,较早的用例见于晋及六朝后期,如前引(39)《抱朴子》,(51)萧纲诗例。进层连词"兼"借助于这一句式延续使用到明清期间。

3. 进层连词"兼"及其所构成的句式,通常都是连接分句的。但有时表示进层关系可以当作一个格式在一个句子里出现,而并非连接分句。例如:

(86)更倾一尊歌一曲,不独忘世兼忘身。(白居易《诏下》诗)

(87)吴中众史今代画,不独画人兼画马。(宋·谢翱《赠写照唐子良》诗)

(88)一条拄杖粗梆藜,不但登山兼打狗。(《古尊宿语录》卷十四"赵州真际语录之余·十二时歌")

偶尔能见到"兼"单独在句中连接词语表示进层关系的。如:

(89)文山酷死兼无后,天道何曾识佞忠。(《古今小说》卷三二)

与前述相比,区别在于,这些"兼"连接的是短语而不是句子。格式与句式之间,只是紧缩与舒张的不同,从词汇、语法角度说,没有本质的差别。

第九节 进层连词"仍"

进层连词"仍",在汉语史上并不像"并"、"况"、"且"为人们所熟悉;甚至不如"兼"那样,人们还稍有接触。本节就对进层连词"仍"的认识及其使用作简要的叙述。

(一)我们首先要解决的,是如何确认"仍"是个进层连词。我们拟从词汇意义、语法意义两个方面,分别加以扼要的阐述。

甲,从词汇的角度,寻求它在使用上的意义。

1. 与进层连词"且"对偶使用。

(1)越国强仍大,稽城高且孤。(白居易《和微之春日投简阳明洞天五十韵》)

(2)袁安辞气忠仍恳,吴汉精诚直且专。(徐铉《奉和宫傅相公怀旧见寄四十韵》)

(3)浯石高仍瘦,愚溪绀且寒。(杨万里《送彭元忠司户》诗)

这几例中的"仍",与"且"对偶使用,连接形容词,表示后者在词义上有进层关系。"强仍大",意谓不但强,而且大。

2. 构词关系。

虚词与实词一样，单音节词往往能以同义复合的形式构成多音节词。我们通过这种方式构成的词，借以了解其中构成成分"仍"应有的词汇意义。

仍更

(4) 何为夺他宅舍，仍更打他损伤。（《燕子赋》）

(5) 岂惟自玷，仍更辱先，无论曲直，俱受嗤毁。（《旧唐书·姚崇传》）

(6) 不惟桑贱谷芃芃，仍更苎麻无节菜无虫。（范成大《照田蚕行》）

仍兼

(7) 彤云滕根蒂，绛帻欠缨緌。况有晴风度，仍兼宿露垂。（白居易《草词毕遇芍药初开因咏"小谢红药当阶翻"诗以为一句未尽其状偶成十六韵》）

仍且

(8) 去岁冬至日，拜我立我旁。祝尔愿尔贵，仍且寿命长。（杜牧《冬至日寄小姪阿宜诗》）

(9) 到理会不得处，便当"濯去旧见，以来新意"，仍且只就本文看之。（《朱子语类》卷十一）

仍亦

(10) 厌恶虽自知，剖割且谁肯？不唯羞把镜，仍亦愁吊影。（梅尧臣《和王仲仪咏瘿二十韵》诗）

"更"、"且"、"亦"都有进层义，与之复合的"仍"亦具有进层义。这些词，与"更兼"、"更且"、"更亦"、"更又"的构词性质是一致的。

乙，在语法意义方面，与表示让步的连词相配合，构成表示进层关系的格式或句式。

1. 连接词语，构成表示进层关系的格式。

(11) 曹溪过了过岑岭，不惟山粗石仍犷。（杨万里《过乌沙望大唐石峰》诗）

2. 连接后一分句，构成表示进层关系的复合句式。

对进层连词而言，以"不但……而且……"形式相配的复合句式，为大家所熟悉。从汉语史的角度说，这是历史发展变化在现代汉语中固定下来的句式。这类句式，在历史上虽然显得很纷繁，如我们在"兼"那一节所描写到的那样，但表达的语意是相同的，都可以在识别进层连词"仍"时用来当作参照。例如：

"不独……仍……"句式

（12）不独体轻健，目明仍耳聪。（欧阳修《乞药有感呈梅圣俞》诗）

（13）为守之计，不独大启诸门，仍于两门之间更开三两门，使周围有门数十座齐开。（《三朝北盟会编》卷一三九）

"非唯……仍……"句式

（14）非唯韵出箫竽上，仍是音参律吕谐。（宋·周彦质《宫词一百首》之八十四）

以上数例，不论是诗还是文，都是陈述语气。

"岂独……仍……"句式

（15）但欲愚者悦，不思贤者嗤。岂独贤者嗤，仍传后代疑。（白居易《立碑》诗）

（16）岂独好风土，仍多旧亲戚。出去恣欢游，归来聊燕息。（白居易《寒食》诗）

我们从词汇意义和语法意义两个方面，以图说明"仍"在历史上，犹如"兼"也具有进层连词的语法职能。但是，"仍"在这一语法意义上，不如"兼"的使用频率高，特别是复合句式极少使用。惟其如此，或许不容易引起人们的注意；随之而来的相关问题，就是在阅读文籍中对"仍"的进层连词职能识别颇为费事。尽管如此，在有了上面的陈述之后，已足以确定"仍"的进层连词语法职能的历史存在。

（二）我们通过上面的叙述，确认"仍"在汉语历史上曾经具有进层连词的语法职能。然而，历史文献也告诉我们，"不独……仍……"这类进层连词标识性的句式，实在太少了。尽管如此，有了前面的叙述，我们就有了一个审读的基础，进行研究的前提。后面主要通过用例说明它在历史上的使用情况。在这些用例中，"仍"可释读为"并"、"且"或"又"。

（17）合手药法。取猪胰一具，合蒿叶于好酒中，痛接使汁甚滑。白桃人二七枚，以绵裹丁香、藿香、甘松、香橘核十颗，著胰汁中，仍浸置，勿出瓷，贮之。（《齐民要术》卷五"种红蓝花栀子"）

这是讲述制作擦手药的方法。按文意，把香料包裹好，置于胰汁中，并且浸泡着，贮存在容器中，随时取用。

（18）宣帝责御史中丞王政以不举奏，免政官，又黜其典签、亲事，仍加鞭捶。（《南史·陈宗室诸王传·始兴王》）

此例有了表示积累的"又"，因而"仍"的进层义更加突出。

（19）十二月甲申，车裂玄感弟朝请大夫积善及党与十余人，仍焚而扬之。（《隋书·炀帝纪》下）

（20）不经旬，害于狱中致死。家人收而葬之，仍以纸笔安墓中。（稗海本《搜神记》卷二）。

例（20）故事说长安令段孝直遭雍州刺史梁纬陷害，自料难免一死，使人告诉其妻："但将取纸三百张，笔十管，墨五挺，安我墓里，我自申理。"这才有收尸埋葬与墓中安放纸笔两件事相关联而发生。故事后文云："帝敕下，将梁纬往孝直墓所斩而祭之，仍追赠尚书郎，守长安令。"此"仍"亦表示进层。

（21）十二年春，有诏补尚书十数公为郡守。上亲赋诗觞群公，宴于蓬莱前殿，仍赠以缯帛，宠饩加等。（岑参《送颜平原》诗序）

（22）吾观费子毛骨奇，广眉大口仍赤髭。（岑参《送费子归武昌》诗）

（23）知君爱鸣琴，仍好千里马。（高适《同鲜于洛阳于毕员外宅观画马歌》）

（24）巨堪朋类多，沸耳作惊爆。端能败笙磬，仍工乱学校。（韩愈《答柳柳州食虾蟆》诗）

（25）令狐相公见示赠竹二十韵，仍命继和。（刘禹锡　诗题）

（26）自到郡斋，仅经旬日，方专公务，未及宴游，偷闲走笔题二十四韵，兼寄常州贾舍人、湖州崔郎中，仍呈吴中诸客。（白居易诗题）

（27）岁余，有道士至，甚年少。巫询之，道士教以食猪肉，仍吃血。（《太平广记》卷七二"杜巫"）按，原注出《玄怪录》。

杜巫尚书年少未达时，曾于长白山遇道士，贻丹一丸，让他服了。此后不思饮食，体健无疾。后任商州刺史，想着还要做太守，恐怕有不良影响，于是想去除所服丹丸。他遵从道士的提示，"食猪肉，仍吃血"，结果吐出丹丸，被道士收走，后悔不迭。

（28）汝能度两子为僧，家中钱物衣服，尽用施寺；仍合家素飱，堂前设道场，请名僧，昼夜诵经礼忏，可延百日之命。（《太平广记》卷一二六"曹惟思"）按，原注出《耳目记》。

（29）卢奂累任大郡……或有无良恶迹之人，必行严断，仍以所犯之罪，刻石立本人门首，再犯处于极刑。（《开元天宝遗事》卷上"记恶碑"）

（30）尝与一秀士同舟，泛江湖中，将欲登路，同船客有驴，瘦劣尾仍偏，不调子坚劝秀士市之。（《玉堂闲话·不调子》）

以上是唐五代的若干用例。如果以直观的角度看，宋代是进层连词"仍"使用频率最高的历史时期。我们可从各类语料中列举若干用例。

（31）自今已后，造伪头首者斩，仍没一房资财。（《旧唐书·睿宗纪》）

（32）浑公儿决脊杖二十，仍销在身职衔，配流登州。（《旧五代史·唐宗纪》五）

（33）帝忆其早惠，召讲《老子》，有法，得待诏翰林，仍供奉东宫，皇太子遇之厚。（《新唐书·李泌传》）

（34）应诸道、州、府、军监管内旷土，并许民请佃，便为永业，仍与免三年租税。（《宋大诏令集》卷一八二"募民耕旷土诏"）

（35）立状时，雍等恐惧，不敢填写邦昌姓名，而（宋）齐愈奋然执笔，大书"张邦昌"三字，仍自持其状以示，其四壁无不惊骇。（《三朝北盟会编》卷一十一）

以上数例见于史书或史料。

（36）（董）昌得之大喜，因夸曰："天命早已归我。我为天子矣。"乃赠老人百缯，仍免其征赋。（《稽神录》卷一"董昌"）

（37）馆阁新书净本有误书处，以雌黄涂之……唯雌黄一漫则灭，仍久而不脱。（《梦溪笔谈》卷一"故事"）

（38）龙舟为杨玄感所烧，后勅扬州刺史再造，制度又华丽，仍长广于前舟。（《青琐高议》后集卷五"隋炀帝海山记下"）

（39）王文正公性俭约，初无姬侍。其家以二直省官治钱，上使内东门司呼二人者，责限为相公买妾，仍赐银三千两。（《龙川别志》卷上）

（40）文潞公任成都府日，米价腾贵，因就诸城门相近寺院凡十八处，减价粜卖，仍不限其数，张榜通衢。（《东斋记事》卷四）

（41）俄有黄门于洞穴采得怪石，有类羊形，以为异而献之。上曰："此是坟墓中物，何用献为？"命碎其石，仍杖其黄门逐之。（《邵氏闻见录》卷七）

（42）皇太后、皇后出乘者谓之舆……仪仗与驾出相似而少，仍无驾头警蹕耳。（《东京梦华录》卷四"皇后出乘舆"）

（43）吾亦无药与汝，但日日买好梨一颗，如生梨已尽，则取干者泡汤饮之，仍食其滓，此疾当自平。（《夷坚支志》景集卷八"茅山道士"）

以上是宋人笔记中的部分用例。

（44）梁开平二年玄沙将示灭，闽帅王氏遣子至问疾，仍请密示"继踵说法者谁乎？"（《景德传灯录》卷二十一福州安国慧球禅师）

（45）神龙二年，中宗赐紫袈裟，度弟子二十七人，仍延入禁中供养。（《五灯会元》卷二嵩岳慧安国师）

（46）大凡看书，要看了又看，逐段、逐句、逐字理会，仍参诸解、传，说教通透，使道理与自家心相肯，方得。（《朱子语类》卷十）

（47）往事输他范蠡。泛扁舟、仍携佳丽。毫端幻出，淡妆浓抹，可人风味。（杨无咎《水龙吟·赵祖文画西湖图名曰总相宜》词）

我们从对资料的综合观察中可以看到，进层连词"仍"的使用覆盖面较宽，但频率较高的是笔记类的资料。我们有理由推测，它是唐、宋时期书面语的一个常用词。

（三）元、明、清时代，无疑是进层连词"仍"处于逐渐消减的过程之中。一方面，书面语系统的文献里仍然继续沿用着，例如：

（48）方跪拜间，神座下忽有一大蛇出……绞其身，仍以头对其面而舐之。（《湖海新闻夷坚续志》前集卷一"悖逆不孝"）

（49）贼欲移其心，乃盛陈金玉珠玑，仍用锦绣衣服被节妇身，节妇裂碎之。（《辍耕录》卷二七"刘节妇"）

（50）（太祖）即解裘帽，遣中黄门驰赐全斌，仍谕诸将以不遍及也。（《宋史·王全斌传》）

（51）如有违犯，体察得知，或人首告，取问是实，照依违背圣旨断罪，仍标私罪过名，终身废黜所贵。（《元典章》卷六"台纲二·体察"）

（52）今后再不得似前侵占，如违，即便将侵街垣墙房屋拆毁，仍将犯人断罪。（《通制条格》卷二七"侵占官街"）

（53）候刑毕，（高三）亲以舌吮其血，仍用丝连其首领，买棺敛之，遂缢而死。（《寓圃杂记》卷六"娼女高三"）

（54）法师以朱符二道授之，令其一置于门，一置于榻，仍戒不得再往湖心寺。（《剪灯新话》卷二"牡丹灯记"）

另一方面，在早期的白话小说中也能见到部分用例，但相对于书面语文献而言，其使用的频率已是有限。下面举若干用例：

（55）元王遂赠已死伯桃为中大夫，仍差人跟随角哀车骑同去敕葬。（《羊角哀死战荆轲》）

（56）知远见郭威是慷慨丈夫，唤将二斗酒，仍将熟豚蹄一只，与他按酒。（《五代史平话·周史》卷上）

（57）其立于白旗下者，尽皆赏赐，仍令还许都。（《三国演义》六九

回）

（58）次日，宋江又令萧让写了告示，差人四散去贴，晓示临近州郡乡镇村坊，各各报知。仍请诸人到山，买市十日。（《水浒传》八二回）

（59）赶早儿送还我师父、师弟、白马、行囊，仍打发我些盘缠，往西走路。（《西游记》三四回）

（60）今着改授弘文馆学士，兼河陇节度使，仍赐绯鱼金袋。（《燕子笺》四二出）

（61）只苦了田尔耕吃苦，打了几次，要追出四百两赃银，仍解回原籍。（《梼杌闲评》十一回）

（62）圣旨下，沈錬忠而获罪，准复原官，仍进一级，以旌其直。（《古今小说》卷四十）

（63）午后命人把他兄弟找得来，看他身上过于蓝缕，给了他几两银子，仍叫李五领去买几件衣服给他穿（《老残游记》十七回）

以上明、清用例都很通俗。由于语言历史的变迁，唐、宋时期书面语的连词"仍"，就算它是常用词，到这时也不大可能是口语成分，但人们还能懂得。因此，明、清时期白话小说中能见到它的使用，这也是语言发展变化的一种自然延续。

我们前面对进层连词"仍"的叙述中，可以看到这样的史实：1. 作为进层连词的标识性句式——"不独……仍……"——尽管使用得很少，且仅见于唐、宋间。2. 有限的同义复合词——"仍更"、"仍且"等——都出现在唐、宋期间。根据这些历史现象，我们可以推知，"仍"在唐、宋间应当是个常用词，或者说是书面上的。宋、元以后，这些复音词汇、构成复合句的语法现象则难以见到，显得进层连词"仍"是以单音节使用为特点的一个词。果真如此，那么，它之所以消失，是很符合汉语发展变化的事情。

第十节　假设连词"若还"

"若还"（还，音［huan］），是在近代汉语时期兴起并消失的一个假设连词，曾被广泛地使用，是一个很口语化的词儿。这一节探讨它的发生、发展的历史过程及"若还"的构成等相关问题。

（一）"若还"是一个假设连词，用于前一分句，表示假设条件。从我们现在所掌握到的资料，较早的用例见于唐代。例如：

（1）倖门如鼠穴，也须留一个。若还都塞了，好处却穿破。（王梵志"倖门如鼠穴"诗）

王梵志生活于开元二十七年之前，是个民间歌手，或者说通俗诗人。或许这个词儿太口语化了，也就是忒俗了，所以讲究炼字的唐代诗人们，大概不喜欢用以入诗，在现存唐诗里很难读到"若还"的用例。直到唐朝末年，才见到仙道诗人吕岩等在诗词中使用：

（2）报贤良，休慕顾，性命机关须守护。若还缺一不芳菲，执著波查应失路。（吕岩《敲爻歌》）

吕岩的诗词，跟王梵志有共同之处，就是通俗。

（3）出军日，龙现众人惊。急命帅回休强进，若还坚执向前营，枉损马和兵。（易静《兵要望江南·占怪象》词）

此外，还有"若还交战血成坑，坚守我军营。"（《占蛇》词）"若还无病主兵回，移寨免灾危。"（《占兽》词）等例。词作者为唐时人，有《兵要望江南》词一卷。

（4）其中撚破相思字，却恐郎疑踪不似。若还猜妾倩人书，误了平生多少事。（后蜀·许岷《木兰花》词）

从上面的用例可知，唐五代时期，我们可以在通俗的诗词中看到为数不多的用例。进入宋代，我们所能接触到的用例就多了些，而且使用的范围也宽广些，不局限于诗词。例如：

（5）今若还李芃河阳以援东都，李怀光解襄阳之围，专以太原、泽、潞兵抗山东，则梁、宋安。（《新唐书·陆贽传》）

（6）若还常敬，则到佛殿庙宇，亦只如此。（《二程遗书》卷十九）

（7）诗若还以乐天知命处之，则一时都无事，其中也有君子情意不到处。（《二程外书》卷一"朱公掞录拾遗"）

《二程外书》，是朱熹编辑《二程遗书》之后拾遗性的一本语录。

（8）底事先生诏不出？若还出世没般人。（《青琐高议》前集卷八"希夷先生传"）

某学士讥讽刘希夷累诏不起。

（9）千言万语，只是说这个道理。若还一日不扶持，便倒了。（《朱子语类》卷十七）

（10）好个因缘，且恁高眠。若还得起，振动坤乾。（《夷坚三志》己集卷六"半山两道人"）

（11）词罢，张时曰："若还醉倒，则不能伴君矣。"坐客与福娘皆大笑。（《醉翁谈录》癸集卷二"张时与福娘再会"）

我们在宋人的诗词作品中看到较多的用例。如：

（12）鱼兔若还入手，自然忘却筌蹄。（张伯端《西江月》十二首之九）

（13）若还不是、前生注定，甚得许多摧挫。（晁端礼《柳初新》词）

（14）赖得相逢，若还虚过，生世不足。（《周邦彦《玉团儿》词）

（15）若还真个肯收心，厮守著、快活一世。（石孝友《夜行船》词）

（16）无雨若还过半夏，和师晒作葫芦巴。（陈亚《赠祈雨僧》诗句）

（17）若还阆郡春风暖，便拟移家占籍居。（刘克庄《武冈叶使君寄诗次韵二首》之一）

我们的引例，涵盖了史书、语录、笔记、诗词等，可见"若还"一词在宋代的使用已有相当的广度。此外，在宋元戏曲中广为使用。例如：

（18）若还转去李大公家，又成厉害！（《张协状元》十出）

（19）此贵宝，劳觑着。若还金印有失挫，怎向并州做经略。（《刘知远诸宫调》第十一〔麻婆子〕）

（20）这回且担免，若还再犯后，孩儿多应没诉休。（《董解元西厢记》卷四〔绣带儿〕）

（21）若还俺娘知咱这暗私奔倒毒似那倒宅计，若还您爷见你这诸宫调更狠如那唱挽歌，你脖项上新开锁。（《紫云亭》三折〔耍孩儿〕）

（22）若还来此相亲傍，怕不就形消骨化，命丧身亡。（《玉镜台》一折〔幺篇〕）

（23）我若还招得个风流女婿，怎肯教费工夫学画远山眉。（《墙头马上》一折〔混江龙〕）

（24）若还放得伊家去，恐把我每连累。（《宦门子弟错立身》六出〔玉交枝〕）

以上引例，都见于曲词。部分元杂剧中宾白的用例（包括上场诗、下场诗），很可能是明人东西了。例如：

（25）你若还不肯呵，我如今一不做二不休，挤的打死你也。（《秋胡戏妻》三折）

（26）（孤诗云）我做官人只爱钞，再不问他原被告。上司若还刷卷来，厅上打的狗也叫。（《救孝子》三折）

（27）妈妈若还做的姑老成，怕道你家没得绵花褥！（《对玉梳》一折）

至于明代，白话小说是我们研究资料的主要依据。它是从宋元话本继承下来的。宋元话本的用例如：

（28）我妻却在这里，我若还去告官，几时取得！（《杨温拦路虎传》）

（29）束着脚，拳着腿，合着眼儿闭着嘴。若还蹬着我些儿，那时你就是个死。（《快嘴李翠莲记》）

（30）若还作恶无报应，天下凶徒人吃人。（《错认尸》）

（31）您若信从，便教您享用快活；若还不肯，您可将身出去。（《五代史平话·汉史》卷上）

在明人小说中，"若还"这一假设连词的使用，可以用"普遍"来形容。例如《水浒传》，就很常见。

（32）若还定要我这匹马时，着他即便退军，我便送来还他。（《水浒传》六八回）

同回还有"若还与了他，必然翻变。""我那曾升当在那里，若还翻变，必然被他杀害。""若还兄长推让别人，洒家们各自都散！"等。

此外，我们在明人的许多作品中都能读到它的用例。如：

（33）若还变得金银时，我三口儿依然富贵。（《三遂平妖传》三回）

（34）若还得了好处，决不忘你指引之恩。（《西游记》一回）

（35）我若还不生擒于你，万剑剐尸，我誓不回还！（《西洋记通俗演义》三七回）

（36）若还敢来应我的，做这条老性命结识他。（《古今小说》卷三）

（37）若还不遇有心人，沉埋数载谁相问？（《二刻拍案惊奇》卷四）

（38）尊兄倘不见责，权借一步，某有实情告诉；若还嗔怪，某不敢言。（《冯玉梅团圆》）

（39）若还日逐锦衣玉食，必要大费钱财，又非算计。（《石点头》卷八）

（40）陈、王二贼足智多谋，若还与战，一挫锐气，后便难振。（《醉醒石》二回）

（41）若还不是我，打他个搅海翻江，我才回来。（《封神演义》十三回）

（42）那高氏，你要实说！若还偏向，我这挦子是不容情的。（《醒世姻缘传》十回）

事实证明，"若还"在当时是个相当常用的词儿。除了小说，还有民歌和戏曲同样能见到它的用例。例如：

（43）若还成就了，磕你一万个头。（《挂枝儿》卷一"自矢"）

（44）今日里若还苦逼分鸳侣，宁死在黄泉做怨鬼。（《焚香记》八出〔好姐姐〕）

虽然清初已经是"若还"使用历史的末期,我们仍然可以看到一些用例。例如:

(45) 若还不送买路钱,一刀一个草里卧。(《飞龙全传》四回)

(46) 刘小姐虽病,若还可商议计策,何不先去问他一声?(《荡寇志》一一三回)

(47) 好姐姐,你要生气,只管在这里生罢,见了老太太、太太,可放和气些;若还这样,你就又捱骂了。(《红楼梦》三五回)

(48) 我想他只用八百兵丁,便杀败了十万人马,擒了番邦元帅。若还论功,必定职居吾上。(《说岳全传》二三回)

(49) 若还与他知道,老身这一世,怎么被他批评得了?(李渔《风筝误》二一出)

(50) 报道高公公已到,催办工程紧急。若还误了些儿,怕此头要短一尺。(《长生殿》四二出)

从前面的叙述可知,假设连词"若还"从唐代王梵志为始,一直使用到清初。清代小说如《儿女英雄传》、《济公全传》等往后,再未发现"若还"的用例。

(二) 在"若还"这个双音节词中,"若"是很古老的假设连词;唯有"还",仍有进一步探求的必要。张相先生是首先注意到"还"的这一用法的。他在《诗词曲语辞汇释》卷一"还"条,就已引用到韩愈《送文畅师北游》诗:"僧还相访来,山药煮可掘"一例。他释"还"为"如其",是很准确的。接着他列举了宋、元时期的许多例证。张先生的识别,对后来者起到很好的指引作用。但张先生始终未提及"若还"。

从宏观上看,作为假设连词的"还",在唐代已经是使用开了的一个词,所以能有同义复合词"若还"之形成与使用。下面我们来看一下假设连词"还"在唐代的使用。

(51) 次到知礼,厉声叫曰:"向者贼退,并知礼之力,还被王杀,无以励后。"王遂释放不管束。(《太平广记》卷一三二"李知礼")按,原注出《冥报记》。

例(51)中"还被王杀",即若被王杀害。《冥报记》作者唐临,《旧唐书》卷八五有传。其中传云:"显庆四年,坐事贬为潮州刺史,卒官,年六十。所撰《冥报记》二卷,大行于世。"显庆,是唐高宗的第二个年号。显庆四年,是公元660年,距唐朝立国仅42年。如此,则《冥报记》的成书年代,不应晚于显庆四年。也就是说,表示假设的连词"还",于公元七世纪六十年代之前,已经在使用了。

（52）山泉两处晚，花柳一园春。还持千日醉，共作百年人。（王勃《春园》诗）

（53）亲还同席坐，知卑莫上头。忽然人责怪，可不众中羞。（王梵志"亲还同席坐"诗）

（54）还惜诗酒别，深为江海言。明朝广陵道，独忆此倾樽。（李白《之广陵宿常二南郭幽居》诗）

（55）生还应有分，西笑问长安。（白居易《自江州司马授忠州刺史仰荷圣泽聊书鄙诚》诗）

（56）红袖垂寂寞，眉黛敛衣稀。还向长陵去，今宵归不归？（杜牧《闺情》诗）

（57）还解知道贡明主，多少龙神送过来。（《长兴四年中兴殿应圣节讲经文》）

（58）如是等见，皆是苦身心故，还招苦果，不如无事，纯一无杂。（《镇州临济慧照禅师语录》）

（59）世有一等愚，茫茫恰似驴。还解人言语，贪婬状若猪。（寒山"世有一等愚"诗）

以上是唐五代的用例。唐人的用例，有些稍显难解，宋代的例子似乎就通俗多了。例如：

（60）更问假如，事还成后，乱了云鬟，被娘猜破。（欧阳修《醉蓬莱》词）

（61）玉佩丁东别后。怅佳期、参差难又。名缰利锁，天还知道，和天也瘦。（秦观《水龙吟》词）

《二程外书》卷十二有云："一日，（伊川）偶见秦少游，问：'天若知也，和天瘦'，是公词否？"

（62）梦也而今难得近。伊还知道，为伊成病，便死也、谁能问。（向滈《青玉案》词）

（63）春还自省，把融和事，长留芳昼人间世，与羁臣、恨妾销离恻。（徐宝之《莺啼序》词）

（64）奴还不得大公厮提携，如何过得一个时辰！（《张协状元》六出）

资料显示，《张协状元》与别的文籍相比，有特别高的使用频率。例如："它还是把奴辜，实是记不得苦。"（三三出［亭前柳］）"还有官员往来，俚自不妨；还有村夫并妇人，不得放入。"（三四出）"还是卖珠婆、牙婆、看生婆，不要它来。"（三五出）等。在金、元、明的诸多文籍中，都不同程度地使用这个意义的"还"。例如：

（65）已曾携去献高真，人还服了无衰朽。（金·王处一《踏云行·咏
　　　铁查山石芝》词）

（66）君还省悟。弃捨冤亲寻出路。（金·侯善渊《减字木兰花》词）

（67）贪喜欢，失计度，腰间金印他夺却，还博换了麻糖怎奈何！（《刘
　　　知远诸宫调》第十二〔要孩儿〕）

（68）我眼巴巴的盼今宵。还二更左右不来到，您且听着，隄防墙上杏
　　　花摇。（《董解元西厢记》卷五〔朝天急·尾〕）

（69）楚国天臣还见呵，其实也难收敛，怎求和？（《气英布》一折
　　　〔玉花秋〕）

（70）敢是这秀才死了；还不死哩，等我扶起他来，送出山门去。（《留
　　　鞋记》二折）

（71）我还是李瓶儿时，叫你活埋我！（《金瓶梅》七五回）

（72）他还地上拾得一文钱，把来磨作镜儿，捍做磬儿，掐做锯儿，叫
　　　声"我儿"，做个嘴儿，放入篮儿。（《古今小说》卷三六）

（73）正是征战之秋，不免整点戎阵，演习武艺，期日分道南侵，还定
　　　中原，多少是好！（《香囊记》十五出）

　　我们要指出的是，当"若还"在明人小说中使用得正活跃的时候，
"还"的用例却不那么容易见到了。显而易见的原因之一，是"若还"的兴
起和使用，对它起到了一定的抑制作用，以至于逐渐消失。到了清代，能偶
现于文人笔下。如：近有燕北闲人所撰《正法眼藏五十三参》一书，厥旨
颇不谬是，特惜语近齐东之野。还以质之吾子，子其云何？（《儿女英雄传》
观鉴我斋甫序）

　　（三）我们曾经指出过，"若还"是个同义复合词。理论上说，"还"
既然能与"若"复合成词，当然也可以跟别的同义单音节词结合成复合词。
在汉语历史上，也确实存在过一个与"若还"结构相同的同义词——"如
还"。它与"若还"一样，连接前一分句，表示假设条件。例如：

（74）俺两个如还厮撞见，使不着巧语花言。（《任风子》一折〔赚
　　　煞〕）

　　例（74）出自《元刊杂剧三十种》本。臧晋叔编《元曲选》本作"若
还"。

（75）如还脱了这门亲，我几时到得昭阳殿？（《刘知远诸宫调》第一
　　　〔柳青娘·尾〕）

（76）如还抵死的着言支对，教你手托着东墙我直打到肯。（《董解元西
　　　厢记》卷六〔牧羊关·尾〕）

（77） 凭着我肠撑星斗，如还我志遂风雷，立起天子九重龙凤阙，显俺
那将军八面虎狼威。（《博望烧屯》一折［混江龙］）

（78） 这汉灭相自家煞小可，如还我不坏了他，则俺那楚王知倒做了咱
的罪过。（《气英布》一折［天下乐］）

（79） 得手如还入宫宇，一就无毒不丈夫，玉殿珠楼尽交付。（《贬夜
郎》二折［煞尾］）

（80） 宿恩当受。水仙山鬼，月妹花妖，如还得遇，不许干休。会埋伏
未尝泄漏。（曾瑞《青杏子·骋怀》套数）

有关"如还"，我们可以看到有几个特点：它是"若还"的同义词，形
体上或许是受"若还"的影响而出现的，或许只是文人笔下的产物，使用
频率有限；它的使用的时间范围小，仅限于金、元间短期间之内；使用的空
间范围窄狭，仅限于戏曲和散曲。因此，当"若还"使用最为频繁的明代，
我们尚未见到"如还"的用例。

本节是以假设连词"还［huan］"以及它作为构词成分进行探讨的。在
双音节词的架构中，"还"始终处于第二个音节的位置。与假设连词"如"、
"若"相比较，显然"还"的构词能力要迟钝得多。这一点对它的影响如
何，不得而知。

我们最后要提出的疑问是，元、明间使用那么活跃的"若还"，为什么
很快就消退了呢？我们现在不能提出具有说服力的理由来。重要的原因是，
我们对汉语历史发展过程中词汇的消与长仍缺少规律性的认识。就"若还"
而言，明代以后"还"的"若"义之消失，可能是这一并列复合结构解体
的重要因素。当人们不再认识"还"了，自然就不能把"若还"当作一个
整体看待，也不能再把它当作一个整体来使用。既然不再具备语言交流工具
的作用，随之而来的自然就是消亡的结局。

第十一节　假设连词"必若"

在双音节的假设连词中，大多是同义复合词，"若还"、"必若"都是其
例。我们这里讨论"必若"，不外乎两个因素：1. 在学术界，虽有同仁注意
到"必若"在汉语历史上存在的事实，但仍疏于探究。2. 在众多的假设连
词中间，它的出现比"假如"、"假使"等都要晚，但是比"若还"、"如
果"都要早，然而它的消亡却早得多。这里也只是提出问题，简要讨论，
提出些看法。问题之得到合理的解释，取决于对虚词总体认识的程度。

（一） 我们首先要了解的是"必"的假设义。在汉语历史的研究中，裴

学海先生是较早地提出这一见解的学者。他在《古书虚字集释》卷十"必"条第五项释曰："必"犹"如"也。列举《论语》、《史记》、《战国策》等诸多例证，以较大的篇幅予以论述。其中第一个例证所举异文的例子，极具说服力，这里全文引述于下：

《史记·孟尝君传》："文曰：'必受命于天，君何忧焉？必受命于户，则高其户耳，即高其户，谁能至者？'"《论衡·四讳篇》作"必受命于天，君何忧焉？如受命于户，谁能至者？"《福虚篇》作"如在天，君何忧也？如在户，则宜高其户耳，谁而及之者？"

不同史籍的相关异文说明，"必"犹"如"。裴先生又举出互文用例，同样具有说服力，也引述于下：

《史记·刺客传》："公子光曰：'使以兄弟次邪？季子当立；必以子乎？则光真适嗣，当立。'"

他接着说："必以"即"如以"，与上"使以"同义。也就是说，"必"犹"如"犹"使"，表示假设，言之有据。

其后，张相先生在《诗词曲语辞汇释》卷二"必"条云："必义之为倘为若，自古而然。"列举《论语》、《左传》、《史记》共四个用例。然而张相先生的着眼点在于诗，所举用例除苏轼《玉楼春》词之外，全是唐诗例，并释曰："必，假拟之辞，犹倘也；若也；如也；或也。"

由此可知，正如我们的前辈学者所指出的那样，"必"之具有假设连词的语法功能，有着古远的历史。并且，秦汉之后，代相沿用。我们可列举些魏晋南北朝的例证以加强这种看法。例如：

（1）养生有五难……五者必存，虽心希难老，口诵至言，咀嚼英华，呼吸太阳，不能不回其操，不夭其年也。（嵇康《答向子期难养生论》）

（2）诸父众贤不量小子。必能用嚚言者，乃敢从命。（《后汉书·隗嚣传》）

（3）君必固范，我守东阿，则田单之功可立也。（《三国志·魏书·程昱传》）

（4）必欲崇本康务，庇民济俗，匪更惉懘，奚取九成！（《宋书·谢庄传》）

（5）但成学士，自足为人；必乏天才，勿强操笔。（《颜氏家训·文章篇》）

如果秦汉是假设连词"必"的生成时期，那么，从六朝至隋、唐则是使用、发展的主要时期。例如：

（6）若大王守藩端拱，无所用之；必欲经营四方，非此人莫可。（《贞

观政要·任贤》)

例中"必"、"若"互文，自无疑义。这是房玄龄向唐太宗推荐杜如晦的话，与萧何推荐韩信的话如出一辙：

"王必欲长王关中，无所事信；必欲争天下，非信无所与计事者。"(《史记·淮阴侯列传》)

这些"必"都犹"如"犹"若"。

（7）凡遭疾病，绝粒七日，期限之中，多有痊愈；必未瘳差，方乃饵药。(《大唐西域记》卷二"病死")

（8）隆进曰："陛下若能任臣，臣能平之。"帝曰："必能灭贼，何为不任，顾卿方署何如耳。"(《晋书·马隆传》)

此例问、答，都是假设的口吻，"必"犹"若"。

（9）必有仲宣之才，亦不简其容貌。(《梁书·徐摛传》)

（10）假令羯寇侵蹙，止失荆、湘，在于社稷，可得无虑；必久停留，恐非天意也。(《隋书·艺术传·庾季才》)

例（10）与"假令"互文使用，"必"的假设义甚明。

（11）弟子当死，不敢望荣迁，然千载之炎海，诚不可忍。惟仙师哀之，必免斯难，不敢忘德。(《玄怪录》卷三"叶天师")

（12）裴敬彝父知周，为陈国王典仪，暴卒。敬彝时在长安，忽泣涕谓家人曰："大人必有痛处，吾即不安。今日心痛，手足皆废，事在不测，能不戚乎！"遂急告归，父果已殁。(《大唐新语》卷五"孝行")

处，犹"时"，助假设语气。

（13）必有南游山水兴，汉江平稳好浮杯。(齐己《答无愿上人书》诗)

（14）必能遇士则诚以倨，抚士则弘以恕，是可以长守富贵而无忧危。(《唐摭言》卷十一"怨怒")

这其中，例（13）、例（14）也可以算是五代时期的用例了。我们把这以前直至魏晋六朝看作是假设连词"必"的发展阶段。当然，在宋代，我们仍能举出好些用例来。例如：

（15）必欲为臣明辩，莫若付于狱官；必欲措臣少安，莫若置之闲处，使其脱风波而远去，避陷穽之危机。(欧阳修《滁州谢上表》)

（16）梦中历历来时路，犹在江亭醉歌舞。尊前必有问君人，为道别来心与绪。(苏轼《木兰花令·宿造口闻夜雨寄子由才叔》词)

（17）经数年，灵龟薨。及将葬，其前妃阎氏，嫁不踰年而卒，又无近

族，众议欲不举之，上官氏曰："必神而灵，宁可使孤魂无讬！"（《旧唐书·列女传·上官氏》）

例（17）是说，楚王灵龟死未及葬，妃子阎氏相继而亡。上官氏意为，阎氏之死是灵龟神灵所致，故有是语。于是众人才备礼使之同葬。

(18) 佛性非见。必见水中月，如何攫取？（《景德传灯录》卷七定州柏岩明哲禅师）

(19) 陛下欲用英俊经伦之臣，则臣所不知；必欲图老成，镇静百度，周知天下之良苦，无如陈某者。（《湘山野录》卷中）

(20) 必待媒妁之言，不过得一书生，或一小吏，或富商，或豪子，如是极矣。（《夷坚志补》卷二二"侯将军"）

我们虽然仍列举出这么些例子来，但就"必"而言，宋代已是使用的末期，此后元、明白话的资料中便很难见到它的用例了。偶尔能见到一二例，如：

(21) 所谓倒持干戈，授人以柄，功必不成，反生乱矣。（《三国演义》二回）

这种情况，是语言发展变化过程中常能见到的现象，然而，它再不能形成一种气势，再不能被广泛地接受和应用，从而也再不能形成作为语言发展变化的具有历史性意义的一个阶段。所以我们说，宋代是假设连词"必"使用的末期。

（二）复合词"必若"是由同义的"必"和"若"结合而成的。张相先生曾说："凡云必若，义均同。"但是他似乎不把"必若"当作一个词儿看待，如同对待"若还"一样。他在援引杜甫《送韦讽上阆州录事参军》诗"必若救疮痍，先应去蟊贼"后说："必若，犹云倘若也，必与若皆拟辞。"据此，则又实质上认同"必若"犹同"倘若"。

这里所要讨论的，是"必若"这个词在汉语历史上如何存在的，也就是它的发生、发展及消亡。

就我们现在掌握的资料显示，同义复合而成的"必若"，其最早的用例见于晋代。我们在前面说过，同义复合的两个成分之间，通常都是已然广为使用的成分。"必"与"若"之复合而成词，同样各自已通用了很长的时间，为人们所熟知。

(22) 必若人物皆天地所作，则宜皆好而无恶，悉成而无败，众生无不遂之类，而顷（倾）杨无春彫之悲矣。（《抱朴子·内篇·塞难》）

(23) 王必若见年少则谓之有道，皓首则谓之庸叟，恐非发石采玉、探渊索珠之谓也。(《太平广记》卷八"刘安")按,原注出《神仙传》。

这两个晋代的用例,是目前所见较早的。

(24) 必若虚设市虎,亦可不翘此言;若以此诈民,天下岂患无眼!(《南齐书·张敬儿传》)

(25) 群臣有以臣言为不可,乞使臣廷辩之,则天人之意塞,四海之疑释;必若不然,侥小民之无识耳。(《南齐书·崔慧景传》附偃)

(26) 今玺运已移,天命有在,宜时即尊号。将军必若推而不居,存魏社稷,亦任更择亲贤,共相辅戴。(《魏书·尔朱荣传》)

以上是六朝的几个用例,所见到的用例并不多。应当说,唐五代是"必若"相对地被较多使用的时期,各类的文献里都可以看到它的用例。

(27) 必若隋室倾败,天命有归,吾当断头以付诸君也。(《隋书·诚节传·尧君素》)

(28) 当今豪夺吏,自此无颜色。必若救疮痍,先应去蟊贼。(杜甫《送韦讽上阆州录事参军》诗)

(29) 大窠罗绮看才辨,小字文书见便愁。必若不能分黑白,却应无悔复无尤。(白居易《病眼花》诗)

(30) 雉堞屹如狂,女墙低似醉。必若据而争,先登仪狄氏。(陆龟蒙《酒城》诗)

(31) 闲人倚柱笑雷公,又向深山霹怪松。必若有苏天下意,何如惊起武侯龙。(韩偓《雷公》诗)

(32) 后有讲席,胡人来听讲,见珠纵视,目不蹔舍……僧知其故,因问:"故欲买珠耶?"胡云:"必若见卖,当致重价。"(《太平广记》卷四百二"青泥珠")按,原注出《广异记》。

(33) 至于再三,僧乃借之曰:"吾爱钵如命,必若有损,同杀我也。"沙弥得钵,持钵兢惧。(《太平广记》卷九四"华严和尚")按,原注出《原化记》。

以上是唐代的部分用例。

(34) 卿今必若来净伏,勉强留卿镇虏疆。已后不烦为汉将,当即封为右效王。(《李陵变文》)

(35) 太子闻言情绪悲,少年全得没多时。必若老来何处避,顾恋荣华也是痴。(《八相变》)

(36) 如今况在前生福,好似相将暂结缘。必若有人延得命,与王齐受(寿)百千年。(《欢喜国王缘》)

（37）矧仆所求不多，公乃曰亦不易致，即当分减；然必若易致，则已
自致矣，安能烦于公？（《唐摭言》卷十一"怨怒"）

（38）朝来寝息，不有梦乎？必若有梦，其飞禽之象乎？（《太平广记》
卷二一七"黄贺"）按，原注出《耳目记》。

（39）乳母时抱则天，衣男子之服……（天纲）又惊曰："必若是女，
实不可窥测，后当为天下之主矣。"（《旧唐书·方伎传·袁天
纲》）

上面所举唐五代若干用例，见于诗歌、讲唱、史书及笔记之类，可见从
口头到书面，也具有一定的使用量。但是，与以"假"为核心所构成的那
些假设连词相比较，其活跃程度显然难以敌对。然而，就其自身的历史轨迹
而论，唐五代还是"必若"相对活跃的一个阶段，因为宋、金、元间它就
逐步趋于终结，我们所能见到的用例便极有限了。例如：

（40）必若取人以才，考行以实，举贤者上赏以旌功，不肖者黜地以明
罚，自然无冒举之过，有得人之盛。（欧阳修《南省试策五道》
之一）

（41）臣虽驽怯，受国恩深，陛下必若乏材，乞于边陲效试。（《旧五代
史·梁书·敬翔传》）

我们发现，在《旧五代史》中"必若"的用例累有所见。这种现象只
有敦煌变文集相类似。

（42）子若学道，即有仙分；必若作官，位至三公，终焉有祸。（《北梦
琐言》卷十二）

（43）必若边吏徼功违约，展转如上，不切禀从，实关引惹紊乱，有失
将来久结欢好。（《大金吊伐录》卷一"回南宋国书"）

（44）在教场之中坐作进退，有似严整，必若使之与敌人相遇，填然鼓
之，鸣镝始交，其奔北溃败可以前料，决无疑也。（《宋史·兵
志六·乡兵三·保甲》）

这里列举的例（43）、例（44），是在我们的所有资料中时间比较靠后
的。在此后的史籍中，更不用说元曲和明、清小说，都尚未发现"必若"
的用例。退一步说，将来发现有它的用例，也只能是偶尔而已矣。也就是
说，"必若"作为汉语历史上的一个假设连词，至宋基本终结。

对汉语一个语词的考察而言，古代单音节的假设连词"必"，到晋代与
"若"结合成复音词，在六朝隋唐得到一定程度的应用，这是它的发展。然
后由于人们不甚清楚的原因，在宋以后消失了，这就是它的历史。其消失的
原因，有待历史语言研究的深入，才能在理论上得到合理的解释。

第十二节　假设连词"忽然"

"忽然"，假设连词"忽"＋"然"尾构成的一个连词。由于使用的时间范围较小，用例相对较少，人们不大容易接触到。但作为一个具有类型意义的词，还是有必要作些探讨。本节就"忽然"等的使用及其构成等相关问题作些讨论。

（一）在汉语历史上，表示假设意义的单音节连词＋"然"尾构成的假设连词，可以作为假设连词的一个类型看待。这类连词并不多，如：

若然　若然如此，皆赖小师威力。（《大唐三藏取经诗话》第四）

倘然　此乃犯法的事，倘然究治，如何脱身？（《禅真逸史》二九回）

傥然　今年老疾侵，傥然奄忽，岂求备礼乎？（《颜氏家训·终制篇》）

"忽然"在这一族群里头，是使用频率较高的一个词，具有代表性。"若然"、"倘然"的历史存在，可以作为"忽然"在形式上存在的外部根据。至于作为"忽"本身的假设义，我们放在后面去讨论。在这里，为假设连词"忽然"在使用上所显示的词汇特性，提供一些例证。

1. 互文例。

（1）阶下干当是鬼神？若是生人须早语，忽然是鬼奔丘坟。（《捉季布传文》）

（2）忽然是孝顺女兼男，一旦生来极俊疾；若是冤家托荫来，阿娘身命遂巡失。（《父母恩重经讲经文》）

（3）二亲若也在堂，甘旨切须侍奉。父母忽然崩背，修斋闻法酬恩。（《目连缘起》）

"忽然"分别与"若"、"若也"互文使用，其词义甚明。

（4）亲还同席坐，知卑莫上头。忽然人责怪，可不众中羞。（王梵志"亲还同席坐"诗）

还，义"如"、"若"。"还"与"忽然"互文同义。

2. 异文例。

（5）朱解忽然来买口，商量莫共苦争论。忽然买仆身将去，擎鞭抛帽不辞辛。（《捉季布传文》）

编者"校记"在首句"忽然"下云："丁卷'忽然'作'傥然'。"各卷之间的这种异文也显示，"忽然"义同"傥然"，表示假设。

上述说明，无论从构词的形式上，还是从异文、互文上，都足以说明"忽然"假设连词的语法特性。有了这一认识，就方便探讨历史上的使用了。

（二）"忽然"是以偏正结构的形式构成的假设连词。它的较早用例，从现有资料看，见于初唐末年至中晚唐之间。例如：

（6）时人见子多落魄，共笑狂歌非远图。忽然遣跃紫骝马，还是昂藏一丈夫。（李颀《别梁锽》诗）

作者于唐开元十三年（公元 726 年）及进士第，大概生活在唐玄宗朝前后，即公元八世纪前半叶。

（7）红芳暗落碧池头，把火遥看且少留。半夜忽然风更起，明朝不复上南楼。（吕温《衡州夜后把火看花留客》诗）

蒋礼鸿《敦煌变文字义通释》第六篇"或若"条已引用此例。

（8）譬如匠见木，碍眼皆不弃。大者粗大围，小者细一指。桷橛与栋梁，施之皆有位。忽然竖明堂，一挥立能致。（杜牧《送沈处士赴苏州李中丞招以诗赠行》诗）

引例为全诗的一段。诗人称誉陇西公对人如匠人之于木材，知人善任。

（9）财主忽然死，争共当头哭。供僧读文疏，空是鬼神禄。（寒山"我见凡愚人"诗）

以上唐人的一些用例，内容都比较通俗。

（10）凤凰住佛法，不拟煞伤身；忽然责情打，几许愧金身。（《燕子赋》）

（11）不须隐匿，具实说看。忽然分寸差殊，手下身当依法。（《降魔变文》）

（12）直饶珠宝如山岳，遮不绫罗满殿堂。煞鬼忽然来到后，阿谁能替我无常。（《妙法莲华经讲经文》）

（13）辞千花座上世尊，问方丈室中居士，将佛言语，传问维摩。忽然别有事端，到彼如何祇对。（《维摩诘经讲经文》）

（14）忽然男女病缠身，父母忧煎心欲碎。（《父母恩重经讲经文》）

（15）鸡鸣丑，不分年既倾蒲柳。忽然明镜点照看，顿觉红颜不如旧。（敦煌曲《禅门十二时曲》）

例（15）引自《全唐五代词》[①]。编者括注："依任二北《敦煌曲校录》并参照饶宗颐《敦煌曲》增补"。此例即属增补部分。

（16）醉昏昏，迷兀兀，将为长年保安吉。忽然福尽欲乖张，寒暑交侵成卧疾。（敦煌曲《十二时·普劝四众 依教修行》）

---

① 张璋、黄畲编，上海古籍出版社 1986 年版。

例（16）见《敦煌曲校录》①。

在五代其他文献中，也可以看见"忽然"的用例。例如：

（17）努力修道莫悠悠，忽然虚度一世休。（《六祖坛经》）

（18）如人睡时，忽然作梦，梦从何来？睡觉之时，梦从何去？（《祖堂集》卷三司空山本净和尚）

（19）僧云："忽然胡汉来时，作摩生？"师云："胡汉俱现，大好不鉴物。"（《祖堂集》卷十二龙光和尚）

从上面的用例可以看到，表示假设的连词"忽然"，多是在口语的环境中使用的。特别是在敦煌变文集中有着较多的用例。吴福祥《敦煌变文语法研究》② 一书统计，共有 25 例。不管数字的精确程度如何，不妨害说明"忽然"当时可能是个常用的口语词。

由于我们资料工作的广度与深度都有限，宋代及其以后，我们所掌握的用例就很少了。例如：

（20）汝今各且退思，忽然肯去，始知瑞龙老汉事不获已，迂回太甚，还肯么？（《景德传灯录》卷二十杭州瑞龙幼璋禅师）

（21）何事令左袒则甚？忽然当时皆右袒，后还如何？（《二程遗书》卷十九"伊川先生语"）

（22）四海清宁未有期，诸公衮衮正当时。忽然一日天兵至，打破黄婆醋钵儿。（《辍耕录》卷二八"醋钵儿"）

忽＋然，是这一构成形式的主要结构形式。"然"是一个词尾，但充当词尾的不只是一个"然"，这样就形成了另外几个结构形式、形成另外几个假设连词。它们是：

1. 忽＋尔（爾）。

（23）吾死之后，愿弟得存。忽尔天道开通，为父仇冤杀楚。（《伍子胥变文》）

（24）婆教新妇，不敢违言；于后忽尔儿来，遣妾将何申吐？（《秋胡变文》）

后文有云："忽而一朝夫至，遣妾将何申吐？""而"，因与"尔"音近而偶用。

（25）西方好，卒难论。实是奢花不省闻。忽尔这身生那里，千年万岁没沉沦。（《无常经讲经文》）

① 上海文艺出版社 1955 年版。

② 岳麓书社 1996 年版。

（26）疾病若此，胡不娶一妻，俾侍疾，忽尔病卒，则如之何？（《太平
　　　广记》卷三四九"段何"）按，原注出《河东记》。

2. 忽 + 其。

（27）幸有酒与乐，及时欢且娱。忽其解郡印，他人来此居。（白居易
　　　《题西亭》诗）

3. 忽 + 期。

（28）忽期南面称尊日，活捉粉骨细飏尘。（《捉季布传文》）

期，因音近而用同"其"。

从前面的叙述可知，"忽然"是偏正结构的构词形式中最主要的一个
词。它在若干个形体中，使用频率较高，分布也较广。这说明，在有限的时
间范围内，"忽然"被人们所接受的程度要远比"忽尔"、"忽其"等来
得高。

除了偏正结构的形式之外，"忽"还能与一些单音节词构成并列结构形
式，其中具有代表意义的形式是"忽若"。

（三）"忽若"是由"忽"与"若"同义复合而成的假设连词。这种复
合结构形成的词，在汉语假设连词中占有主导的地位。从我们现在掌握的资
料判断，"忽若"较早的用例见于初唐末年。例如：

（29）逢人须敛手，避道莫前趋。忽若相冲着，他强必自伤。（王梵志
　　　"逢人须敛手"诗）

（30）（神）秀乃思惟，不如向廊下书著，从他和尚看见，忽若道好，
　　　即出礼拜，云是秀作；若道不堪，枉向山中数年受人礼拜，更修
　　　何道！（法海本《坛经·自序品》）

法海本《坛经》，又称敦煌本，是《坛经》最古的传本，被认为形成于
公元780—800年间。此例"忽若"与"若"互文使用，其义甚明。

（31）其子听之感恸，因自誓，忽若为人，当再为顾家子。（《酉阳杂
　　　俎》前集卷十三"冥蹟"）

我们上举唐人几个用例，大致时段在公元八世纪下半叶至九世纪上半叶
之间。这可以说是"忽若"使用的较早的一个时期，我们所掌握到的用例
并不多。唐五代期间，不论是"忽然"还是"忽若"，敦煌文献都是在使用
上相对资料集中。例如：

（32）臣今见王无道，虑恐失国丧邦，忽若国乱臣逃，岂不由秦公之
　　　女！（《伍子胥变文》）

（33）大杖打又不死，忽若尧王勅知，兼我也遭带累。（《舜子变》）

（34）便礼拜，祈慈悲，我愿仙人必合知。忽若便能谈妙法，身充奴仆

不相违。(《妙法莲华经讲经文》)

(35) 是身无寿为无风，风无定性，亦是一种，更无多般，忽若动时，拔树鸣条，倾江覆海，无其形影，不见踪内，既无定期，有何寿相。(《维摩诘经讲经文》)

(36) 花开花合分朝暮，龙起龙眠辨岁年。忽若共君生那里，寻常自在免忧煎。(《佛说观弥勒菩萨上生兜率天经讲经文》)

(37) 伏愿世尊慈悲，少借威光，忽若得见慈亲，生死不辜恩德。(《目连缘起》)

由此可见，"忽若"犹如"忽然"一样，在唐五代那个时候，也是个口语词。但令人遗憾的是，它除了在敦煌文献中有较多的用例外，使用面并不甚广。这种趋势延续的结果，在宋代也只能见到有限的用例。例如：

(38) 修行忽若无灵应，还信神仙白昼飞。(宋太祖《缘识》诗)

(39) 雪峰忽若问汝，云和尚有何言句，汝作么生祗对？(《景德传灯录》卷十赵州东院从谂禅师)

《五灯会元》卷四"赵州从师"文句略异，"忽若"之使用相同。

(40) 行褒诸李近属，太后意欲除之，忽若失旨，祸将不细，不可不为身谋也。(《旧唐书·韩休传》)

我们不得不推测，假设连词"忽若"，仅在唐五代至赵宋这一段历史时期内为人们所使用，随后即在汉语的历史中逐渐地消失了。这样，它和"忽然"一样，都成为汉语的一个历史遗迹，保留在史料之中。

(四) 我们无论在讲"忽然"、还是在讲"忽若"的时候，关注点都在"忽"上，而不是别的。这是因为"然"和"若"在这两个词的结构中，它的词素特性都是很清楚的。

"忽"的假设连词用法，蒋鸿礼先生考证已见于晋代，结论甚为确当①。然年代似乎还可提前。例如：

(41) 若然小疵，或谬于细人，忽不觉悟，以斯为失耳。(《三国志·魏书·武文世王公传·彭城王据》裴松之注引《魏书》载玺书)

魏明帝曹叡得有司奏，称彭城王"踰侈非度，慢令违制"，请求"绳王以法"。曹叡于心不忍，于是给彭城王写信，予以警告，若不觉悟，以斯为失。忽，犹"如"，犹"若"。时值曹魏景初元年，即公元 237 年。此例是目前所见到的较早的一个用例。

南北朝时期的文献中，能见到的假设连词"忽"的用例要多些。例如：

---

① 见《敦煌变文字义通释》(增订本)，第 292 页。

（42）殷中军虽思虑通长，然于才性偏精，忽言及四本，便苦汤池铁
　　城，无可攻之势。（《世说新语·文学》）

（43）西征谢晦，使公主留止台内，总摄六宫，忽有不得意，辄号哭，
　　上甚惮之。（《宋书·徐湛之传》）

（44）非关长信别，讵是良人征。九重忽不见，万恨满心生。（萧纲
　　《秋闺夜思》诗）

（45）阿舅何谓云人作贼，辄杀之？人忽言阿舅作贼，当复云何？（殷
　　芸《小说》）①

隋唐五代，可见到的用例就更多了。

（46）至于文字，忽不经怀，已身姓名，多或乖舛。（《颜氏家训·勉
　　学》）

（47）龙忽震怒，作用神化，摇天关，摆地轴，捶山岳而碎山陵，百里
　　为江湖，万人为鱼鳖，君之骨肉焉可保？（裴铏《周邯》）

（48）举竿引线忽有得，一寸才分鳞与鬐。（韩愈《赠侯喜》诗）

（49）舂人收粮将，舐略空唇口。忽逢三煞头，一棒即了手。（王梵志
　　"身体骨崖崖"诗）

（50）尔常日负气，忽于我曹，醪醴之间，必为他人爱惜；今有醇酎数
　　斗，众欲为君一醉。（《太平广记》卷三五一"李浔"）按，原注
　　出《剧谈录》。

（51）郎君虽善此，然忽有颠坠之苦，则悔不可及。（无名氏《李林甫
　　传》）

（52）大郎忽与某等致得子弟庇身之术，某等共率草粟之直二万贯文。
　　（温庭筠《乾膜子·窦乂》）

（53）（仙客）仍给钱三千，约曰："坚守茗具，无暂舍去，忽有所睹，
　　即疾来报。"（薛调《刘无双传》）

在五代，敦煌文献常可见假设连词"忽"。例如：

（54）忽至冬年节岁，六亲悉在眼前。（《庐山远公话》）

（55）若见恶人常引接，忽逢善者遣修行。（《佛说阿弥陀讲经文》）

（56）虽逢善境暂回心，忽遇违缘还却退。（敦煌曲《禅门十二时》）

（57）四塞忽闻狼烟起，问儒士，谁人敢去定风波？（敦煌曲《定风
　　波》）

此外，其他文献也可以见到"忽"的用例。如：

---

① 引自《古小说钩沉》，见《鲁迅全集》第八卷，人民文学出版社1973年版。

（58）鵝源问师："百年后，忽有人问极则事，如何向他道？"（《祖堂集》卷三"荷泽和尚"）

"忽"与"忽然"、"忽若"相比较，除出现较早之外，有着大致相同的使用下限，即宋元之间。如例：

（59）僧问："贼来须打，客来须看。忽遇客贼俱来时，如何？"（《景德传灯录》卷十二郢州芭蕉山慧清禅师）

（60）河中抵京师三百里，同州制其冲，兵多则示未信，少则力不足，忽惊东偏，何以待之？（《新唐书·李晟传》）

（61）百年后忽有人问，还邀得师真否，如何祗对？（《五灯会元》卷十三"洞山良价禅师"）

就假设连词"忽"，我们追溯到了曹魏，仍然不敢说是源头。从那以来，在唐五代间有较大的发展，在唐代，出现了"忽然"、"忽若"两个构词方式不同的双音节假设连词。当然，双音节词并不止这两个，只是它们的用例实在太少了。比如"若忽"：

（62）或若休咎庶征，月之从星，此乃宜有是事，故见瑞异，或戒人主。若忽不察，是乃已所感致，而反以为天意欲然，非直也。（《潜夫论》卷四"述赦"）

（63）若在鬼庙之中，山林之下，大疫之地，冢墓之间，虎狼之薮，蛇蝮之处，守一不怠，众恶远逝。若忽偶忘守一而为百鬼所害，或卧而魇者，即出中庭视辅星，握固守一，鬼即去矣。（《抱朴子·内篇·地真》）

（64）贼必不守穷城，将决力战。今我往劳困，彼来甚逸。若忽使师行不利，人情波骇，大势挫衄。（《宋书·刘敬宣传》）

（65）但宇文生命薄无位，虽获一第，终不及禄，且当厄难，无（吾）当救其三死；若忽为官，虽我亦不能救。（《太平广记》卷三三六"宇文觌"）按，原注出《广异记》。

可见"忽"之构成双音节词，其时间相当早。单音节假设连词"忽"的使用，应当还要早些。

最后，我们可以总结如下几点：

1. 假设连词"忽"在曹魏时期已有用例，一直沿用到宋代。

2. "忽然"、"忽若"等出现，是适应汉语词汇向双音化发展趋势的结果。

3. "忽然"等假设连词宋、元以后即消亡，这是汉语历史发展中的正常现象。

第十三节 假设连词"要"

"要"和"要是",都是现代汉语普通话常用的表示假设连词。《现代汉语八百词》在"要"下还特别提示"用于口语"。吕叔湘先生也曾认为,在表示假设的关系词中,白话里最常用的是"要"字①。这一节拟从词汇角度探讨"要"和"要是"的发生与发展。

(一)"要"用为假设连词,大致兴起于唐朝中晚期与五代之间。作为兴起的阶段,我们现在所接触到的用例极为有限。

(1)剖珠贵分明,琢玉思坚贞。要君意如此,终始莫相轻。(张说《杂诗四首》之二)

(2)凡王者之德,在行之何若。设未得其当,虽十易之不为病;要于其当,不可使易也,而况以其戏乎?(柳宗元《桐叶封弟辩》)

例(2)已见于何金松《虚词历时词典》。②例中"要"与"设"互文同义。

(3)若为令忆洞庭春,上有闲云可隐身。无限白云山要买,不知山价出何人。(皎然《投知己》诗)

作者是出家人,属意于无限白云的山,于是疑问,要买的话,谁出价?

(4)上克下兮须损失,要逢虚将必须惊。吉将喜无争。(易静《兵要望江南·占六壬》词)

引例的"要逢",即是"如逢"或"若逢"之意。《占六壬》中尚有"带煞并加为恶煞,若逢相克不宜君。""辰已太冲加日上,若逢蛇雀见凶危。"这些用例,可明证"要逢"的"要"用同"若"。

(5)枕前发尽千般愿。要休且待青山烂。水面秤锤浮,直待黄河彻底枯。(敦煌曲《菩萨蛮》)

例见任二北《敦煌曲校录》。③

(6)日行三万五万里,若不飱,动经三十五十日;要飱,顿可食六七十料不足。(《叶净能诗》)

此例"要"与"若"互文使用,其义甚明。

唐五代期间,我们接触到的用例并不多。进入宋、元,能看到的用例就

① 《中国文法要略》第二二章,第413页。

② 湖北人民出版社1984年版。

③ 上海文艺联合出版社1955年版。

多一些。例如：

(7) 其后六年间，河遂复故道。而元符元年秋，河又东决，浸阳谷。河势要不改旧，而人事不可知耳。（苏辙《龙川略志》卷七"议修河决"）

(8) 如今看来，这般却然不好；要好，便合当显白其罪，使人知得是非邪正，所谓"明其为贼，敌乃可服。"（《朱子语类》卷一二三）

(9) 子路是个资质高底人，要不做底事，便不做。（《朱子语类》卷二九）

(10) 涨绿流红空满眼。倚兰桡、旧愁无限。莫把鸳鸯惊飞去，要歌时、少低檀板。（毛滂《夜行船·余英溪汎舟》词）

(11) 学书要不成，学圃苦不早。向来执戟郎，何似于陵老？（程俱《赋长兴钱圃翁诗》）

(12) 游芳要非老者事，幽意自属山人家。（方岳《闻雨》诗）

(13) 要不能无遗憾于死生，安得取而投之豺虎！（陈亮《祭何茂恭文》）

以上是宋代的部分用例。

(14) 月明中，琴三弄。闲愁万种，自诉情衷。要知音耳朵，听得他芳心动。（关汉卿《普天乐·崔张十六事·隔墙听琴》小令）

(15) 哥哥性子不好，要打着你如何？（《杀狗劝夫》二折）

例（15）是宾白，也有明人手笔的可能性。

明代是白话小说盛行的时期，然而这并不意味着假设连词"要"在当时便已广为使用。较早的小说如《水浒传》的用例就不多。

(16) 宋江起身，出得阁儿，分付茶博士道："那官人要再用茶，一发我还茶钱。"（《水浒传》十八回）

(17) 菩萨，你要依我时，可就变做这个道人。（《西游记》十七回）

(18) 要追将下去，怕它九口飞刀；若不追将下去，又不得成功。（《西洋记通俗演义》二三回）

(19) 要有心忙意乱光景，倘或迟误，枭首示众。（《英烈传》二一回）

(20) 还是姐姐看的出来，要着老身，就信了。（《金瓶梅》四十回）

(21) 哥要怕不来，咱去就送将来与哥。（《清夜钟》七回）

(22) 要不拿出纲纪来，信着他胡行乱做，就不成个人家。（《醒世姻缘传》二回）

我们上引七部明人小说的用例，虽非全面，仍代表一定的广度。这只是问题的一个侧面。另一方面是，这些著作中，除《醒世姻缘传》之外，

"要"的用例还是极为有限的。在许多情况下，今天习惯上用"要"、"要是"的地方，多半都是以"若"或"若是"来表示的。也就是说，在明人的白话小说中，假设连词"若"在使用频率上占着优势。就是口语程度相当高的《金瓶梅》，也未能超越这一历史制约。

至于清代，犹如明代，持续着相当广泛的使用面。例如：

（23）异日做了宅门大爷，我要去打抽丰去，休要不认哩穷乡亲。（《歧路灯》六回）

（24）我要告诉一个人，就长一个疔，日后不得好死。（《红楼梦》二七回）

（25）要不依从，到了当官，我当初提亲是实，谁敢不实说。（《续金瓶梅》四七回）

（26）这肉人的眼珠子上要着上这等一件东西，大概比揉进一个沙子去利害。（《儿女英雄传》六回）

（27）世兄到省未及一年，小点事情委了他，对你老哥不起；要说著名的优差，又恐怕旁人说话。（《官场现形记》三七回）

在这些著作里，"要"与"若"等假设连词，往往都是同时被使用着。至于哪一个词在使用上占的比重大小，似乎与作者本人的因素不无关系。比如《歧路灯》三十一回至四十回这十回中，"要"仅见一例："要不为这，我嫁你这秀才图啥哩！"（三九回）此外，"要是"三例。然而，"若"的用例却有二十八例之多，其比例相差甚大。这只是状况之一，但并不意味着全都如此。我们抽样统计了《济公全传》三十五回至四十回，其结果是：

要　28 例　　要是　6 例
若　 3 例
如　 2 例

这种比例的分配不应当看作是偶然现象，应该是有当时口语为依据的。如其不然，怎么在小说里会有这么高的比例呢！从汉语历史发展的角度说，明朝末年，"要"与"若"之间的兴替现象已经很是明显。比如，我们曾统计过《醒世姻缘传》第五十五回"要"与"若"的使用情况，其结果是：

要　22 例　　要是　6 例
若　 4 例　　若是　1 例

这种情况，与前面《济公全传》的部分统计相类似。尽管《醒世姻缘传》并非全都这样，但像这种比例的使用情况，在明代的其他小说中很难见到。这似乎能给我们这样一种提示，在明、清之间，或许从《醒世姻缘传》前后起，表示假设条件的"要"，在当时的口语里已经是使用得相当活跃的一个词。它的兴起和使用，逐步地取代了"若"的地位，从而形成了现代汉语的格局："要"多用于口语，"若"多用于书面。

（二）假设连词"要"的兴起与在口语中的广泛使用，其结果之一是以"要"为构成成分的双音节假设连词的出现与使用。双音节词的出现则是"要"使用上的发展。以"要"为核心所构成的双音节假设连词，根据其结构可分为两个类型。

甲，同义复合形式。这种形式的词既不多，用例也少。

1. 如要。

（28）如要愿在僧门，并须官坛受戒，不得衷私剃度。（《旧五代史·唐书·明宗纪第三》）

（29）你如要说了实话，我必要从轻办你；你如不说实话，我必要重办你。（《济公全传》五一回）

（30）兄弟总算有造化的了，只是目下尚无出山之志，将来如要出山，再为奉恳。（《老残游记》四回）

2. 若要。

（31）若要奴家好，遇得一个意中人，共作结发，夫妻谐老。（《张协状元》三出［叨叨令］）

（32）若要依得我时，我好替你作个计较……菩萨要不依我时，菩萨往西我悟空往东。（《西游记》十九回）

（33）你只有五百文的命，若要拿五吊跑，我把你揪到钱塘县打场官司。（《济公全传》二五回）

这一类型的词使用范围狭窄，用例也少，这里仅此一提而已。

乙，偏正结构形式——"要是"。它作为一个词来使用、表示假设条件，已经是比较晚的事了。例如：

（34）要是断绝火根，只消连扇四十九扇，永远再不发了。（《西游记》六一回）

（35）要是一绣球打着你，就连夜烧退送纸也还道迟了，敢惹你这晦气进门！（《西游记》九三回）

"要＋是"构成"要是"，两个构成成分不是并列的。"是"在此处并不表示判断（带有点儿判断的意味儿），本身也不具有假设的词汇意义，它在这里主要是起到构成双音节的辅助作用。继《西游记》之后，是《醒世姻缘传》里有较多的用例。如：

（36）要是熰的豆腐好，可这就有八分的手段了。（《醒世姻缘传》五五回）

（37）赌不信，要是我没棉衣穿，他待中就推着看不见了。（《醒世姻缘传》

七九回)

与明代相比较，清代有着更广的使用面，使用的频率也更高。例如：

（38）要是打碎了，你那一家性命，还不值我那一个斗哩。（《歧路灯》十五回）

（39）明儿我要是死了，剩下这小孽障，还不知怎么样呢！（《红楼梦》一百一回）

（40）要是果然这样定规了，好趁早儿收拾起来。（《儿女英雄传》二四回）

（41）你要是这么着，你这头儿也就提防着罢。（《三侠五义》八十回）

（42）要是官罢，咱两个人到昆山县打一场官司。（《济公全传》四二回）

犹如"要是"的构词形式，在假设连词中具有某种共通性。例如：

（43）他假是搬的走了，我这五个钱问谁讨？（《看钱奴》三折）

（44）这门亲倘是成了，倒是好的。（《二十年目睹之怪现状》七十回）

"假是"、"倘是"也都是偏正结构的连词。

此外，"要是"偶尔还能复合成三个音节的假设连词。例如：

（45）如要是没有日用之费，你给他们些银钱使用。（《济公全传》六一回）

后文有云："要是没零用钱的时节，你可以给垫办垫办。"所说虽非一事，但语言环境相近。"如要是"犹如"要是"，词义与语法意义相同。

（46）哎，你个撒滞殢的先生也那，假若是有人见，若是有人拿，登时间事发。（《鸳鸯被》二折〔倘秀才〕）

此例的"假若是"犹同"如要是"，都是假设连词。它们是以"如＋要是"、"假＋若是"的方式复合而成的，而不是其他方式。

（三）在汉语发展过程中，"要"与"若"之间，似乎存在着兴替的历史关系。这种关系的确立，是历史地形成的。我们有必要认识、解释这种关系。例如：

（47）你要实说了，我还饶你；再有一字虚言，你先摸摸你腔子上几个脑袋瓜子！（《红楼梦》六七回）

（48）趁此说了实话，我饶你不死；要不说实话，我把你呈送到当官治罪。（《济公全传》三八回）

这两个"要"的用例都是在审问时对被审问对象说的话。崔相国夫人"拷红"时却不用"要"。她威逼红娘时说：

（49）若实说呵，饶你；若不实说呵，我直打死你这简贱人！（《西厢记》四本二折）

　　事实上，一部《西厢记》未发现假设连词"要"的用例。明代同样有类似的用例：

　　（50）若招了，还活得几日；若不招，这条性命今夜就要送了。（《醒世
　　　　　恒言》卷十六）

　　像这种相类似的语言环境下，"若"与"要"在时间上的先后出现，并非偶然，正是体现了变化与发展，体现了两者的历史联系。

　　根据"要"与"若"的这种兴替关系，我们推测，"要是"的产生与假设连词"若是"的结构方式有密切的关系。也就是说，明人在"若"、"要"词义相一致的原则基础上，仿照"若是"的构成方式，使用了"要是"这一形体，从而在"要"的基础上，创造了表示假设的偏正结构的连词。这一形体的出现，既符合汉语词汇由单音节向多音节方向发展的历史趋势，又适应了口语交流的实际需要。因此，"要是"出现之后，得以被广泛接受，一直沿用到现在。

　　通观汉语假设连词，多音节者大都以同义复合为其构词原则，唯"若是"、"要是"以及"倘是"等少数几个是以偏正方式构成的。如果从纵的方向看，在汉语历史上，"若是"是最早出现的以偏正方式构成的假设连词。现在我们所见到的较早用例出现于唐五代间。例如：

　　（51）若是出山机已息，岭云何事背君飞。（皎然《酬秦山人出山见呈》
　　　　　诗）

　　（52）若是得男，神头上伞盖左转一匝；若是得女，神道头上伞盖右转
　　　　　一匝。（《太子成道经》）

　　明、清之际，"要是"在口语的兴起与使用，使"若是"的地位发生某种变化。如果说"若是"在明、清间，特别在清代是个常用词的话，那么在今天，特别在口语里，"要是"更具优势，而"若是"则多偏于书面。汉语发展的历史显示，"要是"与"若是"之间，存在着兴替的历史联系。它们的兴替关系，可用图式表示如下：

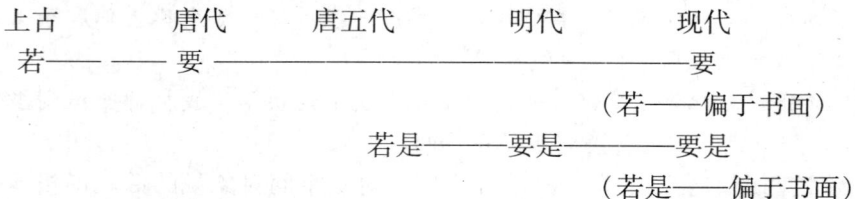

上古　　　　唐代　　　　唐五代　　　　明代　　　　现代
若—— —— 要 ——————————————————要
　　　　　　　　　　　　　　　　　（若——偏于书面）
　　　　　　　　若是————要是————要是
　　　　　　　　　　　　　　　　　（若是——偏于书面）

　　在现代汉语里，"若"与"若是"多使用于书面，并非完全失去了交际功能。至于它们会不会成为名符其实的古词，这种可能或许是存在的。

　　最后要说几句的是，假设连词"要"是如何发生的。我们现在所见到

的假设连词"要"，并非与"要"这一形体生而俱有的。它可能源于表示"欲"义的"要"。《欢喜国王缘》："欲识心珠先发愿，要穷佛法传香灯。"这个"要"与"欲"互文同义，在动词之前，表示打算、想要或设想如何。《妙法莲华经讲经文》："要去任王归国去，下官决定不相留。"此例中的"要"，释"欲"、释"若"均可。要去，就是仙人所说的"若是生心退屈"之意。① 欲，或打算，本身就包含设想之意，与"若"义似有可相通之处。

他要娶你回去，有些不便处；他就要娶你在此间住下，你心下如何？（《拍案惊奇》卷二）

这一句中，前后两个分句各有一个"要"字。后一分句的"要"，只有"欲"义一解才确切。前一分句的"要"，似乎两解都通顺，但还是释作"若"似乎更恰切些。类似这种疑似语意的发生，即说明"要"的"欲"义与假设义之间，不无相通之处。正是这种词义上的相通，使"要"最终获得假设连词的职能。

这是一种颇含猜想成分的说法，并非科学的结论。要得出具有科学意义的结论，有待于共同的深入探讨。

第十四节　让步连词"假使"

在汉语里，让步连词可以分为两个大类，一类是兼有假设义的，一类是与假设义无关的。前者如"假使"，后者如"便"、"就"、"纵"等。我们认为，兼有假设义的让步连词重在让步，与假设连词只是语气上的差别。在让步连词的章节中，我们分别选择一二加以讨论。

"假使"表示假设义，今天仍是个常用词；而表示让步义的"假使"已经消失。这一节，主要讨论让步连词"假使"在汉语历史上的使用情况，同时涉及相关的问题。

（一）从宏观上说，兼有假设义的让步连词，与假设连词是同一类别的词，用以连接条件分句，差别在于：前者表示假设语气，后者表示让步语气。后者的假设条件，通常是不能实现的。为了叙述方便，这里把后者简称作让步连词。

在使用上，我们用以识别"假使"表示让步的语法意义，最直观的，就是汉语中常见的对偶使用现象。例如：

---

① 见该段讲经文字："大王到庵，果然怪迟。仙人道：'大王！大王！……若是生心退屈，故请便却归回；王兔每日驱驰，交我终朝发业。'"

（1）假使有拔山举顶（鼎）之士，终埋在三尺土中；直饶玉提金绣之徒，未免于一械灰烬。（《破魔变文》）

（2）假使千人防擭（撲），直饶你百种医术，自从浑沌已来，到而［今］留得几个。（《不知名变文》）

（3）终须买个小船儿。任风吹，任东西。假使天涯海角、也相随。纵被江神收领了，离不得、我和伊。（虞某《江神子》词）

（4）假使官程担仗，结队火劫了均分；纵饶挑贩客家，独自个担来做己有。（《张协状元》八出）

这几个唐宋间的用例，"假使"分别与"直饶"、"纵"、"纵饶"互用，足见它们具有相同的词汇意义和语法意义。但最重要的还在于语意和句式。如：

（5）今连兵积岁，资储内尽，强寇外逼，百姓嗷然无馌口之资，假使张、陈、韩、白，亦无如之何。（《晋书·载记·吕隆》）

"假使……亦……"至今仍是让步连词使用上的句式特征。

对于让步连词"假使"，蒋礼鸿《敦煌变文字义通释》（增订本）有过颇有见地的考察，并引了胡竹安先生的有关论述①。他们都是立足于敦煌变文，然后旁及其他，予以考索。

关于让步连词"假使"在汉语历史上的使用，蒋氏已经注意到《三国志》传、注中的两个用例。其一为裴松之注《三国志·吴书·周瑜传》时所引晋人虞溥《江表传》的话：

假使苏、张更生，郦叟复出，犹抚其背而折其辞，岂足下幼生所能移乎？

其二，蒋氏谓"又《周鲂传》注引同书"。"同书"即指《江表传》（钟按，此说应是涉前而误。该例并非出自《江表传》，而是见于《周鲂传》，是陈寿援引周鲂上表的文字）：

窃恐此人不可卒得。假使得之，惧不可信。

蒋氏所引《三国志》传、注的两个用例，都是很确实的例子。但《三国志》中并不止于此。例如：

---

① 胡竹安先生曾说："'假使'和'设使'本来是假设连词，变文中多作纵予连词……'假使'作'即使'讲，在唐代其他文献中也有，但不多见。"他举出《云谿友议》和《百喻经》各一个用例。"唐以后的文献中，'假使'仍作假设连词，直至现代。"这是胡竹安先生的又一句话。这是紧接着前引唐代"不多见"后说的话。如果把前后两句话连贯起来，胡先生的意思是："假使"（和"设使"）本来是假设连词，变文中多用作纵予连词，唐以后仍用作假设连词。按照胡氏的意思，"假使"在自我发展的历史中，有过一个由"假设连词——纵予连词——假设连词"的曲折过程。我们认为，这种看法与历史事实本身不尽相符。胡文见《中国语文》1961 年第 10、11 期合刊。

（6）假使弃数百人何苦，而将军以身赴之！（《三国志·魏书·曹仁传》）

（7）假使公信我，众谁能明其事？（《三国志·魏书·钟会传》裴松之注引钟会《母夫人张氏传》）

如果《张氏传》确实是钟会之笔，那么，这应当是《三国志》现在所见传、注诸例中较早的一例。至于更早的用例，还是《敦煌变文字义通释》给我们提供的用例：

假使尧时天地相近，尧射得之，犹不能伤日。（王充《论衡·感虚篇》）

王充生活于公元27—97年间。这是让步连词"假使"相当早的一个用例，可见其久远。

六朝时期，沿袭魏晋，继续使用下来。例如：

（8）假使成帝更生，天下亦不复可得，况子舆乎！（《梁书·萧子恪传》）

后文尚有"比多在直，出外神疏，假使暂出，亦不能得往"语，都出于对话。

（9）假使班、马复生，无以过此。（《南齐书·文学传·崔慰祖》）

（10）假使尧水汤旱，岂如之何。（《南史·徐勉传》）

此例出徐勉《戒子书》。

（11）假使热铁轮在我顶上旋，终不以此苦退无上道心。（《经律异相》卷二四"转轮王为半偈剜身燃千灯"）

（12）此驴今者，适可能破；假使百年，不能成一。（《百喻经》卷上"雇倩瓦师喻"）

从上面的叙述可知，从东汉到六朝这段时期内，作为让步连词的"假使"，是生成与发展的时期，明显它是属于口语的。

（二）唐宋时期，让步连词"假使"在使用上，进入了自身发展的一个巅峰时期。从它的使用情况看，唐、五代、宋（或称为唐宋）作为一个时期，似乎是比较恰当的。在唐代多种类文献中，有为数不算少的用例。如：

（13）自此傥有乐工杂类，假使术逾侪辈者，只可特赐钱帛以赏其能，必不可超授官爵。（《贞观政要·择官》）

（14）假使用铁持作心，以闻如是言誓语，人谁不心酸楚毒，况我爱恋同日生。（《法苑珠林》卷十"述意部"）

（15）此已居上界，杀之必不得；假使得之，臣辈便受祸，亦非国家之福。（《逸史·崔生》）

（16）虽残骸尚存，而精爽都失，假使潘岳复生，无以悼其幽思也。

（《云谿友议》卷中"三乡略"）

（17）终以茅茨示约，犹兴木石之疲；假使和雇取人，岂无烦扰之弊！（《大唐新语》卷二"极谏"）

（18）假使如今不是梦，能长于梦几多时。（白居易《疑梦》诗之二）

在白居易的诗中，还有"假使居吉宅，孰能得其躬？"（《凶宅》诗）等。

（19）于一棒下入佛境界，假使百劫粉骨碎身，顶擎遶须弥山，经无量匝，报此深恩，莫所酬得。（《祖堂集》卷十九临济和尚）

从上面的例子可以看到，在变文之外，"假使"之用为让步连词，见于史书、政论、笔记、诗文、禅宗语录等，使用面较广。

宋代，我们所能见到的"假使"，大多数都是让步连词。例如：

（20）十郎不决衙前虞候，只决所由。假使错误，亦不可纵。（《唐语林》卷一"政事上"）

（21）若发一单使，以告义成，假使无益，事亦无损。（《旧唐书·萧瑀传》）

（22）人以鳝鱼馈臣者，视其盘中虬屈，一如蛇虺之状，假使鹳雀有知，亦应不食，岂况于人哉！（《旧五代史·周书·齐藏珍传》）

（23）假使才并马鸣，解齐龙树，只是一生两生，不识人身，根思宿净，闻之即解。（《景德传灯录》卷二八"汾州大达无业国师语"）

（24）恩义重如山，情意深如海。假使黄金北斗高，这一分、何由买。（晁端礼《卜算子》词）

（25）假使留春春肯住。唤谁相伴春同处。（周紫之《蝶恋花》词）

（26）假使实所闻见，亦未足信。（《二程遗书》卷二下）

（27）假使其所任之人或有作乱者，亦将不恤之乎？（《朱子语类》卷七二）

（28）若此，则假使贼善填壕，亦不过填外壕，必不能填得里壕。（《三朝北盟会编》卷一三九）

（29）假使有一法过于涅槃者，亦无少许生珍重想。（《古尊宿语录》卷二百丈怀海语录之余）

（30）假使验得甚实，吏或受赇，其事亦变。（宋·宋慈《洗冤集录》卷二"疑难杂说"下）

唐五代到宋，是让步连词"假使"使用频率最高的时期。宋代以后，让步连词"假使"使用的频率明显出减少趋势，但仍能看到它的用例。例如：

（31）洪义致怒，两手搦得棒烟生；假使石人，着后应当也伤损。（《刘
　　　　知远诸宫调》第二〔牧羊关·尾〕）

（32）又令狱卒时复提换，每移一处，则两膝脓血，昏迷不省，假使得
　　　　免，亦为废人。（《元典章·刑部二·狱具》）

（33）假使无为三净在，也应联辔共争先。（《西洋记通俗演义》十二
　　　　回）

（34）假使当时逢妒妇，也言我见且犹怜。（《拍案惊奇》卷十六）

以上我们讨论唐以后让步连词“假使”的使用情况。历史的实际是，唐代并非都用作让步①，唐以后也并非都作假设。自从“假使”产生让步用法起，它与假设用法并行使用，一直到让步用法在汉语历史上消亡，假设用法沿袭使用到现在。

（三）我们在讨论了“假使”的让步用法之历史状况之后，接着须对“假”的让步用法稍加讨论。因为，没有“假”的让步用法，“假使”的让步用法就不可能出现。然而，“假”的让步用法应当是在“假”的假设用法基础上形成的，就是说，从假设语气产生出让步语气。史实说明，假设用法已见于战国秦汉。例如：

（35）杨子曰：“世固非一毛之所济。”禽子曰：“假济，为之乎？”杨
　　　　子弗语。（《列子·杨朱》）

（36）假有贤于子方者，君又何以加之？（《新序·杂事第四》）

（37）假使之然，蝉娥之类，非真正人也。（《论衡·无形篇》）

我们以让步连词使用的特点，可以作为判断的依据，与假设连词加以区别。例如：

（38）孤惧有此空声冒实，淫蛙乱耳。假有斯事，亦庶钟期不失听也；
　　　　若其无也，过备何害？（《三国志·魏书·王脩传》裴松之注引
　　　　《魏略》）

（39）假萧衍军入应，水路不通，粮运不继，亦成擒耳，不能为害也。
　　　　（《魏书·邢峦传》）

上面两句是“假”与“亦”相配使用的句式。

---

①　关于唐代假设连词，这里略举数例：白居易《山路偶兴》诗：“泉憩茶数瓯，岚行酒一酌。独吟还独啸，此兴殊未恶。假使在城时，终年有何乐。”《河东记·李敏求》：“假使公在世间作官职，岂可将他公事从其私欲乎？”杜牧《唐故太子少师奇章郡开国公赠太尉牛公墓志铭》：“人臣不过宰相。今申锡已宰相，假使如所谋，岂复欲过宰相有他图乎？”《祖堂集》卷二十五冠山瑞云寺和尚：“假使后学根机玄利，将是则顿晓，如鸡把卵，啐啄同时；相性迟钝者，学而难晓，似盲人相色而转错耳。”

（40）若小臣之中，有可纳用者，宁得以人废言而不采择乎？假但谄媚取容，虽闇亦所明识也。（《三国志·吴书·吴主传》）①

（41）假有内阋，外犹御侮；况我与卿，睦厚偏笃，其于急难，凡今莫如。（《洛阳伽蓝记》卷一永宁寺）

上面两句与表示让步的句子相配使用的句式。

（42）臣蒙国厚恩，义无斯语；假实有此，谁能得闻？（《魏书·崔挺传》附孝芬）

如此例，"假"连接前一分句，而后一分句是诘问句。

如上几种句子形式，可以部分帮助辨别其中的"假"究竟是假设还是让步。但更多的情况下，要仗赖理解文句内容去判断。例如：

（43）公庭论议，常引纲纪；或有言事者，孝伯恣其所陈，假有是非，终不抑折。（《魏书·李孝伯传》）

（44）若其出斗，庸、蜀之卒，唯便刀稍，弓箭至少；假有遥射，弗至伤人。（《魏书·邢峦传》）

在这些用例当中，常可看到"假"与"若"互文而用，可见其让步义与假设义之间的密切联系。它们的区别，不难分辨。特别是当与后面有"亦"出现配合使用时，表示让步的语法意义就显现得更为清楚。

"假"的让步用法，在六朝之后并没有大量使用开来，所以唐宋间能见到的用例不多。例如：

（45）于是而不得知，假有见知者，千万人亦何足云。（韩愈《为人求荐书》）

（46）递相欺诳，浸成风俗，损耗生人，无益亡者。假有通才达识，亦为时俗所拘。（《旧唐书·姚崇传》）

（47）假力不敌，犹当死守，徐挫其锋，以待外援。（宋·熊克《中兴小记》）

此后，则很难再见到其用例。之所以如此，大概被多音节词掩抑了。在一批以"假"为构成成分的多音节假设连词，同样也使用作让步连词。其中具有代表性的有：

假如

（48）假如不在陈力列，立言垂范亦足恃。（韩愈《寄卢仝》诗）

（49）假如屈原醒，其奈一国醉。（卢仝《感古四首》之二）

（50）假如三万六千日，半是悲哀半是愁。（杜牧《寓题》诗）

---

①　例出世界书局本。中华书局 1959 年校点本无"假"字。

三万六千日，指人生百岁。活到百岁不容易；就是活到百岁，并不都是过着如意的日子。

宋、元之间，"假如"像唐代那样，继续被人们所使用着。例如：

（51）假如金人复来加兵，内用平州之兵，外借大宋之援，又何惧焉！（《契丹国志》卷十二）

（52）恁教他阵前乱刀万砍，假如死也名全贞孝。（《董解元西厢记》卷二〔还京乐〕）

就是到了明、清时代，"假如"表示让步的用例还时有所见。如：

（53）假如染就干红色，也被旁人讲是非。（《琵琶记》三十出）

（54）天不凑趣，假如肯轻轻松松洒下了几点，也要算他功劳。（《拍案惊奇》卷三九）

（55）假如时运不好，终身不得中举，一个廪生是挣的来的。（《儒林外史》十五回）

假令

（56）就令知之，亦无一信者；假令颇信之，亦已自多金银，岂肯费见财以市其药物！（《抱朴子·内篇·黄白》）

例出《百子全书》本。

（57）江陵城固兵足，无所忧患。假令敌没江陵，必不能守，所损者小。（《三国志·吴书·陆逊传》附陆抗）

到了六朝时期，已有了较为普遍的使用。例如：

（58）狱中无系囚，舍内无青州，假令家道恶，肠中不怀愁。（《洛阳伽蓝记》卷二秦太上君寺）

（59）触忌者虽多厌杀，不能自出；假令出，亦寻死也。（《齐民要术》卷六"养鸡鸭"）

（60）若家殊无它意；假令有之，犹可因姑姊妹以表其诚，何贵义轻身之甚哉！（《后汉书·列女传·刘长卿妻》）

（61）假令先朝谬赏僧祐，岂可谬相赏也。（《魏书·刘休宾传》附文晔）

在我们所讨论的"假使"这一族群的让步连词中，"假令"是六朝时期使用得较多的一个。与此相关，它在唐、宋时期，也都有较多的用例。如：

（62）假令于身有益，于百姓有损，朕必不为，况求虚名而损百姓乎？（《贞观政要·征伐》）

（63）假令病尽，己身复壮，悠悠人世，越不过为三十年客耳。（柳宗元《与李翰林建书》）

（64）假令万一除刑部囚籍，复为士列，亦不堪当世用矣。（《新唐书·柳宗元传》）

（65）而今假令亲见圣人说话，尽传得圣人之言不差一字，若不得圣人之心，依旧差了。（《朱子语类》卷九三）

（66）又且兵既分遣，则人力并用，假令数将失利，则大军必不致于一齐败衄，溃散为盗。（《三朝北盟会编》卷一三九）

就是宋代之后，我们仍能见到"假令"的用例。例如：

（67）太子杀费孟，不连累皇伯乎？假令便杀了此人，何济？（《武王伐纣平话》卷上）

（68）子观善恶报应，忠佞分别不爽。假令子为阎罗，恐不能复有所加耳。（《古今小说》卷三二）

即便如此，纵观"假令"、"假如"、"假使"的使用情况，作为让步连词，它们的起始点不尽相同，但其兴盛时期，大体上都在宋、元间基本结束。虽然此后的时期里仍可看到它们的用例，那只是一种自然的延续使用。如果说宋以前它们是个常用或比较常用的词，那么，宋、元以后就是另一回事了。

我们在这一节里，以"假使"为中心阐述了这样几个观点：

1. 让步连词"假使"是以并列方式构成的。假设连词都可以有让步用法。

2. 让步连词"假"和"假使"是在假设连词的使用中出现的。

3. 让步连词"假使"出现后，与假设连词"假使"成互补的关系，它们在汉语历史上平行地使用着。假设连词并没有因为让步连词的出现而中断过使用。

4. 作为一个词族，让步连词"假"和"假使"，它们大体上使用到宋、元时期。

第十五节　让步连词"假饶"

本节讨论让步连词"假饶"。它是"假"和"饶"同义复合而成的一个词。但它们的来源各不相同。"假"的让步义源于它的假设义，这在"假使"那一节交代过。我们在这节开头，首先要了解一下"饶"的本身。

（一）张相先生在《诗词曲语辞汇释》"饶（五）"释曰："饶，犹任也；倘也。假定之辞"。这更多是从词汇意义上着眼的。如果从语法意义上说，如杜牧《猿》诗："三声欲断肠疑断①，饶是少年今白头"，其中的"饶"，即"犹任"，还不是我们所指的连词；但是，让步连词"饶"正是从这类用法发展而来的。从使用上说，"饶"之犹"纵"，有唐时期即有实例为参证。例如：

（1）纵你居犀角，饶君带虎睛。桃枝将辟秽，蒜壳取为璎。暖腹茱萸酒，空心枸杞羹。终归不免死，浪自觅长生。（寒山"纵你居犀角"诗）

在这首诗里，"纵"和"饶"都是表示让步条件的。它们下辖着中间的两个句子，都是表示让步条件的。但是，寒山的用例并不是最早的。例如：

（2）一旦罢因缘，千金须判割。饶君铁瓮子，走藏不得脱。（王梵志"运命满悠悠"诗）

上面两例的"饶"，其语法位置与语意都很相近，是比较早的让步连词用例。

（3）鄂公尉迟敬德，性骁果而尤善避槊……海陵王元吉闻之不信，乃令去槊刃以试之。敬德云："饶王著刃，亦不畏伤。"（《隋唐嘉话》卷上）

此例"饶……亦……"相配，是典型的让步句式。作者刘餗是唐天宝初集贤院学士，可能与王梵志生活的时期相当。

除此之外，唐五代的其他文籍，也可以见到"饶"的用例。如：

（4）饶君多有驻颜方，限来也〔被无常取〕。（《无常经讲经文》）

（5）饶君铁石为心，亦得亡魂胆战处。（《大目乾连冥间救母变文》）

（6）饶你与摩，亦与老师较一阶地。（《祖堂集》卷十一睡龙和尚）

从词汇意义上说，"侭"、"任"含有忍让、任凭的意思，与让步的意思有相近之处。因此，当含有此意的"饶"与"亦"前后相配合使用时，处于前一分句语法位置的"饶"，就很自然地获取了表示让步连词的语法职能。这个词义分化发展过程，在唐五代已经得以完成。此后一直到清代初年，仍能见到它的用例。下面略加举例说明。

（7）饶伊饶舌争先晓，也待青天明即鸣。（魏野《百舌鸟》诗）

（8）人道蜡梅相似，又传菊满东篱。饶伊颜色入时宜。安得香传九里。（王庭珪《西江月》词）

（9）饶君解佩苏秦印，也须归欵候天恩。（《古尊宿语录》卷九石门山慈照禅师凤岩集）

---

① 肠疑断，中华书局1960年版《全唐诗》卷五二五，第6009页作"疑肠断。"

（10）若无恁么事，饶你攒花簇锦，亦无用处，未离情识在。（《五灯会元》卷十三云居道膺禅师）

（11）饶君更披三重铠，抹着鞭梢脊骨折。（《博望烧屯》三折）

（12）饶他掬尽泾河水，难洗今朝一面羞。（《柳毅传书》楔子）

上面是宋、元间的部分用例。元曲的用例都是下场诗，有可能出自明人之手。明人的用例，如：

（13）饶他气满，略动手，又吃过八九盘素食；纵然胃伤，又吃了二三十个馒头。（《西游记》九九回）

（14）就是饶他会摇天关，摧地府，朕也只当个儿戏一般。（《西洋记通俗演义》九回）

这两例中，"饶"与"纵然"对举使用，与"就是"连文使用，清楚地表示了它的语法意义。再如：

（15）饶你满身是手，也打不出我的门去。（《西游记》三一回）

（16）饶你就是勇赛关、张，也只好是束手听命。（《西洋记通俗演义》四七回）

（17）饶你有苏秦、张仪之舌，我这里也下不得说词。（《荡寇志》九五回）

这些明、清间用例，都在句中充当让步连词。单音节的"饶"正是在这个词汇语法意义上，能跟"假"、"纵"等相复合，构成多音节的让步连词。

（二）前面讨论假设连词"饶"的时候，我们指出，这个"饶"的出现，大约在初唐末期与中唐之间。那么，其复合词"假饶"的出现与使用应当在这以后。我们现在所见到的较早用例在晚唐。例如：

（18）假饶不是神仙骨，终抱琴书向此游。（李山甫《南山》诗）

（19）堪叹群迷，梦空花几人悟。更假饶锦帐铜山，珠履玉簪，毕竟于身何故。（吕岩《一寸金》词）

李山甫、吕岩，都是唐懿宗咸通年间的人，时为九世纪中叶。从现在所掌握的资料而言，这些都属于比较早的用例。类似的后一分句，可补入"也"、"亦"来加以理解。

（20）假饶突兀高千丈，争及平平数亩田。（刘隐辞《咏白盐山》诗）

（21）假饶折得东堂桂，胡臭熏来也不香。（尹鹗《嘲李珣》诗）

例（20）、例（21）是前蜀（公元907—925年）诗人的作品。据说李珣是蜀土生波斯裔，故有"胡臭熏来"之语。

（22）我主上由自揸（搀）将，假饶得胜回弋（戈），公（功）归何

处？（《韩擒虎话本》）

《韩擒虎话本》尚有二例：

贾饶蝼蚁成堆，傩（那）能与天为患！

贾饶卿虽自权军，不得与随驾（隋家）交战。

其中"贾饶"，亦即"假饶"。

（23）假饶身命皆将舍，未胜常持般若经。（《金刚般若波罗蜜经讲经
　　　 文》）

（24）假饶富贵似石崇，也遭［白发驱摧老］。（《无常经讲经文》）

（25）假饶富贵似石崇，持为长如彭祖寿。……他家四大一齐归，便见
　　　 形体总枯朽。（《维摩诘经讲经文》）

从唐五代的俗文学中的使用情况看，这是一个很上口的词儿。此外，在
五代的禅宗语录中也能见到它的用例。例如：

（26）假饶併当得门头净洁，自己未得通明，还同不了。（《祖堂集》卷
　　　 九落浦和尚）

（27）此语系缚人，无有住时。假饶不说，亦有口过。（《祖堂集》卷十
　　　 四百丈和尚）

进入宋代，"假饶"在更为广泛地被使用。例如：

（28）假饶烈士也应难，懞底那能解差互。（《景德传灯录》卷二三婺州
　　　 金柱义昭照和尚）

（29）纵遇锋刀常坦坦，假饶毒药也闲闲。（《景德传灯录》卷三十永嘉
　　　 真觉大师"证道歌"）

（30）假饶你学得三贤四果、十地满心，也只是在凡圣内。（《古尊宿语
　　　 录》卷二黄檗断际语录）

（31）假饶答话拣辨如悬河，祇成得个颠倒知见。（《五灯会元》卷十天
　　　 台德韶国师）

在宋人的诗、特别是词作中，有较多的用例。例如：

（32）假饶叶落枝空后，更有梨园笛里吹。（徐铉《柳枝词十首·座中
　　　 应制》之三）

（33）堕纪颓纲公已举。但见清风，萧瑟随谈绪。借寇假绕天不许。未
　　　 须忙遣韶华暮。（毛滂《蝶恋花·席上和孙使君》词）

（34）此宵长愿，迎取一尊娱老。假饶真百岁，能多少。（周紫之《感
　　　 皇恩·除夜作》词）

（35）肘后有仙方。假饶丹未就，寿须长。儒冠多误莫思量。（李弥逊
　　　 《小重山·学士生日》词）

(36) 起来没个人偢采，枕上越思量。眼儿业重，假饶略睡，又且何妨。（张镃《眼儿媚·初秋》词）

(37) 老怀抱，非畴昔。欢意思，须寻觅。人间世、假饶百岁，苦无多日。（吴渊《满江红·雨花台再用弟履斋乌衣园韵》词）

《朱子语类》未见"饶"和"直饶"，但是有"假饶"、"纵饶"的用例。足于说明"假饶"在当时使用之普遍。例如：

(38) 学人读书，只是衮衮读去。假饶说得十遍，是读得十遍不曾理会得底书耳。（《朱子语类》卷十）

(39) 且今纵其营营思虑，假饶求有所得，譬如无家之商，四方营求，得钱虽多，若无处安顿，亦是徒费心力耳。（《朱子语类》卷五九）

此外，在其他的宋代文籍中，也可以看到"假饶"的用例。例如：

(40) 假饶不许长年住，犹胜人间不遇人。（《夷坚支志》甲集卷七"蔡筝娘"）

(41) 假饶守得河，他日契丹在腹心中，安保其不生变也！（《三朝北盟会编》卷一一十）

如果说"直饶"在宋代以后即消亡的话，表示让步的"假饶"，则在金、元、明时期仍然被人们使用着。例如：

(42) 不纳王尧（徭）并二税，百年光景，假饶总醉，三万六千场。（《刘知远诸宫调》第一〔胜葫芦〕）

(43) 正是：假饶千里外，难躲一时灾。（《清平山堂话本·杨温拦路虎传》）

(44) 假饶人心似铁，怎逃官法如炉！（《小孙屠》十五出）

(45) 假饶是线断风筝，落谁家也要个明白。（马致远《集贤宾·思情》套数）

(46) 假饶七步才，未到三公位。早寻个稳便处闲坐地。（钟嗣成《清江引》小令）

(47) 只因奴误你一家。差讹，假饶做夫妇也难和，我心怨、你心牵挂。（《琵琶记》三十出〔醉太平〕）

(48) 假饶你手段欺韩信，舌辩赛苏秦，到底个功名由命不由人，也未必能拿准。（《黄粱梦》一折〔醉中天〕）

(49) 假饶他碧玉多情，也须要明珠为聘。（《玉合记》七出〔宜春令〕）

(50) 假饶你闭花羞月的容貌，一到了垂眉落眼，人皆掩鼻而过之。

（《金瓶梅》一回）

（51）这条大蟒身材长大，力量过人，假饶你千百个将军，近他不得。（《西洋记通俗演义》二十回）

（52）假饶心似铁，弄得意如糖。（《古今小说》卷二三）

（53）自古人心不同，尽道有如其面。假饶容貌无差，毕竟心肠难变。（《拍案惊奇》卷二）

从元、明时期的使用情况看，仍然很自然地被使用着。但让人不解的是，它的使用就此而止，我们尚未在清代的文籍中发现它的用例。我们仍不明白，在明、清之际发生了什么，于是"假饶"、"直饶"之类，一下子都不使用了。诚然，关键在于语词本身，只是我们尚未能就它们本身获得其自我消亡的因由。

（三）这里必须附带提到相关的问题。让步连词"饶"本身不表示假设，但"假饶"却具有这一语法职能。这也是"直饶"所不具备的。例如：

（54）强闻经、相取语，幻化之身无正主，假饶贪恋色兼声，限来却被无常取。（《无常经讲经文》）

又《左街僧录大师压座文》："假饶不被改形仪，得个人身多少时。"都是其例。

（55）假饶花落未消愁，煮酒杯盘催结子。（柳永《木兰花·杏花》词）

（56）假饶真个住山腰。那个金章，换得渔樵。（程垓《一剪梅》词）

《元曲选》里的几个用例，都非出于曲词，而是见于下场诗。如：

（57）假饶囊底无钱使，满腹文章不济贫。（《来生债》一折）

"假饶不做欺心事，谁把钱财送我来。"（《老生儿》三折）"假饶不得风雷信，千古无人识卧龙。"（《王粲登楼》三折）这些例子，可能都出自明人的笔下。在明代小说中，我们也可以见到一些用例。例如：

（58）假饶儿子长成，讨的一官半职，也先向上头封赠起。（《金瓶梅》五七回）

（59）假饶这日无人搭救，却不穷途流落，几时归去？（《醒世恒言》卷二五）

（60）假饶方寸难移相，饿莩怎能享万钟？（《古今小说》卷九）①

总的说，"假饶"用于表示假设，用例不多，但当它与"时"相配合使用时，其语法职能最为清楚。例如：

---

① 许政扬注云，假饶：假令、如果。有时也作纵使、任凭解。

假饶透脱时，八十一卷华严只是一句；假饶不透脱时，单提半偈纏不了的葛藤。（《昙花记》五三出）

这样的用例更是不多。

就假设意义上说，"假饶"一词的构成还值得一提。作为让步连词，"假"、"饶"两个构词成分复合成的"假饶"，是并列结构。但是，"饶"从来没有像"如"、"若"、"使"等那样当作假设连词使用过，就是说，"饶"本身不具有假设连词的职能。因此，假设连词"假饶"的两个构词成分在这一构词上不是并列的，应该是偏正结构。从本义上说，"假饶"的出现是表示让步的。用作假设连词，可能是人们受"假如"、"假使"的影响，把它也当作假设连词来使用的结果。在相当长的一段时期，它们在汉语中成为假设与让步两个职能并举使用的一个语词群体，具有某种时代性的意义。

（四）"纵饶"是"饶"为词素所构成的让步连词中使用频率较高的一个。由于"总"与"纵"音读相近，其表示让步的用法，则可能借助于音从"纵"过渡而来。在"总"获得让步义后，也能与"饶"构成同义复合词，即"总饶"。

"纵饶"，其构成关系很清楚，是由并列的结构形式构成的词，初见于晚唐五代。例如：

（61）纵饶吴土容衰病，争奈燕台费料钱。（罗隐《病中上钱尚父》诗）

（62）纵饶不得力，犹胜别劳心。（杜荀鹤《赠李蒙叟》诗）

（63）纵饶夺得林胡塞，碛地桑麻种不生。（陈陶《陇西行四首》之一）

（64）七十去百岁，都来三十春。纵饶生得到，终免死无因。（齐己《七十作》诗）

（65）纵饶黎庶无知识，不可公王尽信邪。（杨德辉《嘲僧门祝辟支佛牙》诗）

（66）七十衰羸争奈何，纵饶闻法岂能多。（敦煌曲《女人百岁篇》）

（67）若未得其本，纵饶将情学他亦不得。（《祖堂集》卷十八仰山和尚）

以上是唐五代的用例。宋代的用例虽不多，然而可称得上是相当口语化的。例如：

（68）纵饶做得不差失，也只表里不相应，也不是礼乐。（《朱子语类》卷二五）

（69）纵饶句下精通，未免触途狂见。（《古尊宿语录》卷二十海会演语

录）①

（70）纵饶挑贩客家，独自个担来做己有。（《张协状元》八出）

到了元代，"纵饶"除个别用例外，在形体上多使用"总饶"，用法不变。如：

（71）纵饶鲁肃千条计，怎胜关公这口刀！（《单刀会》三折）

例（71）出《元曲选外编》。

（72）总饶你泼骨顽皮，也少不得还他本和利。（《鸳鸯被》四折［新水令］）

（73）总饶你便通天彻地的郎君，也不彀三朝五日遭瘟。（《曲江池》二折［梁州第七］）

（74）总饶你满园春，万花新，争如得见当乡人。（《罗李郎》四折［干荷叶]）

（75）总饶赶上焰摩天，教他无处相寻觅。（《鲁斋郎》楔子）

（76）总饶你事业伊周，文章董贾。少不得北邙山下。（无名氏《归来乐》小令）

例（71）至例（76），其中例（71）、例（75）是下场诗。又例（75）为明人手笔的可能性较大。其余包括小令，都是曲词，元人作品的可靠程度大。除此之外，我们还没有看到确实的明人的用例。换句话说，"纵饶"作为一个让步连词，从晚唐五代到元朝，是它存在与使用的时间范围。它的存在与消亡，与"饶"及以"饶"为成分构成的语词族群基本一致。

我们在前面说过，让步连词"假使"是从假设连词"假使"使用而来的。究其原因，在于其中的各构成成分，都具有假设和让步两项用法。又让步连词"假饶"能当作假设连词使用，是其内部构成中的"假"具有假设和让步两项用法。因此，"假饶"的假设义，是取决于"假"而非取决于"饶"。把问题掉过来，"饶"在"假饶"这一构成中，被一起用作假设连词；但在"直饶"、"纵饶"、"总饶"这些词中，都不出现假设连词的用例，因为任何一个构成成分都不具有表示假设的基因。由此可见，汉语历史上部分假设连词与让步连词之间的词义和用法上的互动，是由其内在因素决定的，而不是随意的。

第十六节　让步连词"就是"

表示让步的连词"就是"，是现代汉语里常用的词。《现代汉语词典》

① 这句禅门俗语，《五灯会元》卷十一风穴延沼禅师作"纵然句下精通，未免触途狂见"。

分立［就是］²，以示与表示肯定和同意的［就是］¹形、音相同而词义不同。然而究其实质，是两者之间根本词性的不同，它们的基本构成也是不同的。也就是说，它们有着来源上的本质差别。本节主要试图探讨让步连词"就是"的形成。

（一）就我们现今所掌握的文献资料看，表示让步的连词"就是"的较早用例，见于明代末年的白话小说。例如：

（1）就是无佛，也必有个佛像。（《西游记》六五回）

（2）那些烧火的小妖已是有睡魔虫，都睡着了，就是打也莫想打得一个醒来。（《西游记》七七回）

《西游记》成书约在十六世纪六、七十年代之间，即相当于明穆宗之隆庆与明神宗之万历年间。

（3）我如今又不得命，身底下弄这等疾，就是做鬼，走一步也不得伶俐。（《金瓶梅》六二回）

（4）奔到家把大门关闭如铁桶相似，就是樊哙也撞不开。（《金瓶梅》九三回）

《金瓶梅》这两例，出自万历本《金瓶梅词话》。万历年间，此书已见于世，为学术界之共识。这个时间也应该是比较可靠的。

有两个侧面的事实必须交代一下。

其一，《西游记》、《金瓶梅》都有许多的用例，并非只有前举二例。为了充实这方面的认识，我们再各举若干用例于下。

（5）就是散了，也不肯借扇与我。（《西游记》六十回）

（6）就是淘东圊，也不似这般恶臭。（《西游记》六七回）

（7）就是纵然说得莲花现，也除不得西方洞外精。（《西游记》七四回）

例（7）"就是"、"纵然"连用。

（8）就是小人在勾栏三街两巷相交唱的，也没你这手好弹唱。（《金瓶梅》六回）

（9）就是铁石人也禁不的，怎的不把病又犯了！（《金瓶梅》六二回）

《西游记》、《金瓶梅》状况说明，让步连词"就是"在使用上的成熟度已是很高的。这在当时必定具有广泛的口语基础。也就是说，它在口语里的实际使用，应当比这里所举的用例要早，只是没有形之于文字而已。这是我们根据《西游记》、《金瓶梅》，还有《西洋记通俗演义》的使用情况所作的推论。

其二，《水浒传》的成书，可能在元末或元、明之间，比《金瓶梅》的成书时间早近二百年。其间语言的差别究竟有多大，很难简单地说清楚。其中《金瓶梅》里有关武松打虎、潘金莲与武松以及王婆说风情等情节，许多段落几乎是原封不动从《水浒传》有关章节搬过来的，从整体上说，还是很协调的。但其中的增删，也能看到某些差异。《水浒传》二四回有这样一段文字：

那等人伏侍叔叔，怎地顾管得到？何不搬来一家里住，早晚要些汤水吃时，奴家亲自安排与叔叔吃，不强似这伙腌臜人安排饮食！

《金瓶梅》第一回里的相关文字为：

叔叔何不搬来家里住？省的在县前土兵服事，做饭腌臜。一家里住，早晚要些汤水吃时，也方便些，就是奴家亲自安排与叔叔吃，也干净。

对比之下，最引起我们注意的是《金瓶梅》的文句里使用的"就是"，而在偌大一部《水浒传》，我们尚未发现使用了这个词①。不管如何，在明代万历年间，"就是"突然出现而又大量使用的现象，似乎是有些什么值得我们去注意的。

江东老蟫《京本通俗小说》跋，说他所见旧抄本书"的是影元人写本"，并说"《错斩崔宁》、《冯玉梅团圆》二回，见于书目"。然而，恰巧是这两篇文字里，便有"就是"的用例：

（10）我须先去爹娘家里说知，就是他明日有人来要我，寻到我家，也须有个下落。（《错斩崔宁》）

（11）原来离乱之时，店中也不比往昔，没有酒卖了；就是饭，也不过是粗粝之物。（《冯玉梅团圆》）

若江东老蟫所言"元人写本"是实，例（10）、例（11）则是元代用例；若如我们前面的考察是实，则《京本通俗小说》可能是明人的作品。我们这里未能下确凿的判断。

万历年间还有一部小说，即罗懋登的《西洋记通俗演义》②，其中亦有连词"就是"的用例。例如：

（12）诸徒众口口叫着"佛爷爷"，鹦哥儿也口口叫着"佛爷爷"，就是净瓶儿也口口叫着"佛爷爷"。（《西洋记通俗演义》二回）

（13）莫说是四众人等念声阿弥陀佛，就是毗沙门子、三藐三佛陀也念声阿弥陀佛。（《西洋记通俗演义》五回）

---

① 李法白、刘镜芙《水浒语词词典》（上海辞书出版社1989年版）、胡竹安《水浒词典》（汉语大词典出版社1989年版）都未收录这个"就是"。

② 全称《三宝太监西洋记通俗演义》。作者有万历丁酉岁的《叙西洋记通俗演义》，故据简称之。

（14）这一喷之时，莫说张狼牙，就是跟随的军士，一个个的都跌翻在地上。（《西洋记通俗演义》六九回）

至于明代的其他白话小说，如三言、二拍等，也有诸多的用例。例如：

（15）就是有两个女儿，纵养他一百来岁，终是别人家媳妇。（《醒世恒言》二十回）

（16）少甚东西，只问小人就是。就是便路上不甚整齐，到家中自有。（《平妖传》十二回）

（17）而今张官人不在家；就是在时，也不便相会。（《拍案惊奇》卷二九）

（18）就是吏部里司官老爷，小人们也多有相识的。（《醒世姻缘传》五回）

（19）果然至孝的，就是不旌表也要割股；不孝的，就是日日旌表，他自爱惜自己身体。（《型世言》四回）

（20）就是你与唐主有恩，怕不能如此。（《隋史遗文》五三回）

（21）就是皇上见罪，也自甘心。（《韩湘子全传》十二回）

我们通过上面的叙述，推论让步连词"就是"生成于明朝。但我们所见到的用例，多出自明朝末期。

到了清代，连词"就是"的使用，显得更加广泛。下面略举数例：

（22）莫说救兵路远，就是朝发夕至，也非长策。（《荡寇志》一百四回）

（23）勿论什么妖精装到里面，六个时辰能化脓血，就是西方罗汉，都能把金光炼散。（《济公全传》一九一回）

（24）那边水势汹涌，就是大船尚且难行，何况筏子！（《三侠五义》八五回）

（25）我看死人面上，他就是有不好，也要担待他三分。（《官场现形记》三六回）

（二）接着我们要解决的，即"就是"是怎样形成的。首先，"就"作为让步连词，由来有自。如：

僬侥桂荠，产乎异俗，就有仙人，亦殊类矣。（后汉·荀悦《申鉴·俗嫌》）

迁都之事，初无此计也；就有，未露，何所受闻？（《三国志·吴书·孙坚传》注引《续汉书》）

然而，"就是"的"是"，在汉语历史上既无假设、也无让步的语法职能；即使把它说成是辅助成分，也未见现成的界说。因此，对这个"是"，必须寻求一个合理的解释。

在让步连词的范围内，与"就是"关系最近的可能是"就使"。其相同之处，都有"就"这一表示让步的构词成分。不同之处是另一成分"是"与"使"之别。音读上的差异，形体上的不同，还很难把它们联系起来。但是，值得注意的是，"是"与"使"在音读上，只有调的差别。

近代汉语里，在让步连词的范围内，像"就使"、"就是"这样相对存在与使用的，大约有如下一些：

便使——便是　　直使——直是

即使——即是　　总使——总是

就使——就是　　纵使——纵是

虽使——虽是

在这七对组合里，通常有"使"为构成成分的，在历史上都使用在先。比如我们讨论过的"就是"，与之相对的"就使"，早在后汉就已经出现了。例如：

（26）就使当令土砾化为南金，瓦卤变为和玉①……虽羲皇之纯德，大禹之勤劳，周文之不暇，犹不能以保萧墙之内。（后汉·刘騊駼《上书谏铸钱事》）

（27）和既正位，适庶分定，就使才德不殊，犹将义不党庶。（《三国志·吴书·吴主五子传·孙和》裴松之注语）

（28）就使其像可图，莫能通其居用之礼，此为设虚器也。（后魏·袁翻《明堂议》）

我们现在要探讨的是，不具有让步意义的"是"，除了音的因素之外，是如何使用到表示让步的连词中去的。我们下面通过用例来作些说明。

（29）休道是张生，便是铁石人也意惹情牵。（《西厢记》一本一折［赚煞］）

（30）便是铁石人也劝得他转。（《水浒传》五回）

（31）就是铁石人也禁不的。（《金瓶梅》六二回）

（32）邢夫人总是铁心铜胆的人，妇女家终不免生些嫌隙之心。（《红楼梦》七一回）

以上四例，"便是"、"就是"、"总是"下接的都是名词或名词性成分。这四个用例具有相同的搭配形式，然而它们出自不同时代、不同作者之手，不应当看作是一种巧合，似乎有一种语言本身的内在因素在起着支配作用。

---

① "变为"，《全后汉文》原作"变为为"，当衍一"为"字。

明代徐渭在《四声猿·狂鼓史渔阳三弄》有一支曲子:

〔那吒令〕他若讨吃么,你与他几块歪剌。他若讨穿么,你与他一疋糁麻。他有时传旨么,教鬼来与拿。是石人也动心,总痴人也害怕,羊也咬人家。

其中"是石人"中的"是",虽然与"总"互文而用,也不能说它表示让步,更不能说是个让步连词。我们推测,由于它是曲词,受格律的限制,它可能是"即使是"用法省略的结果。

为了方便于对比,我们看看下面另一种类型的用例:

(33) 虽使禹、舜复生为陛下计,亡以易此。(《汉书·贾谊传》)

(34) 虽使颇、牧生,勇智当坐竭。(苏舜钦《己卯冬大寒有感》诗)

(35) 虽使羊、杜复生,抚百姓,御三军,必不能成恺悌之化而正师律也。(《新唐书·姚南仲传》)

(36) 虽使伊、周复生,不能易此议也。(《三朝北盟会编》卷八)

(37) 纵使孔明更生,我何惧哉!(《三国演义》一一七回)

(38) 铁案如山,就使包老爷复生,亦翻不过。(《官场现形记》十五回)

例(33)至例(38),"虽使"、"纵使"、"就使"下接的虽然是名词,但是这些名词是主谓短语中的主语。"虽使"下接的应当是整个主谓短语,表示一个事态的发生或变化,而不仅仅是关乎用作主语的名词①。因此,与例(29)至例(32)相比较,"便是"等下接名词时,似乎是语意要求它对名词作出某种判断;而例(33)至例(38),"虽使"等下接主谓短语,语意要求的是说明在什么条件下。这两组用例在让步连词使用的选择方面,有着某种需要我们去体会的界划。

我们进一步设想,如果"虽使"这一类连词下接的不是主谓短语、而是名词的话,又会发生什么样的情况呢?我想,下面的用例也许可以作为解答。

(39) 祖宗遗宝,复归中禁,纵使是铜,亦当薄赏。(《建炎以来朝野杂记》甲集卷八"奉祀汾阴宝")

(40) 纵使是《北斗经》,将如我何!(《夷坚支志》乙集卷三"刘氏僦居")

(41) 这条小小竹棍,就使是实心的,未必这等重得狠。(《禅真逸史》

---

① 个别单音节让步连词,能直接下接名词。例如:贫僧不问荤素,便酒肉贫僧也噢。(《忍字记》一折)却读得一肚皮好书,便韬略、星卜,无所不晓。(《三刻拍案惊奇》十回)

十一回）

（42）看看那纸色，纵使不是永乐年间的，也是个旧货了。（《二十年目睹之怪现状》七二回）

例（39）至例（42），让步连词"纵使"、"就使"下接名词或名词性短语，这时，在让步连词与名词或名词性短语之间都有个"是"。这个"是"是表示判断的。例（42）虽是否定，同样也表示一种判断。遗憾的是，这种例证我们掌握到的还嫌欠缺。

通过前面的叙述，我们自然而然地形成这样一种认识，让步连词"就是"可能是在"就使＋是＋名词"的条件下过度为"就是＋名词"而形成的。其余"纵是"、"便是"等之形成，大体上也都有这么一个过程。有个颇明显的现象是，通过"使"、"是"音近，从"就使"→"就是"，省去"使"，这一来"就是"既不丧失"就使"固有的词义特性与语法职能，又融入了"是"表示判断的词义要素，同时还保持了双音节的结构形式，与其他同类的让步连词在结构形式上也协调一致。这样，犹如"就是"，它能取代"就使"一直使用到现代汉语，就不是没有根据的了。

我们说"就是"是根源于"就使"过度而来的，并与"就使"一样具有同等的语法职能，那么它的下接成分也就不会是单一的名词。例如：

（43）就是饶他会搔天关，摧地府，朕也只当个儿戏一般。（《西洋记通俗演义》九回）

（44）就是不离身驮着，也还容易。（《西游记》三二回）

（45）就是做库房，未知是祸是福。（《警世通言》卷十五）

（46）一个家人就是好，也犯不着主人家到他屋里看他。（《歧路灯》二六回）

（47）六合王亦是贤王，就是接交他，也不玷辱于我。（《三侠五义》十七回）

（48）倘然没有妥便，就是我走一趟也使得。（《儿女英雄传》三回）

（49）好在姓钱的是实缺，就是空闲一年半载也不打紧。（《官场现形记》三回）

从上面的用例可以看到，"就是"可以下接动词、动词短语、形容词及主谓结构等。正是由于"就是"下接成分得以扩充，才有可能取代"就使"的地位以至于使用到现在。

这里，我们把"就是"置于词义特性相近、语法职能相同的类型中，考察其可能的来源与变化。从"就使是"到"就是"变化的结果，在语感上兼有让步和判断的语气，但似乎两者都有一定程度的减弱。

第十七节　让步连词"便"

让步连词"便",是起源于近代汉语的一个词①。在现代汉语书面上时有所见,口头上很少有人使用。在近代汉语里,特别在宋、元、明、清间,它也算得上是较比活跃、且又持续使用着的一个词。在这个基础上,又构成了几个虽不活跃、但仍使用着的双音节词。本节即拟在这一范围内,作简要的叙述。

(一)在前辈中,首先注意到"便"的连词职能的,是清代的刘淇。他在《助字辨略》②卷四"便"的末项云:"又假令之辞,犹云纵也。"例引宋代陆叡《瑞鹤仙》词:"便行云都不归来,也合寄将音信。"

张相《诗词曲语辞汇释》卷一"便(一)"以宋人诗、词为主,较详细地考察了连词"便"在诗、词中使用的概况。他虽仅引用杜诗一例,然而此例仍是目前所见之较早用例:

便与先生应永诀,九重泉路尽交期。(杜甫《送郑十八虔贬台州司户阙为面别》诗)

诚然,在唐诗里并非仅此一例。就在杜诗中也还可以看到其他的用例。如:

(1)或从十五北防河,便至四十西营田。去时里正与裹头,归来头白还戍边。(杜甫《兵车行》)

就是到了四十岁西去营田。

(2)右相历中台,移松武库栽。紫茸抽组绶,青实长玫瑰。便有干霄势,看成构厦材。(刘禹锡《和兵部郑侍郎省中四松诗十韵》)

意为即使大有才干,也不被当作栋梁。

(3)须凭百杯沃,莫惜千金费。便似罘中鱼,脱飞生两翅。劝君虽老大,逢酒莫回避。(白居易《和知非》诗)

作者认为"酒可忘荣悴",能让人从一切困境中解脱出来。

(4)平生愿,愿作乐中筝。得近玉人纤手子,研罗裙上放娇声,便死也为荣。(崔怀宝《忆江南》词)

令人不解的是,在敦煌文献里,我们没能见到让步连词"便"的用例。

---

① 何金松《虚词历时词典》(1994年)举《论衡·儒增》篇:"儒书言:'楚熊渠子出见寝石,以为伏虎,将弓射之,矢没其卫。'或言:'养由基见寝石,以为兕也,射之,矢饮羽。'或言李广。便是熊渠、养由基、李广主名不审,无实也。"此"便",似宜斟酌;句式亦不典型。

② 中华书局1954年章锡琛校注本。

在宋代，诗词里常能见到"便"的用例。张相《诗词曲语辞汇释》共列举了九例。我们下面补充若干用例。

（5）正当年、似阆苑琼枝，朝朝相倚。便涤器何妨，当炉正好，镇同比翼。（晁补之《斗百草》词）

（6）中央。孕正色，更留明月，偏照何妨。便高如兰菊，也让芬芳。（向子諲《满庭芳·岩桂》词）

（7）楼底轻阴。春信断，怯登临。断肠魂梦两沉沉。花飞水远，便从今、莫追寻。又怎禁、蓦地上心。（章楶《声声令》词）

（8）政缘在野有幽色，肯为无人减妙香。已晚相逢半山碧，便忙也折一枝黄。（杨万里《野菊》诗）

除了诗词之外，宋代在其他文献中也能够见到"便"的用例。例如：

（9）吾本不为宰相知，上便委以使务，脱谓吾他岐而得，卒无以自白。（《新唐书·韦贯之传》附韦澳）

（10）和之因问"五御"中"逐水曲"及"过君表"等处。先生既答，曰："而今便治《礼记》者，他也不看。"（《朱子语类》卷一百五）

（11）虽是不为（不善），然心中也有些"便为也不妨"底意思。（《朱子语类》卷十八）

（12）我当亲到燕山措置常胜军及制置河北诸帅兵，便他敢来时，亦不失事。（《三朝北盟会编》卷十九）

从让步连词"便"的使用看，它应是个口语词。宋人的使用情况，可供我们作这一判断的根据。金元戏曲，同样可以为我们提供这方面的根据。例如：

（13）我这口无虚语，道一句只一句。生时节是你妻，便死也是贤妇。（《刘知远诸宫调》第二［木笪绥］）

（14）莫胡来，便死也须索看。这里管塑盖得希罕。（《董解元西厢记》卷一［惜黄花］）

（15）（你）便有百万军，当不住他不刺刺千里追风骑；你便有千员将，闪不过明明偃月三停刀。（《单刀会》一折［金盏儿］）

（16）俺那鸳鸯枕、翡翠衾，便遂杀了人心，如何肯赁！（《西厢记》三本四折［东原乐］）

（17）一方之地，百万生灵，将咱倚仗，我便有尹铎才也怎生保障。（《范张鸡黍》四折［上小楼］）

（18）我便有那论邦辩国的巧舌头，子不如妆做个哑！哑！哑！哑！（《介子推》三折［醉春风］）

（19）怎如俺掩重门锁绿苔，闲亭扫落花。抱瑶琴高卧在松阴下。便做
　　　　不得神仙，我也快活煞。（《竹坞听琴》二折［耍孩儿·尾声］）

以上用例都见于曲词。至于杂剧宾白中的用例，则有可能出自明人之
手。如：

（20）贫僧不问荤素，便酒肉，贫僧也喫。（《忍字记》一折）

（21）莫说砍倒这树枝，便连根掘了来，难道这桃花女真个便板殭死了
　　　　不成！（《桃花女》四折）

（22）你哥哥便有甚的不是，你也将就些儿，不要记怨了。（《灰阑记》
　　　　一折）

在明清小说中，也不乏让步连词"便"的用例。下面略举数例：

（23）便真个有虎，老爷也不怕。（《水浒传》二三回）

（24）这本不独本司说不该上，便林大人也说上不得。（《梼杌闲评》四
　　　　二回）

（25）当时官府不禁，便宋家子姓也没个来争。（《清夜钟》十三回）

（26）只是这人心直口快，便沈阁有些不好，他也要说他两句。（《三刻
　　　　拍案惊奇》八回）

（27）那厮便害了衙内，亦必藏在屋里，不能带了逃走。（《荡寇志》七
　　　　五回）

（28）他便不是太太养的，难道谁敢小看他？（《红楼梦》五五回）

从上面的举例可以看到，"便"的让步职能自初唐末年使用以来，有较
深的口语基础。

（二）"便"和"假"、"就"、"纵"等连词一样，能跟一些单音节词构
成多音节的同义词。在以"便"为词素构成的多音节让步连词中，按其构
词形式，可分为两类，即并列和偏正。我们下面就这两类，分别作些叙述。

甲，并列结构。以并列方式构成的让步连词，数量不多，使用频率也不
高。这类词主要有：

便使

（29）便使笔精如逸少，懒能书字换群鹅。（陆龟蒙《自遣诗三十首》
　　　　之十）

（30）湖山信是东南美。一望弥千里。使君能得几回来。便使尊前醉
　　　　倒、且徘徊。（苏轼《虞美人》词）

（31）如从军者之行，必竟是为利禄，为功名；由今之举，便使得人一
　　　　城一围，又是甚功名！（《二程遗书》卷二下）

（32）不成说有子孙底方有感格之理！便使其无子孙，其气亦未尝亡

也。(《朱子语类》卷三)

(33) 是时便使活佛、活老子、庄、列出来，也开口不得。(陆九渊
　　　《语录》下)

(34) 便使积官居鼎鼐，假饶累富堆金玉。似浮埃、抹电转头空，休迷
　　　局。(吴潜《满江红》词)

　　"便使"由"便"、"使"复合而成。此词自见用于唐人以来，宋代的
文献中时有所见，其后用例并不多。如：

(35) 陛下，交军衣祅旋旋关，军粮食日日有，便使杀他也不辞生受，
　　　敢舍性命在剑戟戈矛。(《霍光鬼谏》三折〔滚绣球〕)

(36) 大妈，便使敝裘还，也下不得将他冷眼看。(《焚香记》十二出
　　　〔朝元歌〕)

(37) 便使他先到，也差不甚么。(《后水浒传》二八回)

(38) 后队看见连忙收缰，便使立得定脚，争奈车下的地无故自陷，急
　　　放艞板不及。(《荡寇志》一十七回)

便饶

(39) 凡花且莫相嘲谑。伫强伊寂寞。便饶他、百计千方做就，醖藉如
　　　何学。(赵长卿《探春令·赏梅十首》词之八)

(40) 闻虏所要浩瀚，(何)㮚方大醉，摇首曰："便饶你、漫天索价，
　　　待我略地酬伊。"闻者大惊。(《三朝北盟会编》卷六八)

便纵

(41) 一旦茫然，终被阎罗老子相屈。便纵有，千种机筹，怎免伊唐
　　　突。(王安石《雨霖铃》词)

(42) 便纵有、千种风情，更与何人说。(柳永《雨霖铃》词)

(43) 便纵有、甘泉妙手，洪都方士何济。(李甲《慢捲䌷》词)

(44) 便纵有些梅花入梦香，到不如风雪销金帐，慢慢的浅斟低唱。
　　　(马致远《拨不断》小令)

(45) 便纵位至王公将相，富贵百年，也不过是一瞬息间耳。(《绿野仙
　　　踪》五回)

　　与"便使"相比，"便纵"在使用中，似乎词组的特性更为突出些。

　　这里要讨论一个问题，就是对三音节结构成分怎么看。先看下面几个
用例：

(46) 便假饶百岁拟如何，从他老。(张昇《满江红·自鹿田山桥小集
　　　潜岳寺，坐中酬陈子象词》)

(47) 便就是有缘法的，那缘法尽了，往时的情义尽付东流，还要变成

仇怨。（《醒世姻缘传》七九回）

（48）丹井畔，山桥侧。空翠里，烟如织。便直教马上，醉巾沾湿。（韩元吉《满江红·自唐田山桥小集潜岳寺，坐中酬陈子象词》词）

（49）便直饶、心似蛾儿撩乱。也有春风管。（杨无咎《探春令》词）

（50）便纵然寻着胡先生，也当不得你这丑媳妇。（《岳阳楼》三折）

（51）便纵绕有道理，宁有几何？（《朱子语类》卷六四）

（52）便纵使当日，文忠品第，赵昌模写，难更形容。（刘弇《内家娇》词）

例（46）至例（52）七例，"便假饶"、"便纵使"等三音节的结构成分，在有的辞书里是当作一个词来看待的，这倒不妨。但在本质上，须认识它是词组。

乙，偏正结构。这里所指的偏正结构，是指"便+辅助成分"的结构。辅助成分，不是"的"、"地"、"然"之类，而是"教"、"做"、"是"这些具有实义的单音节词。与并列结构相比，偏正结构的让步连词具有相当的使用频率，如"便是"，在现代汉语中还时有使用的。下面稍加举例说明。

便教

（53）便教尽大地只有自家一人，也只是自欺，如此者多矣。（《朱子语类》卷十八）

（54）便教五伯多权变，怎似三王尚义仁。（《秦併六国平话》卷上）

（55）便教媒母也嫌憎，纵是无盐羞配合。（《三遂平妖传》五回）

例（55）与"纵是"互文使用，词义甚明。

便做

便做，有时写为"便作"，始见于宋代。其使用之初，就是一个口语词，使用得比较广泛。例如：

（56）若使子贡当时径问（蒯）辄事，不唯夫子或不答，便做答时，亦不能如此详尽。（《朱子语类》卷三四）

（57）春光都在柳梢头，拣折长条插酒楼。便作在家寒食看，村歌社舞更风流。（杨万里《宿新市徐公店》诗）

（58）将折兵死，兵折将死。（刘）延庆果是退败，便做官大，亦行军法。（《三朝北盟会编》卷十二）

（59）镇夕厌厌，休言扁鹊能调药；终宵悄悄，便做陈抟怎生眠。（《醉翁谈录》己集卷一"意娘与李生相思赋"）

（60）夫人，便做我眼见鬼，你也见鬼。（《张协状元》四五出）

但是，"便做"的流通寿命并不长，仅仅使用到元明时代。例如：

（61）倘或明日见他时分，把可憎的媚脸儿饱看一顿。便做受了这恓惶，也正本。（《董解元西厢记》卷一［牧羊关·尾］）

（62）太子闻得烦恼，曰："便做齐王无道，是俺生父。"（《七国春秋平话》卷中）

（63）望断天涯无故人，便做铁打心肠珠泪倾。（《宦门子弟错立身》九出［解三酲］）

（64）风飘飘。雨潇潇。便做陈抟睡不着。（关汉卿《大德歌·秋》小令）

（65）凭父亲到是有见识人，便做先吃些亏，到底也得箇好名。（《诚意伯文集·刘仲璟遇恩录》）

（66）此时小人出来又出来不得，便做小人是柳下惠、鲁男子时，也只索同这女儿住在里头了。（《二刻拍案惊奇》卷三五）

在明清间，"便做"也说成"便做道"，偶尔写作"便做到"。例如：

（67）便做道搂得慌呵，你也索觑咱。多管是饿得你箇穷神眼花。（《西厢记》三本三折［沉醉东风］）

（68）便做道人生在世有无常，也不似俺一家儿死的来忒枉。（《伍员吹箫》一折［元和令］）

（69）笑您这千丈风波名利途，问是非乡枉受苦。便做到佩苏秦金印待何如？（《竹叶舟》一折［油葫芦］）

例出《元刊杂剧三十种》本。《元曲选》本作"便做道"。

（70）便做到官人问句话，就说何妨？（《古今小说》卷二四）

（71）便做道是亲，未必就该是他掌把家私。（《拍案惊奇》卷三八）

我们还没有见到清代"便做"、"便做道"的用例。

便是

便是，犹如"就是"、"即使"。与"便做"、"便教"不同的是，它们虽然都起始于宋代，但它的使用寿命要长的多，一直沿用至今。例如：

（72）便是物欲昏蔽之极，也无时不醒觉。（《朱子语类》卷十七）

（73）残睡觉来人又远，难忘。便是无情也断肠。（晏几道《南乡子》词）

（74）词源三峡泻瞿塘。便是醉中宣去、也无妨。（王安中《虞美人·赠李士美》词）

（75）便是一成去了，不成没个来时。眼前无处说相思。要说除非梦里。（周紫芝《西江月》词）

（76）故园便是无兵马，犹有归时一段愁。（陈与义《送人归京师》

诗）

（77）便是千圣出头来，也安一字不得。（《五灯会元》卷七玄沙师备禅师）

在此后的各类史籍里，都不难见到"便是"的用例。例如：

（78）遮莫贼军三万垓，便是天蓬黑煞见，他应也伏输。（《董解元西厢记》卷二［木鱼儿］）

（79）便是触犯天颜，也只得修表一道谏其君。（《宣和遗事》前集）

（80）你便是汉相如献赋难求进，贾长沙上书谁傲问，董仲舒对策也无公论。（《范张鸡黍》一折［寄生草］）

（81）休道是小生，便是铁石人也意惹情牵。（《西厢记》一本一折［赚煞］）

（82）休道司马懿、张郃，便是曹睿亲来，有何惧哉！（《三国演义》九五回）

（83）一把火烧得干干净净，没了踪迹，便是武二回来，他待怎的？（《金瓶梅》五回）

（84）便是得了奇香，也没有亲哥哥亲兄弟弄了花儿朵儿、霜儿雪儿替我炮制。（《红楼梦》十九回）

（85）便是店里的洗脸木盆，也从不曾到过跟前。（《儿女英雄传》四回）

与"便教"、"便做"不同，"便是"的"是"在句子中，似仍不失有些判断的味道。

我们在前面就让步连词"便"及其相关的多音节词的历史状况，作了概括的描述。这里有一点似乎值得一提："便"及其所构成的双音节连词，迄今为止使用量与使用面已都很窄小。从趋势上看，今后还可能持续这一状态，以至于有朝一日被弃用，最终成为一个历史词汇。

第十八节　选择连词"将"

对于上古时期的选择连词，虽多连接问句大多本身与"疑问"无关。[①]但是，有个别连词，具有表示疑问的职能，这个连词就是"将"。在汉语历史上，"将"、"为"、"还"都与疑问密不可分。我们把它们当作汉语选择连词的三个历史层次看待。本节讨论选择连词"将"。

（一）在讨论"将"的选择连词的语法职能之前，首先了解它的疑问副词用法。

---

① 参见杨树达《高等国文法》第八章二选择连词。

在汉语研究的历史上，首先提出这个问题的是刘淇《助字辨略》，其次是裴学海《古书虚字集释》。他们都提到了《左传·昭公三年》一例：

梁丙曰："甚矣哉，子之为此来也！"子太叔曰："将得已乎？"

刘淇云，此"将"字，犹"岂"也。裴学海云，"将"犹"何"也。他们还举有另外一些用例。其实，"将"用作诘问副词，史籍不难见到。例如：

（1）夫无兼国覆军，贼虐万民，以乱圣人之绪，意将以为利天乎？……意将以为利鬼乎？……意将以为利人乎？（《墨子·非攻下》）

（2）周书所谓，重黎实使天地不通者何也？若无然，民将能登天乎？（《国语·楚语》下）

韦昭注："若重黎不绝天地，民岂能上天乎？"以"岂"对译"将"，明此例"将"为"岂"义。

（3）襄王曰："先生老悖乎？将以为楚国祅祥乎？"（《战国策·楚策四》）

（4）孟孙曰："夫以一麑而不忍，又将能忍吾子乎？"（《说苑·贵德》）

此例已见《古书虚字集释》所引用。

（5）假设陛下居齐桓之处，将不合诸侯而匡天下乎？（《汉书·贾谊传》）

从上面的用例可知，刘淇所言"将"为"岂"义，是其表示疑问的较早用法。六朝时期仍能见到。如：

（6）观君所言，将不早惠乎？（《后汉书·孔融传》）

（7）当局苦迷，将不然邪！（《宋书·王微传》）

（8）方今宰牧华夏，处杀戮之职，与本操将不乖乎？（《世说新语·政事》）

魏晋及其以后，已见表示询问、疑问或揣测的用例。例如：

（9）此器既盖之，且有掩覆，无缘有此。黄门将有恨于汝邪？（《三国志·吴书·三嗣主传·孙亮》裴松之注引《江表传》）

（10）今始至上谷而先堕大信，沮向化之心，生离畔之隙，将复何以号令它郡乎？（《后汉书·寇恂传》）

（11）天祚明德，属当昌运，不有所废，将何以兴？（《宋书·谢晦传》）

（12）此远国异人而能作吾国言，受害无难色，将是神人乎？（《幽明录》）

此后，在唐、宋间，表示疑问的用法仍时有所见。如：

（13）闻君将还吴，密通洞庭。或以尺书寄托侍者，未卜将以为可乎？（李朝威《柳毅》）

（14）俄有武夫出于波间，再拜请曰："贵客将自何所至也？"（李朝威《柳毅》）

（15）将军止此故佳，将还有所惮乎？（《广异记·朱七娘》）

（16）幸接欢笑，不知日之云夕，道里辽阔，城内又无亲戚，将若之何？（白行简《李娃传》）

（17）夫妻之情，事均一体，鹣鹣翼坠，比目半无，单然此身，更将何往？（《玄怪录·齐饶州》）

（18）公等暴融恶，朕既罪之矣；国用不足，将奈何？（《新唐书·宇文融传》）

（19）议者问："……何哉？将天子能以危为安，而忍以未安忘危邪？"（《新唐书·元结传》）

特别是表示诘问的用法，使用得更晚。例如：

（20）陛下为民父母，奈何践民田禾稼？将使百姓转死沟壑乎？（《五代史平话·唐史》卷下）

（21）是夜，允听良久，喝曰："贱人将有私情耶？"（《三国演义》八回）

从上面的叙述可知，表示疑问、诘问等语气的"将"，是一个古老的副词。我们以为，它们是选择连词"将"的来源。至于疑问副词的"将"，如何会使用作选择连词，我们留待后面的章节中去探讨。

（二）杨树达《高等国文法》在选择连词"将"下共引 14 例，分别出自如下史籍：《孟子》、《楚辞》、《庄子》、《史记》、《汉书》、《后汉书》及《韩诗外传》，其中《汉书》共 8 例。对这些用例略加概括，显示如下特点：

1. 选择连词"将"均出现在后一分句之首。例如：

今欲使臣胜之邪？将安之也？（《汉书·龚遂传》）

客有见周公者，曰："入乎？将毋？"周公曰："请入。"（《韩诗外传》）

2. 前一分句首已出现与后一分句相配合使用的选择连词。例如：

意岂有所恨与？将在位者与生殊乎？（《汉书·贡禹传》）

亭长为汝求乎？为汝有事属之而受乎？将平居自以恩意遗之乎？（《后汉书·卓茂传》）

杨先生认为"意"同"抑"。

3. 后一分句通常是一个句子，也可以有多个同时供选择的句子。例如：

夫子贪生失理而为此乎？将子有亡国之事斧钺之诛而为此乎？将子有不

善之行，愧遗父母妻子之丑而为此乎？将子有冻馁之患而为此乎？将子之春
秋故及此乎？（《庄子·至乐》）

其中，选择连词置于后一分句之首的结构，是选择问句最基本的句式。
尽管在汉语历史上选择连词有所递变，但句式结构基本相同。

为了更充分了解连词"将"，我们这里再举若干用例，以了解更多的使
用状况。首先看一下基本句式的用例。如：

（22）尧无贤人若辈者之术乎？将洪水变大，不可以声服除也？（《论
　　　衡·感虚篇》）

（23）佞人直以高才洪知考上世人乎？将有师学检也？（《论衡·答佞
　　　篇》）

（24）欲以身试法邪？将杀身以成仁邪？（《后汉书·冯勤传》）

（25）鸟兽不可与同群，子从我为伊、吕乎？将为巢、许，而父老尧舜
　　　乎？（《后汉书·郅郓传》）

（26）窃闻安西欲移镇乐乡，不审此为算邪？将为情邪？（《晋书·王湛
　　　传》附王述）

（27）伤心哉！秦欤？汉欤？将近代欤？（李华《吊古战场文》）

（28）吁！神仙之变化诚如此乎？将幻者鬻术以致惑乎？（《玄怪录》卷
　　　一"裴谌"）

（29）由是观之，人之所学固异邪？将朱氏之书亦有所未尽邪？（《泊宅
　　　编》卷七）

（30）陈轩乃录此诗于《金陵集》中？将别有所据耶？（《韵语阳秋》
　　　卷五）

（31）汝误踏践之以致噬耶？将自行其旁而然耶？（《夷坚支志》戊集卷
　　　三"成俊治蛇"）

上述用例，连词"将"置于后一分句之首，起到连接前后两个分句
（时或三个分句）的作用。但作为复合问句，这只是两个分句间关系的其中
一种形式。还有一种形式是，在第一个分句之首有表示疑问的"不知"或
表示诘问的"岂"，与选择连词"将"两相呼应，表示一种选择语气。我们
下面分别举例说明之。

不知……？将……？

（32）不知君之食客六翮邪？将腹背之毳也？（《新序·杂事一》）

（33）不知囚之精神著木人乎？将精神之气动木囚也？（《论衡·乱龙
　　　篇》）

（34）不知敬老马无异于敬老人邪？且谓老者为有义乎？将谓敬老者为

有义乎？（《孟子·告子上》"且谓长者义乎，长之者义乎"赵岐注）

（35）不知此妇人三十岁常生于地中耶？将一朝欻生，偶与发冢者会也？（《搜神记》卷十五"棺中生妇"）

（36）不知精意有所召邪？将尤物有所归邪？（白居易《太湖石记》）

（37）不知白金之精荡于异物耶？将蟒怪为孽欲致人害之耶？（《夷坚乙志》卷十八"太学白金"）

前一分句，有时用"未知"，同"不知"。如：

（38）其年数则错，未知邢史失其数耶？将年代久远，注记者传而有谬也？（《搜神记》卷八"邢史子臣"）

（39）未知其指盘桓难进者处阴之下，欲进不能耶？将所居得正，不肯轻进耶？（《朱子语类》卷七十）

如例（26）"不审……？将……？"的句式，当亦同此。

岂……？将……？

（40）郡国毙狱，一岁之中尚过数百，岂朕训导不醇，俾民轻罪？将苛法犹存，为之陷穽乎？（《三国志·魏书·明帝纪》）

（41）方提勒公王，匡总朝廷，岂为先帝幼弱，未可亲政邪？将德桓温，不能听政邪？（《晋书·范弘之传》）

（42）加自顷戎狄内侵，灾害屡作，边甿流离，征夫苦役，岂政刑之谬？将有司非其任欤？（《晋书·郤诜传》）

（43）君岂非山岳之灵气乎？将度世之神仙乎？（《太平广记》卷五"墨子"）按，原注出《神仙传》。

（44）庞参躬求贤之礼，故民悦其政；桥玄厉邦君之威，而众失其情。夫岂力不足欤？将有道在焉？（《后汉书·李陈庞陈桥列传》论）

（45）岂造物者有意于其间乎？将胚腪凝结，偶然成功乎？（白居易《太湖石记》）

（46）常闻人若见君，莫不致死。岂方义命当死而见耶？将以君故相害耶？（《续玄怪录·钱方义》）

（47）岂生称误耶？将识分有所至极耶？将彼之所立，卓尔非强，为所庶几，遂雠嫉之耶？（《唐摭言》卷五"切磋"）

（48）斯亦下愚之流，岂术神耶？将有物凭之耶？（《太平广记》卷二八九"于世尊"）按，原注出《北梦琐言》。

上述置于前一分句之首的"不知"、"未知"，是用来表示疑问的，"岂"则是一个疑问副词。它们与后一句的"将"相呼应，但它们不具有选择连词的特性。这着实说明了选择连词的疑问性质。

除此之外，还有一个"宁"，是个常见的诘问副词，它也能用作选择连词。例如：

(49) 吾宁悃悃欵欵朴以忠乎？将送往劳来斯无穷乎？宁诛锄草茅以力耕乎？将游大人以成名乎？宁正言不讳以危身乎？将从俗富贵以媮生乎？宁超然高举以保真乎？将哫訾栗斯喔咿儒儿以事妇人乎？宁廉洁正直以自清乎？将突梯滑稽如脂如韦以洁楹乎？宁昂昂若千里之驹乎？将氾氾若水中之凫乎？与波上下偷以全吾躯乎？宁与骐骥亢轭乎？将随驽马之迹乎？宁与黄鹄比翼乎？将与鸡鹜争食乎？（《楚辞·卜居》）

这一段共八个选择问句，是现在所见到的最早用例。往后偶有所见而已。如：

(50) 此龟者，宁其死为留骨而贵乎？宁其生而曳尾于涂中乎？（《庄子·秋水》）

(51) 与中贵人临视，次至中军，士得赐者俱不散，齐呼曰："（王）澹逆可食。"即尽。即执中贵人协曰："尔宁遂众欲？宁饱众腹？"曰："请所欲。"（沈亚之《李绅传》）

由于"宁"的用例极少，只此一提。即使如此，又可以进一步说明选择连词与疑问副词的渊源关系。

选择问句的另一种类型，就是复句的两个分句之句首，都有选择连词相连接。这时，选择问句围绕着"将"，形成如下几种搭配形式：

1. 将……？将……？

(52) 假令不能者为之，其将济乎？将不济也？（《晋书·蔡谟传》）

(53) 将军蓄米，将疗饥耶？将破贼耶？（《旧五代史·梁书·刘鄩传》）

(54) 天下之理，将从其简且易者而学之乎？将欲其繁且难者而学之乎？（陆九渊《语录》上）

(55) 使孔、孟同时，将与孔子并驾共说于天下邪？将学孔子邪？（《二程遗书》卷二二上）

(56) 我今拥兵晋郊，归路甚远，将不会盟而图归乎？将会盟而先晋乎？（《浣纱记》三六出）

2. 将……？为……？

(57) 吾得胜矣！将覆逆而诵耶？为乱词而诵耶？（《大唐西域记》卷五"迦奢布罗城"）

将……? 为复……?

（58）将是卦外立义，谓涣散之时，当聚祖考之精神邪？为复是下卦是
"坎"，有幽隐之义，因此象而设立庙之义邪？（《朱子语类》卷
七三）

3. 将……? 抑……?

（59）将贵富难守、薄功而厚飨者耶？抑丰悴有时、一去一来不可常者
耶？（韩愈《圬者王承福传》）

例（59）出自《文苑英华》。

（60）使文王更在十三四年，将终事纣乎？抑为武王牧野之举乎？（《朱
子语类》卷三五）

（61）然则碑表之制，将亦有所本耶？抑人见鱼形似，傅会为名也？
（《续夷坚志》卷三"碑子鱼"）

（62）然如张骞之乘槎，君平之辨石，将信然欤？抑妄谈欤？（《剪灯新
话》卷四"鉴湖夜泛记"）

4. 为……? 将……?

（63）亭长从汝求乎？为汝有事属之而受乎？将平居以恩意遗之乎？
（《东观汉记·卓茂传》）

（64）如是为欲使孙策帐下儿读之邪？将使张子布见乎？（《三国志·吴
书·张昭传》裴松之注引《典略》）

（65）子以此等，为尚挟余资，悔恶反善，怀我德惠而来柔附乎？将势
穷道尽，智力俱困，惧我兵诛以至于此乎？（《晋书·江统传》）

5. 将……? 或……?

（66）晚年忽有此，吾甚愧。今将不举乎？或与人乎？（《夷坚丁志》卷
五"三士相问"）

如上是选择连词"将"在汉语史上使用的基本情况。

（三）如果我们从汉语发展的历史看，六朝时期双音节词构成的一个重
要方式，就是词缀"复"的出现与使用。若与选择连词"为复"相比，"将
复"只能说是一个历史的存在，还说不上使用。因为它的用例实在太少
了。如：

（67）魏帝为欲久都平城？将复迁乎？（《魏书·张济传》）

（68）子孙永为魏臣？将复事他主也？（《魏书·李先传》）

就这一点而言，尚不足于作为断代的标准，但也明显出两者构词能力上
的差别。

此外，作为疑问副词的"将"，首现了"将……? ……?"形式的问

句。如：

(69) 二者致化，薄厚不同，将主有优劣邪？时使之然乎？（《三国志·
　　 魏书·三少帝纪·高贵乡公》）

这一类型的问句与选择问句可能的关系，我们在后面的章节中还要讨
论到。

最后要提到的是，选择连词“将”的用例，一直到明代，还能偶尔见
到。例如：

(70) 汝欲归宁乎？将为吾之侧室乎？（《包龙图判百家公案》四回）

(71) 为今之计，我将为申生之杀身乎？将为重耳之出奔乎？将为夷吾
　　 之自守乎？（《浣纱记》二十出）

以选择连词“将”的使用历史看，应该说到宋代已经告一段落。即使
在宋代，也都只是在书面上使用了。到明代，更只是文人笔下偶用而已。在
选择连词“将”的历史过程中，当共时使用的同义词“为”已经大量使用
复音词时，“将”的复音词只是仅见而已。这种与汉语发展趋势不相协调的
内在状态，无疑是它之所以消亡的原因之一。

在汉语历史上同样重要的是，选择问句的表达功能不是取决于关联词，
而是取决于语意和语气。在具备选择语意和语气的情况下，关联词之有无，
并不十分重要。例如：

(72) 人生受命于天乎？将受命于户邪？（《史记·孟尝君列传》）

东汉王充《论衡·福虚篇》，亦引《史记》这个“五月举子之忌”的
故事。其中把“人生受命于天乎？将受命于户邪？”句改写为：“人命在天
乎？在户乎？”

显然王充认为，删去原有的关联词“将”，语意不变。事实上，选择问
句不用关联词，古已常见。例如：

(73) 政不节耶？使人疾耶？苞苴行耶？谗夫昌耶？宫室营耶？女谒盛
　　 耶？何不雨之极也！（《说苑·君道》）

例文当出自《荀子·大略篇》。① 刘向在删节重复文字的同时，也没有
添加一个关联词。由此也可见，关联词并非是必不可少的。《后汉书·钟离
意传》说：“昔成汤遭旱，以六事自责。”则有如《说苑》，看成是六个独立
的问句。按《荀子》的文意，读作三个选择问句，而不是六个问句，似乎

---

① 《大略篇》：“汤旱而祷曰：政不节与？使民疾与？何以不雨至斯极也；宫室荣与？妇谒盛
与？何以不雨至斯极也；苞苴行与？谗夫兴与？何以不雨至斯极也。”

更合适些。

　　（74）请问天下乱而立天子邪？理而立天子邪？立天子以父天下邪？役
　　　　　天下以奉天子邪？（《后汉书·逸民传·汉阴老父》）

　　如此例，亦未使用选择连词。按文意，很明白是两个选择问句，而不能
视为四个问句。

　　（75）玠之吐言，以为宽邪？以为急也？（《三国志·魏书·毛玠传》）
　　（76）（韩）馥于是方听绍举兵，乃谋于众曰："助袁氏乎？助董卓
　　　　　乎？"（《后汉书·袁绍传》）
　　（77）今立太子，为阴氏乎？为天下乎？（《魏书·李彪传》）
　　（78）阁上问都录主者："石贤者命尽耶？枉夺其命耶？"（《幽明录》）
　　（79）源抚棺问曰："生耶？死耶？"（《法演禅师语录》卷上）
　　（80）彼宜然而信然，理也；彼不当然而固然，岂理耶？天也？（刘禹
　　　　　锡《天论上》）
　　（81）物假为之耶？鬼耶？神耶？（宋·张齐贤《洛阳搢绅旧闻记·泰
　　　　　和苏撰父鬼灵》）

　　选择问句的这类用法，溯其源，自上古已然。由此可见，在形式上，选
择问句有三种类型，即：无连词选择问句，单连词选择问句，双连词选择问
句。由于无连词选择问句的历史存在，所以我们说，连词不是非有不可的。
连词的使用，是使语法关系更精确，于语意不存在影响。

第十九节　选择连词"为"

　　本节探讨选择连词"为"及其复音词的形式与使用，讨论"为"本来
的词性，以及"为"是如何进入选择问句充当关联词的。"为"是选择连词
在历史递换过程中的第二个层次。

　　（一）梅祖麟先生说，选择句是把两种假设的情况并列，让对方选择①。
梅氏还认为，关联词"为"（及后来的"还"）出自假设。这里不予置评。
　　我们认为，选择连词来自疑问副词。东汉张衡《髑髅赋》有一个问句：
　　子将并粮推问以夭逝乎？本丧此土〔乎〕？流迁来乎？
　　又《三国志·魏书·三少帝纪·高贵乡公》有一个问句：
　　二者致化，薄厚不同，将主有优劣邪？时使之然乎？
　　这 两 个 副 词 "将"，同 时 承 担 二 三 个 问 项 的 询 问 职 能。

---

　　① 《现代汉语选择句法的来源》，见《梅祖麟语言学论文集》，商务印书馆2000年版，第7页。

"将……? ……?" 句子形式,并非"将"所特有,汉语历史上的"为"、"还",同样有这种问句形式,都是选择连词形成的基础句型。"为"的这种句子形式,很早就已存在。如:

(1) 为肥甘不足于口与? 轻暖不足于体与? 抑为采色不足视于目与? 声音不足听于耳与? 便嬖不足使令于前与? (《孟子·梁惠王》上)

这是以"抑"为连接词的一个选择问句。前面两个问句,后面三个问句,都由一个"为"充当疑问副词。这种句式,我们以"为……? ……?"来表示。这种形式的句子,在汉语历史上不难见到。例如:

(2) 昨夜光明,殊倍于常,为是帝释梵天四天王乎? 二十八部鬼神大将也? (吴·支谦译《撰集百缘经》)

(3) 诏书问青州刺史程喜:"(管)宁为守节高乎? 审老疾尪顿邪?" (《三国志·魏书·管宁传》)

(4) 老书佐为蚫,老铃下为乌,此本皆人,何化之微贱? 为见于爻象? 出君意乎? (《三国志·魏书·方技传·管辂》裴松之注引《辂别传》)

(5) 师一日同普化赴施主家斋次,师问:"毛吞巨海,芥纳须弥,为是神通妙用? 本体如然?" (《镇州临济慧照禅师语录》)

(6) 僧乃问曰:"檀越为山神耶? 野兽耶?" (《太平广记》卷二九"姚泓") 按,原注出《逸史》。

(7) 既近,乃真是婢,见已亦再拜,因问:"为人耶? 鬼耶?" 答云:"人也。" (《太平广记》卷一三十"鄂州小将") 按,原注出《儆戒录》。

从发展变化的观点看,我们认为,"为"选择问句形式,就是从"为……? ……?"句式变化而来的。所以我们说,它是选择问句的基础句型。

上述"为"作为疑问副词使用在"为……? ……?"句式,并非偶然。汉魏六朝时期,为作疑问副词,并不难见到。如:

(8) 邹阳行月余,莫能为谋,还过王先生曰:"臣将西矣,为如何?" (《汉书·邹阳传》)

(9) 布怒曰:"布禁酒而卿等酝酿,为欲因酒共谋布邪?" (《后汉书·吕布传》)

(10) 我为不如吉耶,而先趣附之? (《搜神记》卷一"于吉")

(11) 酒至,对杯不饮,云有茱萸气。协曰:"为恶之耶?" (《冥祥记》)

（12）本纪及《世语》并云，公时有骑六百余匹，（钟）繇马为安在哉？（《三国志·魏书·武帝纪》裴松之注语）

（13）帝问曰："闻水底奏乐，为是君耶？"（《幽明录》）

（14）昔尧立诽谤之木，舜置敢谏之鼓，然后事无枉纵。公为胜尧舜邪？（《晋书·王戎传》附郭舒）

（15）沙弥见已，念言，此女为有风癫病耶？（《经律异相》卷二二"沙弥护戒舍所爱身"）

当疑问副词"为"辖有两个问项时，就在语意上很自然地具有选择意。因而"为……？……？"的问句，也就有可能演变成"……？为……？"或"为……？为……？"的选择问句。例如：

（16）汝何以都不复进？为是尘务经心？天分有限？（《世说新语·贤媛》）

《晋书·列女传·王凝之妻谢氏》"又尝讥（谢）玄学植不进，曰：'为尘务经心？为天分有限？'"《世说新语》与《晋书》说的是同一件事。《晋书》是唐人编写的，既有所据，又略有改动。两个问句的区别告诉我们，疑问副词与选择连词有渊源上的密切关系；其次，"为//是"只是使用上的连文，不存在不可分割的关系。

（17）脱壳乌龟飞上天，诸人且作么生辨明？为是有耶是无耶？是虚耶是实耶？（《大慧普觉禅师语录》卷十三）

最后两句，实际上是一个问句，疑问副词是"为"。我们也可按例（16）《世说新语》例去解读。

这样随着疑问句演变为选择问句，疑问副词"为"也随之用作选择问句的关联词。在讨论选择连词"将"的时候，史料尚未给我们提供讨论的充足条件。但同类语词，具有发展变化之共性，所以，对"为"的认识，可以用来推论选择连词"将"的出现过程。

（二）我们认为，"为……？……？"的问句是选择问句得以产生的基础句型，但我们不认为这个句型就是选择问句，其中以《孟子·梁惠王》"为肥甘不足于口与？轻暖不足于体与？"是典型的句子。如果把"为"置于后一分句之首，则成为选择问句："肥甘不足于口与？为轻暖不足于体与？"或前一分句不变，后一分句之首也置一"为"字，也构成选择问句："为肥甘不足于口与？为轻暖不足于体与？"以"为"作为选择连词的问句，已出现于两汉三国时期。如：

（18）子以秦为将救韩乎？其不乎？（《战国策·韩策二》）

（19）为是上智？为是下愚？为是女人？为是丈夫？（张衡《髑髅赋》）

（20）君年少为督邮，因族势？为有令德？ （谢承《后汉书·朱穆传》①）

大概在魏晋六朝时期，较快地使用开来。我们下面分别对以关联词"为"所构成的选择问句，用实例说明其使用情况。

甲，为……？将……？

（21）亭长为从汝求乎？为汝有事嘱之而受乎？将平居自以恩意遗之乎？（《后汉书·卓茂传》）

这是由三个问句构成的选择问句。

（22）如是为欲使孙策帐下儿读之邪？将使张子布见乎？（《三国志·吴书·张昭传》裴松之注引《典略》）

这两个用例，把代表较早的两个历史层次的"将"和"为"两个选择连词联系了起来。

乙，……？为……？

（23）今依例应拜世子，未详应以铣为世子？为应立次子错？（《宋书·礼志》二）

（24）本所以押士大夫于符伍者，所以检小人邪？为使受检于小人邪？（《宋书·王弘传》）

（25）元颢入洛，天穆召子昇问曰："即欲向京师？为随我北渡？"（《魏书·文苑传·温子昇》）

（26）将杀之，（长沙王叔坚）问后主曰："即尽之？为待也？"（《南史·陈宗室诸王传·始兴王》）

（27）君之还生必矣。且思便归？为亦有所见耶？ （《玄怪录》卷三"吴全素"）

（28）如"两仪生四象"，只管生出邪？为是取阖闢之义邪？（《朱子语类》卷七六）

这类句子，是选择问句基本句型之一。

丙，为……？为……？

（29）左交右疾，语甚未分，为交与疾对？为舍交即疾？（《宋书·律历志》下）

（30）不知孚为琼之别名？为别有伍孚也？（《三国志·魏书·董卓传》裴松之注语）

（31）卿为欲朕和亲？为欲不和？（《南齐书·宗室传·遥昌》）

---

① 《隋书·经籍志二》载《后汉书》一百三十卷，吴武陵太守谢承撰。

（32）汝为病耶？为著风耶？何以眼瞚？（《百喻经》卷上"人效王眼瞚喻"）

（33）大德惠利随缘，幸见临顾，为夕不安耶？为粥不味乎？（《大唐西域记》卷六"大邑聚"）

（34）身体不正头发稀，为生来然？为老至？（《法苑珠林》卷十"述意部"）

（35）不知一女子为吕氏之福耶？为祸邪？一男子为杨氏之祸耶？为福耶？（杜牧《相论》）

（36）百丈打侍者，为上座打？为侍者打？（《祖堂集》卷十一齐云和尚）

由于"为"有系词的语法职能，有时也须加以辨别①。

丁，为……？为复……？

（37）圣人何在？为已富贵？为复在草泽中？（《建康实录》卷十八"功臣"）

（38）譬如皇太子受王位时，为太子一身受于王位？为复国界一一受也？（《祖堂集》卷三荷泽和尚）

（39）人问："有人乘船，船底刺杀螺蚬，为是人受罪，为复船当辜？"（《景德传灯录》卷二八越州大殊慧海和尚语）

在上述的四类句式中，"为"跟"将"搭配使用，对我们认识"将"与"为"的语法意义上的历史联系，是颇有启示作用的。其中之乙、丙两种具有句型意义，其余两种均同乙，只是互文相搭配的方式不同而已。为清楚起见，后面叙述，参照此处理。

（三）以"为"作词干形成的复音词，在汉语历史上，与选择问句有关者，共有两个，即：为当，为复。"当"、"复"都是后缀，借以构成复音词。我们下面分别加以简要的讨论。

甲，为当。

"为当"虽然以复音词的形式出现，在问句中表示疑问的基本语法职能不变。例如：

（40）本心为当杀羟羊，更杀其殽羝邪？（《三国志·魏书·管宁传》裴松之注引《魏略》）

---

① 《朱子语类》卷八三："不知当时为王道作耶？为伯者作耶？"句，形式上很像选择问句。下文有"若是为伯者作"之说，前后"为"字的语法职能相同，足以判断非选择问句。

又《阅微草堂笔记》卷十二"槐西杂志（二）"："不知为幻术为狐魅也。"是陈述句，"为"是系词。

按，下文云：好事者推其意，疑粦羊谓吴，殳瓘谓魏。裴松之于元嘉六年（公元429年）七月《上三国志注表》，去刘宋立国不到十年。据此推测，《魏略》可能成书于魏晋间。

(41) 百丈竖起拂了，对师云："只这个。""为当别更有?"百丈抛下拂子。(《祖堂集》卷十四江西马祖)

(42) 何为闭门相却，不睹容光? 为当别有他情? 何为耻胥不受? (《伍子胥变文》)

(43) 今问上座，每日持钵掌盂时，迎来送去时，为当与古人一般? 别有道理? (《五灯会元》卷三金牛和尚)

如上数例，疑问副词"为当"在单句或复句之首，但问句语意单一，无是与非的对立，也就无选择的意味。

(44) 即今声色掭掭地，为当相及? 不相及? (《景德传灯录》卷二一彰州罗汉院桂琛禅师)

(45) 此二尊宿，尽扶背后，只如南泉休去，为当扶面前? 扶背后? (《五灯会元》卷二南阳慧忠国师)

如上二例，疑问副词"为当"置于是非问句之首。如我们所说，这种句式很容易过渡为选择问句。

以上是"为当"作疑问副词的用例，上至魏晋，下迄宋代。下面看看选择连词"为当"的使用情况。

1. ……? 为当……?

(46) 殷仲堪常用字训，亦引服虔俗说，今复无此书。未知即是通俗文? 为当有异? (《颜氏家训·书证篇》)

(47) 《太誓》之注不解"五至"，而合符后注云"五至"，犹五来。不知为一日五来，为当异日也? (《诗·周颂·思文》"贻我来牟"郑笺"后五日火流，为鸟五至，以谷俱来"孔颖达疏)

二例前一分句之首分别是"未知"、"不知"，与"为当"配合使用。

(48) 你欲放钝? 为当退颖? (《燕子赋》)

(49) 上来密语密意，只有这个? 为当更有意旨? (《祖堂集》卷二弘忍和尚)

(50) 主上问我，当以实告，为当讳之? (《资治通鉴·宋文帝元嘉二十七年》)

2. 为当……? 为当……?

(51) 秋胡汝当游学，元期三周，何为去今九载? 为当命化零落? 为当身化黄泉? [为当]命从风化? 为当逐乐不归? (《秋胡变文》)

按，"命从风化"前，疑脱"为当"，据文意补入。

（52）将军为当要贫道身？为当要贫道业？（《庐山远公话》）

（53）仰山谘和尚，为当欲得记他见解？为当欲得行解？（《祖堂集》卷十八仰山和尚）

（54）凡修心地之法，为当悟心即了？为当别有行门？（《景德传灯录》卷十三终南山圭峰宗密禅师）

3. 为当……？为复……？

（55）行李适来离甚处，入城忙怕使人猜。为当他国施方便？为复灵山礼宝台？（《维摩诘经讲经文》）

（56）只如座，为当别人有？为复转座为上身？（《祖堂集》卷八曹山和尚）

（57）如智者大师说止破止，说观破观，住止没生死，住观心神乱。且为当将心止心？为复起心观观？（《景德传灯录》卷二八越州大殊慧海和尚）

除此之外，尚有下面一例：

（58）只如上座道"不逐四时彫"，与摩道，还得剿绝？为当不得剿绝？（《祖堂集》卷十一保福和尚）

此例应是"还……？为当……？"相搭配的句子形式，仅得一例，不另立。

乙，为复。

选择连词"为复"，是"为"＋词缀"复"形成的复音词。偶见于六朝，它的大量使用，是唐五代的事。选择连词"为复"，也是从疑问副词"为复"使用过来的。下面略为介绍疑问副词的使用情况。

（59）君思（李）札妹乎，为复何姓？（牛肃《纪闻·李睍》）

（60）吾为你讲经，有何事里（理）频啼泣？汝且为复怨恨阿谁？（《敦煌变文集·庐山远公话》）

（61）昨扇犹午携，今裳觉晨单。起来且复卧，未敢窥柴关。不觉病至此，为复老使然？（杨万里《感秋》诗）

以上三例，"为复"用于单一问句之首。

（62）好五六百人聚头喫粥喫饭，为复见处一般？见处别？（《祖堂集》卷十三报慈和尚）

（63）后东使拈问僧："为复古镜致火炉与么大？火炉致古镜与么大？"（《云门匡真禅师广录》卷中）

（64）恐伊执著，且执著什么？为复执著理？执著事？执著色？执著

空?（《景德传灯录》卷二八大法眼文益禅师语）

（65）为复即凡心是佛?即圣是佛?（《古尊宿语录》卷二"百丈怀海语录之余"）

（66）祇如释迦身长丈六,弥勒身长千尺,为复是身解短邪?衣解长邪?（《五灯会元》卷十天台德韶国师）

以上数例,疑问副词用于多项问句之首句。这类句型是选择问句得以出现的基础句型。

当前一分句之首置以"不知"、"不审"等表示疑问,与后一分句的"为复"相搭配使用时,便构成选择问句。例如:

（67）闻一年少怀问鼎,不知桓公德衰?为复后生可畏?（《世说新语·排调》）

（68）不审先生梁朝出仕?为复隐居?（《太平广记》卷二八八"姜抚先生"）按,原注出《辩疑志》。

（69）臣所衣绯衣是刺史借服,不审陛下便赐臣紫?为复别有进止?（《唐语林》卷一"政事上"）

（70）不委太子登时实有此语?为复是结集家语?（《祖堂集》卷十安国和尚）

（71）不知古人是先学洒扫应对?为复先体察?（《朱子语类》卷二百一）

（72）暗虫夜啼不肯停,直从黄昏啼到明。不知讨论底事著?为复怨嗟谁子生?（杨万里《不寐》诗）

此类用例,也不妨与下面"……?为复……?"形式的句子一体看待。

下面是以"为复"为连词所构成的选择问句的使用情况。

1. ……?为复……?

（73）公如是,是轻薄?为复是好手?（《太平广记》卷二百四"李蕡"）按,原注出《逸史》。

（74）病者唯公一个?为复尽皆如然?（《八相变》）

（75）只你一个老?为复尽皆如此?（《悉达太子修道因缘》）

（76）古人教向未启口已前会取,今日报慈同于古人?为复不同于古人?（《祖堂集》卷十三报慈和尚）

2. 为复……?为当……?

（77）臣今歌舞有词乖,王忽延（筵）中泪落来。为复言词相触悟（悟）?为当去就柚（拙）旋廻?（《欢喜国王缘》）

（78）我道声色如泡,为复为你说破?为当为你讨声色?（《古尊宿语

录》卷十二子州山神力语录）

3. 为复……？ 为复……？

（79）今日见我归家，床上卧不起，为复是邻里相争？为复天行时气？
（《舜子变》）

（80）近日恰似改形容，何故忧其情不乐？为复诸天相恼乱？为复宫中
有不安？为复忧其国境事？为复忧念诸女身？（《破魔变文》）

（81）有老宿见日影透过窗，问："为复窗就日？为复日就窗？"（《祖
堂集·卷十四百丈政和尚》）

《景德传灯录》卷六引此语为"为复窗就日？日就窗？"把选择问句改
变为询问句，能给我们有益的启示。

（82）汝道空中一片云，为复钉钉住？为复藤缆著？（《景德传灯录》卷
八池州南泉普愿禅师）

（83）为复后代儿孙不及祖师？为复祖师剩有这一著子？（《五灯会元》
卷十二开善道琼禅师）

（84）昨日喫粥又太晏，今日喫粥又太早，为复是住持人威令不严？为
复执事人身心懒慢？（《黄龙慧南禅师语录》）

（85）为复是解书到末梢，会懒了看不子细？为复圣人别有意义？（《朱
子语类》卷七三）

此类句式之使用最为广泛。如例：眼耳缘声色时，为复抗行？为有回
互？（《五类会元》卷二蒙山光宝禅师）应归属此类，只仅见而已。

（四）我们上面就选择连词"为"及其复音词"为当"、"为复"在历史
上的使用情况，作了简要的叙述。下接词缀，构成复音词，而且广为使用，
是选择连词"为"独有的特性。与此有关，我们还必须讨论"为//是"。

近代汉语文献中，我们常常能见到问句中"为是"连文出现使用的语
句。例如：

（86）村人邱都于庙后见一物，人面，鼍身，葛巾，七孔端正，而有酒
气，未知（袁）双之神？为是物凭也？（《异苑》卷五）

（87）禅师既口称达摩宗旨，未审此禅门者有相传付嘱？为是得说只没
说？（独孤沛《菩提达摩南宗定是非论》）

我们在前一节里讨论过，"未知"、"未审"在句首，是用以表示疑问
的。如果删去二例中后一分句的"为"，这个疑问句语意不变。这就说明：
两个句子都是问句，具有选择的语气，有了"为"，就成为"未知
（审）……？ 为……？"形式的选择问句。后一分句的"是"，是表示判断
的，并非"为"、"是"紧密结合成词，而只是连文使用而已。

（88）云："舍利为是本有？为复功勋？"师云："非是本有，亦非功
勋。"（《古遵宿语录》卷三"黄檗断际宛陵录"）

答话中"非是"的"是"，就是问话中"为//是"的"是"。问话中
"为//是"与"为复"形式上对偶使用，使人容易误认"为//是"等同
"为复"，也是句子的关联成分。

（89）为是有为是无？为是色为非色？为是受为非受？为是想为非想？
为是行为非行？为是识为非识？（《大慧普觉禅师语录》卷十
四）

此例的每一句，都是选择问句。除第一句外，其余各句都是前一分句作
"为//是"，后一分句作"为"。但很显然，例中的"是"与"非"是相对
应而使用的。因此，这些句子都是以"为……？为……？"的选择问句的形
式被使用的。"为是"不应被认作是一个选择连词。

（90）妥少机警，八岁遊国子学，助教顾良戏之曰："汝既姓何，是荷
叶之荷？为是河水之河？"应声答曰："先生姓顾，是眷顾之顾？
是新故之故？"（《隋书·儒林传·何妥》）

此例"是……？为//是……？"，作为单连词选择问句，"为"是选择连
词，包括何妥的答话，"是"都是用于判断的。在这类句子形式中，不应当
出现前一分句的"是"用作判断，处于相同语法位置而后一分句的"是"
就属于连词成分。

如果前面说明还不够清楚的话，我们再看看选择连词"为复"。在选择
连词"为复"的用例中，"为复"下加"是"的例子比比皆是。

（91）未知此回鹘是郁颉特下？为复是可汗遣来？（李德裕《请密诏塞
上事宜状》）

（92）如许多师僧，为复是喫粥饭僧？为复是参禅僧？（《潭州沩山灵祐
禅师语录》）

（93）不审是隐者？为复是渔师？莫晓其端倪也。（《北梦琐言》卷三
"刘蜕山人不祭先祖"）

（94）须思量天之所以与我者是甚底？为复是要做人否？（陆九渊《语
录》上）

（95）不知古人充耳以填，或用玉，或用象，不知是塞于耳中？为复是
塞在耳外？（《朱子语类》卷八一）

（96）不知相公所解之字，为复是解苍颉字？为复是解李斯字？（杨万
里《诚斋诗话》）

上述用例中的"为复＋是"，"是"都是用作判断的。更何况，在实际

使用中，"为复"后面的"是"还能被否定或肯定。例如：

（97）三乘十二分教体理得妙，是祖师意？为复不是祖师意？（《祖堂集》卷十七处微和尚）

（98）汝无情之物，为在三界内？为在三界外？为复是心？为复不是心？（《祖堂集》卷三荷泽和尚）

（99）祇如眼耳鼻舌身意所对之物，为复唯是你等心？为复非是你等心？（《五灯会元》卷十瑞鹿本先禅师）

例中后一分句被否定的"是"，等同前一分句的"是"，它们都是表示判断的，而不是选择连词的构成成分。包括前述的"为是"，也包括现代汉语的"还是"。只有这样，选择连词才在实质上被正确理解。

我们讨论了选择连词"为"及其复音词"为当"、"为复"。我们在讨论中，一再提出它们作为疑问副词使用的问题。因为选择连词是从疑问副词使用过来的，它们有着一层渊源上的关系。

其次，我们认为，"为……？……？"的句式不是选择问句，而是疑问句。这种句式很早就已存在。疑问副词通过这种句式转变而为选择问句的关联词。这种疑问句，是选择问句形成的基础句型。

最后，在复音词中，"为复"的"复"，"为当"的"当"，不具有实义，而"为//是"的"是"始终是表示判断的。因此，在使用当中，"为复"、"为当"能够下接"是"，而"为是"下绝无再接"是"的用例。

从选择连词"为"及其复音词的总体使用上看，可上溯到魏晋六朝，大体上在宋代消亡。从五代起，"还"进入选择问句，开始了一个新的阶段。在汉语选择连词发展变化的历史上，"为"居于承上启下的历史位置上。如例（22）《三国志·张昭传》裴注引《典略》"如是为欲使孙策帐下儿读之邪？将使张子布见乎？"（58）《祖堂集》卷十一保福和尚"还得剿绝？为当不得剿绝？"通过两个用例，就把"将——为、为当——还"三个历史层次系联起来。它们之所以能形成语词的历史兴替或递变，关键在于义，语音或其他因素不是最主要的。

第二十节　选择连词"还"

"还"是汉语选择连词历史发展变化的第三个层次。在汉语的历史发展过程中，在近代汉语这个阶段上，"还"取代"为"而成为近、现代汉语中的一个常用词。但在汉语历史发展过程中，不同于"为"，"还"构成"还当"、"还复"并加以使用的现象是非常罕见的①。虽然现代汉语把"还是"看成是一个词，近代汉语也频繁地连文出现，但我们认为"是……？还//是……？"句式中的两个"是"，都是表示判断的。这是我们讨论近代汉语选择连词时的基本准则。

（一）选择问句，只是疑问句的一种形式。古代汉语中，一个问话，可以由多个问句组成。例如：

不知周之梦为胡蝶与？胡蝶之梦为周与？（《庄子·齐物论》）

请问天下乱而立天子邪？理而立天子邪？立天子以父天下邪？役天下以奉天子邪？（《后汉书·逸民传·汉阴老父》）

根据语意和语气，两个问句，都是表示选择的。《逸民传》例以前两个分句之间与后两个分句之间，分别构成一个选择问句。它们都不用连词加以连接。又如：

敢问诸人做底是甚么佛？空王佛邪？然灯佛邪？释迦佛邪？弥勒佛邪？说底又是甚么法？根本法邪？无生法邪？也间法邪？出世间法邪？（《五灯会元》卷十八雪峰慧空禅师）

这种多项询问的句子，与选择句在语意和语气上关系都很接近。下列问句的几种形式，都是表示选择的：

堂中泣者，人耶？鬼耶？（《玄怪录》卷一"郭代公"）

你是人也？是鬼？（《裴度还带》楔子）

夫人，那边立的，还是人？还是鬼？（《风筝误》三十出）

我们可以看到，"还"之有无，不是判断是否选择问句的标准。

在汉语里，"是"乃表示判断的，说不上是选择句的标记。它的职能，也不在乎"还"之有无。它在选择问句中的位置，有几种情形：

1. 置于前一分句之首。

入来者是南人？北人？（唐·独孤沛《菩提达摩南宗定是非论》）

不知是物欲耶？气禀耶？（《朱子语类》卷十八）

我比张郎，是不好门第？不好家业？（《董解元西厢记》卷七〔文如锦〕）

2. 置于后一分句之首。

停杯问，余其负腹？是腹负余耶？（方岳《满庭芳·擘蟹醉题》词）

---

① "不知魏公是有此梦？还复一时用兵，托为此说？"（《朱子语类》卷三）"忽然一唤便回，还当得活也无？"（《五灯会元》卷十九昭觉克勤禅师）后一例表示疑问。

你请我喫筵席来那？是索荆州来？（《单刀会》四折）

这妖精在山前住？是山后住？（《西游记》四十回）

3. "是"分别置于前后分句之首。

众人又问："是僧？是俗？"（唐·独孤沛《菩提达摩南宗定是非论》）

公今在此坐，是主静？是穷理？（《朱子语类》卷一二一）

小姐是车儿来？是马儿来？（《倩女离魂》二折）

在汉语的历史上，这些个"是"，与下面的"要"、"欲"，实属一类性质，是动词性的成分：

今当助袁氏邪？助董卓邪？（《三国志·魏书·武帝纪》裴松之注引《英雄记》）

郎君有奇表，要作宰相耶？白日上升耶？（《太平广记》卷三五"齐映"）按，原注出《逸史》。

汝欲调泥成酱乎？汝欲身长三丈乎？（《剪灯新话》卷四"太虚司法传"）

兄弟，你要讨帐？要观风？（《说唐》二二回）

不论从词汇或是语法角度看，"是"以及"当"、"欲"、"要"，与选择连词"还"都是很不相同的。只有识别了选择问句中的"是"，才能充分认识选择连词"还"的特性，以至于所谓"还是"的性质①。在现代汉语里，人们由于某种习惯看法，把"还//是"的"是"当作选择连词的构成成分。其实，有时候某些用例就能显示出"是"的特性来。例如：

现在还不清楚他们将来是平行发展，还是合二而一，抑或是发生冲突。（《环球时报》2007年6月11日第一版）

文句虽是叙述口吻的标点，语意却是选择疑问的。其中的"是"、"还是"、"抑或是"三个"是"都是表示判断的，"还"和"抑或"用以关联，为什么非把"还是"当作连词？在此处的"抑或是"又该怎么说呢？所以，即使是现代汉语，把"还//是"当作选择连词，在语法分析上，显然是会遇到困难的。

（二）我们现有的资料表明，"还"之用作为选择连词，最早的用例见于五代时期的《祖堂集》。例如：

（1）沩山问师："承闻长老在药山解弄师子，是不？"师曰："是也。"

---

① 梅祖麟氏把"是"当作选择问记号的说法，不敢苟同。见《现代汉语选择问句法的来源》（《梅祖麟语言学论文集》，商务印书馆2000年版）

　　沩山云："为复长弄？还有置时也无？"（《祖堂集》卷五云岩和
　　尚）

（2）只如上座道"不逐四时彫"，与摩道还得剿绝？为当不得剿绝？
　　（《祖堂集》卷十一保福和尚）

上面两例，"还"分别与"为复"、"为当"互文使用，构成选择问句，
也把前后两个历史层次的连词联系了起来，其词性最是明确。

（3）师云："秀才唯独一身？还别有眷属不？"对曰："某甲有山妻，兼
　　有两颗血属。"（《祖堂集》卷十五西堂和尚）

《祖堂集》是南唐保大十年（公元952年）泉州招庆寺静、筠二禅师所
编著。据此推测，选择连词"还"起码在公元十世纪中叶，已在口语中使
用了。到宋代，《朱子语类》常见使用。例如：

（4）问"古者各树其所宜之木以为社。"不知以木造主，还便以树为
　　主？（《朱子语类》卷二五）

（5）虹霓只是气？还有形质？（《朱子语类》卷三）

（6）所谓"玉振"者，只是石耶？还真用玉？（《朱子语类》卷九二）

（7）曾点是实见得如此？还是偶然说著？（《朱子语类》卷四十）

（8）心本是箇动物，不审未发之前，全是寂然而静，还是静中有动意？
　　（《朱子语类》卷六二）

此外，如：

（9）沩山问曰："承长老在药山弄师子，是否？"师曰："是。"曰：
　　"长弄么？还有置时？"（《景德传灯录》卷十四潭州云岩昙晟禅
　　师）

参见例（1）。

（10）譬如潜泉鱼，鼓波而自跃，大德动与不动，是二种境？还是无
　　依？（《古尊宿语录》卷四临济慧照语录）

（11）举杯将月一口吞，举头见月犹在天。老夫大笑问客道，月是一团
　　还两团？（杨万里《重九后二日同徐克章登万花川谷月下传觞》
　　诗）

宋代以降，"还"常与"是"连文出现。或许受词语双音节趋势的影
响，人们有意无意中把"还//是"当成一个词看待。如清代稍早的《红
楼梦》和晚清的《老残游记》及其续集，都习惯使用"还//是"连文，
而没有"还"的用例。但其他语料中，仍旧能见到一些"还"单独使用
的例子。例如：

（12）你看此银可是你的？还不是你的？（《包公案》卷三"阴沟贼"）

（13）你想三叔？还想谁？（《警世通言》卷二四）

按，后文的回答是："我自三叔去后，朝朝思想，那里又有谁来？"

（14）客人吃饭哪？还等人啊？（《儿女英雄传》四回）

此外，在宋代已有"还"同时出现于两个分句的用法。例如：

（15）大钧播物，还是一去便休？也还有去而复来之理？（《朱子语类》卷一）

（16）使二君与桓文同时，还在其上？还在其下？（《朱子语类》卷二五）

（17）只管在尘俗里面衮，还曾见四端头面？还不曾见四端头面？（《朱子语类》卷一二一）

（18）陌上行人怪府公。还是诗穷？还是文穷？（刘克庄《一剪梅·袁州解印》词）

（19）那魔是几年之魔，怪是几年之怪？还是个把势？还是个雏儿？（《西游记》三二回）

（20）一般样的水，海自咸，河自淡，佛性还在咸处？还在淡处？（《西洋记通俗演义》四回）

（21）相公陆行，必用脚力，还是拿钧帖到县驿取讨？还是自家用钱雇赁？（《拗相公》）

（22）还叫小儿休了柯氏去就相府之亲？还叫相府千金来做小儿的二房？（《听月楼》十四回）

（23）做神仙，撇下余生骨。你看此身，还有？还无？（《红楼梦传奇·尘劫·风入松》）[①]

再者，如下面二例：

（24）姐夫喫了饭还没有？（《警世通言》卷二四）

（25）你说他这人的心思毒还不毒？（《官场现形记》五回）

这两例虽然不连接分句，却连接问句中之是与非，肯定与否定，同样起连接作用，也是选择连词。

我们从选择连词"还"使用上看，由于汉语双音化趋势的影响，加上表示判断的"是"，在选择句中的位置与选择连词的位置很相吻合，它们连文使用被人们所普遍接受，单独使用的"还"，在清代已呈现明显颓势。现代汉语陈述句也使用选择连词，在使用上已超出了选择问句，是一种发展。

---

① 见阿英编《红楼梦戏曲集》，中华书局 1978 年版。

（三）我们在"为"的章节里提到过，"为//是"的"是"，与"为当"的"当"、"为复"的"复"性质有别，"是"始终是表示判断的。现代汉语当作词看待的"还//是"，其中的"是"也是如此，从史的角度看，它们只是连文，而不是结合成词。因此，在使用过程中，我们可以看到下面这样的用例：

（26）所谓心者，是指简潜天潜地底说？还只是中间一块肉底是？（《朱子语类》卷六一）

（27）天地之心亦灵否？还只是漠然无为？（《朱子语类》卷一）

朱熹说："万物盈乎两间，生生不穷，日往则月来，寒往则暑来，风雷之所以鼓动，山川之所以流峙，皆苍苍者实有以主其造化之权邪？抑只是太极为万化枢纽，故万物自然如此？"（《朱子语类》卷四）在使用上，"抑只是"与"还只是"各成分之间，两两相对，词性相同。

（28）师傅还是就行，还要久住？（《醒世姻缘传》卷二九）

（29）到那日，还在哥这里？是还在寺院里好？（《金瓶梅》一回）

此例出张竹坡批点本。其中的"是"，倒置于连词"还"之前。

（30）叫你们大家看着我这个样儿，还是《平妖传》的胡永儿？还是《锁云囊》的梅花娘？还真个的照方才那秃孽障说的，我是个"女筋斗"呢？（《儿女英雄传》八回）

此例的第三个问句"还"的后面就不接"是"。

上举种种情况说明，历史上"还"之与"是"，只是两个不同的单音节词连文使用，而不是结合成词的。因此，当我们叙述选择连词在汉语史上的使用情况时，始终不把"是"看作连词的构成成分，它与"但是"中的"是"有本质上的差别。因此，我们在概括与选择连词"还"相关的句式时，同样贯彻这一准则。我们始终站在历史的、科学的层面上看待事实。

"还"为关联词的选择问句，在使用上有如下三类句子形式。

甲，……？还……？

1. "还"在后一分句之首，前一分句没有与之相呼应的词语。例如：

（31）"盖有之矣，我未见之也。"是言未见用力底人？还是未见用力而力不足之人？（《朱子语类》卷二六）

（32）上坟的是女儿和这侄儿？还是近房也那远房？（《老生儿》三折［越调斗鹌鹑］）

按，例出《元曲选》本。徐沁君校本《元刊杂剧三十种》只作"是"，没有"还"。

（33）卞君请关某，是好意？还是歹意？（《三国演义》二七回）

（34）这三钱银子算闺女的？还是算我的哩？（《醒世姻缘传》七三回）

（35）咱们是同师父一同走好？还是单走好？（《济公全传》五九回）

（36）后来你爹找着了没有？还是就被水冲去了呢？（《老残游记》十四
回）

2. "还"在后一分句，前一分句有"不知"或"未委"等与之相呼
应。例如：

（37）不知是心要得如此？还是自然发见气象？（《朱子语类》卷三五）

（38）助米人称进士，未委是何处几时请到文解？还是乡贡？（《朱子语
类》卷一百六）

（39）心本是个动物，不审未发之前，全是寂然而静？还是静中有动
意？（《朱子语类》卷六二）

（40）偹才说的一百银子，不知算功德钱呢？还是给他置买衣服同那动
用器皿呢？（《老残游记·续集》四回）

乙，还……？还……？

这是选择连词"还是"至今常用的形式。这一句式已见于宋代。例如：

（41）且如人而今作事，还是做目前事？还是做后面事？（《朱子语类》
卷二九）

（42）还是妖精菩萨？还是菩萨妖精？（《西游记》十七回）

（43）却不知这个软水还是过得去？还是过不得去？（《西洋记通俗演
义》十四回）

（44）君今还是回家？还往他处逃避？（《禅真逸史》三三回）

（45）还是专请纯阳祖师？还是各位仙人都可启请？（《儒林外史》七
回）

（46）老丈所问，还是国家之事？还是我们世俗之事？（《镜花缘》十一
回）

（47）还是带回衙门去审？还是在这里审？（《老残游记》十五回）

丙，可……？还……？

这是选择连词"可"与"还"相呼应使用形成的一个句式。"可"用
作选择连词，常见于明、清之际。如："你姑夫要这个官，可是图名？可是
图利？"（《醒世姻缘传》八三回）而在近代汉语时期，表示疑问恰是"可"
最常见的职能之一。"可"与"还"分别用于前后分句，从而构成另一个选
择问句句式，其构成完全是合乎汉语逻辑的。我们所见到的用例，都在明、
清时期。例如：

（48）这等，女儿百年之后，可往俺刘家坟里葬去？还是往张家坟里葬

去？（《拍案惊奇》卷三八）

（49）列位朋友，你们袋里装的是何货物？可是斗麦？还是米粮？（《飞龙全传》十五回）

（50）只见晴雯躺在床上不动，宝玉因问："可是病了？还是输了呢？"（《红楼梦》十九回）

此例为《红楼梦》稿本改动的结果。宝玉问话，庚辰本《石头记》原作"敢是病了？再不然，输了？"

（51）家伯到通州去的话，可是大哥打听来的？还是别人传说的呢？（《二十年目睹之怪现象》四回）

"可"用作疑问副词，以诘问语气为早，询问语气的副词，见于唐代。如：

已而天暮，有一僧曰："檀越可听吾徒之梵音也？"于是宪立池旁，群僧即于水中合声而噪。（《宣室志》卷一"玄阴池蛙"）

正是由于"可"有表示询问的职能，故能在选择问句中与"还"相呼应使用。反之，也足以佐证"还"原本表示疑问的性质。

丁，在宋、元、明、清间，还有一些具有选择意义的词，能跟"还"在选择问句中相呼应使用。如：

还……？抑……？

（52）因问"天命之谓性"，还是极本穷原之性？抑气质之性？（《朱子语类》卷四）

（53）五惇还是盗乎？抑是医药郎中乎？（《皇明诸司公案传》卷四"关县尹妓屈盗辨"）

还……？或……？

（54）长官，酒还送到房里去饮？或就在此间？（《醒世恒言》卷六）
前后分句间也可以倒置。

（55）不知妙玉被劫，或是甘受污辱？还是不屈而死？（《红楼梦》一一二回）

还……？却……？

（56）吴先生，我等还是软取？却是硬取？（《水浒传》十六回）
它们所存在的时间和空间范围都极有限。

（四）最后，我们略微讨论选择连词"还"的来源。我们曾经把"为……？……？"的句子形式，看作是一种问句，选择连词"为"由此生成。同样的原理，我们也认为"还……？……？"的句子形式，是选择连词"还"之所以产生的基础。这种问句在语意上是最接近于选择问句，通过这一句式，疑问副词"还"过渡到选择问句中。例如：

（57）时有学人问："古人还扶入门？不扶入门？"（《祖堂集》卷十一保福和尚）

（58）珍问："祖意与教意，还同？别？"（《祖堂集》卷九落浦和尚）

（59）那回得句闲言语，旁人尽道，你管又还鬼那？人吵？（黄庭坚《丑奴儿》词）

（60）还是切脉底是仁？那脉是仁？（《朱子语类》卷九七）

（61）君子还是合婚、选日、揣骨、听声、打瓦、钻龟、发课、算命？（《张协状元》四出）

例（61）即使算命先生发问那么多项，也不是非让对方从中选择，对方所答是"那张介元特遣男女请先生员一梦"。此类句式，若把疑问副词"还"挪到后面的任何一个问项，则形成"……？还……？"句式的选择问句；若在后面问句的任何一项前添加个"还"，就形成"还……？还……？"句式的选择问句。犹如下面一例：

（62）哥哥，你敢替母亲做七来？起坟来？还是吊孝来？（《灰阑记》一折）

又钱南扬校注《元本琵琶记》二十九出："镇长忧虑，为着甚么？你还少吃的那？还少穿的？"《六十种曲》本《琵琶记》三十出改动为："镇日忧闷，为着甚的？还少了吃的？少了穿的？"由此可见，选择问句与疑问句有着渊源上的密切关系。从汉语历史的角度，诸如下列句子，我们都看作疑问句，"还"则是疑问副词：

（63）如今还是要归裴氏？要归孙润？（《醒世恒言》卷八）

（64）不知还是井落在吊桶里？吊桶落在井里？（《拍案惊奇》卷十一）

（65）还是毛烈赖小人的？小人赖毛烈的？（《二刻拍案惊奇》卷十六）

（66）到了迎宾馆里，不知还是朝南坐？朝北坐？（《石点头》卷二）

（67）万一被人捉住，跟到家来，你还认是窝主？认是贼头？（《世无匹》十二回）

（68）貂蝉，你方才唱的曲儿，还是新上的？是旧有的？（《连环记》十三出）

（69）我且问你，太子还是真的？是假的？（《金丸记》二十出）

（70）二兄还是在乡？在城？（《醉乡记》十四出）

（71）宋贼，你还是来讨饶？来寻死？（《荡寇志》一百四回）

（72）还是要银子？要布帛？（《水浒后传》三十回）

总而言之，当"还"起关联作用时，或单置于后一问句之首，或并用、互用于两个问句之首；当它表示疑问时，则置于单一问句之首，或置于两个、多个问句前一问句之首。这时，前者是选择连词，后者是疑问副词。用格式表示之，则是：

A，疑问副词"还"在句中的位置：

还……？

还……？……？

B，选择连词"还"在句中的位置：

……？还……？

还……？还……？

我们着重强调了它们之间使用和发展的关系：连词"还"是副词"还"使用在选择问句的结果。当疑问副词的"还"在汉语发展过程中消失时，很自然，"还……？……？"的问句形式也就随之消失了。在选择连词"还"形成过程中，与表"如其"义的"还"，不发生语义上的任何瓜葛。

第三章　介　　词

第一节　时间介词"经"

时间介词"经"，用以指示时间的终止点。也许由于使用时段既有局限，使用范围也比较狭窄，不大容易引起人们的注意，在汉语的历史研究中，很少有人提到它。本节试图对"经"的使用，作个平面上的叙述。

（一）首先，我们需要界定"经"作为时间介词的特性。也就是说，为什么说它是时间介词，怎么个用法。

（1）听终辞绝共悽然，自说经今六百年。（韩愈《桃源图》诗）

说，指陶潜的"桃源之说"。作者说自那时"经今"六百年。

（2）花边春水水边楼，一坐经今四十秋。（白居易《会昌二年春题池西小楼》诗）

坐，意指小楼建造落成。一坐经今，意为自建成到现在。

（3）翠蛾娇艳，从别后经今，花开柳折伤魂魄。（柳永《轮台子》词）

从语词格式的角度说，上面例中的"自说经今"、"一坐经今"、"从别后经今"，犹如今天还使用着的"自……至……"、"从……到……"，即跟"从某时或某事至现在"的说法是一样的。这种格式，古已有之。如：

（陆）逊随轻重以兵应拒，自正月至闰月，大破之。（《三国志·魏书·吴主传》）

自旦战至日中，吴人夺气。（《三国志·魏书·张辽传》）

从类比可知，在这类格式里，"经"用同"至"或"迄"，指示时间的终止点，都是介词。

在汉语里，这类格式的扩展，往往就成了复合的句式。例如：

（4）自从到此天台境，经今早度几冬春。（寒山"自从到此天台境"诗）

（5）况自去夏霖霖，经今亢旱。（《旧唐书·严挺之传》）

（6）一自新河别，经今已十年。（元·王恽《送李郎中德昌北还情见乎辞》诗）

（7）母亲自二十上守寡，经今六十二岁。（《小张屠焚儿救母》楔子）

例（4）至例（7），用于前一分句表示时间起点的介词有"自"、"自从"、"一自"。后一分句用于时间"今"前面的"经"，显然是与"自"、"自从"、"一自"前后相配搭使用的介词。"自"、"自从"、"一自"在前一分句指示时间的起点，而"经"在后一分句指示时间的终点，前后分句相配，构成一个完整的复合句。因此，这一"经"，有如时间介词"迄"、"至"一类，指示时间的终点，它在这些用例中，也是个时间介词。

有时，前一分句也可以不用"自从"等介词相搭配，只要具有能够表达时间起点的行为或事态时，那么，后一分句即可用"经"指示时间终点与之相配合，同样能构成完整的句子。例如：

（8）鬰头蓝子命终已来，经今七日。（《大唐西域记》卷七"憍陈如等五人传说"）

（9）相传付嘱已来，经今几代？（唐·独孤沛《菩提达摩南宗定是非论》）

按，"付嘱"二字原缺，据后文补。

二例均表示，某时或某事以来，到现在为止多少时间。几代，也是表示时间的一种方式。"经"同样指示时间的终点。

通过上面的这些个用例，我们确认"经"的这类用法，是与"迄"、"至"、"到"等属同一个类别的介词，用以指示时间的终点。对于它的特点，我们可以初步作如下的概括：

1. "经"可以用在表示时间的格式里，指示时间的终点；

2. "经"可以用于复合句的后一分句里，指示时间的终点；

3. "经"表示时间终点的最基本格式是：经＋今＋时间数量。

但是，在使用过程中，也会有局部的变化。这种变化就是，并不一定要求表示时间起点的介词"自"或"……已来"的形式相配搭使用。例如：

（10）年状皆齐初有髭，鹊山漳水每追随。……经今三十余年事，却说还同昨日时。（张籍《逢王建有赠》诗）

作者意谓年轻时就常在一起，至今三十多年前的事，犹同昨日那样。

（11）佛言大王："汝年几岁时见恒河水？"王言："我生三岁时见。"佛言："如今云何？"王云："经今六十二年，见与三岁时无异。"（《圆悟佛果禅师语录》卷五）

（12）一对儿佳人才子，年纪又敌头。经今半载，双双每夜书帏里宿，已恁地出乖弄丑，泼水再难收。（《董解元西厢记》卷六［六幺令］）

例（12）俩人夜宿书斋，具体时间未明言，只说到现在该有半年了。

类似用例，既可使用于句式或格式，也能脱离束缚，这就使其功能在使用中得到了拓展，犹如"迄"、"至"、"到"等，具有相同用法的介词一样。如：

我年七岁，已识尹君矣，迄今七十余年。（《宣室志·尹君》）

从微至著，不断世缘，而示妙规百世之下，无与为等，到今数百载，充遍寰海，列刹相望，皆其法孙。（《圆悟佛果禅师语录》卷十四）

例（10）至例（12）等三例的"经"，就如同这个"到"，相对的起始时间都不具体，但不影响其体现时间终点的语法职能。

（二）时间介词"经"的使用，我们今天所见到的较早用例，已见于六朝的后魏，唐代用例渐多。例如：

（13）臣国自无讳所攻击，经今八岁。（《魏书·西域传·车师国》）

（14）且汉营此城，经今将八百岁。（《隋书·艺术传·庾季才》）

（15）我为忠贞，经今两代，不能惜汝辄负国家。（《隋书·列女传·谯国夫人》）

（16）如此现相，经今百余年。（《法苑珠林》卷十三"感应缘"）

（17）我是［秦］文王女，小遭不幸，无夫独居，经今廿三年，在此棺圹之中。（句道兴本《搜神记》）

（18）某姓李氏……道遭党羌所虏，至此挝杀，劫其首饰而去。后为路人所悲，掩于沙内，经今三载。（无名氏《赵合传》）

例（18）出吴曾祺《旧小说》。《太平广记》卷三四六原注"出传奇"，作者应是裴铏。

（19）唐朝忍禅师在东山将袈裟付嘱与能禅师，经今六代。（独孤沛《菩提达摩南宗定是非论》）

（20）南山有一阿斯仙，修行岁久道行专。颜貌已过经千年，早登五道相人间。（《八相变》）

"经千年"即"经今千年"之谓。句意已超过千岁。

（21）移根到此三千里，结子经今六七年。（白居易《六年秋重题白莲》诗）

（22）吴王杀伍子胥之时，吴国不熟二年，百姓乏少饥虚，经今五载。（《伍子胥变文》）

（23）新妇夫婿游学，经今九载。（《秋胡变文》）

以上是唐五代的一些用例。在此后的宋、元、明间，我们都可以看到时间介词"经"的用例。如：

（24）相识经今二十年，支离契阔长相忆。（宋·田锡《赠别琅玡评事

兼寄两制旧交》诗）

（25）纵使当时曾手植，经今十载亦凋衰。（文彦博《近以洛花寄献斋阁蒙赐诗五绝褒借今辄成五篇以答来贶》）

（26）竺国取经回东土，经今十月到香林。（《大唐三藏取经诗话》第十六）

（27）昨日使关公南去大江锁船，经今不至。（《三国志平话》卷中）

（28）空调眼色经今半载，这其间委实难捱。（《西厢记》四本一折［鹊踏枝］）

（29）俺哥哥称君道寡作蜀王，关某匹马单刀镇荆襄。长江，经今几战场，恰便似后浪催前浪。（《单刀会》三折［尧民歌］）

此例"经"指示时间的终点，但下接的不是时间的量，但时间介词的特性不变。例出《元刊杂剧三十种》本。《元曲选外编》本把"经今"倒置为"今经"，就改变了作者的本意。

（30）嗏媳妇儿去时，有三个月身子，经今去了十七年也！（《汗衫记》三折）

以上是宋、元间的一些用例。

（31）小徒经今坐了九个年头。（《西洋记通俗演义》四回）

例（30）、例（31）"经今"下接动词，但基本格式未变。

（32）幼妻孤居，冤遭市棍文孔嘉调奸情稔，密地拐去，经今三年。（《皇明诸司公案传》卷四"梁县尹判道认妇"）

（33）他私自偷开玉关金锁，走出宫来，经今一载。（《西游记》九五回）

（34）虽然天色寒冷，经今四十九日，焉得不烂！（《醋葫芦》十七回）

（35）经今百余年，人不敢入其祠。（《钟馗全传》卷二）

（36）小女庆娘卧病在床，经今一载。（《拍案惊奇》卷二三）

（37）自从老丈分别之后，经今十余年。（《禅真逸史》二十回）

（38）把他公子一拐就拐了去，经今许多年代，没有寻处。（《韩湘子全传》十一回）

（39）前月寄书回去，接取老夫人并家眷来此同赴任所，经今日久，将次来到。（《荆钗记》二七出）

例（38）、例（39）"许多年代"、"日久"虽不具体，仍表示时间的量。

以上是明代的一些用例。我们尚未见到更晚的用例。

从上述使用的情况可以看到，时间介词"经"指示时间的终点，肇始于六朝，自大唐初年，频见其使用，直到明代，大约在汉语里使用了一千多年的时间。在此期间，"经"表示时间的方式，以"经＋今＋数量"这一格式之使用为其显著特点，因此容易被比较和识别。

从使用上说，时间介词"经"与"迄"、"至"、"到"、"迨"的特性比较接近，都可以置于"今"之前，构成介宾短语，表示时间的终点。但是它们仍存在差别："迄"、"至"、"到"既可以指示时间的终点，也可以指示空间的终点；相比较，"经"一般不指示空间的终点。然而，在使用当中，它们的重要差别在于，虽然介宾短语"经今"后面曾经下接过如例（4）"早度几冬春"，例（5）"亢旱"这样的动词短语，这只是仅有而已，而且较早，此外几乎都只下接数量。如"迄今"却与之不同，既可下接数量，也可以下接短语，如："迄今被其辜毒"（《后汉书·鲁恭传》），"迄今未撰奏"（《三国志·吴书·薛综传》），"迄今夷人不敢往牧"（《水经注》卷三六"若水"），"迄今国家每大陈设，必列于殿庭"（《隋唐嘉话》卷上）等等，至今书面上还使用着。"经今"在使用上范围之狭小，大概是时间介词"经"自我消亡的重要因素。

最后，从来源上说，"经"没有表示终止意义的这么一个用法①，以至于我们很难明白它时间介词这一用法之所自来。不敢妄猜，只好存疑，留待智者。

第二节　方所介词"就"

在汉语历史上，"就"用作介词，其职能颇多。本节讨论方所介词的形成及其用法。将择其主要用法，逐次作扼要叙述。

（一）动词"就"表示趋赴意义，即前往某处之意，是颇常见的。如：

皇帝使谒者赐县三老……县乡即赐，毋赘聚。（《汉书·武帝纪》）颜师古曰：即，就也。各遣就其所居而赐之，勿会聚也。

汉武帝给三老（孝者、弟者、九十以上及鳏寡孤独）生活补贴，或说困难补助。要求县乡"就其所居而赐之"，意谓到三老住处分赐之。就某处做某事，是魏晋六朝间常见的一种表达方式。例如：

冬十月，魏将文钦伪叛以诱朱异，（孙）权遣吕据就异以迎钦。（《三国志·吴书·吴主传》）

"就异"，谓到朱异处。如颜师古所言，就其所居。当这种意义的

---

① 《宋书·文五王传·庐江王》："大明之世，迄于永光。""迄"表终止义。这种用法，似为"经"所不具有。

"就"+方所词作补语构成动补结构作状语时，就会出现一些词义上的变化。如：

（1）灵帝即位，中常侍曹节以陈蕃、窦氏既诛，海内多怨，欲借宠时贤以为名，白帝就家拜（韦）著东海相。（《后汉书·韦彪传》附豹）

著，韦豹之子，不受征召而家居，故云就家拜相，借此方式起用。

（2）及（公孙）渊谋逆，帝不忍市斩，欲就狱杀之。（《三国志·魏书·高柔传》）

（3）（孙）权克荆州，将吏悉皆归附，而濬独称疾不见，权遣人以床就家舆致之。（《三国志·吴书·潘濬传》裴松之注引《江表传》）

（4）高帝定天下，使陆贾就立佗南越王。（《水经注》卷三七"浪水"）

此例"就"下省略方所名词。后半句可改写作"使陆贾就南越立佗为王"。

（5）于是声发丘园，响闻京国，为皇宗英彦元恒之所友爱，就家逼引为征东□中兵参军，进入省为散骑侍郎。（北魏《贾散骑之墓志》）

（6）既葬，而复就冢中霹雳其枢，引身出外。（《异苑》卷四）

（7）是年，人又告牧犍犹与故臣民交通谋反，诏司徒崔浩就公主第赐牧犍死。（《魏书·沮渠蒙逊传》附牧犍）

以上用例共同的特点是，"就"的趋赴义减弱了，"就+方所"置于动宾短语之前，"就"指示的是动词谓语的宾语所在处，亦即动宾短语行为发生的处所。例如：

（8）儿见充喜踊，（贾）充就乳母手中呜之。（《世说新语·惑溺》）

（9）王太医听说，忙起身就奶子怀中左手托着大姐儿的手，右手诊了一诊。（《红楼梦》四二回）

这两例时间上相差甚远，但介词"就"之表示即于某处做何事是相同的。因此，这类介词就有着较明显的由动词转变到方所介词的特征。六朝以后，"就"的这类用例，历代都能见到。例如：

（10）汝更为我语此畜生，明晨速离此，不然当使六丁就穴斩之。（裴铏《传奇·高昱》）

（11）贞观末，有鸲巢其房楹上，哺养二雏，法师每有余食，恒就巢哺之。（《太平广记》卷一百九"石壁寺僧"）按，原注出《冥报拾遗》。

以上是唐代的几个用例。

（12）时重修永福殿，命（孙）延希督役。上见役夫有就瓦中噉饭，以柿为匕者，大怒，斩延希而罢延勋等。（《旧五代史·周书·世宗纪》四）

（13）有一宝刀极坚钢，就刀室中镕为汁，而室亦俨然。（《梦溪笔谈》卷二十"神奇"）

（14）李逵方才住了手，就土兵身上剥了两件衣服穿上。（《水浒传》四三回）

（15）呼妾，妾创剧不能起，妇以为伪，就榻捶之。（《聊斋志异·马介甫》）

我们分析这类句子的用法可知，"就"的介词宾短语在句中的作用，是在强调行为发生的方式——就宾语所在处发生或进行。这时的"就"，与"就所居而赐之"的"就"相比，已失去了原有的"到某处去"趋附意义。这些"就"是最具原始意义的介词。现代汉语"就地取材"之类的说法，"就"应当是它的遗存，不过已经不把它看作是介词了。现代汉语表示范围的"就"，也似乎来源于此。例如："欲遍作诸志，前汉所有者悉令备……又欲因事就卷内发论，以正一代得失。"（《宋书·范晔传》）

（二）我们前面所说一类具有原始意义的方所介词"就"，本质上与表示行为发生或进行的方所介词有相近之处，但词汇意义并不相当。请斟酌下面一例：

（16）我今日问新到，是将死雀就地弹，就窠子里打？（《五灯会元》卷十一存奖禅师）

后一个"就"，则属于我们前面所讲述的那一类介词，行为发生时，雀在窠子里；而前一个"就"，则表示行为发生的所在，犹"在"，就地，即在地下，不是在窠子里。禅师问选择哪一种方式，是"就"的介词词义之不同决定行为方式之差别。我们这里即探讨犹"在"义的介词"就"。

（17）惠帝七年夏雷震，南山大木数千株，皆火燃至末，其下数十亩地，草皆焦黄。其后百许日，家人就其间得龙骨一具，鲛骨二具。（《西京杂记》卷二）

"就"指示获得龙骨鲛骨的处所，即南山雷火燃烧处。

（18）兄（班）固，著《汉书》，其八表及《天文志》未及竟而卒，和帝诏昭就东观藏书阁踵而成之。（《后汉书·列女传·曹世叔妻》）

如上两例的"就"，没有动向的含意，不是到某处去做某事之意。可见，介词"就"指示行为发生或进行的处所，能够追溯至汉代。

在汉语历史上，指示行为发生所在的介词与方位词配合是其使用的标志性形式。这样的使用形式已见于六朝时期。如：

（19）韩（伯）后与范（宣）同载，就车中裂二丈与范云："人宁可使妇无恽邪？"范笑而受之。（《世说新语·德行》）

（20）临桁下而牵衫，就箱边而著钏。（庾信《镜赋》）

"就车中"撕绢、"就箱边"戴钏，"就"的语法位置都是方所介词"在"常处的位置。

（21）时百官请建东宫，勅未许。每令晞就东堂监视太子冠服，导引趋拜。（《北齐书·王昕传》附晞）

例中"就"指示"监视太子"、"导引趋拜"的行为发生之处所。《晋书·王羲之传》："时太尉郗鉴使门生求女婿于（王）导，导令就东厢遍观子弟。"此"就"表示趋附义，到东厢去。

（22）凤从台上出，龙就匣中生。（隋·李巨仁《赋得镜》诗）

（23）云从海天去，日就江村陨。（唐·孙逖《和登会稽山》诗）

（24）凤从垂处度，烟就望中生。（唐·元友直《小苑春望宫池柳色》诗）

例中"从"、"就"偶用。"就"的语法位置，犹俗语"怒从心上起，恶向胆边生"之"向"，亦犹"在"，都是方所介词。

作为指示行为动作发生或进行处所的方所介词，在进入有唐以至明代，"就"在这其间是一个使用颇为广泛的常用词。例如：

（25）贞观十二年，太宗……乃令就京城闲坊，为诸州考使各造邸第。（《贞观政要·礼乐》）

（26）纳言娄师德，郑州人，为兵部尚书。使并州，接境诸县令随之。日高至驿，恐人烦扰驿家，令就厅同食。（《朝野佥载》卷五）

（27）欲就东林寄一身，尚怜儿女未成人。（司空曙《闲园即事寄暕公》诗）

（28）就荷叶上包鱼鲊，当石渠中浸酒瓶。（白居易《桥亭卯饮》诗）

（29）夜半敕书至。明早，召集诸官宣敕，便令手力就馆中诛杀孙并手刃二十余人。（《太平广记》卷二一七"颍阴日者"）按，原注出《定命录》。

（30）大愚才见，便拟棒师。师接得棒子，则便抱倒大愚，乃就其背殴之数拳。（《祖堂集》卷十九王敬初常侍）

以上是部分唐五代的用例。

（31）其初令画地图，量道里远近，就僧寺或庄宇置粜米所。（《朱子语

　类》卷一百六)

(32) 吾有男子名五哥，年十五岁矣，每日牧牛于野，就外吃饭。(《夷坚三志》辛集卷十"曾三失子")

(33) 正月初九日玉皇上帝诞日，杭城行香，诸富室就承天观阁上建会。(《梦粱录》卷十九"社会")

(34) 老者于死人面上吹呵，幼者就篱落间摘一青叶，度于老者，若作法书符状，置死人顶上，随即再生。(《辍耕录》卷二二"戎显再生")

(35) 只见就那汴河岸上起一阵狂风，俄刻中间，云生四野，雾长八方，轰雷闪电，雨若倾盆。(《宣和遗事》前集)

(36) 鹿皮热当不的，脚踏锅边要出来，被鬼们当住出不来，就油里死了。(《朴通事》)

(37) 尔来助燕并齐，吾若不看襄王面，交尔就军前分尸万段。(《七国春秋平话》卷下)

(38) 谁想此人酒务中遇见上皇，就臂膊上写了花押，认为兄弟。(《遇上皇》三折)

四折有宾白说："寡人得知情由……就在赵元臂膊上写了两行字，画了花押。"例中"就臂膊上"，意同"在赵元臂膊上"。

以上是宋、元时期的部分用例。

(39) 曹军一拥而入，见是空寨，便就寨中放起火来。(《三国演义》六七回)

(40) 摽枪风利，就鞍边微露寒光；画鼓团圞，向鞍上时闻响震。(《水浒传》九回)

(41) 我欲咬死，又恐污了口，不如就火中烧化。(《济颠语录》)

(42) 贫道欲就本处建个普贤佛院，铸成金身供养。(《平妖传》十二回)

(43) 他就外边胡行乱走，奴妇人家只管得三层门内，管不得那许多三层门外的事。(《金瓶梅》七回)

(44) 或在庙前树下，或就门口石上坐住了，成半日的白话。(《醒世姻缘传》二三回)

以上是明人的部分用例。仅就指示行为发生或进行的方所这一语法意义而言，"就"的使用，到此时可算是告一段落。相对明代的使用频率，清代只偶见而已。如：

(45) 李兆明就后一刀，把老道杀了。(《济公全传》八二回)

（46）暨暮，休于旅舍，偶步门庭，则见张就外舍饮。（《聊斋志异》卷
　　　四"念秧"）

（三）作为方所介词，"就"用以指示行为发生的空间起始点。犹
"从"，犹"自"。关于这种用法，从现在所掌握的资料例看，始于六朝。
例如：

（47）可怜谁家郎，缘流乘素舸。但问情若为，月就云中堕。（谢灵运
　　　《东阳溪中赠答》诗）

（48）会其家奴数人，阴结党辈，欲以劫出详，密抄名字，潜托侍婢通
　　　于详。详始得执省，而门防主司遥见，突入，就详手中揽得，呈
　　　奏。（《魏书·献文六王列传·北海王详》）

（49）行人消息断，空闺静复寒……从来腰自小，衣带就中宽。（南朝
　　　梁·鲍泉《寒闺》诗）

介词"就"指示空间的起始点，介宾短语在动词谓语之前，通常都作
状语。这一用法，一直使用到明代。例如：

（50）昨日春风欺不在，就床吹落读残书。（曹邺《老圃堂》诗）

（51）又台使致（王）黑食饭，使人割瓜皮大厚，投地，黑就地拾起以
　　　食之。（《朝野佥载》卷五）

（52）廓因流涕稽颡。主人……就案上取一卷文书勾点之，既而廓谢恩
　　　辞归。（《太平广记》卷三七七"袁廓"）按，原注出《法苑珠
　　　林》。

（53）又令村妇二十余人，就船拽包君妻出，验其病状。（卢子《逸
　　　史·孟简》）

（54）南人多买虾之细者……盖以生菜，以热釜覆其上；就口跑出，亦
　　　有跳出醋碟者，谓之虾生。（《岭表录异》卷下）

（55）疾势既困，忽有壮士数人，揎拳露肘，就床拽起，以布囊笼头，
　　　拽行不知里数……乃官府门也。（《玄怪录》卷三"王国良"）

（56）若也祗对一字参差，却到贱奴向相公边请杖，就高座上拽下决
　　　了，趁出寺门，不得为众宣扬。（《庐山远公话》）

以上是唐五代的若干用例。从上面的用例中可以看到，进入唐代，与介
词"就"相匹配使用的动词，通常都带有表示趋向意义的补语，如：出，
落，起，下。这就使介词"就"所表示的语法意义与词汇意义，都比六朝
时期来得更加明确。

（57）翁始则悚而拒，终则愧而谢……就衣带间取铁匙，命其子："开
　　　钥，取吾柜中某书来。"（《青琐高议》前集卷六"骊山记"）

（58）化及遣人就家擒至朝堂，既而释之。（《资治通鉴·唐高祖武德元年》）

（59）见今行府日逐建议守河之计，欲就国中差拨金人十万人前来守河，亦不用燕人及契丹。（《三朝北盟汇编》卷一一十）

（60）将尔姊就摘星楼揎下来，擂杀姜皇后。（《武王伐纣平话》卷下）

（61）我舍了老性命就肩舆上跳下来。（《周公摄政》四折）

（62）寡人得知其情由，就袖中取出斑管霜毫笔……写了两个字，画了花押。（《遇上皇》四折）

（63）石攒来的柱础和泥掇，铜铸下的幡杆就地拔。（《昊天塔》二折［二煞］）

（64）上埠有一妇人，就山林中采笋归，觉粘如饴涎。（《至正直记》卷二"生果菜"）

以上是宋元时的若干用例。明代是白话小说极兴盛的时期，介词"就"指示空间起始点的用法，仍常能见到。如：

（65）就身边拔起刀来，向前劈胸揪住便剁。（《三遂平妖传》七回）

（66）陈抟说其缘故，就怀中取出书来看时，乃是一本《周易》。（《古今小说》卷十四）

（67）合哥就怀里取出那刺绣香囊，教把看了，同去万员外家里。（《警世通言》卷三七）

（68）凡人作文皆从外面攻进里去，我为文章只就里面攻打出来。（《续焚书》卷一"与友人论文"）

（69）孩儿，就此趱行前去。（《荆钗记》三三出）

在明人的小说中，《水浒传》是使用得比较多的。如：

（70）杨志就弓袋内取出那张弓来。（《水浒传》十三回）

（71）吴用就血泊里拽过头把交椅来，便纳林冲坐地。（《水浒传》十九回）

（72）李逵却拿了朴刀，就洞里赶将出来。（《水浒传》四三回）

我们看到，在明代的用例中，与"就"相配合的动词谓语，常带有双音节的趋向补语，如：出来，过来，进去，起来，下来。然而，"就"表示"从"、"自"，大多白话小说并不都如《水浒传》那样。相比较而言，在明代，这种用法远赶不上指示行为发生或进行的方所介词"就"那样，被广泛使用，而且频率高；就是整个历史之存在与使用过程，差不多也都如此。到了清代，"就"指示空间起点这种用法，便不多见了。如：

（73）齐国远就灯棚上跳下来，抢动金锤，逢人便打。（《说唐》十四回）

（74）就地拥出金钱豹，从天降下大鹏雕。（《飞龙全传》四二回）

随着介词"就"的语法职能在近代汉语整体地消减,这种用法也未能避免在现代汉语中消亡。

(四)关于方所介词"就",最后要提到的一项用法,是介宾短语用于动词谓语之后作补语,指示行为动作的结果至或到达某处。

(75)赤眉大众且至,(邓)禹以栒邑不足守,欲引师进就坚城。(《后汉书·张宗传》)

(76)辽还屯雍丘,得疾……帝迎辽就行在所。(《三国志·魏书·张辽传》)

(77)不若使闻敌至,诸围皆敛兵聚谷,退就汉、乐二城。(《三国志·蜀书·姜维传》)

这三例的"就",分别用于动词谓语"进"、"迎"、"退"之后,指示处所,表示"至"或"到"。这种用法,《魏书》屡见。格式有二:

1. 动 + 就 + 方所。

(78)帝乃下御座,步就东廊,口咏范蔚宗《后汉书赞》。(《魏书·孝静纪》)

(79)延兴中,尚书奏以敦煌一镇,介远西北,寇贼路衝,虑或不固,欲移就凉州。(《魏书·韩秀传》)

下文云:"若徙就姑臧,虑人怀异意。"义同。

(80)近由徙就建安,致有往年之役。(《魏书·皮豹子传》附喜)

2. 动宾 + 就 + 方所。

(81)其年四月,有事西郊,诏以御马车迎允就郊所板殿观瞩。(《魏书·高允传》)

(82)徙详就太府寺,围禁弥切。(《魏书·献文六王列传·北海王详》)

下面是隋唐至宋期间的部分用例:

(83)昨夜欲得近厕,故在后房,恐有紧急,还移就前殿。(《隋书·文四子传·房陵王勇》)

(84)府内先有蜜蜂一奁,分飞聚于宅南树上,孝政遣人移就别奁。(《太平广记》卷一三二"陆孝政")按,原注出《法苑珠林》。

(85)(马)湘书一符,令人帖于南壁下,以筯击盘长啸,鼠成群而来,走就符下俯伏。(《太平广记》卷三三"马自然")按,原注出《续仙传》。

(86)县尉王璷引就房内推问,不承。(《朝野佥载·王璷》)

(87)乃命引郑郎出就外间,浴以百味香汤。(《宣室志》卷十"郑德枞鬼婚")

(88) 安禄山乱东都，遣伪署西京留守张通儒至长安，驱朝官就东洛。（《太平广记》卷一四八"郑虔"）按，原注出《前定录》。

(89) 李大怒，擒就厅前，索新造筋棒，题径三寸，叱杖家打天王，尽则已。（《酉阳杂俎·赵高》）

以上是唐人的若干用例。

(90) 有大瓢，云可辟寒暑，置酒于其中，经时味不坏，日携就花木水石之间，一酌一咏。（《旧五代史·晋书·郑云叟传》）

(91) 其一军仍纳甲仗，遣中使监送就粮所。（《旧五代史·周书·太祖纪一》）

(92) 昔有一人因送葬回，不觉被仆者引自他道归。行数里，方觉不是，却须要回就大路上。（《二程遗书》卷十八）

(93) 桃花石器榴花酿，携就南湖访饮朋。（文彦博《月夕挈新酿并文石酒镡就公仪南湖雅饮》诗）

(94) 韩生亦来，夜不睡，自抱一篮，持瓟杓，出就庭下。众共往视之，则见以杓酌取月光，作倾泻入篮状。（《铁围山丛谈·韩生》）

　　"就"的介宾短语在动词谓语之后，表示行为结果到达的方所，作为介词"就"的一个用法，就现有资料看，宋代以后，尚未发现用例。这是方所介词"就"最早消亡的一个用法。

　　作为方所介词，"就"主要用法有上述四项。至于还有少数用法，用例极少，或只是偶见，此处顺便一提。例如：

犹"从"

(95) 跂石聊长啸，攀松乍短歌。除非物外者，谁就此经过。（上官昭容《游长宁公主流杯池》诗之十）

犹"在"

(96) 风吹遍树紫，日照满池丹。若为交暂折，擎就掌中看。（《游仙窟》）

(97) 可怜濯濯春杨柳，攀折将来就纤手。（乔知之《折杨柳》诗）

(98) 结庐就嵌窟，剪苕通往行。（孟浩然《游明禅师西山兰若》诗）

(99) 卧惊从枕上，扶哭就灯前。（白居易《病中哭金銮子》诗）

(100) 娘娘扶在销金辇，黄罗罩就国娘身。（《包龙图公案词话·仁宗认母传》）

犹"朝"，"冲"

（101）黄莺啼就马，白日暗归林。（綦毋潜《送章彝下第》诗）
这些用例，多出自唐人之手。

"就"作为方所介词，主要用法可略加归纳如下：
1. 介宾短语作状语：犹"在"——龙就匣中生。
　　　　　　　　　　犹"从"——月就云中堕。
2. 介宾短语作补语：犹"至"或"到"——步就东廊；移就凉州。
　　　　　　　　　　犹"在"——擎就掌中看。

第三节　方所介词"望"

"望"和"往"，是汉语历史上的两个方所介词。在指示方所这一语法职能上，是个同义词。因此，有时能见到互文出现的用例。如"颧骨望上翘，嘴唇往下别"。（《西游记》二七回）我们将分开两个章节，分别讨论"望"和"往"在汉语历史上的使用，也将试图涉及它们的历史联系。本节讨论方所介词"望"。

（一）"望"作为介词，是指示行为发生或进行所朝向的方位或处所的，这时，"望"所构成的介宾短语在句中作状语。这种用法，已见于晋代。例如：

（1）太初二年，大月氏国贡双头鸡，四足一尾，鸣则俱鸣。……帝乃
　　　送还西域，行至西关，鸡反顾望汉宫而哀鸣。（《拾遗记》卷五）

意谓送还西域途中，走到西关，双头鸡扭过头来朝着汉宫哀鸣。必须一提的是，句中有"反顾"二字，就排除了把"望"作动词理解的可能。

（2）父见马惊喜，因取而乘之。马望所自来悲鸣不已。（《搜神记》卷
　　　十四"女化蚕"）

"望"指示来的方向或方位。介宾短语"望所自来"，是动词谓语"鸣"的状语。

（3）将归，不受祭，吏民往往相聚于路侧，望柩设奠，酹而哭之。
　　　（《干宝晋记》）①

例出清代汤球辑录本。

（4）岳性轻躁，趋世利，与石崇等谄事贾谧，每候其出，与崇辄望尘
　　　而拜。（《晋书·潘岳传》）

（5）望风整轻翮，因虚举双翰。（枣腆《赠石季伦》诗）

---

① 《隋书·经籍志》有"《晋纪》二十三卷 干宝撰"的记载。

诗中"望风整翮","因虚举翰",都是飞往云汉前的准备动作。"望"、"因",分别指示"整"和"举"行为朝向的方所,都是方所介词。

从上面的用例可知,介词"望"已用于晋代,上面五个用例的"望",其语法意义都是不容含糊的。至如再早的用例,如:

(6) 夷吾到县,无所验,但望阁伏哭而还。(《后汉书·方术传·谢夷吾》)

(7) 张湛字子孝,扶风平陵人也。……后告归平陵,望寺门而步。主簿进曰:"明府位尊德重,不宜自轻。"(《后汉书·张湛传》)李贤注:"寺门即平陵县门也"。

二例都见于叙事,难于确认是魏晋以前的文字,姑且认作出自范晔,六朝人的文笔。

(8) 相与俱前,王之恐状,转见于色;谢之宽容,愈表于貌,望阶趋席。(《世说新语·雅量》)

"望"指示"趋席"的方所。

(9) 遥见有七段火光,望火而走,似村欲投,终不可至。(《宣验记》)

(10) 夕云向山合,水鸟望田飞。(萧子晖《落日郡西斋望海山》诗)

(11) 鱼云望旗聚,龙沙随阵开。(萧纲《从军行》)

(12) 尝召百司于都坐,王公以下,望庭毕拜,高子独升阶长揖。(《魏书·高允传》)

(13) 以强弓大箭望楼射窗,扉开即入,应箭而毙。(《魏书·奚康生传》)

从上面的用例可以看到,方所介词"望",至六朝时期,在使用上已有一定的广度,其用例涉及正史、笔记及韵文等。包括晋代的用例在内,从中显示,介词"望"指示行为动作发生所朝向的方所,介宾短语作状语。

(二) 前面我们探讨了方所介词"望"的兴起。进入唐代以后,"望"已经成为了一个常用词。因此,这里重点叙述它的使用。

语句中的任何一个成分都不是孤立存在的。作为介词,它主要是引介有关成分,和动词谓语相联系,形成语意所要求的某种语法关系。我们必须从这些关系中去了解介词"望"的使用。方所介词"望"与它的宾语相结合,指示行为动作发生或进行的朝向。我们根据表示方所的词与动词谓语的词义特征,把"望"的介宾短语与动词谓语的结合,归纳为下面若干种表达形式。

甲,望+方位词,用于动词谓语之前,表示行为动作的朝向。

1. 望+"东"、"南"、"西"、"北"+动。

(14) 问:"如何是自己?"师曰:"望南看北斗。"(《景德传灯录》卷十二郢州芭蕉山慧清禅师)

（15）今既一列皆南向，到拜时亦却望西拜，都自相背。（《朱子语类》卷九十）

（16）己酉岁正月晦，出城外太和宫，于空野间望东南一拜，称皇帝万岁。（《夷坚志补》卷十二"蓑衣先生"）

（17）二人乘青鸾望乾方西北而昇。（《宣和遗事》前集）

（18）公孙胜穿上麻鞋，背了包裹，打了稽首，望北登程去了。（《水浒传》九十回）

（19）只见子牙前心牵扯，后心疼痛，拨转四不相，望东就走。（《封神演义》七二回）

2. 望＋"上"、"下"、"左"、"右"＋动。

（20）今水不望下而望上流，是阴气上盛而递其天也。（《梁公九谏·第五谏》）

（21）唐状元把个头望左边一侧，一盏又打得那枝标往右一跌。（《西洋记通俗演义》三五回）

（22）李桂姐出来……望下不当不正道了万福。（《金瓶梅》十五回）
例出词话本。张竹坡评本作"望上道了万福"。

（23）（赵昇）乃看准了桃树之处，拟身望下便跳。（《古今小说》卷十三）

（24）阮良……把身子望上一起，又往下一坠，那只船就面向水，底朝天。（《说岳全传》二十七回）

3. 望＋"前"、"后"＋动。

（25）这路崎岖，水萦纡，急的我战钦钦不敢望前去。（《潇湘雨》三折［山坡羊］）

（26）马超见张飞军到，把枪望后一招，约退军有一箭之地。（《三国演义》六五回）

（27）太尉见了……叫一声"我今番死也！"望后便倒在盘砣石边。（《水浒传》一回）

（28）才开得门，被贾秀才拦头一刀，劈将下来，老尼望后便倒。（《拍案惊奇》卷六）

4. 望＋"里"、"外"＋动。

（29）湘子进得店门，眼也不抬起来，脚趔趄只望里头走。（《韩湘子全传》六回）

（30）月娘和玉楼众人，打僧房帘内望外张看怎样的小夫人。（《金瓶梅》八九回）

(31) 这里知观正待进房，只听得本家门首锣响……也不及开一句口，
     掇转身望外就走。（《拍案惊奇》卷十七）

(32) 和尚用手望外一指说："你瞧，凶手来了!"（《济公全传》七七
     回）

此外，如"那道黑气直冲上半天里，空中散作百十道金光，望四面八
方去了"。（《水浒传》一回）也当归属此类。

乙，望 + 表示处所的词语，用于动词谓语之前，指示行为动作的朝向。
介宾短语作状语。

(33) 身死之日，诸州人吏赴丧者数千人，或不及葬，皆望坟恸哭，野
     祭而去。（《隋书·循吏传·公孙景茂》）

(34) 夜叉寻抱大儿至岸，望船嘷叫，以儿相示。（《太平广记》卷三五
     六"杜万"）按，原注出《广异记》。

(35) 候中夜，李公潜往谒焉，望席通名而拜。（《太平广记》卷九六
     "懒残"）按，原注出《甘泽谣》。

(36) 霜钟鸣时夕风急，乱鸦又望寒林集。（《太平广记》卷七四"陈
     季卿"）按，原注出《纂异记》。[①]

(37) 忽然起立望门问："阶下干当[②]是鬼神?"（《捉季布传文》）

(38) 久之，其舅后至，望灵床而哭。（《太平广记》卷一二四"高安
     村小儿"）按，原注出《稽神录》。

(39) 法师七人，焚香望鸡足山祷告，齐声动哭。（《大唐三藏取经诗
     话》第十五）

(40) （姬昌）将榆钱望天吁呵，咒曰："……神灵上卦，一占来意。"
     （《武王伐纣平话》卷中）

(41) 只见街头一只锦毛雄鸡，望黄巢叫了一声。（《残唐五代史演义
     传》三回）

(42) 绍闻看了一遍，也学他父亲开了神橱，拈香磕头，望神主朗诵一
     遍。（《歧路灯》八六回）

上面例（33）至例（42），其中动词谓语都是不及物动词，只表示行为
动作，不具行进的意义。我们姑且称之为行为类动词。

丙，望 + 表示处所的词语，用于动词谓语之前，表示行为动作的朝向。

---

① 纂异记，原作"慕异记"。按袁行沛、侯忠义编《中国文言小说书目》第二编 58 页之考
证，"慕"字系讹误。此据正。
② "干当"应作"敢当"或"敢道"。敢道时有所见，如"三十年后敢道见和尚?"（《五灯会
元》卷四赵州从谂禅师）"敢道是阴间无对证么?"（《拍案惊奇》卷三七）表示揣测或诘问语气。

由于句子构成成分的不同，显现出表示处所的词语与各成分间的不同关系。

1. 用于动词谓语之前，指示行为动作发生或进行时朝向的处所。

（43）女人大怒，目如电光……跳跃数步，已成巨虎，哮吼回顾，望林而往。（《原化记·天宝选人》）

（44）时从学省出，独望郊园归。（刘禹锡《裴祭酒尚书见示春归城南青松坞别墅寄王左丞高侍郎之什命同作》诗）

（45）我军大胜，足骑不输，遂即回兵，即望沙州而返。（《张义朝变文》）

（46）只见白头婆子从外而笑将入来，便望房里去。（《花灯轿莲女成佛记》）

（47）妲己见兵将至近，思不能脱难，望危楼之下便跳。（《武王伐纣平话》卷下）

（48）徽宗闻言甚喜，即时同高俅、杨戬望李氏宅来。（《宣和遗事》前集）

（49）刘封、糜芳已安排船只等候，遂一齐渡河，尽望樊城而去。（《三国演义》四一回）

（50）一行人等，军马粮草，都望梁山泊来。（《水浒传》五九回）

（51）（张太太）说着，望外舱里就走。（《儿女英雄传》二二回）

（52）搠了几刀，那婆娘便一缕淫魂望鬼门关去了。（《二十年目睹之怪现状》五六回）

介词"望"在这里所指示的处所，是确定的、具体的处所，是行为动作的目的地，而不只是表示一个方向。例如：

（53）姚卞……回邸驿收拾行李，乘驴与李承局望成都而去。（《夔关姚卞吊诸葛》）

前文云："姚秀才辞了外祖，雇觅小舟，和李承局下船望西川进发。"在这一具体语境之下，两者的差别在于，"望成都"是表示朝目的地，亦即处所；而"望西川"是朝方向的，西川不表示处所。这种细微差别的缘由在于：前者与"望"相配使用的是行进类动词；后者与"望"相配使用的是行为类动词，前述乙用例中的"哭"、"拜"、"叫"、"问"等动词，都属这类。当某些行进类动词跨类用以表示行为时，此时的"望"也相应表示方向。例如：

（54）缘目下无船往南，将十七端布雇新罗人郑客车载衣物，傍海望密州界去。（《入唐求法巡礼行记》卷四）

（55）一禽自海上至，身大如牛，翼广二丈余，下村疃间低飞掠食，俄

攫二大羖羊，复望海而去。（《墨客挥犀》卷二）

(56) 看见旺气在郑州界上，遂将带房查望旺气而来。（《古今小说》卷
十五）

2. 用于动词谓语之前，指示行为动作发生或进行时朝向的处所。介宾
短语作状语。

(57) （远公）言讫，焚香度过，启告虔心，遂将其笔，望空便掷。
（《庐山远公话》）

(58) （天自在）遂以手探阶前石盆中水，望空浇洒。（《太平广记》卷
八六"天自在"）按，原注出《野人闲话》。

(59) （张天觉）言讫，用手扯住天子衣，望天门与一推。（《宣和遗
事》前集）

(60) （先生）用酒滴在月上，喝声"起"，只见那纸月望空吹将起去。
（《三遂平妖传》八回）

(61) （武松）揪住云鬓，隔柜身子提将出来，望浑酒缸里只一丢。
（《水浒传》二九回）

(62) 他认得是自家的宝贝，即念《松绳咒》，把绳松动，便脱出来，
反望行者抛将去，却早扣住了大圣。（《西游记》三四回）

(63) 哪吒出了府门，抓一把土，望空一洒，寂然无影。（《封神演义》
十二回）

(64) 癫道人将拐杖望空一撇，变做一只仙鹤。（《西山一窟鬼》）

(65) 蓦有一位天神……腾空而来，把法官夹领揪住，望台下一丢，晕
倒在地。（《水浒后传》六回）

(66) 包公道："请大刑！"左右将三根木望堂上一撂。（《三侠五义》
三九回）

(67) 这些人人急智生，就把坑里的冰凿开，一块一块的望火里投。
（《老残游记》十五回）

综观这些用例中的介词"望"相配使用的动词谓语，都各自带有宾语，
形式上都被提到前面去了。"望"所指示的处所，是用以接纳谓语的动作结
果所带来的宾语的。充当谓语的，都是表示"投掷"、"抛撒"一类动作的
动词。

3. 用于动词谓语之前，指示行为动作的宾语或补语，表示方向或方位。

(68) 于是潜取撴床石，徐开门突出，望席而击，正中台盘。（《太平广
记》卷三四五"张庚"）按，原注出《续玄怪录》。

(69) 利刃阔八寸，望胸撞罪人。（宋·释遵式《诫酒肉慈慧法门》

诗）

(70) 群妖枪刀簇拥，望行者没头没脸的扎来。（《西游记》四二回）

(71) 华光现出本身，用金枪望太子便刺。（《南游记》卷二"华光闹天宫烧南天宝德关"）

(72) 这箭不高不低，正望着咽喉射去。（《英烈传》六四回）

(73) 褚大娘子说着，又望他胸前一看。（《儿女英雄传》十五回）

(74) 幸亏筹码滑出来的不多，检了起来，不便再望怀里塞，只得握在手中。（《官场现形记》二一回）

在这些用例中，"望"所指示的，已不完全是行为动作的方所，而且具有动作对象的含义。

如上所述，我们归纳了方所介词"望"三个方面的用法，大体上能反映它在近代汉语的使用情况。我们从中看到，介词"望"在使用上的差异，与动词谓语的类别有着密不可分的关系。当动词谓语的词汇意义具有某种笼统的特性时，介词"望"所指示的方所也就随之具有模糊的特性。例如：

(75) 心里不是不想望好处去做，只是不知东西南北，所以越走越错。（《老残游记》一回）

这类用例所表达的意思，实际上已经离开了方所介词原来的含义，有所引申，生出新的意义来。这种用法由来已久。

(76) 师云，这个是三玄底颂。作么生是三玄底旨趣？直教决择分明，莫只么望空里妄解。（《汾阳无德禅师语录》卷上）

所谓"望空里妄解"，即后文所说"脱空妄语"之意。

（三）作为方所介词的"望"，在使用过程中，由于语义重点的变化，它在句中的语法意义也随之发生一些变化。如：

(77) 一棒望小腿上打着，李贵叫一声，辟然倒地。（《杨温拦路虎传》）

(78) 只见两条大汉，推两辆车子，放在当路，便去取碗挂的灯来，望车子上点着，随即火起。（《水浒传》六六回）

(79) 被张清暗藏石子，手起，望韩滔鼻凹里打中。（《水浒传》七十回）

值得注意的是，上述三个用例中，与"望"相配使用的动词，都带有充当结果补语的助词"着"或"中"。显然，例（79）的"望"，虽仍指示方所，但其词汇意义已向或正向指示行为发生的方所意义上转化。其他两例亦如是。

(80) 果然张千拿一条尺来，望高处插下去，分毫也不多；望低处插下

去，巧巧的分毫也不少，都是三尺三寸。(《韩湘子全传》十二回)

此例的两个"望"，都指示"插"之行为动作发生的处所，而非表示朝向。

(81) 我这裙带里这都是白矾，到那里望眼里则一抹，眼泪便下来。(《酷寒亭》一折)

(82) 那人只要诱得李逵上船，便把竹篙望岸上一点，双脚一蹬，那只渔船一似狂风飘败叶，箭也似投江心里去了。(《水浒传》三八回)

(83) 行者就行起凶来，掣出棒，复转身，望小妖脑后一下，可怜就打得头烂血流浆迸出，皮开颈折命倾之。(《西游记》七十回)

这些由"望"所构成的介宾结构，也是介词"在"很平常的一种结构形式。在方所介词的构架内，词义旁通，不难理解。

此外，还有一些用例，也有类似现象。例如：

(84) 彩云朝望青城起，锦浪秋经白帝来。(刘禹锡《江陵严司空见示与成都武相公唱和因命同作》诗)

(85) 正在犹豫之际，忽有一只鹭鸶望空飞来。(《韩湘子全传》十回)

(86) 那妇人慌忙自望前门走了。(《水浒传》四三回)

(87) 李固和贾氏慌忙回身，便望里面开了后门，蓦过墙边，径投河下来寻自家躲避处。(《水浒传》六六回)

如上数例，"望"用以指示行为动作的起点，犹"从"，犹"自"。

(88) 武成王黄飞虎听得脚步怆惶之声，望孔雀屏里一看，见二位殿下慌忙错乱，战战兢兢。(《封神演义》八回)

如此等等，这些"望"，就其语法职能，都是指示方所的，虽然与表示朝向有所不同，只不过是在共同的语法框架下，词汇意义的旁通或引申而已。

上面我们考察了方所介词"望"的兴起，以及它的基本用法。根据现有的资料显示，方所介词"望"，已见于晋代。自有唐以来，一直是个基本词汇，在人们的口头和书面上使用着。由于介词"往"的兴起与使用，在现代汉语里，"望"呈现逐渐被取代的趋势。《现代汉语八百词》有"一般写'往'，也有写'望'的"话，就是这一趋势的概括。我们在叙述介词"往"时，还要说到这一点。

汉语的介词，究起来源，往往与动词有密切的关系，"望"也不例外。但介词"望"，似乎不与表示视觉的"望"有关，而是与表示方位朝向的

"望"有较直接关系。如：

　　荆台之游，左洞庭之波，右彭蠡之水，南望猎山，下临方淮。（《说苑·正谏》）

　　"望"、"临"互文，虽为动词，都用来说明荆台所处方位。

　　东望吾子，西望吾夫，后百年，旁当有万家邑。（《论衡·实知篇》）

　　（庄）襄王母薨，要求她的陵墓在地望上"东望"其子，"西望"其夫。"望"只在表明与某方位相对。

　　[在] 阊阖南，御道东，西望永宁寺正相当。（《洛阳伽蓝记》卷一"景乐寺"）

　　这些表示对着何处的动词"望"，在"望+方所"的结构已具备的情况下，后置以适当的动词，这时的"望"就有可能向介词转化，因而形成方所介词。

第四节　方所介词"往"

　　方所介词"往"，用以指示行为动作的方向，在现代汉语普通话里是一个很常用的词。往，不论在汉语史上，还是在现代汉语里，都有 wǎng 和 wàng 两个读音。但一般语文词典，除《现代汉语八百词》持两读："车队开往拉萨"，"水往低处流"，前者读上声，后者读去声，其余通常都读一个音。有的词典以现在的音读规范为原则，以去声为旧读音，并不否定有去声一读。

　　汉语历史语音资料显示，"往"上声见于《广韵》"養"韵，于两切。《广韵》未见"往"的去声音读。"往"的去声见《集韵》"漾"韵，于放切。我们在探讨介词"往"的历史状况时，必须充分注意到两个音读的历史事实。

　　（一）对于上声的"往"，我们要叙述的有二，一是用于动词后面，指示行为所要到达的方所；二是用于动词后面，行为动作发生所朝向的方所。我们的基本看法是，前者是表示行为结果的补语，但由此演变而产生后者。下面分别略加叙述。

　　甲，动+往（wǎng），表示行为到达的处所。

　　"往"的原始意义是个动词。《说文解字》："之也，于两切"。《广雅·释诂》："至也"。可见，"往"的上声音读，已见于汉代。不论是"之也"、"至也"，都是上声，去声的音读尚未出现。《广韵》释曰："之也，去也，行也，至也"。"往"具有这几种含义，其中"至"义与介词的关系似乎最

为密切。当这类的"往"使用在动词后面时，往往表示行为的结果到达某
处。例如：

(1) 果得一物，似猿，持归。入门见死马，跳梁走往死马头，嘘吸其
　　　鼻。(《搜神记》卷三"郭璞〔二〕")

(2) 邻人引往墓所，平悲号哽咽，三呼女名。(《搜神记》卷十五"王
　　　道平")

往，犹"至"，犹"到"。我们可以把它们当作结果补语看待。到了六
朝时期，所能见到的用例就比较多了。

(3) 前有一坑水，狗便走往水中，还，以身洒生左右草上。(《搜神后
　　　记》卷九"杨生狗")

(4) (延之) 常乘羸牛笨车，逢竣卤簿，即屏往道侧。(《宋书·颜延
　　　之传》)

(5) 乌喙口中毒，必急飞往牧靡山，啄牧靡以解毒也。(《水经注》卷
　　　三六"若水")

(6) 难作之日，前南谯太守王灵秀奔往石头，率城内将吏见力，去车
　　　脚载宝夤向台城。(《南齐书·明七王传·鄱阳王宝夤》)

如上数例，"走往水中"，"屏往道侧"，"奔往石头"，这里的"往"，
表示行为发生的结果到达某处所。与"遣千人往南陵迎米"(《宋书·沈攸
之传》) 的动词"往"，在本质上相同，语用上稍有差别。

"动＋往＋处所"句式出现之后，逐渐成为汉语的常用句式，一直沿用
不衰。略举例如下：

(7) 自言初生遭荒乱，父母度其必不全，遂将往南山，盛于被中，弃
　　　于石上。(《逸史·萧氏乳母》)

(8) 雨至，诸兄走往林中，谏公恬然趺坐，若无所闻者。(《太平广记》
　　　卷九七"从谏") 按，原注出《三水小牍》。

(9) 合子至，布气数口，以手帕缄封，授老兵，使持往舟中，且祝勿
　　　擅启。(《夷坚支志》庚集卷六"潘统制妾")

(10) 左右，将他脸上刺着"逃奴"二字，解往沙门岛去者。(《潇湘
　　　雨》二折)

下文有云："左右，便差个能行快走的解子，将这逃奴解到沙门岛。"
其中"往"与"到"互文同义。

(11) 华光丢起金砖，被如意招往果盒中去了。(《南游记》卷三"哪
　　　吒行兵收华光")

(12) 月娘看不上，使小玉把雪娥拉往后边去。(《金瓶梅》十一回)

在"动＋往＋处所"之后，还可以带上一个动词短语，这时"往"的功能不变，句意则表示到某处做什么。例如：

（13）久之，吐出一物，状如麻鞋底……命小吏持往扬州卖之。（《异疾志·句容佐史》）

（14）今有金扼臂，君可持往近县易衣服。（《太平广记》卷六九"张云容"）按，原注出《传奇》。

（15）远公迤逦而行，将一部《涅盘》之经，来往庐山修道。（《庐山远公话》）

（16）因用棺木盛好女尸，假说是小人之母，抬往家庙埋葬。（《三侠五义》二六回）

在现代汉语里，"往"的这种用法，多用"至"、"到"来表达。

乙，动＋往（wǎng），表示行为动作发生的朝向或方所。介宾短语作补语。

当"往"用在动词之后表示朝向时，这时的动词往往处于行进状态。这种用法，大致起于唐代。例如：

（17）我半身被斫，去往东园矣，可速逐之。"（《酉阳杂俎》前集卷十五"诺皋记下"）

"去往东园矣"，犹言"往东园去了"，意为正往东园方向走。"往"指示"去"的方所。

（18）恭候夜分，乃从一仆，乘一马，驰往灞桥，唯恐无所睹。（《太平广记》卷二三八"秦中子"）按，原注出《缺史》。

（19）于时太府卿宋尊贵监运，东都调度，乃于陕州下书，著大船中，欲载往京师。（《太平广记》卷二八十"炀帝"）按，原注出《大业拾遗》。

灞桥、京师，虽都是具体地名，但例中只表示方向。

（20）今欲进发往江东，幸愿存情相指示。（《伍子胥变文》）

（21）我就在他军营内杀将起来，杀死那金枪太子，依前走往下界，却不好也！（《南游记》卷二"华光闹天宫烧南天宝德关"）

（22）今只得将你妹子进往朝歌，面君赎罪。（《封神演义》四回）

进往朝歌，谓往朝歌进发。

（23）又串通家奴，暗地行刺事露，适来连此奴挈去，奔往常山。（《醒世恒言》卷三十）

（24）特旨用内廷发出，板责庆善六十，发往伊犁。（《竹叶亭杂记》卷一）

(25) 张二秃子知道势头不好，仗着他没有家眷，"天明四十五"，逃往河南归德府去找朋友去了。（《老残游记》六回）

介词"往"的这一用法，一直沿用到现代汉语。

（二）我们开头提到，"往"在《集韵》，除了"养"韵"羽两切"之外，还有"漾"韵"于放切"的音读。这是"往"去声音读的最早记载。这个音读就与"望"近似。除了方所介词的职能之外，"望"、"往"的交接点，无疑与音读有关。《集韵》编纂于宋代，但"往"字去声音读的历史存在，可能要比它早出好些。究竟早到什么时候，没有别的资料根据。现代汉语把"往"规范为上声，但作为历史考察，这里仍以"于放切"为历史语音的依据。

"往"与它的宾语构成介宾短语，使用在动词谓语之前，指示方向或处所。我们根据"往"在动词谓语前的词义特征和句子的语意，归纳为如下几类：

甲，用于动词谓语之前，指示方所。表示行为发生或进行的朝向。例如：

(26) 离魂似征帆，恒往帝乡飞。（张说《岳州别赵国公王十一琚入朝》诗）

(27) 舜子是孝顺之男，上界帝释知委，化一老人，便往下界来至。（《舜子变》）

(28) 吉祥鸣，师子吼。闻者狐疑，便往罗延走。（敦煌曲《苏莫遮》）

(29) 人从陈州来，却往许州去。（《圆悟佛果禅师语录》卷十八）

(30) 张飞见兵出城，一发上马……往南便走。（《三国志平话》卷上）

(31) 咱们往前行的十里来田地里，有个店子，名唤瓦店。（《老乞大》）

(32) 便好道，尽日往东行，回头便是西。（《覗江亭》二折）

(33) （奚宣赞）一直径出钱塘门，过昭庆寺，往水磨头来。（《西湖三塔记》）

我们通观上面的用例，就会发现，介宾短语修饰的动词，多半是表示行走来去类的动词。这只是一个范围，但并不局限于此。例如：

(34) （存孝）拈弓搭箭径往柳梢射之。（《残唐五代史平话》十一回）

(35) 那道士闻得此言，拦住门，一齐动叉钯、扫帚、瓦块、石头，没头没脸往里面乱打。（《西游记》四五回）

(36) （春梅）取粥在手，只呷了一口，往地下只一推，早是不曾把家伙打碎。（《金瓶梅》九四回）

（37）李龟年也有三分主意，向楼窗往下一招，七八个从者一齐上楼。
　　　　（《警世通言》卷九）

（38）小的合倪管家只略拦了一句，轿里就撒泼，拔下钗子就往嗓子里
　　　　扎。（《醒世姻缘传》七八回）

（39）火片火鸦，翻翻滚滚的只顾往天上卷去。（《荡寇志》七一回）

（40）只见他"噗"的一声吹着了火纸，就把那烟袋往嘴里给楞入。
　　　　（《儿女英雄传》四回）

（41）蒋爷轻轻开了山门，往外望了一望。（《三侠五义》一一四回）

（42）自己挑着书箱，由松江府往回够奔。（《济公全传》一五八回）

（43）那婆娘只喊得一声"嗳"，那"呀"字还不曾喊出来，便往前倒
　　　　下去了。（《二十年目睹之怪现状》五六回）

　　"往"作为方所介词，就词汇意义说，指示行为动作的朝向，在现代汉
语里，几乎是唯一的用法。然而，在近代汉语里，却不一样了，它还能指示
行为动作发生的处所，指示行为经由的处所等。下面，就简略地介绍这些方
面的历史情况。

　　乙，介词"往"用于动词谓语之前，指示行为动作发生或进行的处所，
犹"在"。介宾短语作状语。其较早的用例已见于唐五代。如：

（44）弟今往濯锦江立庙，极盛于此。（《太平广记》卷三百二"卫庭
　　　　训"）按，原注出《集异记》。

（45）禅师自往看，四祖乃往庵前过来过去。（《祖堂集》卷三牛头和
　　　　尚）

（46）学人近往洪州白峰山礼大通和尚，蒙示见性成佛之义。（契嵩本
　　　　《坛经》）①

　　此例元代宗宝本"往"作"在"，此外文字全同。元人的解读，极具参
考价值。

（47）伊今往阴府受罪，弑叔之故也。（《青琐高议》后集卷六"范
　　　　敏"）

（48）往峨眉山提点白水寺，忽见光相，寺西南瓦屋山上皆变金色，有
　　　　丈六金身。（《湘山野录》卷上"峨眉山白水寺"）

（49）此所缺姓名，盖往东岳会阴德司未圆故尔。（《夷坚志补》卷三
　　　　"袁仲诚"）

――――――――――

　　①　此例引自郭朋《〈坛经〉对堪》（齐鲁书社 1981 年版）。例文未见于唐代法海本与惠昕本。
首见于契嵩本。宗宝本是元代孝光禅寺住持宗宝改编的本子。

(50) 只见妖精……一只手捏着拳头，往自家鼻子上捶了两拳。(《西游记》四一回)

(51) 张客人是志诚之士，往苏州收货已毕，赍书亲到吴江。(《警世通言》卷三四)

例 (51) 中之"往"，是指示"收货"行为发生或进行的处所。

(52) 月娘向绣春说道："你娘往屋里做甚么哩，怎的不来吃酒？"绣春道："我娘害肚里疼，屋里歪着哩，便来也。"(《金瓶梅》三十回)

(53) (祝永清) 一面说，一面飕的抽出那口红鏒剑，往喉咙上就勒。(《荡寇志》八七回)

(54) (紫鹃) 因又笑着，拿个指头往脸上抹着，问道："你到底算宝玉的什么人哪？"(《红楼梦》一一六回)

我们从上面的用例中可以看到，当语意强调行为动作发生的方所时，介词"往"的词汇意义就会发生变化，旁通转为表示"在"义。词汇意义这类现象，并不难理解，也是一种历史存在。

丙，用于动词谓语之前，指示方所，表示行为动作的起始点。犹"自"，犹"从"。较早的用例已见于唐五代。如：

(55) 帝释变作一黄龙，引舜通穴往东家井出。(《舜子变》)

(56) 先生曰："尔往何方来？"(《七国春秋平话》卷下)

"往何方来"，意即从何处来。

(57) 北大王往书斋内出来，见周勃，问："甚人也？"(《续前汉书平话》卷下)

(58) 不好了，有人来也！我往吊窗里跳出去。(《黄粱梦》二折)

前文有云："打开这吊窗，若有人来，便往这窗子里出去。"亦用同"从"。

(59) 快早收拾行李，我送你往后门出去罢。(《西游记》五六回)

例 (59) 下文云："从后门走了！走了！"例中的"往"与此"从"异文同义。

(60) 今日有东昌府下文书快手，往京里顺便稍了一封书来。(《金瓶梅》三六回)

(61) 想是指的这班破衣乞丐，但我已放他们往后营去了。(《说唐》十八回)

(62) (匡胤) 往壁上除了一口宝剑，挂在衣服里面，出了房门。(《飞龙全传》四回)

（63）高俅听罢……嘴里叫不及那连珠箭的苦，往屁股里直滚出来。（《荡寇志》七五回）

如上用例中的介词"往"，是"从"的同义词，正如《西游记》例上下文所显示的那样，可互通使用，是它们的语法意义相通的结果。

丁，用于动词谓语之前，指示经由的方所或路径。

1. 往 + 方所 + "过"或"经过"。

（64）今往大慈寺过，权且歇马。（《梧桐叶》一折）

（65）吾神因朝玉帝已回，往此玉结连环寨经过，特来相访贤弟。（《锁魔镜》一折）

（66）我一人一骑，往五台山经过。（《昊天塔》四折）

（67）小生前者往县衙门首经过，见县衙门里面绷扒吊拷，追征十数余人。（《来生债》楔子）

（68）我不来打搅你县里人，因往这里经过，闲耍一遭。（《水浒传》七四回）

（69）一日回兵往翠屏山过，李靖在马上看见往往来来，扶老携幼，进香男女，纷纷似蚁，人烟凑积。（《封神演义》十四回）

（70）正在那厢寻人，巧巧儿锦衣卫差耿埴去崇文税课司讨关，往城下过。（《型世言》五回）

（71）一日往孤老院过，忽然看见公子，唬了一跳。（《警世通言》卷二四）

（72）次日又往园外经过，琼玉令丹桂呼道："王公子！"（《包公案》卷一"锁匙"）

（73）府县老爷们，大凡往那里过，都要进来磕头，一茎草也没人动。（《儒林外史》九回）

这种用法的"往"，相当于介词"从"或"由"。这种用法，见于元、明、清间。

2. 往 + 方所 + "来"或"去"。

（74）哥哥去了也，我往这小路儿去罢。（《楚昭公》三折）

（75）见小姐下的阶基，往这里去了。（《玉镜台》二折）

（76）[牛员外道] 既是关闭着这门，他可从那里来？[店小二道] 他敢往猫道里钻过来。（《酷江亭》二折）

（77）老的，天晚了，不如仍往大路回去。（《盆儿鬼》三折）

（78）元帅不知道往那里进去了。（《英烈传》四二回）

（79）但此去卢家渡有七日旱路，方下船往水程而去。（《包公案》卷二

"龟入废井")

（80）那些骒夫、脚子一个个爬伏在地，尽着响马贼赶着百十个牲口，驮了银鞘，往小路上去了。（《儒林外史》三四回）

（81）赵虎见赵庆去后……也不访查了，便往旧路归来。（《三侠五义》四七回）

上面这些表示经由意义的方所介词"往"，大体都见于元、明、清间通行的早期白话中。由于离我们稍远，从语感上说，有时会感觉别扭。诚如《翫江亭》例的对话所显示的那样，"往"与"从"在这些场合就是同义的方所介词。不过，"往"的这种语法意义，只是历史上近代汉语阶段所特有的现象。

上面我们讨论了方所介词"往"的形成与发展，如果加以概括的话，可以扼要地表示如下：

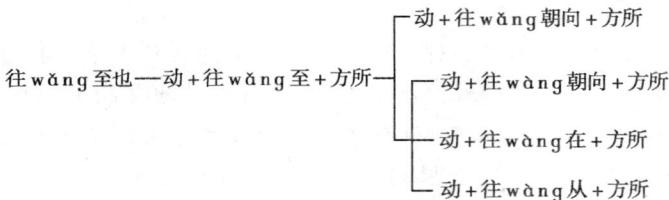

$$往 wǎng 至也 —— 动 + 往 wǎng 至 + 方所 \begin{cases} 动 + 往 wǎng 朝向 + 方所 \\ 动 + 往 wàng 朝向 + 方所 \\ 动 + 往 wàng 在 + 方所 \\ 动 + 往 wàng 从 + 方所 \end{cases}$$

通过这个表，我们想表达这样的意思：1. 介词"往"是从表示"至也"的"往"语法化发展过来的。2. 介词"往"，用于动词后面，音 wǎng；用于动词前面，音 wàng。我们把它看作是介词"往"使用上的发展，而不是一种新生。3. 去声音读的出现，应该看作是"往"介词用法发展所需要的。

（三）我们先后两节，分别考察了方所介词"望"和"往"。就介词的职能说，我们已经可以看到它们的异同之处。这根源在汉语历史上，它们的来源不同。介词"望"从始至终只有去声一读，而"往"的去声音读宋代始见记载，可能是在唐宋间才获得的。"望"只用于动词谓语之前表示行为的朝向，而"往"在动词谓语前、后均可以表示朝向。当"往"在获得去声的音读、用于动词谓语之前表示朝向时，就这一语法意义上，与"望"成了同义词。这个时间，大致在唐宋之间。

对于介词"望"来说，同义词"往"是个后起的词。指示方所的"往"，语法职能得以拓宽，从动词谓语之后使用到动词谓语之前，大致不难理解。这里要提出的疑问是，介词"往"去声音读的获得、以至于使用到动词谓语之前，是否受到了"望"的影响。这个问题，很难得到历史事实作根据，一时也很难回答。

在其后的历史发展过程中，由于音读的接近或混同，介词"望"与"往"之间，存在着一种兴替的关系。我们以百回本《水浒传》和《红楼梦》前八十回作个调查，其结果，也许可以给我们提供一个基本的认识。

在容与堂本《水浒传》的一百回里，用于动词谓语之前表示朝向义的"往"，据不完全统计，有：前遮后拥往东郭门来。（十二回）两个取路往济州去了。（三七回）带领军兵前来报仇，径往桃花山进发。（五七回）各带了衣甲军器，下山径往桃花山来。（五七回）掣枪回马便往柳林中走。（六十回）正往东走，撞见楚明玉、曹明济。（八四回）一路直往幽州进发。（八六回）教天使赏擎了，径往楚州来。（一百回）总共约七个用例，数量很有限。"望"却是另一种情形，其用例约有216例之多。两两相比，使用频率相当悬殊。

到了《红楼梦》[①]，则又是另一种情形了。前八十回里，表示朝向义的"望"，其用例有：望楼下一看（十一回）。在窗眼内望外一看（二六回）。举目望门上一看（二六回）。只顾望远处瞧（四七回）。脸望着林黛玉说话（二七回）。贾蓉且嘻嘻的望他二姨娘笑（六三回）未敢造次回答，却望着黛玉笑（六四回）。与《水浒传》正好相反，介词"往"的比例却大得多，竟有104例之多。

从《水浒传》到《红楼梦》之间的这种变化，似乎表明一种趋势，在人们的使用过程中，在谓语动词前指示方向的介词"往"，逐渐地更多被人们所接受，以至于超越同义词"望"的使用频率，明显出取而代之之势。历史上的这种新兴与替代，是汉语词语发展变化的重要方式之一。但是，现今的规范，"往"的去声音读被取消了，归之于上声。这就有违于唐宋以来方所介词"望"与"往"之间自然发展变化的历史趋向。就现在人们的书写习惯而言，多用"往"，很少人用"望"。《现代汉语八百词》"往（望）wàng"下有如下表述："一般写'往'，也有写'望'的。"这种说法，既反映了现实，也映射了历史。

第五节　方所介词"在"

方所介词"在"是一个古老的介词，指示行为动作发生或进行的处所。

---

① 据庚辰本《脂砚斋重评石头记》，人民文学出版社1975年版。

如《诗经》"在泮饮酒"、"在泮献功"，即是其例。这种句式，直到今天还使用着。但这只是"在"的其中一种用法，而且所处位置也有变化。本节要叙述的，多是在明、清时期白话文献使用较多、而在现代汉语普通话所弃用的介词用法。

（一）"动＋在＋方所"格式。此格式表示行为动作发生的结果行为的主体到达某处。例如：

（1）有飞鸠来在梁头，鸣甚哀。（《三国志·魏书·方技传·管辂》）。

后文："有鸣鹊来在阁屋上"，"连梦见青蝇数十头，来在鼻上"；又："宠因其来在传舍，率史卒出收之。"（《三国志·魏书·满宠传》）都是其例。

（2）其有邪魅作祸者，遥画地作狱，因呼召之，皆见其形，入在狱中。（《太平广记》卷十"王遥"）按，原注出《神仙传》。

（3）次仲首发于道，化为大鸟，出在车外，翻飞而去。（《水经注》卷十三"漯水"）

（4）不孝父母，走在他乡。（《父母恩重经讲经文》）

（5）放心不必是走在别处去。（《朱子语类》卷一百四）

经考察可知，"动＋在＋方所"的格式出现并不晚，但元代之前可见到的用例并不多。至于处于这个语法位置的介词"在"的词汇意义是什么，不妨通过几个用例来加以了解。例如：

（6）伯嚭那老贼……不知他走在那里去了。（《浣纱记》四三出）

同是表疑问，下文有云："伯嚭走到那里去？我伍胥在此等候多时了。"

（7）被他扇在这里来，不知是何处。（《南游记》卷三"华光与铁扇公主成亲"）

后文有云："将我扇到此地，不知何方"。

以上两例，"在"的异文都用"到"。

（8）危老爷已自问了罪，发在和州去了。（《儒林外史》一回）

后文有云："太祖大怒，发往和州守余阙墓去了"。

这些异文例子，都是对同一件事在语意相同的前提下，在"动＋在＋方所"相同的句式中以不同的介词来表达的。就是说，上述句子中的"在"，可以表示"到"，或表示"往"。在元、明、清间，"在"的这个用项，并非希见。例如：

（9）此人在亭上饮酒，将船只都拢在江那边去了。（《豢江亭》一折）

（10）（申阳公）自洞中叫张如春在面前，欲要剖腹取心，害其性命。（《陈巡检梅岭失妻记》）

（11）宋江已走在屋后九天玄女庙里躲了。（《宣和遗事》前集）

（12）那梢公……把橹一摇，那只小船早荡在江心里去。（《水浒传》三七回）

（13）老孙因往西方，行在半路，有些儿阻滞。（《西游记》二六回）

（14）别人的肉，须贴不在自己身上。（《型世言》十六回）

（15）令表妹要嫁何等样人？肯嫁在外方去否？（《拍案惊奇》卷十六）

（16）当时告在临安，至今未有下落。（《今古奇观》卷三七）

（17）天明时节，狄周上在看家楼上，四外张看。（《醒世姻缘传》二九回）

（18）我等是由慈云观逃在这里来的。（《济公全传》二二七回）

（19）少爷听见娘生气，丢掉饭碗，早已溜在后院去了。（《官场现形记》二二回）

通观明、清间的用例，其特点相当明显：1. 动词谓语多是行走类或相关的动词；2. 句末常有"来"、"去"辅助性成分相呼应；3. 这时介词"在"的词汇意义都可用"到"或"往"来对释，介宾短语表示行为动作的结果。

由于语言本身的发展变化，在白话小说里，"动＋在＋方所"格式中的动词，已突破了六朝唐宋时期"行"、"走"、"出"、"入"的范围；虽然如此，这类动词仍是主流。这跟格式本身所表示的语义内涵是分不开的。

由于动词在汉语语句中处于中心的地位，不同类别的动词，对与之相关的词，如介词，在词汇意义上具有一定的支配作用。下列"动＋在＋方所"格式之用例，与我们上面所讨论的语义有所区别，原因就在于动词类别之不同。如：

（20）那两枝箭却射定在两扇门上。（《水浒传》三三回）

（21）早被一个一尺二寸长的小和尚一铁界尺，打翻了在地上。（《西洋记通俗演义》三十回）

（22）刘太尉见郭威生得清秀，是个发迹的人，留在帐前作牙将使唤。（《古今小说》卷十五）

（23）吊桶已自落在他井里，挣不起了。（《醒世恒言》卷三）

这类用法，现代汉语仍在继续使用着，不必赘述，但明白其间异同很重要。

（二）上面我们讨论"动＋在＋方所"格式中，"在＋方所"构成的介宾短语充当补语，表示行为动作的结果到达某处。这里讨论"在＋方所＋动"的格式。在这个格式中，介词"在"指示方所，是行为动作发生或进行的起始所在。介宾短语作状语。这时，"在"的词汇意义相当于"自"或"从"。我们也能以异文来加以认识。如：

(24) 正无计较，外边高力士报道："叶尊师进。"玄宗大惊道："铜瓶在此，却在那里来?"（《拍案惊奇》卷七）

例文原见《太平广记》卷二二"罗公远"条：

良久，高力士奏曰："叶尊师入。"玄宗大惊曰："铜瓶在此，自何所来?"

《拍案惊奇》的编者把"自何所来"改为"在那里来"，即从何处来。

(25) 妖王问："可曾在门里走出去?"（《西游记》七十回）

例出"古本小说丛刊"本①。人民文学出版社 1980 年本《西游记》"在"作"自"。

通过这两条异文，方所介词"在"用犹"自"，前人所见了然。

从汉语历史看，介词"在"指示行为动作发生的空间起始点，在使用上，明显在六朝至宋、元与明、清两个历史时期。

(26) 师得酪分，虫在中来。（《经律异相》卷二二"沙弥爱酪即受虫身"）

(27) 此外道聪明殊人，捅言必胜，使无上大道在吾徒而屈，良可悲矣。（慧皎《高僧传》卷六晋彭城郡释道融）

此例意谓，若外道在辩论中获胜，无上大道则从我们始受辱。"在"可以看作指示事为或事态的起始点。

(28) （张令）乃揖而问曰："来在何方?"黄衫者不言，但唯唯耳。（稗海本《搜神记》卷六）

(29) 自从江树秋，日日上江楼。梦见离珠浦，书来在桂州。（王建《望行人》诗）

上面二例，均是倒装句。"来在"，即"在……来"。

(30) 盟津河在昆仑山腹壁出，其山举高三千三百六十万里。（《前汉刘家太子传》）

(31) 正见庭前双鹊喜，君在塞外远征回，梦先来。（敦煌曲《阿曹婆》）

(32) 有一僧在堂内出，师把住曰："维那，捉得也! 捉得也!"（《五灯会元》卷四子湖利踪禅师）

---

① 刘世德、陈庆浩、石昌渝、主编，中华书局出版。全称《新镌全像西游记传》。书林杨闽斋梓行，有秣陵陈元之序。

（33）及期六月，在河中幕府，沿檄如商州。（《夷坚支志》甲集卷七"蔡筝娘"）

（34）你阿妈大雪里在那潞州长子县抱将你来。（《五侯宴》四折）

（35）我在后面窨上取出来的，才放在地下，就会生了根，有这等话！（《盆儿鬼》三折）

从上面的用例中可以看到，介词"在"所在的句式，通常是：在＋方所＋动（＋趋向补语）。动词谓语常具趋向意义，如趋向意思不明显，则以趋向补语加以补充，如"抱将你来"。

明、清间是这一用法使用较为频繁的时期。我们以与"在"相配合使用的动词谓语为根据，举例表明它的使用情况。

甲，在＋方所＋趋向动词。

（36）老禅师，你在那里来？（《西洋记通俗演义》四九回）

（37）恰好孙官人近日在京里回来。（《荆钗记》二四出）

（38）他在舍下回去，今闻得在来总管标下为官。（《隋史遗文》二九回）

（39）韩满入城来，恰遇吴友在街头过来。（《包公案》卷二"临江亭"）

（40）走至娘娘庙街，恰好撞着盛希侨在当铺里出来。（《歧路灯》二七回）

（41）万般难计较，都在命中来。（《飞龙全传》六回）

（42）高庆一打听，知道了马静在外回来。（《济公全传》六五回）

乙，在＋方所＋动＋趋向补语。

（43）若在脊梁上淋下来，臊气不堪，且污了我的衣服，没人浆洗。（《西游记》三三回）

（44）蒋生不胜之喜，已在店中把行李搬将过来。（《二刻拍案惊奇》卷二九）

（45）想是作不出文章，在这所在溜过去的。（《燕子笺》三八出）

（46）却不知酒壶已被瘸子在他手中取去，吃得罄尽了。（《平妖传》五回）

（47）李元霸在后杀来，又亏叔宝拦住。（《说唐》三五回）

（48）一队和尚在火光里杀出来。（《痛史》二五回）

与趋向动词或趋向意义的动补短语相配合使用，是这一词汇意义的介词"在"的存在的根据。如果失去趋向意义，"在"的语法意义就有可能发生变化。"来保、吴主管在东京回还"（《金瓶梅》三十回），"今在死中复生"

（《包公案》卷七"狮子巷"），"气得火在顶门直冒"（《儒林外史》四七回），其中动词虽不是趋向动词，尚具有方向意味，"在"仍犹"自"，犹"从"。如"在睡梦中惊觉"（《拍案惊奇》卷二十），"今日在那里起身"（《今古奇观》卷三八），其中的介词"在"，作指示行为的空间起点，还是指示行为发生的方所，就显得非常模糊。因此，动词谓语的趋向意义及其相关成分的性质，对判断介词"在"语法职能极其重要。

（三）方所介词"在"的另一个重要职能，是指示行为经由的处所。在这个语法意义上，现代汉语都用介词"从"。

关于"在"的这一用法，我们也可以看到它的异文。如：

（49）明日到他家去，只说往南庄取债，在他门首经过。（《寻亲记》五出）

第六出"员外早间说你到南庄讨债，打从周先生门首经过"。说话者虽非一人，事却同一。"在……门首经过"与"打从……门首经过"的差别就在于介词，可见"在"与"从"或"打从"，语法意义完全相同。这一语法意义的"在"，与之相配合使用的动词谓语都很单纯，只有"过"或"经过"。

介词"在"较早的有限用例中，介宾短语都置于动词谓语之后。例如：

（50）尔时此人过在门外，闻作是语，便生瞋恚。（《百喻经》卷上"说人喜瞋喻"）

（51）有一童子，过在街坊，不听打鼓，即放过去。（《前汉刘家太子传》）

这是到目前为止，我们所见到的较早用例。元、明间起，"在"的介宾短语都置于动词谓语之前，充当状语。下面以动词之不同所构成的格式，分别略加举例说明：

在＋方所＋过

（52）我在樊楼前过，见教头和一个人入去吃酒。（《水浒传》七回）

（53）你往西天，在我宝象国过。你与我带一封家书，我叫他饶过你命。（《西游记传》卷三"唐三藏师徒被难"）

（54）定睛看时，一个牧童骑着一匹青牛在树丛里过。（《韩湘子全传》七回）

（55）正是李侍讲拜客，在那厢过。（《型世言》十二回）

（56）有一个卖卦先生，终日在门首过。（《香囊记》二三出）

（57）因这些时，南京翰林侍讲高老先生告假回家，在扬州过。（《儒林外史》四四回）

在＋方所＋经过

（58）卖豆腐的王公，每日挑了豆腐在小的门首经过。（施惠《幽闺记》六出）

（59）有两口儿老的，背着一个包儿在此窝弓峪经过。（《合汗衫》四折）

（60）长老东来，可曾在荒山经过？（《西游记》二五回）

（61）在你家宅边经过，偶遇一个后生姓曹。（《红梅记》三十出）

（62）一日，（陈抟）骑着骡儿在西天汉桥经过。（《说岳全传》一回）

（63）前日我在北道门经过，见北拐哩一个门上，贴个报条儿。（《歧路灯》六一回）

在＋方所＋过去

（64）费将仕拜客方回，在耳房边过去。（《平妖传》二三回）

（65）恰好县尹相公在这街上过去，听得喧嚷。（《古今小说》卷二）

（66）门口系了一只船，要往那边，在湖里渡了过去。（《儒林外史》三五回）

末一例"渡了过去"，可以看作动补短语"渡过去"。

上面我们对汉语史上"在"的方所介词用法，就近代汉语中比较常见的三个方面，作了简要的叙述。从中可以看到：1. 几个语法意义都出现于唐五代以前；2. 它们都进入了明清时代的口语；3. 这些用法的消失，可能与官话的规范化有关。"在"表示"从"义，还有如"宋江在门缝里张时，见是太公引着三个庄客，把火一到处照看。"（《水浒传》三七回）之类，亦属指示方所。然此类用例并不多见，只此一提。

第六节　对象介词"从"

二十世纪四十年代，吕叔湘先生在《中国文法要略》第四章里论述叙事句各成分的关系时指出，在"有'夺、取'或'学、问'等义的动词后面也可以跟一类补词，这类补词和起词的关系恰恰和普通受词相反：不是补词因这个动作而有所失，就是起词因此而有所得"。"但另有一部分只能用间接式。白话里常用的关系词是'和'，'跟'等等"，文言常常用"于"，并指出"也有用'从'字的，和白话的'从'字意思全不相同。"吕先生举了下面一个用例：

从昆弟假贷，犹足为生，何至自苦如此？（《史记·司马相如传》）

杨树达先生于 1929 年的《高等国文法》第七章"'从'字之用法"一节，以"表人"来描述这个"从"的语法意义。他除举有《史记·司马相如传》"从昆弟假贷"一例外，还举了如下一例：

　　陈馀亦怨独不王己，从田荣藉助兵。(《汉书·高帝纪》)①

　　1928 年的《词诠》虽也列举了这两例，却与表示起始的其他用项混同一起，统以"由也"为释，未能凸显"从"在历史上所具有的特定的词汇意义和语法意义。吕叔湘先生从语法关系与语义两方面综合起来解说，比杨先生的诠释精确明白得多了，但遗憾的是只局限于一词一例的狭小范围，视同孤立的或个别的词汇语法现象，所以他用"也有"来表述。

　　1996 年，本人曾以《汉语"介宾·动宾"句式中介词的历史递换》②为题，对表述主语从介词的宾语那里有所得的句式，如"从昆弟假贷"，以"介宾·动宾"的形式加以概括，并对汉语历史上进入这一句式的若干介词，作了初步的考察，指出其中的介词经历了三个层次的历史递换。"从"在这个意义上用同"向"，如"不从千圣借，岂向万机求"。(《五灯会元》卷六) 本书将分别进一步讨论。本节首先讨论"从"。

　　(一) 我们从杨树达、吕叔湘二位前辈的研究中得知，"介宾·动宾"句式中的介词"从"，其使用已见于西汉时期的《史记》。二位前辈都引用了《司马相如传》"从昆弟假贷"一例。其实，《史记》中并非仅有此例。例如：

　　(1) 于是李斯乃叹曰："人之贤不肖，譬如鼠矣，在所自处耳。"乃从荀卿学帝王之术。(《史记·李斯列传》)③

　　到了东汉，除杨树达先生所引《汉书·高帝纪》"从田荣藉助兵"一例外，已见到的用例还有：

　　(2) (高祖) 好酒及色，常从王媪武负赊酒。(《汉书·高帝纪》上)

　　(3) 数为掾史所詈辱，方进自伤，廼从汝南蔡父相问己能所宜。(《汉书·翟方进传》)

　　(4) 上知之，及长当就国也，立嗣子融。(融) 从长请车骑。(《汉书·佞幸传·淳于长》)

　　(5) 初，成都侯商，尝病，欲避暑，从上借明光宫。(《汉书·元后传》)

　　除此以外，东汉别的文献也可以见到其用例。如：

　　(6) 晋公子重耳失国，乏食于道，从耕者乞饭，耕者奉块土以赐公子。

---

① 刘淇《助字辨略》卷一："此言自田荣所借兵也。"
② 《语言研究》1996 年第二期。
③ 此例转引自《古汉语虚词用法词典》，陕西人民出版社 1998 年版。

（《论衡》卷二二 "纪妖"）①

（7）亭长从汝求乎? 为汝有事属之而受乎? 将平居以恩意遗之乎? （《东观汉记·卓茂传》）

又《东观汉记·寇恂传》"愿从陛下复借寇君一年"，亦同义。

（8）闭门塞牖舍，孤儿到市。道逢亲交泣，坐不能起。从乞求与孤买饵，对交涕泣，泪不可止。（古辞《妇病吟》）

例出《乐府诗集》卷三八。

从上面的用例，我们可以推论，到东汉时期，在 "介宾·动宾" 句式中表示 "向" 义的介词 "从"，已经使用开来了。这可以从魏晋时期的较高的使用频率中得以验证。比如陈寿《三国志》原文有 15 例；刘宋·裴松之注引文有 13 例。这两个数字，只是随手记录的部分资料的统计数，难免尚有遗漏。如:

（9）洪闻之……又从（袁）绍请兵马，求欲救（张）超，而绍终不听许。（《三国志·魏书·臧洪传》）

（10）李权从宓借《战国策》，宓曰: "战国从横，用之何为?"（《三国志·蜀书·秦宓传》）

（11）后（袁）术欲攻徐州，从庐江太守陆康求米三万斛。康不与，术大怒。（《三国志·吴书·孙破虏讨逆传》附策）

（12）（孙）权以（刘）备已得益州，令诸葛瑾从求荆州诸郡。（《三国志·吴书·吴主传》）

以上是《三国志》原文例。

（13）平虏将军刘勋，为太祖所亲，贵震朝廷。尝从畿求大枣，畿拒以他故。（《三国志·魏书·杜畿传》裴松之注引《杜氏新书》）

（14）后数从（张）鲁求兵，欲北取凉州。（《三国志·蜀书·马超传》裴松之注引《典略》）

（15）亮问吏曰: "黄门从汝求蜜耶?"（《三国志·吴书·三嗣主主传·孙亮》裴松之注引《吴历》）

（16）文帝在东宫，尝从洪贷绢百匹。（《三国志·魏书·曹洪传》裴松之注引《魏略》）

以上是裴注所援引史籍的几个用例。这些史籍，都出自魏晋作者之手。此外，我们还可以看到魏晋时期其他一些用例。如:

（17）吴时有徐光者，尝行术于市里，从人索瓜，其主勿与。便从索

---

① 此例转引自《古代汉语虚词词典》，商务印书馆 1999 年版。

瓣，杖地种之。（《搜神记》卷一"徐光"）

（18）（常在）去时，从其弟子曾家、孔家各请一小儿，年皆十七八。（《太平广记》卷十二"李常在"）按，原注：出《神仙传》。

以上是介词"从"在魏、晋期间的一些用例。从考察可以看到，源于两汉的这个介词"从"，以及由它为介词所构成的、表示主语从介词的宾语（即对象）那里有所得这一语意范畴的"介宾·动宾"短语，到了魏晋六朝，已经在普遍使用。下面略举六朝以至唐宋的部分用例。

（19）亭长从人借牛而不肯还之，牛主讼于恭。（《后汉书·鲁恭传》）

（20）宋氏诸帝在太庙，从我求食，可别为吾祠。（《南齐书·礼志》上）

（21）董卓信巫，军中常有，言祷祀求福。一日，从卓求布，仓卒与新布手巾。（《幽明录》）

（22）刘伶病酒，渴甚，从妇求酒。（《世说新语·任诞》）

（23）粗细君自知，从郎索衣带。
欢情不耐眠，从郎索花烛。
欲作胜花妆，从郎索红粉。
欲呈纤纤手，从郎索指环。（隋·丁六娘《十索四首》诗）

（24）太子从阐释迦取刀，自断其发。（《大唐西域记》卷六"太子解衣剃发处"）

（25）上灯与食，长吉从婢取书，研墨叠纸足成之，投他囊中。（李商隐《李贺小传》）

（26）我昔逃逝至此，遂从女子求湌。（《伍子胥变文》）

后面祭文："我昔逃逝入南吴，在路相逢从乞食。"意同。

（27）游僧过门，从姑乞食，笑曰："我自不曾饱，安得有余？"（《夷坚丙志》卷八"谢七嫂"）

（28）问："某甲不问闲事，请和尚答话。"师曰："更从我觅甚么？"（《五灯会元》卷四香严义端禅师）

从史实上看，南北朝至唐宋，是"介宾·动宾"句式中介词"从"高频率使用的时期。令人意外的是，这个意义的"从"，在元、明间很快就从这一句式中消失了，要找到它的用例已不甚容易。如：

（29）洛阳民家妪将入城鬻蔬，俄有僧从妪买蔬，就筥翻视，密置盐筥中，少答其直，不买而去。（《宋史·武行德传》）

（30）祖师道："……你今要从我学些甚么道？"（《西游记》二回）

元好问《续夷坚志》卷二"桃杯"条："一日，从予乞酒，以此杯酌，核得酒红润如新。"亦是其例。

经探究表明，"介宾·动宾"句式中的"从"，在六朝、唐宋间，应该看作是个常用词，起码在书面上是如此。

（二）在"介宾·动宾"句式里，我们的着重点在于探讨介词。但是，介词的词汇、语法意义并不是独自形成并孤立地存在的。在这个句式里，除了介词之外，动词对句式所表达的语意，具有至关重要的作用。因此，介词与动词的搭配使用，就形成这一句式的基本构架。

我们发现，在人们使用的过程中，介词的宾语，即对象，与动词的宾语成分是不能缺少的，但在句中有所交代的前提下，介词的宾语可以挪置。我们在叙述介词与动词的搭配之前，介绍一下宾语使用上的这一特性是有意义的。

（31）臣以姚氏之世，行学伊川，时遇游遁大儒成公兴，从求《九章》要术。（《魏书·术艺传·殷绍》）

（32）辽东丁伯昭，自说其家有客，字次节。既死，感待见恩，常为本家致奇异物。试腊月中从索瓜，得美瓜数枚来在前，不见其形。（《列异志》）

（33）汉武故事曰：上微时行至柏谷，舍于逆旅，逆旅翁骂之；因从乞浆，翁曰："正有溺，无浆也。"（《艺文类聚》卷九"谷"）

（34）（辛道）度再三从乞金枕，女郎遂不能违，即与金枕为信。（句道兴本《搜神记》）

（35）乐平东关民张五郎，淳熙七年，姻戚从假质物，付以一金钗，过期不反。（《夷坚志补》卷三"香雪失钗"）

例（31）至例（34），介词"从"的后面都略去了宾语，但在例子本身都已交代明白。例（35），仅就例子本身，好像是在例文后面才交代，其实前后文都交代得很清楚。介词宾语省略的直接结果，是介词置于动词之前。即使如此，语意无从产生歧义。

（36）粒米不足舂，寸布不足缝。罂中无斗储，发箧无尺缯。友来从我贷，不知所以应。（曹操《谣俗辞》）

（37）县官不足，辄贷于民；民已穷矣，将从谁求？（《后汉书·庞参传》）

前文有云："今募发百姓，调取谷帛，衔卖什物，以应吏求。"民之所穷、所求，无非也是谷帛什物之类。

例（36）、例（37），动词的宾语都省略了，前面都有所交代。有时为了句式完整，省略的宾语可以用代词填补其空缺。如：

（38）军使吴宗嗣者，尝有某府吏从之贷钱二十万，月计利息。（《稽神录》卷二"吴宗嗣"）

（39）坐久馁甚，无由可办食，从童求之。（《夷坚三志》己集卷三
　　　　"睢佑卿妻"）

（40）时陈希亮少卿守凤翔，平生溺于黄白，屡从此僧求之，僧不与。
　　　　（《夷坚志补》卷十三"凤翔开元寺僧"）

个别极端的用例，甚至两个宾语可以同时省略，前提同样是必须有所交代。如：

（41）向来道边有卖饼家蒜齑大酢，从取三升饮之，病自当去。（《三国
　　　　志·魏书·方技传·华佗》）

（42）节弟破石为越骑校尉。越骑营五百①妻有美色，破石从求之，五
　　　　百不敢违。（《后汉书·曹节传》）

由上面的用例可以看到，介词和动词是"介宾·动宾"句式的最基本成分，它们的位置是不能挪动的，始终维系着句式架构的存在。只要这个架构存在，即使宾语挪动了，仍能准确表达主语从介词的宾语，即对象那里有所得的语意。

（三）在"介宾·动宾"的句式里，两个基本成分之一的动词，不是无限制的，是有一定范围的。吕叔湘先生曾指出，是具有"夺、取"或"学、问"等义的动词。我们根据"介宾·动宾"句式在历史上的使用情况，曾经综合归纳为六类动词，即：借贷、赎买、取索、求乞、租赁、学问。这六个类别，能够涵盖"介宾·动宾"句式中出现的几乎所有动词。下面我们通过用例来了解介词"从"与各类动词的搭配使用情况。

甲，从……借贷……

（43）（刘）备以（周）瑜所给地少，不足以安民，复从（孙）权借荆
　　　　州数郡。（《三国志·蜀书·先主传》裴松之注引《江表传》）

（44）扶风人士孙奋居富而性吝，冀因以马乘遗之，从贷钱五千万，奋
　　　　以三千万与之。（《后汉书·梁统传》附梁冀）

（45）琛恻然惭感，遂从许叡、李彪假书研习。（《魏书·甄琛传》）

（46）琴从绿珠借，酒就文君取。（庾信《对酒歌》）

（47）杀子胥了，越从吴贷粟四百万石。（《伍子胥变文》）

（48）中夜为不速之客，庖仆尚远，无所得食，愿从翁赊一飡，明当偿
　　　　直矣。（《夷坚丙志》卷四"青城老泽"）

（49）未有人供令狐米，欲从鬼借尉迟钱。（戴复古《思归》诗）

乙，从……赎买……

---

① 李贤按：今俗呼行杖人为五百也。

（50）时有女子从康买药，康守价不移。（《后汉书·逸民传·韩康》）

（51）其渔猎所得，或从买者，便与之而不取直，亦不告姓名。（《晋书·隐逸传·郭翻》）

丙，从……取索……

（52）琰从（杨）训取表草视之，与训书曰："省表，事佳耳。时乎时乎，会当有变时。"（《三国志·魏书·崔琰传》）

（53）今吾兵已成矣，将军可归救老母妻子，宜自幕吏民能得家属者，赐钱千万，来从我取。（《后汉书·李忠传》）

（54）杨骏闻之，从中书监华廙索诏视，遂不还。（《晋书·八王传·汝南王亮》）

（55）庾从周（子南）索食，周出蔬食，庾亦强饭，极欢。（《世说新语·尤悔》）

（56）荣将战之夜，梦一人从葛荣索千牛刀，而葛荣初不肯与。（《魏书·尔朱荣传》）

（57）陁尝从家中索酒，其妻曰："无钱可酤。"（《隋书·外戚传·独孤陁》）

（58）承之以故从（唐）介索所送诗，介无以报，取诗还之。（《邵氏闻见录》卷十三）

丁，从……求乞……

（59）今（苏）飞罪当夷戮，特从将军乞其首领。（《三国志·吴书·甘宁传》裴松之注引《吴书》）

（60）（樊）阿从佗求可服食益于人者，佗授以漆叶青黏散。（《三国志·魏书·方技传·华佗》）

（61）（洪）自以众弱，从（袁）绍请兵，而绍竟不听之。（《后汉书·臧洪传》）

（62）（杜）乃更作，折卷之，从（王）矩求一小箱盛之，封付矩。（《幽明录》）

（63）彼尝从臣求官席，席有数，臣不与。（《建康实录》卷三"废帝亮"）

（64）文殊菩萨化为僧形，从皇帝乞一坐具地，皇帝许之。（《入唐求法巡记》卷三）

（65）我既贵重，不能偷之，从君请一餐。（《法苑珠林》卷六"舍宅部"）

（66）师曰："汝因何从我觅?"进曰："不从师觅，如何即得?"（《祖

堂集》卷四石头和尚）

（67）从君觅佳句，咀嚼费朝饭。（苏轼《僧清顺新作垂云亭》诗）

（68）刘先生者，河朔人，年六十余，居衡岳紫盖峰下。间出衡山县
市，从人丐得钱，则市盐酪以归。（郭象《睽车志·刘先生》）

（69）一日，从予乞酒，以此杯酌，核得酒，红润如新。（《续夷坚志》
卷二"桃杯"）

戊，从……学问……

（70）又从义博学仰视，三十日中通夜不卧……学未一年，义博反从辂
问《易》及天文事要。（《三国志·魏书·方技传·管辂》裴松
之注引《辂别传》）

（71）后进文士秘书郎却正数从光谘访。（《三国志·蜀书·孟光传》）

（72）有虎贲王越，善斯术，称于京师。河南史阿，言昔与越游，具得
其法。余从阿学之精熟。（曹丕《自序》）

（73）乡人从统占问吉凶，门中如市。（《晋书·艺术传·索统》）

（74）某祖芳，前从力士问觐缕，未竟，复著唐历。（李德裕《次柳氏
见闻》）

（75）耽嗜观书，老益勤，尤悉地理。四方之人与使夷狄者见之，必从
询索风俗。（《新唐书·贾耽传》）

（76）不遣船迷路，俱从塔问津。（杨万里《过横山塔下》诗）

（77）道成本愚民，不能从其询访大业武德中事，且验其是否。（《夷坚
三志》壬集卷七"王道成先生"）

以上是介词"从"与几类动词相配使用的情况。从中可以看到，这个
句式所表达的句子的主语从介词的宾语处之所得，除了动词是"学问"一
类的，多半都是实物。但人们的社会生活并不止于此，愿望的实现，须求的
满足等，都是属于"有所得"的范畴。例如：

（78）乃有众多猪羊鸡鸭之属，竞来从文若债命。（《太平广记》卷三八
一"赵文若"）按，原注出《冥祥记》。

（79）天子使我来，正欲除尔辈，不图为贼党所获，我岂从汝求活耶？
（《隋书·诚节传·冯慈明》）

（80）玄真此来，特从尚书乞田性命。（《酉阳杂俎》前集卷六"器
奇"）

（81）我从吴景索命，不知其他。（《太平广记》卷一二四"吴景"）
按，原注出《稽神录》。

（82）（袁）绍患忌之，布觉其意，从绍求去。（《三国志·魏书·吕布

传》)

（83）（麋竺）常从洛归，未至家数十里，见路次有一好新妇，从竺求寄载。(《搜神记》卷四"麋竺")

（84）超度其粮将尽，必从龟兹求救，乃遣兵数百于东界要之。(《后汉书·班超传》)

（85）太后曰："汝从吾儿求为天子，何妄语耶?"（《旧五代史·晋书·赵德钧传》注引《通鑑》）

（86）宁可永劫受沉沦，不从诸圣求解脱。(《五灯会元》卷五青原行思禅师)

这些句子所表达的，都应当是"介宾·动宾"句式的语意范畴。

通过上面的叙述，我们对"介宾·动宾"句式中的介词，以及"介宾·动宾"句式本身，有了个大致的认识。综合起来，可以有如下几点：1. 介词"从"在"介宾·动宾"句式中使用，可以追溯到西汉时期，最早的用例见于《史记》；直至宋代，仍属常用词，其后很快消逝了。2. 介词与动词是构成"介宾·动宾"句式的基本架构，它们的位置不像它们的宾语那样，是不能挪动的。3. 进入"介宾·动宾"句式中的动词是有限制的。这自然来自句式本身所要表达的语意之制约。这些认识，对探讨汉语历史上进入"介宾·动宾"句式的其他介词，都会具有参考的作用。

第七节　对象介词"就"

"就"之为介词，表示"向"义，被人们所提及，还是最近的事，如《汉语大词典》，何金松《虚词历时词典》。在汉语史研究领域，近若干年来所出版的一些研究著作，特别是有关近代汉语或中古汉语的著作，都未曾涉及。这一节，拟在《汉语"介宾·动宾"句式中介词的历史递换》一文的基础上，作进一步的考察。

（一）我们首先要了解的，是介词"就"什么时候进入"介宾·动宾"句式，指示主语从宾语，即从对象那里有所得。

就师学问无方，心志不通，身之罪也。(《穀梁传·昭公十九年》)

这是何金松《虚词历时词典》"就"表"向"义条下的首例。若仅以"就师学问"而言，则已经很接近于"介宾·动宾"句式的架构了。《穀梁传》原文，紧接此句，在前面有一句似乎很关重要的话：

羁贯成童，不就师傅，父之罪也。

"不就师傅"，"就师学问"，这两个"就"，应该是一致的，表示趋赴某处的动词。"就师"是承接上句"不就师傅"而来的。

"就"进入"介宾·动宾"句式表示"向"义，我们所见到的较早用例，出于汉代。例如：

（1）余就上林令虞渊得朝臣所上草木名二千余种，邻人石琼就余求借，一皆遗弃。（《西京杂记》卷一）①

（2）司马相如初与文君还成都，居贫愁懑，以所着鹔鷞裘就市人阳昌贳酒，与文君为懽。（《西京杂记》卷二）

（3）八月四日，出雕房北户，竹下围棋，胜者终年有福，负者终年疾病，取丝缕就北辰星求长命，乃免。（《西京杂记》卷三）②

以上三例，都出自《西京杂记》。《四库全书提要》的作者认为，《西京杂记》的作者应是刘歆。重要的依据是葛洪在《西京杂记》后面的跋。文中说：

洪家具有其书记，以此记考校班固所作，殆是全取刘氏，有小异同耳。并固所不取，不过二万许言，今抄出为二卷，名曰西京杂记，以裨汉书之阙尔。

"提要"作者认为，"洪跋固自言之，未足为疑也"。按葛洪的跋，"洪家世有刘子骏《汉书》一百卷……先公传之，歆欲撰《汉书》，编录汉事，未得缔构而亡。故书无宗本，止杂记而已。"不管怎么说，如果确实出于刘氏，那么，这些都是西汉时期的用例。可见，"就"之进入"介宾·动宾"句式，不晚于西汉末年。

（4）不意金吾子，娉婷过我庐……就我求清酒，丝绳提玉壶。就我求珍肴，金盘鲙鲤鱼。（后汉·辛延年《羽林郎》诗）

例出宋代郭茂倩编《乐府诗集》卷六三，标明诗出后汉。南朝陈·徐陵编《玉台新咏》已收录此诗。

如果不误，这四个用例都出于汉代。但与相同用法的见于《史记》的"从"相比，大约要晚近一个世纪。从宏观的意义上说，使用于"介宾·动宾"句式的对象介词"从"和"就"，可以看作一个历史层面上的语言现象。正是有了汉代的使用，才有此后各个时期使用的发展。我们先看看魏晋时期的一些用例。

（5）亮使黄门以银椀并盖就中藏吏取交州所献甘蔗饧。（《三国志·吴

---

① 《酉阳杂俎》前集卷十六"广动植序"引大体相同。
② 《搜神记》卷二"戚夫人侍儿贾佩兰"条，即引自《西京杂记》。

书·三嗣主传·孙亮》裴松之注引《江表传》)

（6）后（袁）术军众饥困，就（骆）俊求粮。俊疾恶术，初不应答。
（《三国志·吴书·骆统传》裴松之注引谢承《后汉书》)

《隋书·经籍志》载谢承《后汉书》一百三十卷。作者是"吴武陵太守"，应是三国时人。

（7）洪本不当就袁（绍）请兵，又不当还为怨雠。（《三国志·魏书·臧洪传》注引徐众《三国评》）①

（8）是时，郡无知经者，乃历问诸吏，有欲远行就师，辄假遣，令诣河东就乐详学经，粗明乃还，因设文学。（《三国志·魏书·仓慈传》裴松之注引《魏略》)

以上是裴松之《三国志》注所引用史籍的部分用例。

此外，在晋代的其他文籍上，同样可以看到介词"就"的用例。例如：

（9）（杨）骏遗以一布袍，亦受之，出门，就人借刀断袍，上下异处。
（《太平广记》卷九"孙登"）按，原注出《神仙传》。

（10）扬州刺史陈温素与洪善，洪将家兵千余人，就温募兵，得庐江上甲二千人。（《三国志·魏书·曹洪传》)

（11）今祖在地，羞昼见人，垂二百年，今就将军乞深埋，并弊衣以掩形体。（《拾遗记》卷八）

（12）（苟奴）见恺数归……著平上帻，单衣，入坐生时西壁大床，就人觅茶饮。（《搜神记》卷十六"夏侯恺"）

以上是魏晋时期的部分用例。它应当是使用于当时的口语的，否则就不可能有其后大量使用的局面出现。

（二）从资料显示，"介宾·动宾"句式中的对象介词"就"，与介词"从"在历史上的使用情况基本相同，其使用最频繁是在魏晋以后。在这一部分，我们仍然像探讨"从"一样，结合着句式，来了解它的使用情况。

甲，就……借贷……

（13）太元中，王公妲女，必缓鬓倾髻，以为盛饰，用发既多，不可恒戴。乃先于木及笼上装之，名曰假髻，或名假头。至于贫家，不能自办，自号无头，就人借头。（《异苑》卷四）

（14）扬州主簿顾测以两奴就（陆）鲜质钱。（《南齐书·陆澄传》)

（15）自表就帝借书，帝送一车书与之。（《晋书·皇甫谧传》)

---

① 《隋书·经籍志》作《三国志评》，共三卷，徐众撰。

（16）太常丞胡仲操，曾在朝堂就孺借刀子割爪甲。（《隋书·薛道衡传》附孺）

（17）某甲也欲造个无缝塔，就庵主借取样山。（《景德传灯录》卷二七"诸方杂举征拈代别语"）

（18）有甄彬者，有行业，以一束苎，就荆州长沙寺库质钱。（《能改斋漫录》卷二"以物质钱为解库"）

（19）当就天公借北斗，更倾东海益君觞。（刘敞《答令狐司封求酒》诗）

进入元、明以后，能见到的用例明显减少。如：

（20）（慎）锐尝就（高）清贷白金七十两。（《宋史·慎知礼传》附从吉）

（21）愿就姮娥借明月，卧看鸾凤舞空山。（刘基《题竹木石图》诗）

（22）一日，就陶借书去，闭户抄甚疾，终日五十余纸，亦不见其摺叠成卷。（《聊斋志异》卷九"于去恶"）

乙，就……赎买……

（23）支道林因人就深公买印山，深公答曰："未闻巢由买山而隐。"（《世说新语·排调》）

（24）（褚）渊薨，澄以钱万一千，就招提寺赎太祖所赐白貂坐褥，坏作裘及缨。（《南齐书·褚渊传》附澄）

（25）且就洞庭赊月色，将船买酒白云边。（李白《陪族叔刑部侍郎晔及中书贾舍人至游洞庭》诗之二）

（26）就船买得鱼偏美，踏雪沽来酒倍香。（杜荀鹤《冬末同友人泛潇湘》诗）

（27）昔有人欲就其买榜，先置物树下，随置多少。（《太平广记》卷三二四"山都"）按，原注出《南广记》。

（28）昨夜三更，走马挈壶，就我买酒，得非此耶？（《太平广记》卷三五十"许生"）按，原注出《纂异记》。

（29）及见后母就舜买米，舜识是母，密与其钱及米置囊中。（《敦煌变文集·孝子传》）

（30）到秋深、且叙荷花泽。就船买得鲈鳜，新谷破、雪堆香粒。（黄裳《雨霖铃·送客还浙东》词）

（31）（戴十）妻梁氏，舁尸诣营中诉之。通事乃贵家奴，主人所倚，因以牛二头、白金一笏就梁赎罪。（《续夷坚志》卷一"戴十妻梁氏"）

丙，就……取索……

（32）刘道锡云是炳之所举，就道锡索嫁女具及祠器，乃当百数万。（《宋书·庾登之传》附炳之）

（33）初，（刘）毅常所乘马在城外不得入，仓卒无马，毅便就子肃民取马，肃民不与。（《宋书·王镇恶传》）

（34）（昭业）与左右无赖群小二十许人共衣食，同卧起。妻何氏择其中美貌者与交通，密就富商大贾取钱无数。（《魏书·萧道成传》附昭业）

（35）桓忽中恶腹满，就梅索麝香丸。（《搜神后记》卷三）

（36）太原王肇宗病亡，亡后形见，于其母刘及妻韩共语。就母索酒，举杯与之，曰："好酒！"（《述异记》）

（37）司马每嗔（桓）豁时，使就兄索食。（《俗说》）

例（37）"就兄索食"，《北堂书钞》卷一四三、《太平御览》卷八四九作"从兄索食"。

（38）汉时，王济左右尝于闇中就婢取济衣物，婢欲奸之。（《还冤志》）[1]

（39）君王寂虑无消息，却就闲人觅巨公。（唐·唐彦谦《汉殿》诗）

（40）昨日到沩山，沩山和尚就某甲索此珠。（《祖堂集》卷十五东寺和尚）

（41）上遣中使就（魏）野家索其所著，得赠（刘）偁诗，上叹赏久之。（《渑水燕谈录》卷七"歌咏"）

（42）我辈久饱尔腹，今就尔索命。（《湖海新闻夷坚续志》前集卷二"杀鳝取命"）

丁，就……求乞……

（43）广德乃遣使就超请马。超密知其状，报许之，而令巫自来取马。（《后汉书·班超传》）

（44）（许耀）尝有病，因法静尼就熙先乞治，为合汤一剂，耀疾即损。（《宋书·范晔传》）

（45）上就惊求诸饮食方，惊秘不肯出。（《南齐书·虞惊传》）

（46）徐道饶忽见一鬼……饶就道士请符，悬著窗中。（《异苑》卷六）

（47）谢万就安乞裘，云畏寒……以三千斤绵与谢。（《语林》）[2]

---

[1] 《四库全书》子部《还冤志》，隋颜之推撰。《太平广记》卷一二九"王济婢"条末注出《还冤记》。两者当是一书，流传中出现差异。

[2] 例文"千"下有校语："一引作十"。

（48）此《五岳真形图》也。昨青城诸仙就吾请求，今当过，以付之。（《汉武帝内传》）

（49）东莞臧逢世，年二十余，欲读班固《汉书》，苦假借不久，乃就姊夫刘缓乞丐客刺、书翰纸末，手写一本。（《颜氏家训·勉学》）

以上为南北朝时用例。

（50）贼来独取我耶？而就我求物？（《建康实录》卷十五"废帝东昏侯"）

（51）通判守门者，就澄求钱。（《广异记·郜澄》）

（52）魏元忠男昇取荣阳郑远女……元忠坐系狱，远以此乃就忠求离书。（《大唐新语》卷三"公直"）

（53）接舆亦是狂歌者，更就将军乞一声。（顾况《赠韦清将军》诗）

（54）昨来官罢无生计，欲就师求断谷方。（张籍《同韦员外开元观寻时道士》诗）

（55）普化一日于街市中就人乞直裰，人皆与之，普化俱不要。（《镇州临济慧照禅师语录》）

（56）余就李生乞其文以归，补正编次，以成传。（《青琐高议》前集卷七"赵飞燕别传"）

（57）士人郎忠厚，事之至谨，就（文）捷乞舍利，捷遂与之，封护甚严。（《梦溪笔谈》卷二十"神奇"）

（58）宁教酒欠寻常债，耻就人求本分官。（陆游《园中小饮》诗）

（59）郡守每出入，必经祠下，我辄趋避之，殊不自安，就君乞一帘蔽我。（《夷坚丙志》卷一"神乞帘"）

戊，就……租赁……

（60）众散且尽，左右唯十许人，脚痛不复能行，就民僦露车自载。（《宋书·武二王传·南郡王义宣》）

（61）妾孤穷羸弱，不能自振，欲往旁县卖缯，就同县人王伯赁车牛一乘，直钱万二千。（《还冤志》）

已，就……学问……

（62）庐江杜不愆，少就外祖郭璞学易卜，颇有经验。（《搜神后记》卷二"杜不愆"）

（63）正光初，广宗潘崇和讲服氏春秋于城东昭义里，（荀）子文摄齐北面，就和受道。（《洛阳伽蓝记》卷三高阳王寺）

（64）世祖时，奔刘义隆于彭城，又就沙门僧坦研习众方。（《魏书·艺

术传·李脩》）

（65）别有小僧，就藏学咒经。（《旌异记》）

（66）圣人设教，欲人谦光，己虽有能，不自矜大，仍就不能之人求访能事。（《贞观政要·谦让》）

（67）欲就渔人问闲趣，叶舟齐过蓼湾东。　（宋·张咏《过武陵溪》诗）

（68）老苏们只就孟子学作文，不理会他道理，然其文亦实是好。（《朱子语类》卷五九）

宋以后，能见到的用例极少。如：

（69）姑姊妹间也有就他学习针指的。（《醒世恒言》卷二五）

我们在这一部分，用了为数不少的例子，无非要说明，"就"作为一个对象介词，在"介宾·动宾"句式中的使用频率是相当高的。作为汉语历史上的一个语言现象，从南北朝至宋代，这个"就"，都应当看作是一个常用词。在表示主语从介词的宾语，即对象那里有所得这一语意方面，它与"从"一起，都应属于那个时期的基本词汇范畴。

（三）从上面的使用情况可知，既是同用于"介宾·动宾"的介词，"就"与"从"，它们具有使用上的共同特性。如主语从介词宾语处所得，多为具体的事物，这是人们交往过程中所具有的普遍现象，即物质方面的往来。此外，就是愿望的实现，精神的满足。这些在句式运用中所体现出来的语意，不是句式中哪一个成分所能独立完成的，重要的因素是与介词相匹配使用的动词。比如，句式中的动词是"学问"一类的，它的宾语一般都不可能是具体的事物。当句式中的动词是"求乞"一类的，它的宾语则可以是具体事物，如"就太祖乞黄甘"（《宋书·索虏传》）；它的宾语也可以不是具体事物，如"乞治病"，"请问头"，都属此类。下面再举一些用例。如：

（70）身名身事两蹉跎，试就先生问若何。从此神仙学得否，白须虽有未为多。（白居易《问韦山人山甫》诗）

（71）忽有一赤鬼，长可丈许，首戴绛冠，形如鹿角，就皋求载。（《太平广记》卷三二二"陈皋"）按，原注出《灵鬼志》。

（72）佛令阿难为侍者，阿难就佛乞于三愿。（《维摩诘经讲经文》）

（73）修短必是有期，宁容浪就医人求活？（《旧唐书·李勣传》）

由此可见，需要的满足，愿望的实现，也是一种所得。

此外，我们在上一节已经指出，"介宾·动宾"作为一个句式，其主要成分介词和动词的位置是不能挪动的，而宾语不在此限。在有所交代的情况下，既可以挪动位置，还可以用代词填补空缺。这是这一句式的共同特点，不管是哪一个介词构成的。"从"是这样，"就"也是这样。例如：

(74) 其年七月，诏召邕与光禄大夫杨赐、谏议大夫马日磾、议郎张华、太史令单飏诣金商门，引入崇德殿，使中常侍曹节、王甫就问灾异及消改变故所宜施行。（《后汉书·蔡邕传》）

(75) 魏齐公元忠少时，曾谒同藏，同藏待之甚薄，就质通塞，亦不答也。（《太平广记》卷二二一"张同藏"）按，原注出《定命录》。

(76) 谢眼者，赣州宁都人……一小儿负饼饵两舂随其母归外家，谢就求之，儿不可。（《夷坚丁志》卷十二"谢眼妖术"）

以上是介词宾语省略或挪动的用例。

(77) 行达晋陵，袁标就其求仗，（孙）长度不与，为标所杀。（《宋书·孔觊传》）

(78) 其年，孝昭数见文宣作诸妖怪，就其索儿。（《太平广记》卷一二十"北齐文宣帝"）按，原注出《还冤记》。

以上二例，以代词"其"填补介词宾语空缺。

(79) 琴从绿珠借，酒就文君取。（庾信《对酒歌》）

(80) 忆就江僧乞，和烟得一茎。（齐己《和孙支使惠示院中庭竹之什》诗）

(81) 你若任摩，因何更就我觅？（《祖堂集》卷十六沩山和尚）

以上是动词宾语省略或挪动的用例。

(82) 桓玄素轻桓崖，崖在京有好桃，玄连就求之，遂不得佳者。（《世说新语·排调》）

(83) 臣年已老，富贵已足，唯少枕枕死，特就陛下乞之。（《南齐书·陈显达传》）

(84) 玄宗非时托以他事，召隐甫对，胡雏在侧，指曰："就卿乞此得否？"（《唐国史补》卷上）

(85) 汝诸人来就安觅什摩？（《祖堂集》卷十七福州西院和尚）

以上数例，以代词填补动词宾语的空缺。

(86) 二小鬼捉襆在门，可就取也。（《异苑》卷六）

(87) 宜入市门数十步，有一人持荆马鞭，便就买取。（《太平广记》卷二一六"淳于智"）按，原注出《独异志》。

(88) 行百步始觉，亟回，适一弓兵往来其外，即就索焉，拒曰"未尝见"。（《夷坚志补》卷三"雪香失钗"）

以上三例，同时省略两个宾语。当我们对"介宾·动宾"句式有了个

第三章 介 词 275

认识之后，就能予以识别，不会产生疑问或误解。

从前面的叙述可知，在"介宾·动宾"句式里，对象介词"就"与"从"，它们具有相同语法意义和词汇意义，是汉语历史上的两个同义词。它们有大体一致的存在与使用时期。它们在南北朝时期，就已被广为使用了，因此，这时能看到两者间互文使用的现象，如例（79）"琴从绿珠借，酒就文君取"即是一例。又如：

（89）（杨）统感父遗言，服阕，辞家从犍为、周循学习先法，又就同郡郑伯山受"河洛书"及天文推步之述。（《后汉书·杨厚传》）

从语法意义与词汇意义上说，例中的"从"、"就"是相同的，都表示向谁学习什么。又如：

（90）后东游入吴郡，路见钓鱼师，因就乞鱼，鱼师施一餧者……又见鱼网师，更从乞鱼，网师瞋骂不与。（梁·慧皎《高僧传》卷十宋京师杯度）

按此例文意，这是前后发生的两个同样的行为，同样的语意，同样的句式，一用介词"就"，一用介词"从"，足可见其相同的程度。

纵观"动宾·介宾"句式中介词的历史递换情况，介词"从"和"就"的使用，足以代表这个句式发展变化史上第一个历史层次的基本面貌。在这个历史层面上，虽然也还有个别介词进入这一句式，比如"与"，似乎只是它的介词职能的一种旁通使用，而不是"与"最主要的语法功能之一。这与"从"和"就"在这方面的历史作用是无法相提并论的。至于"从"和"就"从"介宾·动宾"句式中消退，显然是与第二历史层次的对象介词"向①"和"问"兴起有关。兴起，替换，无疑是历史词汇发展变化的一种方式。

第八节 对象介词"问"

在表示人与人之间交往的介词中，在表示主语从介词的宾语那里有所得的语意范畴内，除了已讨论的"从"、"就"外，还有一个要稍作查考的，就是"问"。《现代汉语词典》"问⑤"：向（某方面或某人要东西）。《现代汉语八百词》在"介词"下解释："向；跟。后面的动词主要是表示取得意

---

① 由于"向"之此义现代汉语里常用，本书不专门讨论。它的较早用例见于唐代，如："城南旧有山村路，欲向云霞觅主人。"（戎昱《下第留辞顾侍郎》诗），"人间不见清凉事，犹向溪翁乞画屏"。（高蟾《秋日寄华阳山人》诗）

义的"。在汉语历史的考察上，首先提到唐人用例的是张相先生。我曾在一篇文章中有过一段论述：

张相先生《诗词曲语辞汇释》卷五"问"条内，共引用唐宋 15 位诗人的 20 个诗和词的用例，统释之为"犹向也"。在 20 例中，"问"作为"介宾·动宾"句式用例的有 6 例，其中有唐人的一个用例：风雨荆州二月天，问人初雇峡中船。西南一望云和水，犹道黔南有四千。（唐·窦群《自京将赴黔南》诗）①

张先生只是指出诗词曲里有什么，而并不是作源流考索，做到这种程度，已属不易。

我们这一节主要探讨的，是现代汉语对象介词"问"在汉语历史上的出现与使用情况。

（一）若就泛论介词的职能，与"从"、"就"、"向"相比，"问"的使用范围是相当狭小的。例如：

朕昨昼寝，梦见亡子云，被差问泰山府五百日驱使。（稗海本《搜神记》卷四）

前文其亡子现梦云："某今差在泰山五百日驱使，苦无暂休"。前后异文显示，"在"、"问"义同，指示方所。

笑您这千丈风波多利途，问是非乡枉受苦，便做到佩苏秦金印，待何如。（《竹叶舟》一折〔油葫芦〕）

例中"是非乡"，亦表示方所。再如：

两下收兵，楚王大悦，问诸将道："自临阵已来，未尝有此大捷。今秦兵退败，诸国可以乘胜回邦。"（《秦併六国平话》卷上）

此例的"问"，不表示问话，而是表示"对"谁说什么。

就"问"表"在"，表"对"而言，也都仅仅是有数的几个用例，只在这里一提而已。我们重点要讨论的，是"介宾·动宾"句式中的介词"问"。

在《介宾·动宾》一文中，我们曾以为窦群《自京将赴黔南》诗例，写于 808 年，当是比较早的用例。其实并不然。下面就来讨论这一问题。

（1）忆昔君在时，问我学无生。劝君苦不早，令君无所成。（王维《哭殷遥》诗）

例文是说，早就劝你跟我修佛，下不了决心，过早离开人世。佛教主张世间无所谓生灭，修得无生，即是涅槃，是最高的境界。所以白居易说：

① 《汉语"介宾·动宾"句式中介词的历史递换》，《语言研究》1996 年第二期。

"彭殇徒自异，生死终无别。不如学无生，无生即无灭"。（《赠王山人》诗）。"问我学无生"，体现了主语从介词的宾语那里有所得的各种语法关系。作者是八世纪上半叶的人。显然，王维的这个用例，要比窦群的早。

南湖秋水夜无烟，耐可乘流直上天。且就洞庭赊月色，将船买酒白云边。（李白《陪族叔刑部侍郎晔及中书贾舍人至游洞庭》诗之二）

《全唐诗》在"就"字下有校语云"一作'问'"。异文说明，在这类语法结构中，"问"、"就"，词汇意义一致，犹今"向"。李白与王维是同一时期的诗人。这就是说，唐玄宗开元年间，今天汉语所使用的介词"问"，就已经在使用了。

（2）问人寻野筍，留客馈家蔬。（刘长卿《过鹦鹉洲王处士别业》诗）

刘长卿与王维、李白生活的年代相差无几，都可以说是同时代的人。

（3）因问老仙求种法，老仙咍我愚不答。（皎然《寓兴》诗）

（4）衰至左卫中郎，以桃符久从驱使，乃放从良。桃符家有黄犊，宰而献之，因问衰乞姓，衰曰："止从我姓为韦氏"。（《朝野佥载》卷三）

作者张文成，据说生活在武则天朝至唐玄宗朝前期①。他生活的年代可能还早于王维、李白诸人。

（5）工部侍朗韦述修国史，推萧同事；礼部侍郎杨浚掌贡举，问萧求人，海内以为德选。（李华《三贤论》）

李华是开元二十三年进士，与李白、刘长卿诸人所处时期相差不远。

（6）唐俭少时，乘驴将适吴楚。过洛城，渴甚，见路旁一小室，有妇人年二十余，向明缝衣，投之乞浆，则缝袜也，遂问别室取浆。（《太平广记》卷三二七"唐俭"）按，原注出《续玄怪录》。

（7）聂隐娘者，唐贞元中魏博大将聂锋之女也。年方十岁，有尼乞食于锋舍，见隐娘，悦之，云："问押衙乞取此女教"。（裴鉶《聂隐娘》）

（8）家人每夜见怪异……或抱婴儿问人乞食，或有美人浓粧美服，在月下言笑，多掷砖瓦。（包湑《会昌解颐录·元自虚》）

按，例（8）出《旧小说》。

从对上面用例的叙述可知，资料显示，介词"问"大致兴起于初唐末期至中晚唐之间。它的较早用例，应在公元八世纪上半叶。这仅仅是依据文献资料而言。书面资料应有口语为基础，至于口语，无疑会比书面上反映的

---

① 参见中华书局本《朝野佥载》（1976 年）"校点说明"。

要早，但我们现在无从进一步予以查考。

（二）在"介宾·动宾"这一句式里，从纵的角度说，介词有历史递换的变化；动词受时代变迁的影响，也处于不断变化之中，今天动词的使用范围，恐怕比历史上要狭小得多。在这个句式中，介词与动词的配合使用，始终保有相对稳定的范围。我们曾对"介宾·动宾"这一句式中的动词，予以综合，归纳为六类。我们仍按照这个分类来描写介词"问"在历史上的使用情况。

甲，问……借贷……

（9）所谓信者，真见得这道理是我底，不是问别人假借将来。（《朱子语类》卷二八）

（10）折残金菊。桭子香时新酒熟。谁伴芳尊。先问梅花借小春。（范成大《减字木兰花》词）

（11）（郭威）身下没钱，未免解个佩刀，问店家权当酒钱，候有钱却来取赎。（《五代史平话·周史》上）

（12）想玄德未济时，曾问俺东吴家借荆州为本，至今未还。（《单刀会》一折）

按，例出《元曲选外编》。

（13）请降旨意，往北天门问真武借皂雕旗在南天门上一展，把那日月星辰闭了。（《西游记》三三回）

（14）就是前日买这猫……也还问人揭借一半添上才买了。（《醒世姻缘传》六回）

（15）不如在前边新修的这个寺内，问长老借间僧房，权住几日。（《说唐》十一回）

（16）因为自己牲口不够，又问方亲家借了两匹驴。（《官场现形记》二回）

乙，问……买……

（17）坐来暗起江湖思，速问溪翁买钓船。（唐·徐夤《门外闲田数亩长有泉源因直堤分为两沼》诗）

（18）别淑藕花舒锦绮。采莲三五谁家子。问我买鱼相调戏。飘茳制。笑声咭咭花香里。（洪适《渔家傲》词）

（19）咱付五百钱还你，问你买得。（《五代史平话·周史》上）

（20）当唤值日买办的，依着先生言语，问那两家要购买猪肉五斤、羊蹄一只。（《平妖传》十七回）

（21）毛青鞋面布，俺每问他买，定要三分一尺。（《金瓶梅》七回）

丙，问……取索……

（22）可持此诣药铺，问王老家，张三令持此取三百千贯钱，彼当与君也。（《太平广记》卷二三"张李二公"）按，原注出《广异记》。

按，例句可紧缩为：可持此问王老家取三百千贯钱。

（23）待说与贤道有时，又却恐贤问某寻。（《二程遗书》卷三）

（24）不自反躬穷究，只管上求下告，问他讨禅，被他恣意相薄。（《朱子语类》卷一二四）

（25）有燕将石丙，直到庄前问苏代要齐王。（《七国春秋平话》卷中）

（26）见周桥上那个老儿，是个庄家，我问他诈几贯钱钞咱。（《金凤钗》二折）

（27）咱们问那光禄寺里讨南方来的蜜林檎酒一桶、长春酒一桶。（《朴通事》）

（28）昨日使山寿来问我讨花，我因问他你师父是谁。（《东墙记》二折）

（29）茂公问贾、柳二人取了十来个箱子。（《说唐》二六回）

丁，问……求乞……

求乞类动词与介词"问"相配使用，是介词"问"出现之初就有了的格式，如本节的例（5）至例（8），就是唐代的用例。下面再补充一些用例。

（30）更三二里，见大宅，朱门西开。天既明，有山童自宅中出，卓问求水。（包湑《会昌解颐录·张卓》）

（31）问龙乞水归洗眼，欲看细字销残年。（苏轼《游径山》诗）

（32）爱此淮南山水好，问天乞得片时晴。（汪元量《湖州歌九十八首》之三十）

（33）饮笭里坐地展手，问人觅饭喫。（《圆悟佛果禅师语录》卷十三）

（34）朱三问刘崇觅钱二百文，待去徐州救取刘文政。（《五代史平话·梁史》上）

（35）才见一个狱卒将一个人去油锅内煠，我去问阎王抄化做徒弟。（《铁拐李》楔子）

（36）我问宋江哥哥告了一个月假限，背着一包袱金珠宝贝，救两个兄弟走一遭去来。（《燕青博鱼》四折）

（37）因是不可原身相见，变做一种凡僧，问他化些斋供。（《西游记》三九回）

（38）因在花园里耍子，拾了一只鞋，问姑夫换圈儿来。（《金瓶梅》二九回）

（39）见外面打一个弹子入来，爆出一个和尚，问王太尉布施了三千贯铜钱去。（《三遂平妖传》十一回）

戊，问……租赁……

（40）风雨荆州二月天，问人初雇峡中船。（窦群《自京将赴黔南》诗）

己，问……学问……

（41）谩求龙树能医眼，休问图澄学洗肠。（齐己《谢贯微上人寄示古风今体四轴》诗）

（42）小人是袁达同火人李慕之子李虎，终南山问张晃学业。（《七国春秋平话》卷下）

（43）尔为魏之名将，问我学木牛流马经，后人岂不笑耳！（《三国志平话》卷下）

（44）明日写着榜子，做着一首诗，去见那朱五经，问他学习些个。（《五代史平话·梁史》上）

在上述与对象介词"问"相配使用的动词类别中，由于时代的变迁，今天有的已经不再使用，现代汉语中使用频率最高的大概就是"要"。实际上，在现代汉语普通话里，介词"问"的使用频率远比不上"向"来得高。但在某些方言里，可能就是另一回事。

（三）我们这里所讲述的对象介词"问"及其所构成的句式，是以表达主语从介词的宾语那里有所得这一语意为前提的。离开这个前提，就不在本节所讨论的范围内。例如：

（45）陈世母黄氏，亡后还家，但闻声。世忽亡斧，黄言："问家奴福盗之"。（《录异传》）

见《古小说钩沉》。"问家奴福盗之"，动词是"盗"，不符合我们所说的句子语义要求的前提。因此，这句中的"问"也不可能以对象介词的属性加以衡量。黄氏的话应该是："福偷斧子了，你问他！"

（46）上尝问颎取陈之策，颎曰……上行其策，由是陈人益敝。（《隋书·高颎传》）

此例的"问"，与例（45）的"问"就已不大一样，似乎多少偏离了"问讯"这一原始意义。如果在"取陈之策"前置以表示求乞或取索意义的动词，句子成分间的关系将作必要的调整，例中动词"问"的词性则将向介词方向转化，可构成：

　　上尝问颍乞取陈之策

　　上尝问颍索取陈之策

　　上尝问颍要取陈之策

　　我们还没有在文献上看到《隋书》成书时——贞观十年（公元636年）——有这样的用例，但《高颍传》的句式，正是动词"问"向介词"问"转变的最合适的阶梯：1. 动词词性开始偏虚；2. 句式的架构完整。进一步说，贞观十年间，口语里有介词"问"的存在，其可能性没有必要排除。因此，我们看到八世纪上半叶介词"问"成熟的用例，应当看成是历史的必然。

　　类似例（46）的动词"问"，还能举出若干来，即使在介词"问"出现并使用之后，我们仍然能看到下面这样的用例：

　　（47）白日萧条梦不成，桥南更问仙人卜。（李贺《有所思》诗）

　　（48）从此问君还酒债，颜延之送几钱来。（皮日休《更次来韵寄鲁望》诗）

　　（49）陛下何不问叶净能求雨？（《叶净能诗》）

　　直至宋代还能看到这种用法。如：

　　（50）太师若论三关地，政是塘濼地所在。不若问朝廷多增岁币，又无水旱之虞，岂不永远！（《三朝北盟会编》卷二九）

　　问朝廷多增岁币，就是向朝廷多索要年度费用。

　　由上面的叙述可以看到，介词"问"当是由动词"问"演变过来的。这种演变受语句格式及格式所表示的语义双重约束，不具有任意性。当动词"问"偏离本义之时，对介词"问"来说，也就是虚化开始之时。偏离本义，也可能出现新的词义。给"问"提供完成虚化的条件的，就是句式的特定语意要求。离开这个语意要求，它就可能不是这一个词类了；即使是在一个词类，也将不是同一的词汇意义。

　　在这一句式中，现代汉语中用得最多的动词，恐怕是"借"和"要"。"借"具有悠久的历史，而"要"进入"介宾·动宾"句式大概是元、明间的事。例如：

　　（51）傅彬到此洛阳，问我父要上马钱下马钱。（《裴度还带》三折）

　　（52）嫂子，问他要休书别嫁人，我与你做媒。（《金凤钗》三折）

　　（53）不知谁去报信，说我家有了虎皮，引众夜来，坐名问我家要。（《后水浒传》四回）

　　由于"索"在历史上的强势使用，元明间动词"要"还与"索"复合为"索要"，进入了"介宾·动宾"句式。例如：

（54）寡人带酒，与同二人欲要起身，被店主人家扯住，问寡人索要酒银。（《遇上皇》四折）

（55）蒙恩选充后宫，不想使臣毛延寿问妾身索要金银。（《汉宫秋》一折）

（56）我今还为李府尹，问他索要家下人口房屋。（《庄周梦》四折）

然而，在现代口语里，"要"在这一句式中，还是具有使用上的优势。

第九节　牵涉介词"连"

"连"之用作介词，《现代汉语八百词》曾经作过比较详尽的归纳，总共有四项。我们简略如下：

1. 表示不排除另一有关事物。如：～根拔。
2. 表示包括，算上。如：这次～我有十个人。
3. 连……带……。如：～人带马都来了。
4. 表示强调。如：～我都知道了，他当然知道。

这是对"连"字现代汉语用法的平面分析。这里的分析，每一项都是独立的。我们这里将采取围绕着牵涉介词，有重点地加以探讨，进而旁及其余的用法，对相关的用法加以讨论。

（一）在汉语语言学史上，最早注意到介词"连"的用法的，要算是《助字辨略》的作者刘淇。他在该书卷二"连"字条引《神仙传》例：

何上公授汉文帝《素书》二卷，曰："余注此经以来，一千余年①，凡传三人，连子四矣。"

然后他说："此'连'字，犹云'并'也。"这一用法的"连"，迄今为止还没有发现比《神仙传》更早的用例。但是他的解释不很明白。他在卷三"并"字条下也没有类似的释义与引例相照应，但他的引例却是实在的。我们还可以补充《神仙传》的一个用例，以供佐证：

上古仙者多矣，不可尽论。但汉兴以来，得仙者四十五人，连余为六矣。（《太平广记》卷八"阴长生"）按，原注出《神仙传》。

可见《助字辨略》的引例并非孤证，表示包括的介词"连"在晋代已经使用，是可信的。

这只是"连"的一个用项。至于"连"的其他用项，就它的语法作用或者说语法特征而论，它究竟是什么介词呢？它们有什么区别，又有什么联

---

① 《太平广记》卷十"河上公"，《旧小说》甲集卷二，均作"一千七百余年"。

系呢？在语法学界，人们只是分析它表示了什么词汇意义，好像还从来没有人提到过该如何称呼它的问题。既然没有成为问题，当然也就不存在解决问题的必要。究其原因，大概是因为，现代汉语里只有一个"连"具有这种语法特性的缘故。一个孤立的语法现象，构不成门类，因此，也就未能引起人们更多的注意，实属自然。然而，这只是现代汉语所具有的状况，在汉语的历史上并不然。我们有足够的例证来说明这一点。

我们首先要把与"连"具有同一语法特征的词了解清楚，其他问题也就可以迎刃而解了。

（二）我们现在要着重探讨的，是介词"连"及其宾语所构成的介宾短语与句子中动词谓语的关系，以及由此连带而出现的介词本身的语法作用及其性质问题。

（1）茄子连皮咽，稍瓜带子吞。（《五侯宴》三折）

从事物的整体意义上说，茄子有皮，稍瓜有子。皮和子分别是茄子和稍瓜整体的一部分，且当属次要的部分。通常在吃茄子和稍瓜时，也不一定要吃茄子皮和稍瓜子儿。例中"茄子"、"稍瓜"分别是"咽"和"吞"的对象，也就是直接宾语。"皮"和"子"在例中，虽也分别是"咽"和"吞"的对象，但它们是通过"连"和"带"的引介来实现的。因此，它们是间接宾语。这个间接宾语，换句话说，是"咽"和"吞"的行为发生时连带涉及的对象。我们把具有引介连带涉及对象这种语法职能的"连"和"带"，称为牵涉介词①。

（2）倒骑牛背品羌笛，偷的生瓜来连皮吃。（《衣锦还乡》三折［快活三］）

（3）席上有生柿水果，呆子取来连皮就吃。（《笑林广记》卷五"殊禀部·呆子"）

这两例的"连"，都是在"吃"的行为发生时，用以引介连带涉及的对象"皮"的，也是牵涉介词。"连"和它的宾语"皮"所构成的介宾短语，是用来说明"吃"的行为发生时的方式或状态的，是动词谓语"吃"的方式状语。同样，例（1）的介宾短语"连皮"和"带子"，也都应该分别是"咽"和"吞"的方式状语。我们看到，"茄子连皮吃"这类句子，直接宾语与间接宾语都必须是很明确的。由于是韵语，句子各成分之间在空间上非常紧凑，是个很典型的句式。但是，大多数情况并不如此。例如：

（4）试问识药人，始知名野葛。年深已滋蔓，刀斧不可伐。何时猛风

---

① 参见拙文《汉语牵涉介词试论》，《中国语文》2002 年第二期。"牵涉介词"的几个章节，是以该文为基础改编扩充的。

来，为我连根拔。（白居易《有木诗八首》之五）

（5）其年六月，大风拔树发屋，长安街中树，连根出者十七八。（《太平广记》卷一四十"大星"）按，原注出《朝野佥载》。

（6）明旦，大木一本，连根皆拔起。（《夷坚丁志》卷八"泥中人迹"）

（7）每树十分，劈去六七者有之，八九者有之，连根砍去者有之。（《元典章·户部九·栽种》）

以上例（4）至例（7），直接宾语——野葛、树、大木——都远离动词谓语，但谓语与直接宾语的关系是明确无误的。我们可以把它们紧缩为："连根拔野葛"、"连根拔起大木"、"连根砍去树"等。反之，把直接宾语置于介宾短语之前亦可，如："野葛连根拔"、"大木连根拔起"等，犹如"茄子连皮咽"，都是同一的格式。不管直接宾语在前或在后，介宾短语"连根"总是紧贴着它所修饰的动词谓语而出现的。

（8）唐开元四年，河南北蝱为灾，飞则翳日，大如指，食苗草树叶连根并尽。（《太平广记》卷四七四"蝗"）按，原注出《朝野佥载》。

例（8）则不同，在"连根并尽"的短语里，动词谓语"尽"是不及物动词，这时动词谓语只表示某种状态的发生或存在。例（8）的"苗草树叶连根并尽"，"尽"是不及物动词，"食"的结果补语。如果加以调整，可以写为"苗草树叶连根食尽"。不管如何，"连"都是用来引介连带涉及的对象的，介宾短语"连根"都是用来修饰动词谓语的方式状语。

上面，我们就介词"连"及其所构成的介宾短语的作用作了扼要的描述。综合起来，可以归结为几点：

1. 介词"连"指示行为动作发生所连带涉及的对象，即动词谓语的间接宾语。

2. 介词"连"与它的宾语所构成的介宾短语，在句中多紧接在动词谓语之前。

3. 介词"连"所构成的介宾短语修饰动词谓语，用作方式状语。

4. 动词谓语的直接宾语，可以在动词谓语之前，也可以在动词谓语之后。

5. 在这类句子中，直接宾语是不能模糊的。

这些要点，同样适合于其他牵涉介词。

（三）在前一部分，我们对牵涉介词"连"及其所构成的介宾短语的外部关系作了些探讨。这里拟对介词的宾语（即间接宾语）与直接宾语的关系加以简要的讨论。我们所说的"外部关系"，指的是句子各成分间的位置或空间范围，如"连"的介宾短语是紧贴在动词谓语前面的，直接宾语则可以在动词谓语之前或之后。这些都属于句子的空间结构问题。我们在这里要讨论的是，牵涉介词"连"的宾语，即间接宾语与直接宾语的内在关系问题。根据事物间的不同情况，我们作如下简要的归纳。

甲，间接宾语是直接宾语事物整体中次要的或连带的部分。

我们前面的用例中，例（1）的"茄子连皮咽"，例（2）的"生瓜连皮吃"，例（3）的"生柿水果连皮吃"，就茄子、瓜、果而言，都是有皮的，而且是这些事物整体中不可缺少的部分；但从主、次关系上说，是次要的部分。在食用时，多半既可以去皮而吃，也可以连皮吃。"连皮"即是吃的方式之一。当说"连皮吃"时，无意中就流露了说话者的强调口气。又如"连根拔"、"连根砍"，就树木整体而言，"根"是其整体的一小部分。

（9）一旦，女随猱子出取桃，一宿而返，得桃甚多，连叶甘美，异于常桃。（《太平广记》卷六十"阳都女"）按，原注出《墉城集仙录》。

此例虽然没有说桃如何好，但从"连叶甘美"中可以领略到桃是如何好，桃甘美，连带桃叶都甘美。桃叶，在"桃"的整体含义上具有连带关系。

（10）何故苦瓠连根苦，甜瓜彻蒂甜。（《古尊宿语录》卷二十海会演语录）

瓠子苦，连带瓠子的根也是苦的。瓠根，都是连带涉及的对象。对于瓠子而言，在"瓠"的整体含义上具有连带关系。

乙，间接宾语与直接宾语具有事物间相匹配使用的关系。

（11）布网收鱼惨，连筒下钓钩。（陈师道《晚兴》诗）

这两句诗，上句讲网鱼，下句讲钓鱼。就下句而言，钓钩应该是渔具中最主要的部分。"筒"应是渔具中一个部件，"连"引介"筒"明确与直接宾语"钓钩"的关系；介宾短语"连筒"作状语说明"下钓钩"的方式。这是牵涉介词用例中极具标准意义的句子形式，直接宾语置于动词谓语的后面。

（12）宋朝尝以马百匹连鞍辔售于江北，索价太高，买者曰："马有何奇而价如许？"（《湖海新闻夷坚续志》后集卷二"周将军卖马"）

鞍辔是骑马的坐具和驾驭用具，对"马"来说，是匹配的、附属的。"连鞍辔售"，是卖马时配备鞍辔一起出卖，"鞍辔"是"卖"的间接宾语。"连鞍辔"是"卖"的方式状语。

（13）州中有积年旧案数百，崇义让使趣断。琰之曰："何至逼人乃

尔!"命吏人连纸进笔，遂为省阅，一日都毕。（明·何良俊《语林》卷六）

（14）那小床帐钩上吊着一个紫檀的小木鱼，连槌系着，且是精致滑泽。（《拍案惊奇》卷二六）

（15）（那贼）忙的他把个绳头儿不曾拴好，一失手，连钩子掉在屋里地下了。（《儿女英雄传》三一回）

在这一类里，从感觉上说，连带涉及的对象，通常在事物的整体中，也是属于次要地位的。

丙，间接宾语对直接宾语具有用具的性质。

（16）但见巨蟒正白，蟠屈十数重……戬遣悍卒十辈，连榻异出，弃诸城外草中。（《夷坚乙志》卷十九"杨戬二怪"）

巨蟒蟠屈在榻上，榻是卧具。"连榻"是"异出"的方式状语，榻是工具。

（17）我如今向槽房连甖掇将来，偿还了我弟兄每口债。酒斟着醇糯醅，脍切着鲤鱼胎。（《酷寒亭》四折〔新水令〕）

此例"掇"的直接宾语应是酒。"连"引介盛酒的器具，"连甖"是"掇"的方式状语。

（18）你若是不出来，我就连床砍做肉酱。（《盆儿鬼》二折）

（19）众人扶到后堂空屋下，放翻在一条板凳上，就取两条绳子，连板凳绑住了。（《水浒传》四三回）

（20）那个敢解我！要便连绳儿抬去见驾，老孙的官事才赢！（《西游记》八三回）

（21）要不然，我雇觅四个人，连床抬了他去。（《醒世姻缘传》四回）

（22）张延赏也不开看，连封扯碎。（《石点头》卷九）

（23）只以新汲井水，将茶连壶浸在盆内。（《红楼梦》六四回）

这些用例中，介词"连"所引介的事物，对于直接宾语而言，作为器具，具有使用功能。介宾短语是动词谓语的方式状语。

我们前面所说三项，指出介词"连"的宾语，即间接宾语，与动词谓语的直接宾语相对比，两者之间有着轻重主次之分、有着事物之间逻辑上、事理上或情理上的关系，直接宾语与间接宾语在同一句中的位置是不能随便颠倒或互换的。如"茄子连皮咽"，不能说成"皮连茄子咽"，如果倒置，就不符合事理上的逻辑关系。当互换的结果已经改变了说话者的原意，那么这种词语所处位置的互换在事理上，或是情理上，就是不能被接受的。正是介词宾语与动词谓语的直接宾语基本位置的这种不可置换的性质，确保了牵涉介词"连"及其他牵涉介词语法职能的稳定性。语法关系的稳定性，是语言在社会交际过程中所不可缺少的。

（四）我们从现在掌握的资料看，引介连带涉及对象的介词"连"，其出现可以追溯到六朝时期，但是我们能得到的用例不多。例如：

（24）陶公性检，厉勤于事……尝发所在竹篙，有一官长，连根取之，仍当足。乃超两阶用之。（《世说新语·政事》）

徐震堮《世说新语校笺》（中华书局 1984 年）引刘应登语云："谓就连竹根用为篙，以代铁足。"此释极是。例意谓，不是把竹子砍下来，而是连根伐取做竹篙，用根代替铁足以撑船。"连根"是"取"的方式，"之"（指竹）是动词谓语"取"的直接宾语，而"根"是行为发生连带涉及的对象，即间接宾语。"根"的这一属性是通过介词"连"来确定的。

（25）须臾得暂时，恰同霜下草。横遭狂风吹，总即连根倒。（王梵志"虚霭一百年"之一）

与之年代相近的，有李白的古近体诗："愿为连根同死之秋草，不作飞空之落花。"（《代寄情楚词体》诗）

（26）闻有华阳客，儒裳谒紫微。旧山连药卖，孤鹤带云归。（李端《闻吉道士还俗因而有赠》诗）

道士要还俗了，卖掉了从前修身养性的山林岩壑，连同山上出产、用以烧丹炼贡的药也一起卖了。"连药"是方式状语，修饰动词谓语"卖"。

（27）龙朔年已来，百姓饮酒作令云："子母相去离，连台拗倒。"子母者，盏与盘也；连台者，连盘拗倒盏也。（《朝野佥载》卷一）

这是个比喻。盏，喻中宗李显；盘，喻武后。武后废中宗，是后来武后被废、诸武遭迁放的根源，所以说"连盘拗倒盏"，或说"连台拗倒盏"。后文有云："自后庐陵徙均州，则子母相去离也；连台拗倒者，则天被废，诸武迁放之兆。"盏拗倒了，盘也被拗倒了。"连盘"是"拗倒盏"的方式状语。

（28）一间茅屋，尚自修治。任狂风吹，连檐破碎。（段成《市中狂吟》）

从较早的《世说新语》用例算起，到唐代二百多年的时间，牵涉介词"连"，及其所形成的介宾短语，作为一个语法形式，已经牢固地固定了下来，并一直延续使用到现代汉语。

（五）"连"在汉语里还有一个重要作用，就是表是强调。实质上说，被强调的词和词组，是从牵涉介词的间接宾语演变过来的。在同时具有直接宾语与间接宾语的条件下，如果说话者着意于间接宾语的话，这时牵涉介词就容易同时具有表示强调的性质；特别是在有"都"、"也"等相配合使用的情况下，更是这样。例如：

(29) 故老孙特请列位，各使神通，与我把这城中各街坊人家鹅笼里的小儿，连笼都摄出城外山凹中，或树林深处收藏一二日。(《西游记》七八回)

后文有云：

我主，今夜一阵冷风，将各坊各家鹅笼里小儿，连笼都刮去了。

这是五城兵马官向国王奏事时表示惊异的说话，他更着重"连笼刮去"的方式，这个"连"就凸显了强调口吻。《元曲选·盆儿鬼》一折：

来到这瓦窑村盆礶赵家，将我偌多财物连笼儿夺去了。

这句话与《西游记》例语意类似。不同的是此句只是叙述事情的发生及其发生的方式，而《西游记》例在于强调发生的方式。其中，重要的标记就是句子中辅助成分"都"字的使用。

(30) 我想有了赵氏孤儿，便不损坏一国生灵，连小人的孩儿也得无事。(《赵氏孤儿》三折)

这是程婴假告发时的话。意在一国生灵不受害的同时，强调自己的孩子也得以相安无事。

(31) 忽有一僧人推一车子钱从市东来，戏对道："人说我这车子钱共有千贯，你罐里能容之否？"道人笑道："连车子也推得进，何况钱乎？"(《醒世恒言》卷三四)

后文僧人打碎罐子，"也不见道人，也不见车儿，连先前众人布施的散钱并不见一个。"这两个"连"都是用以表示强调的。

(32) [生] 些须曾有宝，尽被虎狼饕。[丑] 难道老虎连金银都喫去了？(《邯郸记》二二出)

按情节，"喫"的直接对象是呆打孩，"连"用在诘问句里，强调的意味似乎更足。直接宾语已经远离了动词谓语"喫"。

我们看到，上面几个用例中的辅助成分有"都"、"也"、"并"，由于近代汉语的特殊情况，还可以看到"还"、"亦"、"皆"、"总"等充当此任。

据我们现在所掌握的资料，"连"表示强调，大致起于宋代。

(33) 邓州人家园圃中作畦种之，至连大枝采斫，不甚爱惜。(《鸡肋编》卷下)

此例不用辅助成分，"连"也表示强调。从"至"的使用上可以体会到。

（34）只是前面"体"字说得来较阔，连本末精粗都包在里面。（《朱
　　　子语类》卷三六）

（35）吾将一百万军，千员名将，蹋碎樊城、新野，连荆州都取！（《三
　　　国志平话》卷中）

（36）只是兄弟贫难，连自己养活不过，那讨一厘盘缠相送？（《渔樵
　　　记·楔子》）

"连"之为强调，下面一个用例可供我们体会：

（37）八魔每人有一根子母阴魂绦，最利害无比，连西方大路金仙都能
　　　捆上。（《济公全传》二百五回）

我得了我师父一根子母阴魂绦，就是大路金仙、西方罗汉都能捆上。
（《济公全传》二百六回）

　　这实际是同一句话，差别在于"连"和"就是"的不同。如果"连"
与"就是"之前插入一"休道济颠"的短语，句子的强调语气似乎更突出。
因此，在元、明、清间，常能看见这种句式。例如：

（38）休道冲动那厮，这一会儿连小闲也酥倒了。（《救风尘》三折）

（39）休道立下寺，我连三门都与你盖了。（《老生儿》一折）

（40）且莫说你，连你的父亲我也认得他。（《西洋记通俗演义》一回）

（41）此时休说长安，连洛阳皆得矣。（《三国演义》一百回）

（42）不要说金线，连铁线也没有。（《老残游记》三回）

　　"连"之用作强调，从宋代起，一直到现代汉语，仍然是相当活跃地使
用着，其中一个重要原因，是其表达功能超出了原来牵涉介词语法职能的制
约。具体地说，它除了对人或事物表示强调外，还可以对行为动作表示强
调。也就是说，表示强调的介词"连"，能下接动词或动词短语。

（43）晁以道尝欲得《公》、《谷传》，遍求无之，后得一本，方传写
　　　得。今人连写也自厌烦了，所以读书苟简。（《朱子语类》卷十）

（44）夜来归去又思，看来"如好好色，如恶恶臭"一段，便是连那
　　　"毋自欺"也说。（《朱子语类》卷十六）

（45）着我倒枕搥床怎生卧。到二三更暖不温和。连这没人情的被窝儿
　　　也奚落我。（陈子厚《醉花阴》套数）

（46）昨郑伯龙回到家，晁大官儿连拜也没拜他拜，水也没己他一口
　　　喝。（《醒世姻缘传》九回）

（47）好些时不见了他，只说是流离颠沛，连存亡不可保了。（《拍案惊
　　　奇》卷九）

（48）若是肯行，张家连倾家孝顺也都情愿。（《红楼梦》十五回）

（49）这样激着他，他就替你用力，连贴钱都是肯的。（《儒林外史》三二回）

（50）兄弟家里也没得个客坐，偶然有个客气些的人来了……连吃烟，连睡觉，连会客，都是这一张床。（《官场现形记》四三回）

介词"连"语法职能的这种扩展，是语言自身具有积极意义的一种变化。正是这种发展变化，可能是它得以使用到现代汉语的重要原因。反观其他的牵涉介词，很难看到类似的用法，结果都未能使用到现代汉语，这本身就是明证。如：

少顷都打乱了，和理会得处也理会不得去。（《朱子语类》卷十四）

像这样的用例，"和"下接动词"理会"，表示强调，是很稀有的例子。也许这正是"和"等在汉语发展中被淘汰的因素之一。

我们从研究得知，现代汉语中介词"连"的用法，除去表示包括一项，连同"连……带……"格式，都是从牵涉介词"连"演变而来的。认识了牵涉介词，其他用法也就不难识别了。

第十节　牵涉介词"和"

我们在上一节讨论了牵涉介词"连"。所谓牵涉介词，是指示行为发生连带涉及对象的介词，介宾短语作状语。其中着重讨论了"连"所引介的间接宾语与直接宾语的三种关系。我们以为，这些关系，可以用来作为界定牵涉介词的基本准则。有了这一准则，我们就可以用它来衡量某一个介词是否具有牵涉介词的属性。

本节，讨论牵涉介词"和"。讨论它用法上的特征，历史上的使用情况，由牵涉介词拓展而使用的表示强调与包括等用法。

（一）我们首先要了解的是牵涉介词"和"的用法。具体所指，就是介词的宾语与动词谓语的直接宾语之间所具有的某种关系，也就是事物间存在的事理上的或情理上的关系。

甲，介词"和"的宾语是动词谓语的直接宾语事物整体中次要的部分。

（1）（异客）即脱靴入水，探一大螺而出，曰："事济矣。持抵其家，以盐半匕，和壳生捣碎，置病者脐下三寸三分，用宽帛紧系之。"（《夷坚三志》辛集卷五"螺治闭结"）

此例讲用生螺治便秘。主要用药，就是生螺。"和壳生捣碎"，即把生螺连壳捣碎。例中，"捣"的直接宾语是"螺"。"壳"是指螺的外壳儿，对生螺来说，是次要的部分。"和壳"是介宾短语，是动词谓语"捣"的方式状语，而"壳"是"捣"的间接宾语。"壳"之所以能成为间接宾语，是通过介词"和"来实现的。这个"和"引介动词"捣"连带涉及的对象，我们认为如"连"一样，它也是个牵涉介词。

（2）如将名品荔枝，和皮壳一时剥了，以手送在你口里，祇是你不解吞。（《五灯会元》卷二十近礼侍者）

从荔枝的整体而言，或者对荔枝肉而言，"皮壳"都是次要部分。动词谓语"剥"的直接宾语是"荔枝"，间接宾语是"皮壳"。"皮壳"的间接宾语成分是凭借介词"和"的引介来确定的。

（3）我家勤种我家田，内有灵苗活万年……直候九年功满日，和根拔入大罗天。（吕岩《七言》之十五）

（4）灵苗瑞草和根拔，满地任教荆棘生。（《五灯会元》卷十六黄檗惟胜禅师）

"灵苗和根拔"，是牵涉介词最具特性的句型。间接宾语"根"是直接宾语"灵苗"整体的一部分，是由介词"和"加以引介的。"和根"是动词谓语"拔"的方式状语。

（5）月中仙桂和根拔，海底骊龙把角牵。（《法演禅师语录》卷上）

（6）是夜二更，风雨大作，雷电交加……（荆轲）墓边松柏和根拔起。（《羊角哀死战荆轲》）

（7）青蘋一点微微发，万树千枝和根拔。（《张天师》三折）

例（5）至例（7），都是"和根拔"树木之类，大概是宋元间的口语表达方式之一。根，从树木的整体说，只是其中的一部分。"和根"是拔的方式状语，"根"是"拔"这一行为连带涉及的对象。"和"的语法职能，如同上一节"大木连根拔"例中的"连"，都是用以指示动词谓语的间接宾语的，它们都是牵涉介词。

（8）予尝记唐人一联而忘其名，云："山自古来和石瘦，水因秋后漾沙清"。（宋·吴开《优古堂诗话·背秋转觉山形瘦》）

（9）美人纤手摘芳枝，插在钗头和凤颤。（柳永《木兰花·海棠》词）

花枝插在凤钗上，花枝颤动，连凤也颤动起来。"凤"是钗的装饰部分，是颤动连带涉及的对象。

（10）原来黄盖深知水性，故大寒之时，和甲堕江，也逃得性命。（《三国演义》五十回）

（11）董超、薛霸又添酒来，把林冲灌的醉了，和枷倒在一边。（《水浒传》八回）

以上数例，谓语是形容词或不及物动词。当句子的主语有某一行为动作时，介词"和"的宾语也连带具有某一行为动作或状态。介词的宾语已成为主语整体的一个部分，因此能具有行为动作上的连带关系。

（12）红颖带芒收晚稻，绿苞和叶摘新橙。（陆游《霜天晚兴》诗）

（13）别来人远关山隔，见梅不忍和花摘。（程垓《忆秦娥》词）

以上二例，"花"、"叶"是果实的连带部分，是动词谓语"摘"连带涉及的对象。"和叶"、"和花"都是"摘"的方式状语。

（14）满室图书杂典坟，华亭仙客岱云根。他年若不和花卖，便是吾家好子孙。（《渑水燕谈录》卷九"杂录"）

据云，陈亚藏书数千卷，名画数十轴，是平生所爱惜的。晚年退居，有名为"华亭双鹤喙"的怪石一株、异花数十本列植于居所。书画、怪石、奇花，构成一个完整的院落，而图书、怪石是他最所宝贵者。所以他在诫子孙诗里说，假如将来不在卖花的时候把图书也卖掉的话，那就是有出息的儿孙了。

（15）兴来莫问酒中圣，且把金杯和月吞。（《夷坚三志》壬集卷五"醉客赋诗"）

入夜对月清饮，月映照在酒杯里，故说喝酒时连月亮也喝下去了。"月"是"吞"的间接宾语，是连带涉及的对象。"何妨月在金樽里，好把金樽和月吞"。（《金印记》二七出）之类，是诗人笔法，人们并不觉得悖乎情理。

（16）天庆中进士叶沆……《村墅》云："夜庭和月扫，秋户拂云关"。（黄彻《䂮溪诗话》卷八）

月华被诗人看作庭院的组成部分，故有"和月扫"之说。

（17）㵳卸凤凰钗，羞入鸳鸯被。时复见残灯，和烟坠金穗。（韩偓《生查子》词）

金穗，指燃烧过而尚未熄灭的灯捻儿。"和烟"是修饰"坠"的方式状语。"烟"可视为"金穗"的组成部分，故说金穗带着烟坠落。

乙，间接宾语与直接宾语具有事物之间相匹配使用的关系。

（18）好似和钩吞却线，刺人肠肚系人心。（《张协状元》二七出）

这是宋、元、明间的一句俗语。介词"和"，有用"连"的。如钱南扬注引《说唱词话丛刊·刘都赛看灯传》上："好似连针吞却线，恼人肠肚刺人心"。可见"连"、"和"在牵涉介词用法上的一致性。但所见用例中，大多作"和"。如："苦！好似和针吞却线，刺人肠肚系人心"。（《琵琶记》十三出）① "一似和针吞却线，刺人肠肚系人心"。（《宦门子弟错立身》十

---

① 见《六十种曲》本。钱南扬较注本《元本琵琶记》见于十二出。

出）"争奈和针吞却线，刺人肠肚挂人心"。（《韩湘子全传》二六回）"这李篯好似和针吞却线，刺人肠肚系人心"。（《鼓掌绝尘》三八回）

（19）就手揭开新岁历，和光吹灭旧年灯。（元·智觉禅师《雁荡除夜》诗）

（20）（任珏）到铁铺里买了一柄解腕尖刀，和鞘插在腰间。（《古今小说》卷三八）

（21）那焦吉怀里和鞘撷着一把尖长靶短、背厚刃薄八字尖刀。（《警世通言》卷三七）

"和鞘"，即连鞘，是"插"与"撷"的方式状语。

丙，间接宾语对直接宾语具有用具性的功用。

（22）（众）爱连呵之，妇人忙遽入网，乃棒之致毙，而人形不改。爱反疑惧，恐或是人，因和网没沤麻池中。（戴君孚《广异记·刘氏乳母》）

末句是说，连网把人浸没在沤麻池中。"没"的直接宾语是妇人，作为间接宾语的"网"是器具，因裹着妇人而成为连带涉及的对象。介宾短语"和网"是"没"的方式状语。

（23）裴令公度，性好养犬。凡所宿设宴会处，悉领之，所食物余者，便和椀与犬食。（《太平广记》卷四三七"裴度"）按，原注出《集异记》。

"和椀与犬食"，就是连椀喂犬食物。介宾短语"和椀"是"与犬食"的方式状语。间接宾语"椀"，对于动词的直接宾语而言是器具。

（24）酒深和椀赐，马疾打珂飞。（李廓《长安少年行》之八）

（25）阮小七接过来，闻得喷鼻馨香……也无碗瓢，和瓶便呷，一饮而尽。（《水浒传》七五回）

此上数例，语法关系相同。

（26）叶和秋蚁落，僧带野香来。（贯休《秋寄李频使君》诗）

"叶和秋蚁落"，意谓在秋叶上的蚂蚁连同树叶一起落下。因为韵律的关系，"叶"与"秋蚁"倒置了使用。读作"秋蚁和叶落"，符合事理上的逻辑关系。

从对上面的用例分析可知，"和"具有牵涉介词"连"各项使用上的语法特征，它也是汉语史上使用较多的牵涉介词之一。

（二）上面我们把牵涉介词"和"的词汇意义与语法意义作了扼要的叙述。接着，我们通过用例，简要地从史的角度作个考察。

（27）细剉，和茎饲牛羊，全掷乞猪，并得充肥，亚于大豆耳。（后魏·贾思勰《齐民要术》卷三"蔓菁")

蔓菁，即芜菁。直根草本植物，根、叶均可食用，也可作饲料。蔓菁作饲料时，喂牛羊则须剉碎，连茎喂牛羊。介宾短语"和茎"，用作方式状语。

六朝时期类似的用例极少。到唐宋时期，可见到较多的用例。例如：

（28）紫芽嫩茗和枝采，朱橘香苞数瓣分。（元稹《贬江陵途中寄乐天杓直》诗）

（29）岭南蚁类极多，有席袋贮蚁子窠鬻于都市者。蚁窠如薄絮囊，皆连带枝叶，蚁在其中，和窠而卖。（《岭表录异》卷下）

（30）闲教鹦鹉啄窗响，和娇扶起浓睡人。（崔珏《美人尝茶行》）

（31）时挑野菜和根煮，旋斫生柴带叶烧。（杜荀鹤《山中寡妇》诗）

（32）水荇斜牵绿藻浮，柳丝和叶卧清流。（薛濡《菱荇沼》诗）

（33）东风吹绽海棠开，香麝满楼台。香和红艳一堆堆。又被美人和枝折，坠金钗。（敦煌曲《虞美人》）

以上是唐五代的几个用例。

（34）髻云谩亸残花淡，和娇媚、瘦岜岜。（欧阳修《燕归梁》词）

（35）被我安排，矮牙床斗帐，和娇艳。移在花丛里面。（王观《忆黄梅》词）

"娇媚"、"娇艳"，作为一种外在的气质，也是人整体的组成部分之一。因此，在诗人的笔下，也被作为连带涉及的对象，成为牵涉介词的宾语。

（36）取火和烟得，担泉带月归。（《张协状元》五三出）

以上是宋人的若干用例。

（37）石攒来的柱础和泥掇，铜铸下的幡杆就地拔。（《昊天塔》二折［二煞］）

（38）（合哥）担起担子便走，一向不歇脚，直入城来，把一担"山亭儿"和担一时尽都把来倾在河里。（《警世通言》卷三七）

从上面的回顾可知，牵涉介词"和"的使用，已见于南北朝，到了明代，一个较长时期的延续使用基本告一段落，清代已经很难见到了。我们在讨论牵涉介词"连"的时候，曾经指出一个现象，就是"连"能够下接动词作为自己的宾语，这就大大扩展了使用范围，从而能独自使用到现代汉语。诚然，可以反过来说，如牵涉介词"和"，它的宾语始终未能超出名词的范围，这也许是它未能如"连"那样使用到现代汉语的主要原因。这虽是一种现象，或许恰恰是本质的反映。

（三）我们在上一节的讨论中，认为介词"连"的强调用法，是从牵涉介词脱胎出来的。同样，我们看到，介词"和"的强调用法的形成，也是如此。鉴于语法意义的相同，这种具有类型性质的变化，似乎不难理解。

（39）梨花满院飘香雪。高楼夜静风筝咽。斜月照帘帷。忆君和梦稀。（五代·毛熙震《菩萨蛮》词）

此例的"和"，限于词律，没有"都"、"也"等相照应使用，但其表示强调似不必怀疑。因为"和梦"（或"连梦"）如何的类似说法，词曲中不难见到。如："梦魂纵有也成虚。那堪和梦无"。（宋·廖刚《阮郎归》词）"许多时节分鸳侣，除梦里有时曾去，新来和梦也不曾做"。（《董解元西厢记》卷七［剔银灯·尾］）

（40）见亦不一，果有所见后，和信也不要矣。（《二程遗书·伊川语录》卷二二上）

（41）私欲之害，岂特是仁，和义、礼、智都不见了。（《朱子语类》卷二十）

（42）若坚要平州，不是好意，和燕京都怕别了。（《三朝北盟会编》卷十二）

意谓平州给要走了，甚至连燕京恐怕都保不住了。

（43）稍更无知，一剑教死，和那神庙，一时打碎。（《张协状元》四十出）

（44）风雷若顺，此人发迹，定和您也做官僚。（《刘知远诸宫调》第一［六幺令］）

（45）马昇急指，和马昇迷了。又使解信去唤，和解信也迷了。（《七国春秋平话》卷中）

（46）成间别，时运拙，气长吁多似篆烟斜。和绛蜡也啼血。（无名氏《斗鹌鹑·元宵》套数）

（47）和哥哥外名，燕燕也记得真，唤做磨合罗小舍人。（《调风月》一折［天下乐］）

（48）不知那锅底里有些水，浇了一头一脸，和身上都湿了。（《古今小说》卷十五）

值得我们注意的是，例（39）至例（48），其中的动词谓语多是不及物动词。这种句式的特征，强调介词的宾语，与例（23）"和椀与犬食"句式很相一致。为此，有理由推测，表示强调的介词"和"、"连"，与"和椀与犬食"的句式有密切的关系。当说话人着重在介词的宾语时，甚至使它变成了某一行为之外进一步的行为。如例（43），杀死贫女，打碎神庙，成为两个行为。介宾短语已经不再是方式状语，而只是强调致贫女于死地的决心。

我们再看下面的用例。

（49）先生一日看《大学》有所得，欲举似伊川。伊川问之，先生曰："心广体胖只是自乐。"伊川曰："到这里，和'乐'字也着不得。"（《二程外书》卷十二"传闻杂记"）

（50）玉佩丁东别后。怅佳期、参差难又。名缰利锁，天还知道，和天也瘦。（秦观《水龙吟》词）

（51）"其命维新"，是新民之极，和天命也新。（《朱子语类》卷十六）

（52）罗衣瘦损，绣被香消，那更乱红如扫。门外无穷路岐，天若有情，和天须老。（孔夷《惜余春慢·情景》词）

（53）当时闻语，和俺也恓惶。（《董解元西厢记》卷五［古轮台］）

（54）相识若知咱就里，和相识也一般憔悴。（马致远《寿阳曲》小令）

以上这些用例，以形容词充当谓语。这种用法出现得不晚，例（39）"忆君和梦稀"，已见于五代。这种用法都可以在介词"连"的用例中见到。如："今人连写也自厌烦了"（《朱子语类》卷十），"连你也糊涂了"（《红楼梦》二七回），"采秋实在是阔，连溺缸都如此华丽"（《花月痕》十二回）。

还有一种强调的方式，是与表示让步的连词相匹配使用。例如：

（55）他也是做得个贼起，不惟窃国之柄，和圣人之法也窃了。（《朱子语类》卷一四十）

（56）非但昨日，今日和赃捉败。（《五灯会元》卷十一首山省念禅师）

在这一方面，"连"、"和"也是相通的。

由此可见，表示强调的介词"和"，与介词"连"有着相类似的来源以及相同的表示强调的方式。据此，充分说明，它们具有同一词类的词汇语法的内在共通性。

（四）我们曾经多次提到，牵涉介词的宾语（即间接宾语）与动词谓语的直接宾语之间，有着事理上的或情理上的某种关系。在直接宾语与间接宾语之间，往往有主次或主从之分别，因此，两者在句中一般不能予以并列对待。当直接宾语与间接宾语之间，失去或不具备应有的某种关系时，介词的语法意义将随之发生变化。

这底下行者三人，连白马平地而起。（《西游记》一百回）

唐僧一行西天取经返回长安，功成行满，《西游记》第一百回的回目说是"径回东土，五圣成真"，连白马都是圣，不再是唐僧的坐骑了，所以说是五圣。下文还有"长老四众，连马五口"的说法，都是一个意思。当牵涉介词所构成的介宾短语摆脱了方式状语职能的束缚时，当介词的宾语与动词谓语的直接宾语不再具有某种事理上或情理上的关系时，原来的牵涉介词所具有的语法意义也就随之发生变化。我们认为，上面所举用例中的"连白马"，以及汉语类似的语法形式，即通常所谓表示包括意义的，都是从牵涉介词扩展使用过来的。"连"是这样，"和"也是这样。

（57）无雨若还过半夏，和师晒作葫芦巴。（宋·陈亚《赠祈雨僧》诗）

（58）杜宇思归声苦。和春催去。（周邦彦《一落索》词）

（59）忘尽世间愁故在，和身忘却始应休。（陆游《读唐人愁诗戏作》诗）

（60）地土已许了，更和人民要，更别无酬答，更无致谢，怎生了得？（《三朝北盟会编》卷十四）

（61）妲己伴作忘了，故意和宝钏埋了。（《武王伐纣平话》卷上）

（62）若是隐藏不发教他出官时，和你这老子一发捉了去。（《水浒传》三六回）

（63）张员外走出来分辩时，这些个众军校，那里来管你三七二十一，一条索子扣头，和解库中两个主管，都拿来见钱大王。（《古今小说》卷三六）

表示包括的介词"和"的来源，与牵涉介词"和"，同样有着密切的关系，也是从牵涉介词扩展使用过来的。

（五）以"和"字为首所构成的介词格式，在近代汉语里，也说不上使用普遍。这里只是就手中资料所据，作扼要的介绍。

甲，和……和……

（64）心中又待庵园去，和喜和悲步步行。（《维摩诘经讲经文》）

（65）记得初生雪满枝，和蜂和蝶带花移。（韦庄《樱桃树》诗）

有花则有蜂、蝶，因此"和蜂和蝶"是并列的，是"移"的方式状语。

（66）粉红轻浅靓妆新，和露和烟别近邻。（吴融《买带花樱桃》诗）

这里的"烟"、"露"都不是写实，而是描绘花叶所呈现的一种状态。

（67）针线不忺收拾起。和衣和闷睡。（王子平《谒金门·春恨》词）

（68）小桃小杏红，和雨和烟瘦。（宋·李石《生查子·春情》词）

"烟"、"雨"，用意犹"烟"、"露"。

以上数例，谓语是不及物动词和形容词。

（69）去年花不老，今年月又圆。莫教偏，和月和花，天教长少年。
　　　（李煜《后庭花破子》词）

（70）（孀人）忽然一下捞着一个星儿在手里……直是举起手来，和星
　　　和水一口吞之。（《西洋记通俗演义》二回）

（71）（侯兴）见被盖着个人在那里睡，和被和人两下斧头砍做三段。
　　　（《古今小说》卷三六）

　　在上举几个用例中，动词谓语不论是及物动词，还是不及物动词，
"和……和……"在句中已经成为纯粹的方式状语。

　　乙，和……连……

（72）待把此花都折取。和泪连香寄与。须信道、离情如许。　（韩玉
　　　《贺新郎·咏水仙》词）

（73）挠钩齐下，套索飞来，和人连马活捉去了。（《水浒传》六七回）

（74）张清便撇了枪，双手把董平和枪连臂只一拖，却拖不动。（《水浒
　　　传》七十回）

　　丙，和……带……

（75）寂寞春江别君处，和烟带雨送征轩。（唐·权德舆《杂言赋得风
　　　送崔秀才归白田》诗）

　　这些格式中的两个介宾短语，无主从之分，它们是并列成分。

　　我们在这里，讨论了牵涉介词"和"的用法、在汉语史上的使用情况，
以及它的扩展用法。这些基本史实，与牵涉介词"连"是一致的。在牵涉
介词的语法范畴内，"和"与"连"具有相同的语法意义和词汇意义，它们
同属一个词族，都是牵涉介词。

第十一节　牵涉介词"并"

　　本节主要讨论牵涉介词"并"（偶尔作"併"），同时介绍表示强调和
包括的介词"并"，最后附带提及牵涉介词"兼"、"带"、"合"。

　　（一）我们在这里把牵涉介词"并"的历史考察与使用情况结合起来，
扼要地作综合的分析。

　　甲，间接宾语是直接宾语事物整体中的次要部分。

（1）亮使黄门以银椀并盖就中藏吏取交州所献甘蔗饧。（《三国志·吴
　　　书·三嗣主传·孙亮》裴松之注引《江表传》）

　　《江表传》，晋虞溥撰著，记载三国时孙吴史事。"盖"，指椀盖，是银

椀整体的一部分。"并盖"，是个方式状语。

(2) 吴（十郎）创神祠于家，值时节及月朔日，必盛具奠祭，杀双羊、双猪、双犬，并毛血粪秽，悉陈列于前。（《夷坚支志》癸集卷三"独脚五通"）

(3) 饶州劲勇营兵程立，人物懦怯，专好弹射飞禽以供食啖……虽棲于簷间，巢于林木，亦升梯攫拿，并雏卵悉取之。（《夷坚志补》卷四"程立禽报"）

"雏卵"看作"飞禽"组成部分。

乙，间接宾语对直接宾语具有用具的特性。

(4) 至太初元年十一月乙酉，天火烧柏梁台，真形图、灵飞经录十二事、灵光经及自撰所授凡十四卷，并函并失。（《汉武帝内传》）

函，指白玉函。前文有云，"皆奉以黄金之箱，封以白玉之函……安着柏梁台"。"并函"，是个方式状语。

(5) 当市草履子时，兼市金错刀子一副，贮在履子内，至祷神时，忘取之，误并履子将往，使者亦不晓焉。（《博异志·王昌龄》）

例中"并履子"是拿刀子的方式状语，"履子"在拿刀时充当工具。

(6) 隋文帝时，大宛国献千里马，骏曵地，号曰"师子驄"，上置之马群。陆梁人莫能制，上令并群驱来。（《朝野佥载》卷五）

例意，"驱"的直接宾语是千里马，"并群"是"驱来"的方式状语，而"马群"是连带涉及的对象，具有被利用的特性。

(7) 目连将饭并钵奉上。（《大目乾连冥间救母变文》）

(8) 上曰："卿大雍睦。"遂赐酒两盘，每盘贮十金椀，每椀容一升许，宣令并椀赐之。（《唐摭言》卷十五"杂记"）

(9) 帝解颜，会独孤后在坐，命赐（赵）绰二金盃酒，并盃赐之。（《资治通鉴·隋文帝开皇十七年》）

(10) 虎精者素为人害，比有武官乘马未晓行，并马皆遭啖食。（《夷坚支志》景集卷一"阳台虎精"）

这种用法，在清代文人的笔下仍可偶见。如：

(11) 汉口一钱肆中，以钱一千置钱版上，转瞬间并版失之。（俞樾《右台仙馆笔记·汉口钱肆》）

丙，间接宾语与直接宾语具有事物间相匹配使用的关系。

(12) （琼）道逢太保、广平王怀，据鞍抗礼，自言马瘦，怀即以诞马并乘具与之。（《魏书·王慧龙传》附王琼）

(13) 又有一客驴韁断，并鞍失三日，访不获。（《朝野佥载》卷五）

（14）吴即入母房，牵之出曰："……莫要在此住，自去别处讨饭吃。"便持斧斫其床，并荐席亦碎毁。（《夷坚支志》丁集卷四"吴廿九"）

（15）操指曰："公识此马否？"公曰："莫非吕布所骑赤兔马乎？"操曰："然也。"遂并鞍辔送与关公。（《三国演义》二五回）

在我们讨论过的牵涉介词中，"并"的使用并不晚，但它的使用频率却不如"连"、"和"来得高。此外，它与"和"有类似之处，未能下接动词，也没能延续使用到现代汉语。尽管如此，它所具有的语法意义与词汇意义，决定了它不失为汉语史上牵涉介词类别中的一个成员。

（二）我们认为，牵涉介词用法的扩展，产生了表示强调和表示包括的用法。"并"也不例外，也表示强调和包括。下面我们分别通过举例来说明。

甲，表示强调。

（16）遂杀其兄（翟）宽及王儒信，并其从者亦有死焉。（《隋书·李密传》）

（17）忽一夕，天地冥晦，风雨随作；及明，已移其冢，并四面草木悉移于西岸矣。（《岭表录异》卷上）

（18）有债主及奴诣临安，于客舍遂饮之醉，杀而脔之，以水银和煎，并骨销尽。（《朝野佥载》卷二）

（19）大王明日，广排天仗，远出城南，将百万之精兵，并太子亦随驾幸。（《八相变》）

以上是唐五代的部分用例。

（20）明宗初名嗣源，后改名亶，于是杨檀改称光远，其金壜及檀州诸州县皆从改更，则并偏旁字而亦改之。（《旧五代史·唐书·明宗纪四》注引杨文公《谈苑》）

（21）告子说"性无善无不善"，非惟无善，并不善亦无之。（《朱子语类》卷五九）

（22）轩外紫竹满园中，巴蕉一丛甚大，襄亦尝为怪。裕命芟除之，血津津然，并竹亦伐去。（《夷坚丙志》卷十二"紫竹园女"）

（23）唐明宗时分，支盐偿之。晋天福年间，并盐亦不支给。（《五代史平话·周史》上）

以上是宋、元时的部分用例。

（24）乃与道者闭目对坐，如一对槁木，不知日之已暮，并寝食俱忘之矣。（《三教偶拈·皇明大儒王阳明先生出身靖乱录》）

（25）不要说不见强盗出没去处，并那仆马消息，杳然无踪。（《拍案惊

奇》卷四)

(26) 主翁只得应允,并紫荆都作他家眷,送入公署。(《醉醒石》八回)

(27) 宰严限追比,旬余杖至百,两股间浓血流离,并虫亦不能行捉矣。(《聊斋志异·促织》)

(28) 所司惟笔墨事,主人适他出,并笔墨事亦无之。(《右台仙馆笔记·孝廉》)

明代白话小说中的用例,似乎可以说明,表示强调的"并",事实上已进入了当时的口语,不见得全是书面语。到清代的小说,同样也能见到它的用例。如:

(29) 这回料定明日必要开晴,倒帖然按卧,并四更天那般大风雨也不知道。(《花月痕》十八回)

(30) 自别后,他并一封信也不曾来过。(《二十年目睹之怪现状》四六回)

表示强调的"并",未曾进入到现代汉语,很有可能受到牵涉介词"并"的类同性影响,以至于消亡。

乙,表示包括。

我们在前面的章节里说到,表示包括用法的"连"、"和",是从牵涉介词用法扩展使用而成的。作为类同的"并",在这一点上,具有相同的原理。也就是说,表示包括的"并",也来自牵涉介词"并"用法的扩展。资料显示,"并"的这种用法,已见于南北朝。例如:

(31) (张)贤到扶风,郡守使不韦奉谒迎贤,即时收执,并其一门六十余人尽诛灭之。(《后汉书·苏章传》附不韦)

(32) 深在彭城,忽得侃书,招深同逆。深慨然流涕,斩侃使人,并书表闻。(《魏书·羊深传》)

(33) 澄后来,更出诸人所不知事,复各数条,并旧物夺将去。(《南史·陆澄传》)

以上是南北朝时期的部分用例。

(34) (朱)瑾众遂溃,生擒之,并其宗族数十人及朱辅送于京都而斩之。(《晋书·桓温传》)

(35) 未几,其叔父太尉翼坐事下狱;仲文亦为吏所簿,于狱中上书……上览表,并翼俱释之。(《隋书·于仲文传》)

(36) 及幸北谷开化寺,大像高二百尺,礼敬瞻睹,嗟叹希奇,大捨珍宝财物衣服,并诸妃嫔内宫之人,並各捐捨。(《法苑珠林》卷十二"唐幽州渔阳县失火像不坏缘")

（37）少顷，向来骑童复至，兼抱持所伤之儿，并乳褓数人，衣襦皆绮纨，精丽非寻常所见。（《太平广记》卷六五"姚氏三子"）按，原注出《神仙感遇传》。

（38）唐有一富商，恒诵《金刚经》，每以经卷自随。尝贾贩外国，夕宿于海岛，众商利其财，共杀之，盛以大笼，加巨石，并经沉于海。（《太平广记》卷一百八"贩海客"）按，原注出《报应记》。

以上是唐人的部分用例。

（39）既同枭獍，难贷刑章，可并妻子同戮于市。（《旧五代史·唐史·庄宗纪四》）

（40）至夜，为置一布囊，并简系犬背上，犬即由水窦出。（《渑水燕谈录》卷九"杂录"）

（41）（筌）别绷绢素，画一钟馗，以母指掐鬼眼睛，并吴本一时进纳。（《野人闲话·黄筌》）

（42）叔文日夜思计，以图其便……遂与（兰）英痛饮大醉，一更后，推英于水，便併女奴推堕焉。（《青琐高议》后集卷四"陈叔文"）

（43）如将带金银违禁等物下海，或将奸细歹人回舶，并元委保人及同结甲人一体坐罪。（《通制条格》卷十八"市舶"）

以上是宋、元间部分用例。

（44）（孔明）遂令武士去其绳索，放起孟获，并孟优及各洞酋长，一齐都放。（《三国演义》八八回）

（45）老汉家中也颇有些过活，明日便取了我女家去，并锦儿，不拣怎的，三年五载养赡得他。（《水浒传》八回）

（46）普花元帅准信，就教王国雄押着一干倭犯，并王兴发到绍兴郡丞杨世道处，审明回报。（《古今小说》卷十八）

按，前文有云："当时将一十三名倭犯，连王兴解到帅府"。"并"、"连"，义同。

（47）（幼谦）袖中摸出词来，并越州太守所送赆礼一两，转送与杨老妈做脚步钱。（《拍案惊奇》卷二九）

（48）梁员外把高国泰留在这里，把冯顺也留下，派妥当家人直奔城隍山迎接老尼姑清真等，并高国泰的家眷一同接来。（《济公全传》三七回）

按，前文有云："把城隍山老尼姑清真连高国泰的家眷接来"此"连"

与例文"并"同义。

(49) 我此刻正写一长函致庄宫保……并此信一总写起，我后天就要动身了。(《老残游记》七回)

由上面用例可知，表示包括的"并"，直到清代末年仍然偶见使用。

牵涉介词"连"、"和"，都构成如"连……带……"、"和……和……"等介词性的格式。"并"未曾构成这类的格式，然却形成一个使用不多的并列复合介词——并连。例如：

(50) 故尚书令、任城王臣澄按故司空臣冲所造明堂样，并连表诏答、两京模式，奏求营起。(《魏书·源贺传》附子恭)

(51) 龟山好引证，未说本意，且将别说折过。人若看它本说未分明，併连所引失之。此亦是一病。(《朱子语类》卷十九)

这一并列复合词的构成，从两个构成成分在汉语历史上的使用看，是符合历史发展的，用例虽少，仍不足以疑义。

(三) 前面的章节中，我们分别讨论了牵涉介词"连"、"和"、"并"，这几个词的使用频率相对较高。其中的"连"，是唯一使用到现代汉语的牵涉介词。但是，在汉语史上，牵涉介词的数量并不止这三个。这里附带介绍一下"兼"、"带"、"合"。

甲，兼

(52) (狱卒) 纳仲任于 (皮) 袋中，以木秘之……然后兼袋投仲任房中，又扃锁之。(《太平广记》卷一百"屈突仲任") 按，原注出《纪闻》。

"兼袋"是动词谓语"投"的方式状语。

(53) 诸流人未死，或他事系者，兼家口放还。(唐·无名氏《裴仙先别传》)

例出《旧小说》乙集。"家口"，指流人的家属，他们是连带涉及的对象。"兼家口"，是"放还"的方式状语。

(54) 韦公兢兢床前而立，久，因困极，不觉兼公服亦倒卧在床前地上。(包湑《会昌解颐录·韦丹》)

例 (54) 出《旧小说》乙集。"兼公服"，是"倒卧"的方式状语。

(55) 荐得是，移华兼蝶至；荐得非，担泉带月归。(《五灯会元》卷二十东山齐己禅师)

牵涉介词"兼"在历史上使用时间不长，用例也有限。

(56) 大杖打又不死，忽若尧王勒知，兼我也遭带累。(《舜子变》)

(57) 其鸟乃先啐眼睛，后噉四肾，两回动嘴，兼骨不残。(《降魔变

文》）

（58）弄玉有夫皆达道，刘刚兼室尽登仙。君能仔细窥朝露，须逐云车拜洞天。（唐·无名氏《少室仙姝传》）

这几例表示强调与包括的介词，它们都脱胎于牵涉介词。

乙，带

（59）时挑野菜和根煮，旋斫生柴带叶烧。（杜荀鹤《山中寡妇》诗）

（60）红颗带芒收晚稻，绿苞和叶摘新橙。（陆游《霜天晚兴》诗）

（61）擘将碧脆捲月明，嚼出宫商带诗馥。（方岳《春盘》诗）

（62）取火和烟得，担泉带月归。（《张协状元》五三出）

例（62）的"担泉带月归"，与其相对应的互文"和"，都是牵涉介词。

（63）一日往山采樵，即挑入城内去卖。其刀插入柴内，忘记拔起，带柴卖与生员卢日乾去，得银二分归家。（《包公案》卷六"瞒刀还刀"）

此例柴与刀的语法位置颠倒了，但文意还是不混乱的，卖柴时连刀也卖了。

（64）智深相了一相，走到树前……把腰只一趁，将那株绿杨树带根拔起。（《水浒传》七回）

该书第九回，林冲对公人说："相国寺一株柳树，连根也拔将起来"。由此可见，介宾短语"带根"，意同"连根"，也同"和根"，语法意义均相同。

（65）你要私休，将一应家财、房廊屋舍，带孩儿都与了我。（《灰阑记》一折）

此例的"带"，应是表示包括的介词用法。同折下文有云："如今和海棠两个打官司，要争这家缘家计，连这小厮"。这里的"连"，同例中的"带"，都是介词，表示包括。"带"的这类用例很难见到。

此外，"带"除了与"连"构成"连……带……"的介词性结构外，还能构成如下形式的介词性结构：

带……带……

（66）素姐从床上爬起来坐着，把药接在手内，照着狄希陈的脸，带碗带药猛力摔将过去。（《醒世姻缘传》七四回）

带……和……

（67）枝头蓓蕾吐雀舌，带露和烟折取归。（《张协状元》四一出）

（68）我只见他带瓦和砖拥下来，他他他将椽木拆做柴。（《谢金吾》一

折）

带……连……

(69) （赵云）右手拔出青釭宝剑砍去，带盔连脑砍去一半。（《三国演义》四二回）

从以上的用例可以看到，这些结构在语法上都是方式状语。

牵涉介词的宾语，通常都是事物名词。明、清小说在这类格式中，引进了行为动作。如："带笑带骂出来"。（《金瓶梅》五四回）"带骂连打把狄希陈赶"。（《醒世姻缘传》七四回）"带谈带走进入内轩"。（《荡寇志》一百三回）这已经离开了牵涉介词的特性，但格式的方式状语不变，值得进一步探讨。

丙，合

(70) 董偃常卧延清之室……以玉精为盘，贮冰于膝前。玉精与冰同其洁澈。侍者谓冰之无盘，必融湿席，乃合玉盘拂之，落阶下，冰玉俱碎。（《拾遗记》卷五）

《太平广记》卷四百三以"延清室"为标目收录董偃的这一节故事，其中把"合"改作"和"。宋人的改动，能给我们提供一个启示，"合"与牵涉介词"和"有着同样的语法职能和词汇意义。

(71) 种茄子法……至二月畦种，着四五叶，雨时合泥移栽之。（《齐民要术》卷二"种瓜"）

(72) 支道林还东，明贤并送于征房亭。蔡子叔前至，坐近林公。谢万石后来，坐小远。蔡暂起，谢移就其处。蔡还，见蔡在焉，因合褥举谢掷地，自复坐。（《世说新语·雅量》）

介宾短语"合褥"，是"举谢掷地"的方式状语。

(73) 今一门二州，兄弟三封，朝廷相报，政可极此。卿恒怀怨望，乃云"炊饭已熟，合甑与人邪?"（《南齐书·萧谌传》）

前文有云："高宗初许事克用谌为扬州，及有此授，谌恚曰：'见炊饭熟，推以与人'"。针对萧谌授职不满的话，所以高宗有"合甑与人邪"的反问。"合甑"是"与人"的方式状语。

我们认为，表示包括的介词，源与牵涉介词。即使如"合"这样一个使用时间短暂、用例极少的牵涉介词，也能见到个别这方面的用例。如：

(74) 时内外疑阻，津逻严急，仲堪之信因庾楷达之，以斜绢为书，内箭笴中，合镝漆之，楷送于恭。（《晋书·王恭传》）

把书信塞在箭笴里头，连同镝予以油漆，使不易被查获。此例的"合"，表示包括。我们尚未见到强调的用例。

我们讨论了汉语历史上的一个词族——牵涉介词。我们一共列举了六个：

连　和　并　兼　带　合

我们以用例为根据，综合了牵涉介词及其宾语在使用中所显示的语法意义与词汇意义；指出表示强调与包括意义的介词来自牵涉介词用法的拓展；也指出"连……带……"一类是介词性格式，它的形成来自两个介宾短语的并列；我们曾一再指出，牵涉介词"连"之所以能沿袭使用到现代汉语，是它具有下接动词这一使用功能不无关系，不具备这一使用功能的都先后消亡了。这就是汉语历史上一个局部的历史与变迁。我们提出了"牵涉介词"这一概念，无非是给这一组介词一个称呼；重要的并不在此，而是在于它们的历史存在、语法职能及其不可替代的特性。

我们在"连"的章节里，留下一个问题，即"连子四矣"的"连"。"连 + 名物→数量"，与"连"一样具有这一用法的，在六个牵涉介词中，除了"合"尚未掌握到用例外，其余五个数量不等都有这种用法。这说明，这一用法的介词与牵涉介词有着较密切的关系。此其一。

其二，就使用的时间上说，通观目前我们所读到的牵涉介词，最早时限未超过魏、晋时期。而"并 + 名物→数量"的用法，却已用于东汉。例如：

元鼎中，汉广关以常山为阻，徙代王于清河，是为刚王；并前在代，凡立四十年。（《汉书·文三王传·梁孝王武》）

杨树达《词诠》卷一，已见引用，谓"与今语'连'、'合'义同"。裴学海《古书虚字集释》卷十亦引此例，释为"'与'也"。二位先生虽都认定是介词，但对词义的诠释却不相一致。这无关紧要。要紧的是，这跟我们前面说的表示强调与包括的介词来自牵涉介词的说法相左。这里可以提出两个方面的问题：

1. "介词 + 名物→数量"句式中的介词，不可能来自牵涉介词。

2. 根据牵涉介词几乎都有这种用法，那么它跟牵涉介词又有很密切的关系。似乎可以推测，牵涉介词的出现与这类词的使用关系密切。用作牵涉介词的这些形体，至今仍有如连接、并兼、结合、合并等接近于本义的用法。我们在连词"并"一节，就讨论到《胠箧》"并与其圣知之法而盗之"的"并"，具有极强的动词特性，犹如"兼"。《汉书》例中所说"并前在代"的"并"，也是"加之"、"合并"之意。就这个"并"，似在动词与介词之间。联系此后这类用法之频繁，把"并前在代，凡立四十年"视为介词之始，也难以非议。《汉书》开其端，晋代陈寿的《三国志》频频使用之。例如：

（75）明帝即位，增邑五百，并前三千五百户。（《三国志·魏书·臧霸传》）

（76）景初、正元、景元中，累增邑，并前三千四百户。（《三国志·魏书·武文世王公传·中山恭王衮》）

（77）时手下有数百兵，并所新得，仅满千人。（《三国志·吴书·甘宁传》）

南北朝时期可说是大量使用了。除了"并"、"连"之使用较早外，其余的都较晚。如：

（78）明日掘之，得狐，狐老矣。兼子孙数十头，嘉祚尽烹之。（《太平广记》卷四五一"袁嘉祚"）按，原注出《纪闻》。

（79）身与杖藜为二，对月和影成三。（秦观《宁浦书事》诗之五）

（80）我有父亲，有浑家，带小人可不是三口！（《硃砂担》一折）

据此，我们认为，此类介词虽也表示包括，并不是来源于牵涉介词。我们把牵涉介词看作与这类介词具有相同来源的关系，或许是比较客观。

第四章 助　　词

第一节　语气助词"吗"

　　吗，用于句末，表示疑问语气，是现代汉语里使用频率非常高的一个词，它的用法可以概括为二：1. 用于是非问句的末尾；2. 用于诘问句的末尾。这在吕叔湘先生主编的《现代汉语八百词》里有过充分的描述，兹不赘。本节要讨论的，是它的来源。对于这个问题，前辈学者曾作过一些探讨，提出过一些推断。这些论断主要有两点：

　　其一，认为"吗"是直接由语气词"么"演变过来的。"么"是"吗"的较古形式。起初念 mua，后来由于韵头失落变为 ma，于是采用了"吗"字①。

　　其二，认为语气助词"吗"始见于《红楼梦》。王力先生说："'吗'字作为疑问语气词，是非常后起的。"② 就是这一见解的最具代表性的概括。潘允中先生在《汉语语法史概要》③、太田辰夫《中国语历史文法》④ 都认同或暗合王说。

　　上述说法，都是采用一形一体的考察方法而得出的结论。我们认为这种方法多有局限。本节探讨"吗"的来源，拟采用"以音概形"的方法，把〔ma〕作为一个语气，观察它在汉语史上的使用情况，加以历史的考察，提

----

　　① 见王力《汉语史稿》中册第三章第五十节第 452 页。王先生在《汉语语法史》（商务印书馆 1989 年版）第二十三章"乎"字下说："吗"的前身是"么"，"么"的前身是"无"。"无、么、吗"是一声之转。王先生在此下的注里说，"无"在上古明母微部，读 miua，后又读 ma；"么"在中古属明母戈韵，读 ma；"吗"在现代也读 ma。但似乎王先生的观点并不一贯。在《汉语语音史》（中国社会科学出版社 1985 年版）"汉代音系"中拟"微"部音为 ∂i。在"隋—中唐音系"拟宋之问诗"晶耀目何在？滢荧心欲无"的"无"音 miu。因为拟别的音，显然不能与别的韵脚用字相叶。前后两说，不免令人疑惑。事实上，唐宋诗中处于问句末的"无"，都难读作〔ma〕。"无、么、吗"一声之转的说法，尚有探讨的余地。

　　② 王力《汉语史稿》中册第 452 页注①：水浒、西游记、儒林外史、红楼梦，直到镜花缘等，都写作"么"。"吗"字作为疑问语气词，是非常后起的。

　　③ 中州书画社 1982 年版。

　　④ 北京大学出版社 1987 年译本。

出我们相关的判断。①

（一）前辈学者指出，语气助词"吗"是由语气助词"么"演变而来的。从语言历史演变上看，两者确有联系，关键看在哪一点上有关系。因此，要弄清楚"吗"的来源，正确而有效的考察方法，就成为问题的关键。我们打算从语音变化入手，具体步骤是通过对韵文的用韵加以考察。我们首先来认识语气助词"么"，然后进而探寻与语气助词"吗"的关系。

(1) 树叶初成鸟护窠，石榴花里笑声多。众中遗却金钗子，拾得从他要赎么？（王建《宫词一百首》之六三）

王建是唐代大历十年（公元776年）进士，生活在中晚唐之间。这首诗是迄今为止所发现的语气助词"么"的较早用例。

(2) 买得足云地，新栽药数窠。峰头盘一径，原下注双河。春寺闲眠久，晴台独上多。南斋宿雨后，仍许重来么？（贾岛《王侍御南原庄》诗）

(3) 为报颜公识我么？我心唯只与天和。眼前俗物关情少，醉后青山入意多。田子莫嫌弹铗恨，宁生休唱饭牛歌。圣朝若为苍生计，也合公车到薜萝。（姚岩杰《报颜标》诗）

(4) 万卷图书千户贵，十洲烟景四时和。花心露洗猩猩血，水面风披瑟瑟罗。庄叟静眠清梦永，客儿芳意小诗多。天麟不触人间网，拟把公卿换得么？（殷文圭《题吴中陆龟蒙山斋》诗）

(5) 忽听新蝉发，客情其奈何。西风起槐柳，故园阻烟波。垄笛悲犹少，巴猿恨未多。不知陶靖节，还动此心么？（李中《听蝉寄胸山孙明府》诗）

(6) 边郡荒凉悲且歌，故园迢递隔烟波。琴声背俗终如是，剑器冲星又若何。朝客渐通书信少，钓舟频引梦魂多。北山更有移文者，白首无尘归去么？（刘兼《登郡楼书怀》诗）

(7) 余亦如君也，诗魔不敢魔。一餐兼午睡，万事不如他。雨阵冲溪

---

① 本节据《论疑问语气词"吗"的形成与发展》一文改编。原文见《语文研究》1997年第一期。原文之（五）引用了一节史料，是宋代江休复的一段话：

《邻几杂志》云：党太尉观画真，忽大怒曰："我画大虫，犹用金箔贴眼，我便消不得一对金眼睛吗？"其意盖斥画师为之画真容时，未用金眼睛，认为寒窘也。

这是周夷于1957年校补《绿窗新话》卷下"党家妓不识雪景"条内补录的一节故事。当时疏于查考与轻信，据此认为这是语气助词"吗"的最早用例。最近检阅《江邻几杂志》的多种本子，其中包括明末刻本，乾隆四十八年赵氏星凤阁抄本及涵芬楼藏板《说郛》、宝颜堂秘笈、纷欣阁丛书、古今文艺丛书、笔记小说大观等，有的未收录，收录的都未见有"吗"字，也不见用"么"字。因此，可以断定该"吗"字是周夷校补时所误入。改编时删除相关文字。

月，蛛丝胃砌莎。近知山果熟，还拟寄来么？（贯休《寄赤松舒道士二首》之二）

（8）归休兴若何，朱绂尽还他。自有园林阔，谁争山水多。村烟晴莽苍，僧磬晚嵯峨。野醉题招隐，相思可寄么？（齐己《寄吴都沈员外彬》诗）

（9）十年消息断，空使梦烟萝。嵩岳几时下，洞庭何日过。瓶干离涧久，衲坏卧云多。意欲相留住，游方肯舍么？（修睦《喜僧友到》诗）

（10）因携琴剑下烟萝，何幸今朝喜暂过。貌相本来犹自可，针医偏更效无多。仙经已读三千卷，古法曾持十二科。些小道功如不信，金阶舍手试看么？（吕岩《七言》诗之八八）

（11）欲趁寒梅趁得么？雪中偷眼望阳和。阳和若不先留意，这个柔条争奈何。（成文幹《杨柳枝》诗）

例（11）见童养年辑录《全唐诗续补遗》卷十五。中华书局收入《全唐诗外编》。

（12）试问于谁分最多，便随人意转横波。缕金衣上小双鹅。醉后爱称娇姐姐，夜来留得好哥哥。不知情事长久么？（孙光宪《浣溪沙》词）

孙光宪生活于唐末至北宋，卒于宋太祖开宝元年（公元 968 年），此词收入《全唐诗》卷八九七。以上是唐人诗词用例。

（13）东邻有女，相料实难过。罗衣掩袂，行步逶迤，逢人问语羞无力，态娇多。锦衣公子见，垂鞭立马，肠断知么？（《凤归云·闺怨》）

（14）珠泪纷纷湿绮罗，少年公子负恩多。当年姊妹分明道，莫把真心过与他。子细思量着，淡薄知闻解好么？（《抛球乐》）

（15）张眉怒目喧破锣，牵翁及母怕你么？皆不出离三界坡，将为此苦胜蜜多。那罗逻何，舍此恶法须舍□。（释定惠《释昙颂·流俗释昙章》）

例（13）至例（15），是敦煌曲子词的用例，均见任二北《敦煌曲校录》①。

从上面的用例中可以看出，从唐代王建到敦煌曲子词的用韵，语气助词"么"与"波"、"多"、"峨"、"鹅"、"哥"、"歌"、"过"、"河"、"何"、

---

①　上海文艺联合出版社 1955 年版。

"和"、"科"、"窠"、"罗"、"萝"、"莎"、"他"等字押韵，这些字都属于"歌、戈"韵韵图的果摄。

"么"押入"歌戈"韵系这种情况，韵文中一直延续到宋、元、明、清，下面略举例以明之。

(16) 年少支离奈命何，悲秋怀旧苦吟多。龙泉有气终难掩，荆玉无瑕岂惮磨。会偶良工收杞梓，莫将闲梦挂烟萝。他年得路抟风去，肯念今朝煦沫么？（徐玄《和徐秘书》诗）

(17) 天下事，不如意十常八九，无奈何。论兵忍事，对客称好，面皱如靴。广武噫嘻，东陵反复，欢乐少兮哀怨多。休眉锁。问朱颜去也，还更来么？（刘辰翁《大圣乐·伤春》词）

例（17）为该词下阕。以上二例是宋人诗词。

(18) 这篇诗是仙坛求登甲科，你知得这诗意么？你不能把小诗中玄机点破，却不提着紫霜毫判断山河。你知道荣华如水上沤，功名如石内火。恨不的向这讲堂中把面皮抢破，我与你拂尘俗将圣手摩挲。你被岁华淘渲得红颜少，世事培埋得白发多，即渐消磨。（范康《竹叶舟》四折〔滚绣球〕）

例出《元刊杂剧三种》本。

(19) 〔旦〕盼雕鞍你何日归来和我，渺关河淡烟横抹。虽咱青春伤大，幽恨偏多。听青青子儿谁唱歌。〔贴〕略约依门睃，翠闪了双蛾。抬头望来，兀自你凤钗微弹。〔合〕甚情呵，夏日长犹可，冬宵短得么？（汤显祖《邯郸记》十八出〔夜雨打梧桐〕）

(20) 添来珠翠多，你天然娇倩，浓淡都和。东风一夜相催作，台前增得这评度。只凭眉山，知的样么？（清·钱惟乔《鹦鹉媒》三十出〔前腔〕）

前腔，指用前面一支曲子的曲调，不重出曲调名。这里指"大迓鼓"调。

从高本汉的《中国音韵学研究》起，研究《切韵》、《广韵》的学者，他们对果摄韵母的构拟，主要元音几乎都是〔ɑ〕。到了元代，原来果摄字的音读已经发生了变化。陆志韦先生在《释〈中原音韵〉》[1] 一文中，拟"歌戈"韵为〔ɔ〕。杨耐思先生在《中原音韵音系》[2] 中，把"歌戈"韵的

---

① 见《陆志韦近代汉语音韵论集》，商务印书馆 1988 年版。
② 中国社会科学出版社 1981 年版。

主要元音拟作 ［o］。《中原雅音》比《中原音韵》稍晚，是记录北方方言
的韵书。邵荣芬先生在《中原雅音研究》① 一书中，给"歌"韵的两个韵
母拟为 ［o］ 和 ［uo］。主要元音也是 ［o］。那么，从唐代到元代，果摄字
的主要元音由 ［ɑ］ 演变为 ［o］。

为了叙述方便，我们把这个兴起于唐代、音读在果摄的语气助词
"么"，称之为"么₁"。它的出现与使用，代表了语气助词"么"的一个历
史时期。

"么₁"不只用"么"这一形体来表示，历史上也用"磨"、"摩"、
"末"来表示。例如：

(21) 借物莫交索，用了送还他。损失酬高价，求嗔得也磨？（王梵志
"借物莫教索"诗）

例出《全唐诗补逸》卷二。张锡厚《王梵志诗校辑》改"也磨"为
"也摩"。又王梵志诗丁四本"将他物己用，思量得也磨"，张校改"也磨"
（或"夜魔"、"也魔"）为"也麽"，实属不必。

(22) 太子看玩之间，忽见一阵旋风，来往绕定太子……太子言道：
"此旋风好怪磨？"（《武王伐纣平话》卷上）

(23) 白日欢情少，黄昏愁转多。不知君意里，还解忆人摩？（唐·无
名氏《晚秋》诗）

例 (23) 见王重民辑录《敦煌唐人诗集残卷》。中华书局收入《全唐诗
外编》。

(24) 我有同行在彼，付汝信子得摩？（《祖堂集》卷七岩头和尚）

(25) 你肌骨似美人般软弱，与刀后怎生抢摩？力气又无些个，与匹马
看怎乘坐。〇春笋般指头儿十个，与张弓怎发金凿；觑你人品儿
矬㑜，与副甲怎地披着。（《董解元西厢记》卷二 ［柳叶儿］）

(26) 交我做南京府尹，这衙里有酒末？（元·高文秀《遇上皇》三
折）

例 (26) 是句宾白，出徐沁君《新校元刊杂剧三十种》② 本。隋树森
编《元曲选外编》本"末"作"么"。

由此可见，语气助词"么₁"，其在口语中使用，往上至少可以追溯到
初唐时代，往下一直到明清时期。"磨"、"摩"、"么"、"末"，都是"么₁"
的不同形体表示形式，分别用来表达同一个语气。它们跟后来的"吗"是

---

① 山东人民出版社 1981 年版。
② 中华书局 1980 年版。

两回事。

（二）从北宋伊始，"么"在韵文里又与《广韵》"麻"韵系的字相押。这可是与"么₁"完全不同音读的一个字。我们在考察"么"宋以后的音读时，是不应当忽略的。

(27)　风炉煮茶。霜刀剖瓜。暗香微透窗纱。是池中藕花。　　高梳髻鸦。浓妆脸霞。玉尖弹动琵琶。问香醪饮么？（米芾《醉太平》词）

米芾生活在宋仁宗皇祐年间至宋徽宗大观年间。他这篇词里的韵脚用字除"么"字之外，全都见于《广韵》或《集韵》的"麻"韵。对于这种情形，我们只能作一种解释，即"么"的主要元音应当与"麻"韵的"茶"、"瓜"、"花"、"琶"、"纱"、"霞"、"鸦"等字的主要元音相一致。因此，这一个语气助词"么"与我们前面所讲到的"么₁"有着完全不同的音读，所以不能把它们等同起来。因此，我们把这个音读的语气助词"么"称之为"么₂"。我们下面再列举一些用例来叙述这一语言历史现象。

(28)　簟铺湘竹帐垂纱。醉眠些。梦天涯。一枕惊回，水底沸鸣蛙。借问喧天成鼓吹，良自苦，为官哪。　　心空喧静不争多。病维摩。意云何。扫地烧香，且看散天花。斜日绿阴枝上噪，还又问，是蝉么？（辛弃疾《江神子·闻蝉蛙戏作》词）

辛词的下阕"多"、"摩"、"何"为韵；"花"、"么"与上阕叶韵。

(29)　恰正张生闷转加，蓦地红娘欢喜煞，叉手奉迎他。连忙陪笑道："姐坐来么？"_{红娘曰："夫人使来，怎敢。"}○相国夫人教邀足下，是必休教推避咱。多谢解元呵。"张生道"依命，我有分见那冤家。"（《董解元西厢记》卷三〔赏花时〕）

(30)　咫尺抵天涯，病成也都为他，几时到今晚见伊呵。业相的日头儿不转角，敢把愁人刁雪杀。○假热脸儿常钦定，把人心不鉴察。邓将军你敢早行么？咱供养不曾亏了半恰，枉可惜了俺从前香共花。（《董解元西厢记》卷四〔出队子〕）

到了金、元时期，北方语音发生了较大的变化，特别是入声的韵尾逐渐消失，按元音性质重新聚合，元曲里更是派入三声。例（30）曲中的入声字"杀"、"察"，便与平声字能通押。"么"在前引这两支曲子里，也读入来自《广韵》"麻"韵系的"家麻"韵。

(31)　可怜身死野人家，二罪尽俱发。元戎你做取当今驾，把妃子肯饶么？呵，不妨野鹿走交加。（王伯成《天宝遗事诸宫调·明皇哀告陈玄礼》）

（32）鸳帏咫尺黄昏也，陡断怀中不见他。猛撮上心来，则你道疼么？兰魂蕙魄，愿早向皇宫托化；又无甚六亲，又无甚根芽。（王伯成《天宝遗事诸宫调·明皇告代杨妃死》）

以上是诸宫调的用例。

（33）不索你阶直下絮絮答答。门儿外唱叫呀呀。我问你、罗帏里书生有么？哎，你草庵中道童休诳。（无名氏《鸳鸯被》二折［脱布衫］）

（34）旧主顾先生好么？新女婿郎君煞惊诳。那翰林学士行无多话。则这白侍郎正是我生死的冤家。从头认，都不差。可怎生装聋作哑。（马致远《青衫泪》四折［剔银灯］）

（35）可不说钟子期访伯牙。倒问我灵照女透丹霞。他问我、从古的思凡仙女有来么？则教我半晌家难回话。（石子章《竹坞听琴》二折［快活三］）

（36）你休着您爷心困，莫不是你眼花，他莫不是共街坊妇女每行踏？这言语是实么？你休说慌咱。也不索一条粗铁索，也不索两面死囚枷。不索向清耿耿的官中告，放心波，我与你便磕可可的亲自杀。（郑廷玉《忍字记》二折［牧羊关］）

（37）我临去也折一朵大开花，明日个蚤还家。单注着买卖和合，出入通达。猛听得叫一声："这花有主么？"哎，天也，恰便似个追人魂黑脸那吒。（无名氏《盆儿鬼》一折［鹊踏枝］）

（38）蹉跎，光阴易谢。纵归来已晚，归计无暇。明牵利锁，奔走在海角天涯。知么？多应我老死在京华，孝情事一笔都勾罢。（高明《琵琶记》三十出［醉太平］）

例出钱南扬《元本琵琶记校注》①。曲文中的"谢"字，《中原音韵》属"车遮"韵。在元曲中，"家麻"、"车遮"两韵可以通押，不为出律。

以上是元人杂剧的几个用例。

（39）云外塔，日边霞。桥上客，树头鸦。水亭山阁日西斜。哎，老子，醉么？宜阆苑泛浮槎。（马致远《新水令·题西湖》套数［胡十八］）

（40）褪咱，疊咱，拟不定真和假。韩香刚待探手拿，小胆儿还惊怕。柳外风前，花间月下，断肠人敢道么？演撒，梦撒，告一句知心话。（周文质《朝天子》小令）

---

① 上海古籍出版社 1980 年版。

（41）庞儿俊，更喜恰，堪咏又堪夸。得空便处风流话，没人处再敢么？救苦难悄冤家，有吴道子应难画他。（杨朝英《梧叶儿·戏贾观音奴》小令）

（42）堪描堪画，鬌绾乌鸦脸衬霞。灯儿直下，揪住了么？可喜的我儿，说一句真实话。（无名氏《题情》小令）

（43）小冤家，一天月色满庭花。不惚宽云雨些儿罢。早归去孩儿，其实来我共他，湖山下，说两句知心话。今宵去后，明夜来么？（无名氏《殿前欢》小令）

（44）哭啼啼自咒骂，知他是忆念人么？蓦闻船上抚琴声，遣苏卿无语嗟呀。分明认得双解元，出兰舟绣鞋忙厣，乍相逢欲诉别离话。恶恨酒醉冯魁，惊梦杳无涯。（无名氏《月照庭》套数）

以上是元散曲的用例，均见隋树森编《全元散曲》一书。

（45）风动柴门客到家，潇潇疏雨打梨花。残灯剔尽无聊赖，盼不归时悬望他。（〔天下乐〕）

莫不是寄迹在谁门下，莫不是友朋们相攀话；莫不是醉倒么？莫不是与人相争，有些牵挂。（明·范受益《寻亲记》八出〔步步娇〕）

例（45）是语意相连、用韵相同的两支曲子，此处一并引出。

（46）日照旌旗动龙蛇，戈戟森森四面遮，军营肃整尽无哗。忽听鼓振辕门响，可是军中号令么？（明·沈采《千金记》二五出〔懒画眉〕）

（47）糊涂凤尾笺，冷淡鲛绡帕。鱼雁无人寄，平地怎生入马也。玉容何处，盼香阁远似天涯。空交人泪珠沾洒。伊知么？伊还知道泪还加。（明·陆采《明珠记》十出〔扑灯蛾〕）

"伊知么"，是诘问语气。"伊还知道"，还，设辞，同"如"、"若"。

（48）送新诗不是轻勾搭，俊秋波曾经看么？为甚的没些音耗，好教人闷煞情芽。若是云心水性情分寡，怎供出梦蝶寻花。还疑讶，敢是诗词未佳，鸳鸯簿须别有缘法。（明·叶宪祖《鸾鎞记》十八出〔太师引〕）

（49）〔生〕嗟呀，教我悬望巴巴。这时节不见兄归，嫂嫂且消停杯罢。天气炎蒸，向门外临风潇洒。〔小旦〕事到如今，机关用尽，怎肯轻轻撇下。叔叔，且同消夏，怎生忍不撑达。〔生〕只为奔驰劳顿，心慵意懒，好难禁架。〔小旦〕叔叔，此意你知么？伊休诈，这杯残酒饮干咱。（明·沈璟《义侠记》八出〔前腔〕）

以上是明代传奇的用例。

例（27）至例（49），我们引用了宋代米芾、辛弃疾的词，宋元诸宫调、元代杂剧、散曲及明代传奇的用例，试图表明一个意思，用来与"家麻"韵相押的"么$_2$"所表示的是一个新兴的语气助词，音读为［ma］。史实表明，么$_1$和么$_2$有着完全不同的音读，它们是不同历史时期的两个语气助词。

我们这么说，就提出了两个问题：

一，"么"作为一个语气助词，根据韵文资料的反映，从唐代开始，以《广韵》"歌、戈"韵系的音读演变为元代《中原音韵》的"歌戈"韵音读，"么$_1$"随着这个音变，延续使用到明清时代。这个"么$_1$"所代表的是一个历史时期。

二，从北宋末年兴起，以［ma］为音读的语气助词，在韵语中也用"么"来表示，这就是"么$_2$"。它所代表的又是一个历史时期。这样，北宋末年之后就逐渐形成了么$_1$、么$_2$并存的局面。也就是说，语气助词"么"出现了两读。

为了清楚起见，我们分别把引例中与么$_1$和么$_2$押韵的部分用字列为下表，以示区别。

么$_1$		么$_2$	
广韵		中原音韵	
歌	戈	家麻	车遮
呵多蛾娥峨鹅哥歌何河荷可罗萝锣那挼娑它他陀	波挫讹戈过和窠科螺魔摩磨坡婆鄱颇莎梭蓑	巴罢茶察槎达搭发法瓜寡挂花哗化话加家佳罜假驾夸骂拿琶怕帕洒纱杀塔霞下夏呀鸦芽涯讶咱咤诈	蛇斜谢也夜遮

（三）我们认为，唐以后，《广韵》果摄音读的演变，是语气助词"么$_2$"兴起的语音基础。起初在有音而未有固定用字的情况下，借用已有的语气助词"么"来表示。因此，"么"便形成一字两读。除此以外，也有采用别的音读相近的字来表示的。例如：

（50）济楚好得些。憔悴损、都是因它。那回得句闲言语，傍人尽道，你管又还鬼那人吵。　得过口儿嘛？直勾得、风了自家。（黄庭坚《丑奴儿》词）

从语意看，"得过口儿嘛"，是自我诘问的语气。

(51) 东风惊落满庭花。玉人不见朱扉亚。孩儿，莫不是俺无分共伊
嘛？（《董解元西厢记》卷一 ［赏花时·尾］）

这支曲子的末一句，是表示揣测的疑问句。"嘛"是句末语气助词，与
现代汉语里的语气助词"嘛"性质不同。特别是与"莫不是"搭配使用，
其诘问的语气很清楚，它与么₂的用法相同。

(52) 若官司见呵敢交咱受刑罚。私抬着个当坊土地撞人家。你丕丕地
唬得我惨又怕，摆列着两行头踏。老小人有句话:（带云:）我道嘛？你休
踏着砖瓦，辟留扑同敢漾我在阶直下，不是磕碎脑袋，就是抢了
鼻凹。（张国宾《衣锦还乡》四折 ［殿前欢］）

例（52）"我道嘛"，是句旁白，与曲子的用韵可以说无关。嘛，是
"嘛"的异体字，或者说是本体。徐沁君《新校元刊杂剧三十种》校"嘛"
为"嘛"，其实不必。不过，作为语气助词，"嘛"在形体上更让现代人容
易理解罢了。可见，新兴的疑问语气助词 ［ma］，跟"么₁"曾用"磨"、
"摩"、"末"几个形体来表示一样，也曾以"嘛"、"嘛"等形体来体现。

前面我们提到米芾（1045—1109 年）、黄庭坚（1045—1105 年），他们生
活在同一年代里。米芾词中的语气助词"么"（［ma］），黄庭坚词中使用了语
气助词"嘛"，这就分别以不同的形体为我们提供了证据，在他们生活的那个
年代，通用着音读为 ［ma］ 的语气助词。这个 ［ma］ 的使用，正是语气助词
"吗"字得以出现的语音基础。据此，我们认为，假如以语音作为依据的话，
那么，从本质上说，语气助助词"吗"的产生，不晚于北宋末年。虽然字形
或用"么"，或用"嘛"、"嘛"，本质上并没有什么区别，它们都不过是
"吗"语气助词历史上的不同形体而已，用以表述 ［ma］ 这么个语气。这样，
宋元时期，用来体现疑问语气 ［ma］ 这个音读的，就有"么"、"嘛"、"嘛"
几个形体。这正是"吗"这个语气助词前期真实的历史状况。

既然"么₂"就是疑问语气 ［ma］ 历史上的一个形体，因此我们认为，
元明清间普遍使用于口语中的句末语气助词"么"，诸如：姐姐若与我见一
见儿消灾无罪，可也好么？（《陈州粜米》三折）贼子认得我么？（《皇明开
运英武传》卷一）就是王鸁么？绑进来！（《红梨记》七出）既会串戏，新
出传奇也曾串过么？（《桃花扇》二五出）这书子我不还求大爷你念给我听
来着么？（《儿女英雄传》三回）你这先生会治伤科么？（《老残游记》十九
回）等等，都应当是"么₂"而不是"么₁"。换句话说，如前面若干例那样
的语气助词"么"，音读为 ［ma］，这才符合近代汉语历史发展的实际。至
于元明清韵文中的"么₁"，只是兴替过程中的自然延续，已不是主流。

由上面的叙述可知，《广韵》果摄元音是 ［ɑ］ 或 ［uɑ］，此后到宋元

的演变轨迹是，主要元音由［ɑ］分化演变为［o］［a］。于是乎语气助词么₁、么₂得以相继在汉语历史上先后出现。这是语气助词"嘛"、"吗"出现的历史语音条件。"嘛"已见于北宋末期，据目前的资料显示，"吗"直到清初才出现。么₂、嘛和吗，分别代表了语气助词［ma］前后两个历史时期。

（四）清朝康熙三十七年，即公元1699年，孔尚任的《桃花扇》传奇脱稿，并在作者1702年罢官回家六七年后刊行问世。在这部传奇里，所有诘问句中的句末语气助词都以"么"来体现的。当然，这个"么"的音读是［ma］。无名氏的《桃花扇》① 小说，以孔尚任传奇为蓝本改编而成，刊刻于乾隆初年，约1740年，其中在使用语气助词"么"的同时，又使用了"吗"这一形体。例如：

（53）你莫不是逃兵，或是流贼细作吗？（《桃花扇》五回）

（54）莫非香君替我守节，不肯做那青楼旧态，故此留心丹青，消遣春愁吗？（《桃花扇》十三回）

在孔氏传奇中，这两句都是宾白，不作问句。更有小说袭用传奇问句，但改换句末语气助词形体的。例如：

（55）饿急了就许进我内里吗？（《桃花扇》五回）

饿的急了，就许你进内里么？（《桃花扇》十一出）

（56）老兄，你可是柳敬亭吗？（《桃花扇》十六回）

老兄，你可是柳敬亭么？（《桃花扇》三九出）

小说作者对传奇字句的这种改动说明，句末语气［ma］在康熙、乾隆年间"么"、"吗"两个形体已经开始混用。18世纪下半叶，小说《歧路灯》和《红楼梦》② 将语气助词"吗"逐渐使用开来。例如：

（57）难说正经事也苟且得的吗？（《歧路灯》二八回）

（58）他只向你，肯向我吗？（《歧路灯》三十回）

（59）我骗人吗？那四个箱子原封不动，我怎的骗你哩？（《歧路灯》三十回）

（60）你是星相公吗？（《歧路灯》三四回）

（61）叫他自己打，用你打吗？（《红楼梦》六七回）

---

① 据《古本平话小说集》，人民文学出版社1984年版。

② 语气助词"吗"在《红楼梦》里只见于前八十回的六十七回和后四十回。在脂评本系统的抄本中，均缺六十四、六十七两回，有的本子据程高本补足。程高本首次刊行是在乾隆五十六年（1791）。小说《歧路灯》却脱稿于1778年。也就是说，《歧路灯》使用疑问语气词"吗"，比通常所说的《红楼梦》还要早。

例（61）在《乾隆抄本百廿回红楼梦稿》本中，则是将"么"圈改为"吗"的。

（62）完了吗？怎么不说了？（《红楼梦》六七回）

（63）姑娘知道妙玉师父的事吗？（《红楼梦》八七回）

18世纪后半叶，除《歧路灯》、《红楼梦》之外，还可以在别的资料中看到语气助词"吗"的用例。傅惜华编的《西厢记说唱集》①收录了如下一个例子：

（64）不是一家儿乔坐衙，说几句衷肠话。我道你海样文章，百事通达，又谁知你色胆比天还大？问你知罪不知罪，萧何六律，你可曾读吗？（黄鹂调·乔坐衙）

这是乾隆四十五年（1780）抄本《西调黄鹂调集钞》中的一支曲子。在元明时期，韵文里的句末语气［ma］都用"么"字，这支曲子里竟用了"吗"字，实属罕见。

（65）我与你实说罢。你记得圯桥上的黄石老翁吗？（杨潮观《黄石婆授计逃关》剧）

（66）人都道你圆寂去了，怎还在此？你不曾死吗？（杨潮观《大葱岭只履西归》剧）

例（65）（66）都出自《吟风阁杂剧》②，作者生活在1710—1788年间。尽管那时语气助词"吗"逐渐使用开来，如在《歧路灯》、《红楼梦》等著作里所反映的那样，书面语言里"么"还占着优势。直到19世纪前半叶的《儿女英雄传》一书，"吗"与"么"的使用量乃是103与72之比，仍属并列使用的阶段③。

事实上，"么₂"并非使用到明清时代为止，在解放后的文学作品中，还时有所见。例如：

（67）我们的自由和人民的解放是一致的么？还考虑什么呢？是冲突的么？（绀弩《诗人节怀杜甫》）

（68）现在我们一下子有捉到这么多洋鬼子，不又该你忙起来了么？（阳翰笙《李秀成之死》第一幕）

（69）像你这样脾性也是蛮好的。大约，你们营的战士们把你当母亲看，是么？（杜鹏程《保卫延安》第一章"延安"）

随着历史的变迁，这时候的"么₂"，也是兴替过程中的自然延续而已。

---

① 上海古籍出版社1986年版。
② 上海古籍出版社1983年版。
③ 据龚千炎主编的《儿女英雄传虚词例汇》统计。

《现代汉语词典》以汉语规范化为目的，把"么"当作"吗"的异体处理，无疑是科学态度的一种体现，是符合历史实际的。

我们把上面的论述简要概括几句：我们用以音概形的方法考察语气助词［ma］，跳出前人一形一体加以考察的局限；我们认为语气助词［ma］的出现是中古果摄字音读分化的结果；句末语气［ma］的运用，起码能够上溯到北宋末年；汉语历史上，先后以"么"、"嘛"、"麻"、"吗"等形体来体现这个语气，"么₂"是"吗"的前期主要形体。按照汉语语气助词构成的特点，么₂完全可以用"嚒"体现，但它只是偶尔被人们使用过①。

第二节　语气助词"呀"

语气助词"呀"，是现代汉语很常用的一个词。关于它的形成，现代汉语学界有一个固有的说法，认为"呀"源于"啊"的音变②。但是，我们发现，如果转换个视角，从汉语历史演变的角度看，可以说，这种观点是一个误解。本节以历史语音的观点，用以音概形的方法，对语气助词"呀"加以探讨，以寻求它的历史联系，探寻它的历史渊源。③

（一）在汉语历史上，特别是近代汉语阶段，有两个语气助词——唗、哑，在我们探讨语气助词"呀"时，无疑是不应当忽略的。这里就所见到的用例，首先来讨论它们。

（1）刘解元，你且住咱。我可是问你唗。你在我根前无那半星儿实话。你看我恰便似浪蕊浮花。他题的名姓儿别，语话儿差。空着我担个没来由牵挂。这不识羞的汉子你是谁家。我和你初相逢君子今番罢。从此后我将这庵观门儿再不踏。兀的不羞杀人那。（《鸳鸯被》二折［滚绣球］）

（2）蓦来到山坡直下。冻钦钦的难立扎。脚稍天腾的喫个仰剌叉。哎，你个火性紧的哥哥厮觑唗。须是这光出律的冬凌田地滑。（《灰阑记》三折［出队子］）

---

① 杜鹏程《保卫延安》第一章："军人，军人的责任不就是保卫他们的生命家园嚒？不就是保护他们不担惊受怕嚒?"，就是谐音偏旁"么"（音 ma）加上"口"旁来表示的，与"嘛"、"吗"的构成方式相同，用法也相同，都是用来描述［ma］这个语气的。

② 《现代汉语词典》云："啊"受前一字韵母 ɑ、e、i、o、ü 的影响而发生的变音。

③ 本节根据拙文《语气助词"呀"的形成及其历史渊源》改编。原文发表于《中国语文》1997 年第五期。

　　在这两支曲子里，"嗘"与"罢"、"叉"、"差"、"挂"、"花"、"滑"、"话"、"家"、"那"、"踏"、"下"、"扎"、"咱"为韵。此字未见于《中原音韵》、《中州音韵》等韵书，但根据韵语所表示的音读，应当归属《中原音韵》"家麻"韵的阴平声，与"鸦、丫、呀"为一小韵。《元曲选》的编者臧晋叔在所选杂剧的每一折后面几乎都有"音释"，用以向读者说明某些用字当时的音读。对于例（1）、例（2）两例的"嗘"，"音释"均为"音呀"。换句话说，"嗘"用同"呀"，它们是同义词，都是语气助词，唯形体不同而已。

　　《元曲选》"嗘"的用例有三，均见于曲词。上述两例的"嗘"在曲词中在韵脚上，为我们判断它的音读提供了方便；而另一例则不为韵：

　　（3）秤银子秤得高，哎，量米又量的不平。元来是八升嗘小斗儿加三秤。只俺这银子短二两，怎不和他争！（《陈州粜米》一折［油葫芦］）

　　此例中的"嗘"，臧晋叔"音释"亦"音呀"。

　　（4）手取金钗把门打。君瑞问："是谁家？""是红娘啰，待与先生相见咱。"张生闻语，连开门连问："管是恁姐姐使来吵。〇昨日因循误见他。咫尺抵天涯。一夜叫人没乱洒。"红娘道："且住，把莺莺心事，说与解元嗘。"（《董解元西厢记》卷四［胜葫芦］）

　　凌景埏先生音"嗘"为 xia①，似可商榷。实际上也是［ia］。凌先生注其义曰："犹如说'呀'、'唦'"，是很正确的。

　　关于《董解元西厢记》，元代《录鬼簿》的作者钟嗣成把董解元列于有乐府行世的"前辈已死明公"之首，在他名字下而注明是"大金章宗时人"。②《辍耕录》的作者陶宗仪把诸宫调列为金代作品③。两位元代文士的口吻基本一致，我们似乎可以相信他们的说法离历史实际不致太远。果若如此，我们可以说，以"嗘"所体现的语气助词［ia］，在宋金末年已存在于口语之中。

　　（5）一双春笋玉纤纤，贴儿里拈线，把锈针儿穿。行待纴针关，却便纴针尖；欲待裁领衫儿嗘，把系着的裙儿胡乱剪，胡乱剪。（《董解元西厢记》卷六［香风合缠令］④）

　　引例中的"嗘"，为本书作者所校定。上海古籍出版社 1984 年影印

---

①　凌景埏《董解元西厢记》校注，人民文学出版社 1980 年版。
②　《录鬼簿》卷上。金章宗，公元 1190—1201 年在位。
③　《辍耕录》卷二五"院本名目"条："唐有传奇，宋有戏曲、唱浑、词说，金有院本、杂剧、诸公（宫）调。院本、杂剧，其实一也。"
④　上海古籍影刻本《古本董解元西厢记》原作"风合合缠"。此据凌景埏注本。

《古本董解元西厢记》原作"叚"。这其实是个假借字。段玉裁《说文解字注》云："凡云假借,当作此字。古多借瑕为叚……皆同音假借。"之所以假借,在于借"叚"所表示的音声。以"叚"表示［ia］音,只取其韵而已。"叚"加"口"旁为"嘏",以表示［ia］这个音,便区别于"假""瑕"。例（5）的"嘏",在句中表示提顿语气,也就是"呀"。凌景埏先生校"叚"为"段",大概是"叚""段"形似的缘故,然而于文意欠通。我们校作"嘏",文从义顺,而且有《董解元西厢记》本身以及《元曲选》的用例为据。所以"叚",音嘏,或音呀。

其次说"哑"。

（6）稼轩何必长贫,放泉檐外琼珠泻。乐天知命,古来谁会,行藏用舍。人不堪忧,一瓢自乐,贤哉回也。料当年曾问,饭蔬饮水,何为是、栖栖者。　且对浮云山上,莫匆匆、去流山下。苍颜照影,故应流落,轻裘肥马。绕齿冰霜,满怀芳乳,先生饮罢。笑挂瓢风树,一鸣渠碎,问何如哑。（辛弃疾《水龙吟·题瓢泉》词）

又作者《水龙吟·用瓢泉韵陈仁和兼简诸葛元亮,且督和词》下阕末句云："情何人与问,雷鸣瓦釜,甚黄钟哑。""哑"都是表问的语气助词。

（7）先拂拭瑶琴宝鸭。只怕我今宵磕睡呵,先点建溪茶。猛喫了几椀,惭愧哑,僧院已闻鸦。（《董解元西厢记》卷四［赏花时］）

（8）越越的哭得灯儿灭。惭愧哑,秋天甫能明夜,一枕清风半窗月。（《董解元西厢记》卷七［梁州三台·尾］）

上述《董解元西厢记》的两个用例,意思一样,不论是高兴还是愁苦,"哑"都表示慨叹语气。

（9）暗忆秦楼,暗忆秦楼,一别后蛾眉谁与画。沉吟久,徘徊无语自嗟呀,恨无涯。强和哄时把芳樽饮,离绪共别情酒怎哑?霍索杀千般烦恼萦心下。好难捱呐,好难捱呐。（元·无名氏《小醋大·情》套数）

此例的"哑"与"画、呐、下、涯"为韵,表示疑问语气。怎哑,即"怎呀",问如何,怎么样。

（10）娘哑!你一向在那里吃苦?（《水浒传》九三回）

例（10）转引自胡竹安《水浒词典》。该词典以1954年人民文学出版社郑振铎序本《水浒全传》为底本。1975年上海人民出版社《水浒全传》本作"呀"。从版本异文可见"哑""呀"形异而义同。

明人小说中,《西游记》有较多的用例。如:

（11）我爷哑！好大蚊子！一口就叮了一个大疙疸。（《西游记》二一回）

（12）哥哥来得快哑！可曾请得龙王来？（《西游记》四一回）

（13）这怪占了浴池，一日三遭，出来洗澡。如今巳时巳过，午时将来哑。（《西游记》七二回）

此外，如：

（14）原是先前车脚不与算帐打发他去，亦是有意哑？（《忠烈全传》十六回）

在清代小说中，也可以见到"哑"的用例。如：

（15）晚霞颇妙，陈先生起来闲步哑？（《西游补》十二回）

（16）行者大怪道："老孙做梦哑？"（《西游补》十三回）

（17）好土地哑！我前日要寻你问一件事情，念了咒子，你们只是不来。天下有这样大土地！（《西游补》十六回）

不管是"呀"也好，不管是"嗄""哑"也好，都是句末语气助词［ia］的不同形体。它们在时间上有共通之处，都出现于宋、金、元之间。它们都属于第二个历史层次的范围。我们认为，这种现象并不是偶然的，是与汉语历史上的语音演变密不可分的。

（二）此前我们说到，语气助词"呀"这个形体的使用，起于元明时代。但是，作为口语中［ia］这么一个语气，很难以某个形体的出现与否来判断其存在。［ia］这个语气，事实上很早就一直使用着。在"呀"这个形体使用之前，表示［ia］这个语气的有"嗄"和"哑"，而在"嗄""哑"之前用以体现［ia］这个语气并且使用得相当普遍的则是"也"。我们之所以这样说，是以"也"在汉语历史上的音韵地位作为依据的。

诚然，要了解某个用字的历史音读，除了韵书之外，最直接的莫过于韵语。特别在词韵中，有着较充分的体现。下面是若干"也"的用例：

（18）荻花秋，潇湘夜，橘洲佳景如屏画。碧烟中，明月下，小艇垂纶初罢。　　水为乡，蓬作舍，鱼羹稻饭常飡也。酒盈杯，书满架，名利不将心挂。（李珣《渔歌子》词）

词作者李珣是五代时人。

（19）东郊向晓星杓亚。报帝里，春来也。柳抬烟眼，花匀露脸，渐觉绿娇红姹。妆点层台芳榭。运神功、丹青无价。　　别有尧阶试罢。新郎君、成行如画。杏园风细，桃花浪暖，竞喜羽迁鳞化。遍九陌、相将游冶。骤香尘、宝鞍骄马。（柳永《柳初新》词）

（20）碧雾轻笼两凤，寒烟淡拂双鸦。为谁流睇不归家。错认门前过

马。　有意偷回笑眼，无言强整衣纱。刘郎一见武陵花。从此春
心荡也。（苏轼《西江月·佳人》词）

(21) 月华灯影光相射。还是元宵也。绮罗如画，笙歌递响，无限风
雅。　闹蛾斜插，轻衫乍试，闲趁尖耍。百年三万六千夜，愿长
如今夜。（杨无咎《人月圆》词）

(22) 文章古亦众，其道则一也。譬如张众乐，要以归之雅。区区为对
偶，此格最污下。求之古无有，欲学固未暇。君为时俊髦，我老
安苟且。聊献师所传，无以吾言野。（张耒《与友人论文以诗投
之》诗）

此例引文是诗的后半部分。前半部分共八韵，按顺序分别为：者、马、
驾、假、泻、舍、罅、寡。

(23) 风雨初经社。子规声里春光谢。最是无情，零落尽、蔷薇一架。
况我今年，憔悴幽窗下。人尽怪、诗酒消声价。向药炉经卷，忘
却莺窗柳榭。　万事收心也。粉痕犹在香罗帕。恨月愁花，争
信道、如今都罢。空忆前身，便面章台马。因自来、禁得心肠
怕。纵遇歌逢酒，但说京都旧话。（陆游《安公子》词）

(24) 觅句如东野。想钱塘、风流处士，水仙祠下。更隐小孤烟浪里，
望断彭郎欲嫁。是一色、空濛难画。谁解胸中吞云梦，试呼来、
草赋看司马。须更把、上林写。　鸡豚旧日渔樵社。问先生、
带湖春涨，几时归也？为爱琉璃三万顷，正卧水亭烟榭。对玉
塔、微澜深夜。雁鹜如云休报事，被诗逢敌手皆勍者。春草梦，
也宜夏。（辛弃疾《贺新郎》词）

(25) 圣朝亦雄异代忠，轩然眉须入图画。和如戏沘卢杞题，俨若梦令
希烈怕。至今握拳透爪地，想见怒词犹慢骂。声光自与日月争，
事之成败其天也。此诗我欲归东壁，入字端宜擘窠写。便觉云收
六合阴，春随喜色生晴野。（惠洪《谒蔡州颜公祠堂》诗）

因诗颇长，前省略，其韵脚按顺序为：暇、化、把、者、雅、讶、寡、
马、射、舍、下、野、柘。

(26) 唱彻《阳关》斟别酒，这一景最清佳。夹岸见这山叠翠，尽间簇
山花野花。（末）听得丁宁祝付，小心状事恩家。（丑）（合）都
乘轿儿先去，俺待跨马，匆匆去也。（《张协状元》四二出［马
鞍儿］）

以上是五代及宋人的用例。

(27) 叹骷髅、卧斯荒野。伶仃白骨潇洒。不知何处游荡子，难辨女男

真假。抛弃也。是前世无修，只放猿儿傻。今生堕下。被风吹雨
浥日曝，更遭无绪牧童打。　　余终待搜问因由，还有悲伤，那
得谈话。口衔泥土沙满眼，堪向此中凋谢。长晓夜。算论秋冬年
代，春和夏。四时孤寡。人家小大早悟，便休夸俏骋风雅。（王
喆《摸鱼儿》词）

(28) 终日驾盐车，鞭棒时时打。自数精神久屈沉，如病马。怎得优游
也。　　伯乐祖师来，见后频嗟呀。巧计多方赎了身，得志马。
须报师恩也。（马钰《黄鹤洞中仙》词）

以上是金人的两个用例。

上面举五代、宋、金时人诗、词、曲共 11 例，"也"与之相押韵的用
字中，除"挂""佳""话"属《广韵》韵图之蟹摄，"打"分别见于《广
韵》"梗"韵、《集韵》"迥"韵，[①]"耍"不见于《广韵》、《集韵》外，其
余的用字均属《广韵》"麻"韵系。为清楚起见，列为下表。

麻		马		祃	
A	B	A	B	A	B
鸦家纱 花佳呀		把罢马雅 假寡洒傻 打哑瓦	冶写社 者舍且 野也捨	姹化画驾 架嫁价骂 怕帕下夏 暇罅讶	谢榭夜泻 社柘

按，为了与后面的叙述相衔接，表中把归属《中原音韵》"家麻"韵和"车遮"韵的用字分别
为 A、B 类。

从高本汉的《中国音韵学研究》起，陆志韦先生的《古音说略》，王力
先生的《汉语音韵学》，李荣先生的《切韵音系》，邵荣芬先生的《切韵研
究》等，都把《切韵》、《广韵》"麻"韵系的主要元音拟作 [a]，三等韵
的元音为 [ia]。唐宋时期，"也"的音读为 [ia]，无疑是当时的实际语
音，已经成为历史定论。我们前面所举韵语也可以证明这一点。

（三）宋元之间，《广韵》"麻"韵系的语音发生分化。如前所表示，
马韵、麻韵 A 类和祃韵 A 类归属《中原音韵》"家麻"韵；马韵 B 类和祃
韵 B 类归属《中原音韵》"车遮"韵。如以图表示意的话，可以简单地作这
样的表示：

───────────────

① 有资料显示，中晚唐间，"打"已开始读入《广韵》"麻"韵系。如《打麦谣》："打麦，
麦打。三三三，舞了也。""打"、"也"相押为韵。见《全唐诗》卷八七八。又僧慧稜《卷帘大悟》
诗："也大差，也大差，卷起帘来见天下。有人问我解何宗，拈起拂子擘脊打。"见《全唐诗续补
遗》卷十八。

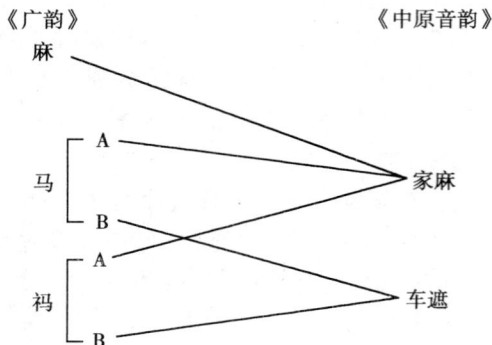

　　研究《中原音韵》的学者，如陆志韦先生的《释〈中原音韵〉》，杨耐思先生的《中原音韵音系》，李新魁先生的《〈中原音韵〉音系研究》等，几乎都把"家麻"和"车遮"两韵的主要元音分别拟为［a］和［ɛ］。作为语气助词的"也"，遵循唐宋至金元语音演变的规律，应当是由［ia］演变为［iɛ］。在韵语里，这种用例是很多的。例如：

（29）"是人后疾忙快分说，是鬼后应速灭。"入门外（来）取剑取不迭，两个来的近也，近也。○君瑞回头再觑些，半晌痴呆，回嗔作喜，唱一声喏："却是姐姐那姐姐。"（《董解元西厢记》卷六［庆宣和］）

（30）水涌山叠，年少周郎何处也。不觉灰飞烟灭，可怜黄盖转伤嗟。破曹樯橹当时绝，鏖兵江水犹然热。好交我心情惨切，二十年流不尽英雄血。（关汉卿《单刀会》四折［驻马听］）

（31）天不生仲尼，万古如长夜。秦灰犹未冷，汉道已衰绝。满目奸邪，天丧斯文也！今日个秀才每逢着末劫。刀笔吏入省登台，屠沽子封侯建节。（宫天挺《范张鸡黍》二折［一枝花］）

（32）［小旦］流水一似马和车，顷刻间途路赊。他在穷途逆旅应难舍。［旦］那时节呵，囊箧又竭，药饵又缺，他那里闷恹恹难捱过如年夜。［合］宝镜分破，玉簪跌折，甚日重圆再接。（施惠《幽闺记》三二出［前腔］）

　　　　［尾声］自从别后音书绝，这些时魂惊梦怯。莫不是烦恼忧愁将人断送也？

　　前腔，指前一支曲调。因用同一支曲调，不再重复曲调名。例（29）至例（32）"也"与之押韵的韵语，都属"车遮"韵。这里可以与经演变而归属"车遮"韵的入声字相押作为参照点，足证"也"确属"车者"

韵。这是问题的一面。

与此同时，"也"作为语气助词，即使在元明时期，口语中仍然延续使用着［ia］这一唐宋以来的音读。韵语的用例，足以资证。例如：

（33）鸳帷咫尺黄昏也。陡断怀中不见他。猛撮上心来，则你道疼么？兰魂蕙魄，愿早向皇宫托化。又无甚六亲，又无甚根芽。（王伯成《天宝遗事诸宫调·明皇告代杨妃死》）。

（34）万缘多暇。便杖屦闲游，田园邻舍。雨笠风巾，鹑衣鹤骨，韬晦翠微峰下。眼底世情群扰，方外天机独霸。德风化。乐清虚恬淡，无为华夏。　幽雅。云鹤驾。归去故园，莺燕吟王谢。水石清华，岩壑深远，高迈软红车马。千古是非成败，一枕烟霞溪野。妙哉也！这生涯欲卖，谁能酬价。（无名氏《喜迁莺》词）

（35）墙角黄葵都谢。开到玉簪花也。老子恰知秋，风露一庭清夜。潇洒。潇洒。高卧碧纱窗下。（许有壬《如梦令》词）

（36）亲凤塔，住龙沙，天下太平无事也。辞却公衙，别了京华，甘分老农家。傲河阳潘岳栽花，效东门邵平种瓜。庄前栽果木，山下种桑麻。度岁华，活计老生涯。（马谦斋《柳营曲·太平即事》小令）

（37）芳草渡口，芳草渡口，白蘋岸侧，曲湾湾水绕人家。还自赴京华，说不尽许多潇洒。异日图将此景，俺只待归去凤城夸。烟光淡，斜阳下。渐觉荒村暮也。借旅邸今宵一睡呵。（无名氏《小措大·情》套数）

（38）你撇下两口儿老爷娘，却怎生一去不来家。飘零在海角，流落在天涯。□□，盼你似蝶戏镜中花；□□，被你思量杀我也！（张国宾《薛仁贵衣锦还乡》四折［阵阵赢］）

（39）好家私水底纳瓜。亲子父在拳中的这搭沙。寺门前金刚相厮打。哎，婆婆也！我便是佛啰也理会不下。（张国宾《合汗衫》二折［络丝娘］）

（40）鸳台妆罢，鹊桥初驾，佳期近也。请仙郎到呵，明知萦挂。这期间，只得把那壁厢，且都挤舍。他奉着君王诏，怎生别了他。（高明《琵琶记》十七出［前腔］）

（41）糊涂凤尾笺，冷淡鲛绡帕。鱼雁无人寄，平地怎生入马也？玉容何处，盼香阁远似天涯。空叫人泪珠沾洒。伊知么？伊还知道泪还加。（陆采《明珠记》十出［扑灯蛾］）

（42）莫不是莽张骞犯了你星汉槎？莫不是小梁清夜走天曹罚？是人家彩

凤暗随鸦。敢甚处里绿杨曾系马。若不是认陶潜眼挫的花，敢则是
走临邛道数儿差。可是夜行无烛也？因此上待要红袖分灯向碧纱。
（汤显祖《还魂记》二八出［红衲袄］）

我们以对韵语的考察得出结论，元明时代语气助词"也"，在实际口语
中，一读［ia］，为《中原音韵》"家麻"韵；一读［iɛ］，为《中原音韵》
"车遮"韵。［ia］是唐宋旧读的延续，［iɛ］则是唐宋读音的演变。在一定
的时期内，新旧音读并存，是自然消长过程中的一种现象，并不难理解。特
别是语气助词口耳代相传递，这与"泥古非今，不达时变"① 的批评似乎还
不一样。

但是，新旧音读的并存，总不免在人们的交往中会引起歧义。有这么一
支曲子：

（43）动不动说甚么玉堂金马。虚废了文园笔札。只恐怕渴死了汉相
　　　如，空落下文君再寡。哈哈，到头来都是假。总饶你事业伊周，
　　　文章董贾，少不得北邙山下。哈哈，俺归去也呀。（无名氏《归
　　　来乐》小令）

隋树森编《全元散曲》收录此曲。隋氏曰："兹据《九宫大成》辑
录。"曲子末了的语气助词"呀"，与"马、札、寡、哈、假、下"相押为
韵。但是，清人褚人获《坚瓠集》丁集卷三"罢耍词"条亦载此曲，末了
的语气助词却是"也"。若据《坚瓠集》本，"也"当音［ia］，自然与全曲
合辙；若依《九宫大成》本，则认为"也"音［iɛ］，自然与曲韵不谐，所
以缀以"呀"以协调用韵。这种歧异，似乎是从对"也"的新旧两个音读
之不同认识而产生的。正是由于有类似的不便，人们寻求以新的形体来取代
"也"，以便更好的体现［ia］这个语气，于是乎有"哑""嗄""呀"三个
形体在宋元之间充当语气助词而加以使用。因此我们说，宋元音变是语气助
词"呀"出现的理论依据。

（四）"也"作为语气助词，《广韵》、《集韵》都有确注。《广韵》
"马"韵"野"小韵："也，语助，辞之终也。"羊者切。《集韵》"马"韵
"野"小韵："也……一曰语助。"以者切。我们在前面以韵语的使用作了较
充分的阐述。

此外，还有两个与"也"的音韵地位相当、用法也相当的语气助
词——耶、邪。它们形体不同，但音韵地位和词义都相同。在《广韵》

---

① 周德清《中原音韵正语作词起例》有云：余尝于天下都会之所，闻人间通济之言，世之泥
古非今、不达时变者众。

"麻"韵,耶,属"邪"小韵,有关注语云:"亦语助,以遮切。"《集韵》"麻"韵:"邪耶,余遮切……又曰疑词。"之所以说"疑词",是因为它们常用于疑问句。当然,它们并不止这么一种用法。

从音韵地位上看,邪、耶,与"也"相当,在韵语中也有用例可以作为佐证。

(44)岂惟贵公侯,闾巷饱鱼虾。此蛤今始至,其来何晚邪?(欧阳修《初食车螯》诗)

此诗共十八韵,前十韵用字为:涯、嗟、瓜、华、加、差、家、巴、车、牙;后六韵用字为:夸、花、呀、哗、遐、沙。

(45)明当复路奏,天日临幽遐。倘许清河使,曳尾还污邪?(范成大《清湘县郊外杂花盛开有怀石湖》诗)

此诗共十韵,前八韵用字为:嘉、花、加、鸦、涯、赊、牙、瓜。

以上是"邪"的用例。

(46)今夕何夕,存耶没耶?良人去兮天之涯。园树伤心兮三见花。(独孤遐叔妻白氏《梦中歌》)

(47)求田问舍良可嘉,元龙偶未思之耶?黄鼠长为太仓耗,白云犹有青山家。人生欻尔待钻石,世故纷然劳算沙。销磨髀肉亦何事,竟作子阳同井蛙。(贺铸《书国志陈登事后》诗)

(48)江皋误洗荷钿手,滴尽沧浪书满家。第一讳穷人谬甚,再三称好子虚耶?霜眠茅屋可无酒,春到梅梢怕有花。烦见歙州梁别驾,为言诗骨雪槎牙。(方岳《欧阳相士谒书诣梁权郡诗以代之》)

(49)仲蔚门墙蓬藋满,幽居不用声华。丑妻恶妾胜无家。学须勤苦就,富贵岂天耶! 鼻垩未除斤未运,相望咫尺天涯。芹溪犹有折残麻。此心终莫展,迟汝对岩花。(段克己《临江仙·寿周景纯》词)

(50)堪惊堪讶。这相逢醒耶梦耶?怅姮娥深锁蟾宫,喜菁女密降香车。须怜聚散似抟沙,不饮空归花也嗟。(周履靖《锦笺记》十出〔玉胞肚〕)

《锦笺记》此出曲词均押"家麻"韵,"车""嗟"通押"家麻"韵,不为出律。

以上是"耶"的用例。

尽管"邪"、"耶"和"也"调类不同,当用作语气助词时,这种差别似乎并不影响它们共通的语法作用。因此,当我们论及"也"与"呀"之间的历史联系时,自然也包含着"邪"和"耶"。

（五）呀，音［ia］，作为一个形体，除了用作动词，如：暖促庭猊化，阳催瓦雀呀。（戴良《甲辰元日对雪联句》）较多的用作象声词和感叹词。《广韵》"麻"韵"牙"小韵以"吧呀"为释的"呀"，大概就是作象声词的。

（51）不知四体正困惰，泥人啼哭声呀呀。（卢仝《示添丁》诗）

（52）只听得呀呀地小儿哭响。（《清平山堂话本·花灯轿莲女成佛记》）

（53）意懊恼却待将他骂。听得呀的门开，蓦见如花。（关汉卿《新水令》套数）

（54）那牧童儿便倒骑着个水牛呀呀的叫。（无名氏《黄鹤楼》二折［叨叨令］）

（55）（武松）却掣出腰刀在手里，又呀呀地推门。（《水浒传》三一回）

以上是"呀"作象声词的几个用例。

至于"呀"用作感叹词，从用例看，似乎也兴起于元代，而且广为使用。

（56）齐臻臻雁翅排，密匝匝鱼鳞砌，闹垓垓映日霞。呀！雄纠纠披袍擐甲。（王伯成《天宝遗事诸宫调·明皇哀告陈玄礼》）

（57）呀！看一带云山云山如画，端的是景物景物堪夸。（贯石屏《村里迓鼓·隐逸》套数）

（58）呀！若不是前世宿缘招，焉能勾玉杵会蓝桥？（乔梦符《金钱记》四折［得胜令］）

以上是"呀"用作感叹词的几个用例。

从语音上说，作为句末语气助词的"呀"，在元代大概还不至于读轻声。因此可以推想，或许与象声词、感叹词的音读相当。从词义上说，助词"呀"与感叹词"呀"有相通处，它们都表示一种语气。我们有理由推断，为适应宋元音变的现实需要，本来用作象声词、感叹词的"呀"这个形体，又被人们当作语气助词使用，从而获得了语气助词的职能，用以替代已经发生了音变的语气助词"也"。

我们说语气助词"呀"与象声词、感叹词的"呀"有密不可分的关系，这从语气助词"哑"也可以得到证明。"哑"在用作语气助词之前，也表示象声和感叹，而且历史久远。如：乌鹊惊兮哑哑。（《楚辞·九思·守志》）乌啼哑哑已流声。（北魏·萧综《听钟鸣》诗）辘轳咿哑转鸣玉。（李贺《美人梳头歌》）乳鸟哑哑飞复啼。（王建《古宫怨》诗）乌来相喜哑哑啼。（李复《别鹤曲》）是恐惧顾虑而后，便"笑言哑哑"。（《朱子语类》卷七三）当户夜织声咿哑。（宋·陆游《浣溪女》诗）朱扉半开哑地响。（《董解元西厢记》卷四）趁着那咿哑数声橹响，离了江口。（范康《竹叶舟》三折）哑哑雁落平沙。（元·白贲《百字折桂令》）不管是人的笑声，还是鸟的啼叫声，抑或是摇橹、机织的声响，"哑"都是象声的。明人梅膺祚《字汇》"於加切，音鸦。"与《集韵》反切相同。

《韩非子·难一》有个故事说：

晋平公与群臣饮，饮酣，乃喟然叹曰："莫乐为人君，惟其言而莫之违。"师旷侍坐于前，援琴撞之……曰："哑！是非君人者之言也。"

清人王先慎释此"哑"为"叹息之声"。章太炎认为这个"哑"表示感叹语气。他在《新方言·释词》中说："今音转如牙，或含不然意，俗作呀。"

（59）九伯了多时，不觉的高声道："吼啰，日斋时！哑，日转角！哑，日西落！"（《董解元西厢记》卷五［碧牡丹］）

王实甫《西厢记》三本二折："呀，却早发擂也！呀，却早撞钟也！"其意境与《董解元西厢记》有明显的继承关系，也可见"哑""呀"词性之一致。

（60）哑！孩儿，远远望见江面上是你父亲的灵魂来了！（《西游记》一本四出）

（61）哑！将军有令，那敢不从！（清·董说《西游补》十五回）

（62）哑！你会过目成诵，难道我女孩儿家就不能一目十行吗？（《红楼梦散套》第三［皂花莺］）

由此可见，"哑"和"呀"在从象声词——感叹词——语气助词的使用过程中，有着惊人的一致。

我们说过原是象声词或感叹词的"呀"，为适应宋元音变的需要，又被人们用作语气助词，以取代已经音变了的"也"。这一过程是在宋、元、明期间发生和完成的。在这期间有一个混用或交替使用的过程。犹如许多相关的事物会相互影响一样，此前作为语气助词的"也"，在元、明期间也曾被当作感叹词使用过。请看下面的几组用例：

阿呀「阿呀，好大雨也！（《魔合罗》一折）
　　　└阿也，是敢待较些去也。（《拜月亭》三折）

呵呀「武松道："呵呀，我今番死也！"（《水浒传》二三回）
　　　└林冲叫声"呵也"，靠着一棵大树便倒了。（《水浒传》八回）

"阿呀""呵呀"连读，音变为"嗳呀"或"哎呀"：

噯呀 ─噯呀！想是他昨日受些寒了。(《警世通言》卷十五)
　　　└噯也！若割了我这颗头，几时再长的一个出来？(《水浒传》四一回)

哎呀 ─哎呀，一觉好睡也！(《看钱奴》一折)
　　　└哎也，原来大爷行香。(《邯郸记》十一出)

"也"偶尔也以重叠的方式被使用。例如：

呀 ┌─呀呀呀，吾神来迟，乞恕其罪也。(《降桑椹》三折)
　　├─呀呀呀，仗威风不下的阎浮刹！(《红梅记》十七出)
　　└─也也也，你这话明是撞我！(《荡寇志》八七回)

在上述这些用例中，"也"用同感叹词"呀"，是词的一种类化现象。这里的"也"，自然应该音［ia］，这也是唐宋音读的延续。

如果上推，我们可以看到，"也"、"邪"、"耶"作为语气助词，先秦两汉时期，是很常见的①。例如：

（63）众骇遽以离心兮，又何以为此伴也？(《楚辞·九章·惜诵》)

（64）周勃为布衣时，鄙朴庸人，至登辅佐，匡国家难，诛诸吕，立孝文，为汉伊周，何其盛也！(《汉书·周勃传》赞)

（65）方子胥窘于江上，道乞食，志岂尝须臾忘郢邪？(《史记·伍子胥列传》太史公语)

（66）汤用七尺之形，形中之诚，自责祷谢，安能得雨邪？(《论衡·感虚篇》)

（67）子为我祝，牺牲不肥泽耶？且斋戒不敬耶？(《新序·杂事一》)

（68）汝三皇时人也，说将尚不下，安能动万乘主也？(《东观汉记·第五伦传》)

由此可见，汉语语气助词［ia］，在不同的历史阶段上，先后分别以"也"、"邪"、"耶"——喓、"哑"、——"呀"这些形体来体现的，是历史地沿袭下来的，有着深远的渊源关系。

通过探寻，我们把汉语历史上看似不相关涉的史实联系了起来。因此，我们说，从历史的角度看，当今词典释义中，"呀"源于"啊"的变音之说法，是没有根据的。诚然，古今汉语虽有许多发展和变化，却不能忽视历史的承袭关系。

---

① 按王力先生《汉语语音史》的意见，先秦两汉时期"也"、"邪"、"耶"的音韵地位属"歌"部。

第三节　语气助词“啊”

　　语气助词“啊”，是现代汉语普通话里使用频率较高的一个词。本节主要讨论它的历史来源。

　　日本学者太田辰夫曾于 1958 年提出如下说法：

　　“啊”的来源大概未必是单一的。唐宋时期作假设助词用的“後”，到宋代也写作“呵”。但是，大概“呵”不是由“後”变化才产生出来的，而是“後”被“呵”同化吸收了。到元代，还可以见到“阿”这个助词。这个“阿”和声母变弱了的“呵”成了同一个东西，大概就是现代汉语的“啊”。“啊”这个字被使用是在清代。①

　　我国当代的一些学者，如蒋绍愚《近代汉语研究概况》②，孙锡信《近代汉语语气词》③，都支持或接受这一说法。

　　我们认为，太田观点的关键弱点在于：违背了汉语语气助词形体的构成规则，忽视了汉语语气助词与汉语历史语音变化的密切关系。他的基本观点和考证方法都存在着根本性的缺陷。

　　（一）1973 年 12 月，从马王堆三号汉墓中出土了大批帛书，其中有《老子》的两种写本。文物出版社于 1976 年出版了马王堆汉墓帛书《老子》。编辑者在“出版说明”中说，两种写本，分别称为甲本和乙本，“甲本字体介于篆书和隶书之间，抄写年代可能在高帝时期。乙本字体是隶书，抄写年代可能在文帝时期”。我们有幸看到，帛书《老子》之“道经”部分，共使用了 32 个语气助词“呵”，这无疑是我们迄今所见到的这一语气助词最古老的用例。下面我们根据文物出版社马王堆汉墓帛书《老子》一书所附的《老子甲本乙本傅奕本对照表》，按照“呵”出现次序先后，摘录有关用例，予以编号，整理出一个简表。帛书《老子》乙本文字比较完整，本表以乙本文字为依据，以王弼注本和傅奕本加以对照，编列于后，并在末了以小号字注明该句所在的章节，以期使读者能一目了然。

---

　　①　《中国语历史文法》，北京大学出版社 1987 年版。

　　②　北京大学出版社 1994 年版。

　　③　语文出版社 1999 年版。

序号	帛书乙本	王弼注本	傅奕本
[1]	渊呵佁万物之宗	渊兮似万物之宗	渊兮似万物之宗[四章]
[2]	湛呵佁或存	湛兮似或存	湛兮似或存[四章]
[3]	緜緜呵亓若存	緜緜若存	綿綿若存[六章]
[4]	寻寻呵不可命也	绳绳不可名	绳绳兮不可名[十四章]
[5]	与呵亓若冬涉水	豫焉若冬涉川	豫兮若冬涉川[十五章]
[6]	猷呵亓若畏四…	犹兮若畏四邻	犹兮若畏四邻[十五章]
[7]	严呵亓若客	俨兮其若容	俨若客[十五章]
[8]	涣呵亓若凌泽	涣兮若冰之将释	涣若冰将释[十五章]
[9]	沌呵亓若朴	敦兮其若朴	敦兮其若朴[十五章]
[10]	浩呵亓若浊	混兮其若浊	混兮其若浊①[十五章]
[11]	呵亓若浴	旷兮其若谷	旷兮其若谷[十五章]
[12]	猷呵亓贵言也	悠兮其贵言	犹兮其贵言哉[十七章]
[13]	望呵亓未央才	荒兮其未央哉	荒兮其未央[二十章]
[14]	纍呵佁无所归	儽儽兮若无所归	儡儡兮其不足以无所归[二十章]
[15]	涽涽呵	沌沌兮	沌沌兮[二十章]
[16]	我独若閺呵	我独昏昏	我独若昏[二十章]
[17]	我独闽闽呵	我独闷闷	我独若闷闷[二十章]
[18]	沕呵亓若海	澹兮其若海	淡兮其若海[二十章]
[19]	望呵若无所止	飂兮若无止	飘兮似无所止[二十章]
[20] [21]	沕呵望呵	惚兮恍兮	芴兮芒兮[二十一章]
[22]	中又象呵	其中有象	其中有象[二十一章]
[23] [24]	望呵沕呵	恍兮惚兮	芒兮芴兮[二十一章]
[25]	中有物呵	其中有物	其中有物[二十一章]
[26] [27]	幼呵冥呵	窈兮冥兮	幽兮冥兮[二十一章]
[28]	亓中有请呵	其中有精	其中有精[二十一章]
[29] [30]	萧呵缪呵②	寂兮寥兮	寂兮寞兮[二十五章]
[31]	[大]道沨呵	大道氾兮	大道汎汎兮[三十四章]
[32]	淡呵亓无味也	淡乎其无味	淡兮其无味[三十五章]

① 根据乙本文字，王本、傅本 [10] 与 [11] 原倒置，今正。
② 滲，原作"谬"。此从甲本。

从表中可以看到，除［3］［16］［17］［22］［25］［28］王本、傅本均脱语气助词，［4］王本、［7］［8］傅本，分别脱语气助词外，其余各句的"呵"，王本、傅本都有相对应的语气助词，其中［5］王本是"焉"、［32］王本是"乎"，除此之外，王本、傅本都是"兮"。这些"呵"，在句中的职能是表示提顿语气的。不同的版本之间，以"兮"、"乎"、"焉"为互文。据此，"呵"的语气助词性质是无可怀疑的。

这里还有些疑问，尚未得到解答：

第一，帛书《老子》甲、乙本在《道经》里使用了那么些语气助词"呵"，可是先秦两汉以至其后长时期的各类文献中怎么会没有留下一些踪迹呢？确实令人费解。这是历史文献留给我们的一种状况；但即使是这种状况，也不足以反过来怀疑帛书本《老子》中语气助词"呵"的历史存在之真实，这是问题的正反两面。

第二，在帛书本《老子》之后，"呵"这个音读的语气是以什么方式存在于人们的口头上呢？语言的历史流传，多以口耳授受为其主要形式，不大可能在长时间内留下空缺。文献上存在的空当，未必就在口头上也同样存在。

第三，帛书《老子》的"呵"，它的音读是什么。

这些问题，现在都还难以解答，只好暂时存疑。

（二）如前所述，汉语语气助词"呵"，使用得很早，就以帛书《老子》的抄写年代推算，是在汉高帝、文帝时期，即西汉初年。在这么长的历时期里，"呵"作为语气助词的音读到底是怎么样的呢？

我们这里以语气助词"呵"为主要对象，以实际的用例来考察一下它在宋、元、明间的实际音读究竟是什么。

对于历史语音的考察，除了反切之外，最直观、而且非常可靠的，无疑就是韵语了。我们的工作就从这方面着手。

（1）商土本硗碻，商民久劳瘝。霜旱固不支，水潦复无奈。居人且艰食，行商不通货。郡小数千家，今夕惟愁呵。（王禹偁《七夕·商州作》诗）

《七夕》诗共39韵，引例仅截取其中4韵。前27韵用字先后为：坐、琐、过、朵、我、卧、么、惰、和、破、播、课、堕、果、夥、娑、祸、饿、跛、脞、挫、轲、左、拖、磨、火、娜；后8韵用字先后为：颗、骰、颇、妥、佐、簸、贺、可。据此可知，有宋初年的这个"呵"，与今天"啊"的音读相去甚远，完全是两个音读。

（2）更问假如，事还成后，乱了云鬟，被娘猜破。我且归家，你而今

休呵。更为娘行，有些针线，诮未曾收啰。却待更阑，庭花影下，重来则个。（欧阳修《醉蓬莱》词）

引例为下阕，上阕用韵字为：娜、过、么、坐。

（3）如今多病，寂寞章台左。黄昏风弄雪，门深锁。兰房密爱，万种思量过。也须知有我。着甚情悰，你但忘了人呵。（周邦彦《满路花·思情》词）

引例为下阕，上阕用韵字为：破、火、裹、卧。周邦彦《浣溪沙慢》词，下阕为：

怎生那。被间阻时多。奈愁肠数叠，幽恨万端，好梦还惊破。可怪近来，传语也无个。莫是瞋人呵？真个若瞋人，却因何、逢人问我。

此词的用韵与《满路花》词相同。呵，也不能读作 [a]。[①]

（4）正消黯、无言自感，凭高远意，空寄烟波。从来美事，因甚天教，两处多磨？开怀强笑，向新来、宽却衣罗。似恁他、人怪憔悴，甘心总为伊呵！（谭意哥《长相思令》）

引例为下阕，上阕用韵字为：和、歌、多、蛾。

（5）念年来、青云失志，举头羞见嫦娥。且高歌、细敲檀板，拚痛饮、频倒金荷。断约他年，重挥大手，桂枝须斫最高柯。恁时节、清光比似，今夕更应多。功名事，到头须在，休用忙呵。（杨无咎《多丽·中秋》词）

引例为下阕。上阕用韵字为：罗、波、磨、哦、他、河。

（6）少日春风满眼，而今秋叶辞柯。便好消磨心下事，莫忆寻常醉后歌。可怜白发多。　　明日扶头颠倒，倩谁伴舞婆娑。我定思君拚瘦损，君不思兮可奈何。天寒将息呵。（辛弃疾《破阵子·赠行》词）

（7）碧云风月无多。莫被名缰利锁。白玉为车，黄金作印，不恋休呵。　　争如对酒当歌。人是人非恁么。年少甘罗，老成吕望，必竟如何。（张孝祥《柳梢青》词）

（8）翻思少年，走马铜驼左。归来敲镫月，留关锁。年华老矣，事逐浮云过。今吾非故我。那日尊前，秪今问有谁呵。（方千里《满路花》词）

引例为下阕。上阕用韵字为：破、火、裹、座、卧。

---

① 《汉语大词典》"呵[5]"语助词（1）引用周邦彦《满路花·思情》词"着甚情悰，你但忘了人呵"句为例，注音为ɑ。"人"，大词典引作"我"，误。

（9）一片冰轮皎洁，十分桂魄婆娑。不施方便是何如，莫是嫦娥妒我。　　　虽则清光可爱，奈缘好事多磨。仗谁传与片云呵。遮取霎时则个。（郑云娘《西江月·寄张生》词）

（10）君今勉强起，试听呵。独自怎生经过此，成灾祸。（生）我怎知初托大，两查一击浑身破。今宵大雪寒杀我。（合）命寒时乖撞着它，冤家要躭如何躭。（《张协状元》九出〔油核桃〕）

以上 10 例，是宋人诗、词、曲中用于韵脚之"呵"的用例。我们选择韵语，目的在于凭借押韵来判断"呵"应有的音读。这是了解历史音读的有效途径。如果把上举宋人用例综合一下的话，全部韵脚用字如下：

波、播、跛、簸

脞、挫

多、朵、瘅、躲、鞑、惰、堕

哦、蛾、娥、饿

歌、个、果、裹、过

何、河、荷、和、贺、火、夥、货、祸

柯、颗、轲、可、课

罗、啰

么、磨

奈、娜

呵

颇、破

娑、琐、锁

他、拖、妥

我、卧

左、佐、坐、座

如果我们以《中原音韵》的音韵系统看，这些字都属"歌戈"韵字，它们在宋元时期的主要元音可看作是〔o〕。从汉语语音历史加以考索，这个"呵"只能是《切韵》或《广韵》音系果摄的字。我们也似乎可以推断，马王堆帛书本《老子》的语气助词"呵"，应当与这个韵系有渊源上的关系。也就是说，果摄音读的"呵"，在汉语史上从秦汉到宋元，经过由〔a〕到〔o〕的变化。一直到元、明、清时期还能看到它的用例。例如：

（11）每日家笑呵呵，陶渊明不似我。跳出天罗，占断烟波。竹坞松坡，到处婆娑。到大来清闲快活。看时节醉了呵。（张养浩《新水令·辞官》套数）

（12）柳绿花红，名园里风景多。杏开如锦绣，天桃如喷火。王孙仕
　　　女，笑嬉嬉同宴乐。寻芳拾翠，挤倾杯沉醉呵。（《小孙屠》三出
　　　［水底鱼儿］）

（13）五更梦瞥眼醒南柯。把荣华抛却罪殃多。怕形消骨化旧情魔。重
　　　转驿坡，又早怯懦。归林暮雀乱军呵。（《长生殿》二七出［北
　　　收江南］）

我们把音读为［o］，看作是语气助词"呵"历史发展的一个时期，约
至宋元时期。为方便起见，这个时期的"呵"可称为"呵₁"。在这个时期
有两个疑点：1. 帛书本《老子》的"呵"究竟读甚么？如果在"歌"部，
按王力先生《汉语语音史》的构拟，先秦为［ai］，汉至唐代是［a］，宋元
读［ɔ］。我们认为，宋元应当是一致的，以［o］统而示之，为的是方便叙
述，也便于与元代以后相衔接。2. 从帛书《老子》以后至唐五代，怎么会
见不着它的用例呢？这都是值得探讨的问题，此处未能全部解决。

我们从例（1）至例（10）的宋代用例看，"呵"既可以表示感叹语
气，也可以表示请求或祈使语气，也可以表示疑问语气。

（三）考察现代汉语语气助词"啊"的来源，形、音、义都必须在考虑
之列；但三者之中，音读是首要的。太田辰夫所举出自宋词的七个"呵"
的用例中，欧阳修《醉蓬莱》词、杨无咎《多丽·中秋》词、辛弃疾《破
阵子·赠行》词、方千里《满路花》词、周邦彦《满路花·情思》词等，
如我们已经指出的，这五例中的"呵"，与［a］音无关，应读［o］。其余
两例，秦观《鼓笛慢》词、李之仪《满庭芳》词，"呵"并不在韵脚上，
其真正音读无从判定。当我们在须要确定音读时，不能选择这类用例。

我们认为，语气助词"呵"［a］或"啊"的真正来源，都要从汉语语音历
史演变上去查考，才能得到较为可信的解释。我们下面通过用例探讨这个问题。

（14）鬖绿颜酡。对花醉、把花歌。熙宁安乐好行窝。佳辰虽异，翁此兴、
　　　不输他。更如何、欢喜也呵。（彭子翔《声声慢·寿六十一》词）

（15）懒散家风，清虚活计，与君说破。淡酒三杯，浓茶一盏，静处乾
　　　坤大。倚藤临水，步屧登山，白日只随缘过。自归来，曲肱隐几，
　　　但祇恁和衣卧。（葛长庚《永遇乐》词）

（16）旁人嘲我。甚鬖毛都秃，齿牙频堕。不记是、何代何年，佟元祐
　　　熙宁，侬常喑么。退下驴儿，今老矣、岂堪推磨。要挂冠神武，
　　　几番说了，这回真箇。（刘克庄《解连环·戊午生日》词）

上面三支宋人的词，押韵用字都隶属《广韵》果摄。我们将它们在
《中原音韵》中的音韵地位之分布，与现代汉语的音读相对照，略加整理，

其结果形成下面的格局：

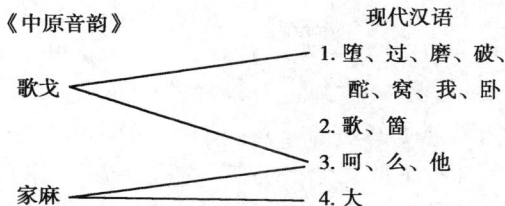

《中原音韵》 　　　　　　　　　　现代汉语

歌戈　　　　　　　　1. 堕、过、磨、破、
　　　　　　　　　　　　酡、窝、我、卧
　　　　　　　　　　2. 歌、箇
　　　　　　　　　　3. 呵、么、他
家麻　　　　　　　　4. 大

这个表，总体上反映了《广韵》果摄到《中原音韵》的基本变化，以及在现代汉语普通话中的音读格局。其中来自《广韵》箇韵"唐佐切"的"大"，已读入"家麻"韵，最为突出。《中原音韵》是据曲韵而编写的，未必能全面反映口语语音的变化，"呵"、"么"、"他"仍置之于"歌戈"韵，便是明证。"么"、"他"读如《中原音韵》的"家麻"韵，宋代的韵语中已不难得到例证。例如：

（17）风炉煮茶。霜刀剖瓜。暗香微透窗纱。是池中藕花。　高梳髻鸦。浓妆脸霞。玉尖弹动琵琶。问香醪饮么。（米芾《醉太平》词）

（18）华、法、画。○怕、嫁、咱。○不曾旧相识，不曾共说话。何须更买卦，已见十分掉不下。兀的般标格精神，管相思人去也妈妈。［尾］你道是可憎么？被你直羞落庭前无数花。（《董解元西厢记》卷一［墙头花］）

这是"么"在宋金时期的用例，它们都应读作［ma］。

（19）肠断送韶华。为惜杨花。雪球摇曳逐风斜。容易著人容易去，飞过谁家。　聚散苦咨嗟。无计留他。行人洒泪滴流霞。今日画堂歌舞地，明日天涯。（张先《浪淘沙》词）

（20）雨后天涯。微云送晚，过尽归鸦。何处开尊，海棠亭小，飞燕风斜。　有人粲玉娇花。更翳凤、曾游帝家。长远身心，温柔情态，不杠多他。（张镃《柳梢青》词）

这是"他"在宋代的用例。"他"的这个音读，在宋代并非仅见。虽然如此，周德清《中原音韵》还是把"么"、"他"归入"歌戈"韵。周德清也曾提醒他人"毋讥其不备"。尽管如此，《中原音韵》所显示的《广韵》果摄字在宋、元间的音读演变走向仍然是历史的真实记录。我们认为，语气助词"呵"［a］就是在这种演变过程中出现的。我们再来看看这方面的历史事实。

（21）赤壁矶头，临皋亭下，扁舟两度经过。江山如画，风月奈愁何。

三国英雄安在，而今但、一目烟波。风流处，竹楼无恙，相对有东坡。　　登临，还自笑，狂游四海，一向忘家。算天寒路远，早早归呵。明日片帆东下，沧洲上、千里芦花。真堪爱，买鱼沽酒，到处听吴歌。（戴复古《满庭芳》词）

例（21）下阕末句与上阕用韵通押。"呵"如果在"家"、"花"两韵之后，则有与"歌"相押为韵之嫌；现在"呵"置于"家"、"花"两韵之间，与"歌"相押的疑问就不复存在了。"家"、"呵"、"花"相押为韵，说明这个"呵"的音读已经脱离了《广韵》果摄的音韵地位，音 [a]。音读为 [a] 的"呵"，我们称之为"呵₂"，以区别于音 [o] 的"呵₁"。

（22）奴本世豪奢，爹娘怜妾多。年幼两俱亡，是奴贫苦多。织素与缉麻，春来采茶。怎知一跌了那臂，有谁人管呵。（《张协状元》四五出 [太子游四门]）

例（22），"呵"与"茶"相押为韵。两个"多"字另为韵。

（23）谢得我尊神也，被张协直恁底误呵。一似哑子，吃了苦瓜。到如今，教我吞吐不下。（《张协状元》三九出 [望梅花]）

根据上面的用例判断，"呵₂"于南宋或宋金时期已见于书面。

《董解元西厢记》是金代的作品，元人已有定论①。我们查看一下"呵₁"、"呵₂"在其中的使用情况，不无启示。

（24）百媚莺莺正惊讶，道"这妮子荒忙则甚那？管是妈妈便来吵"。红娘低报，"教姐姐睡来呵。"○加、家。（《董解元西厢记》卷一 [赏花时]）

（25）他、么。○"相国夫人教邀足下，是必休教推避咱。多谢解元呵。"张生道"依命，我有分见那冤家。"（《董解元西厢记》卷三 [赏花时]）

（26）下、骂。○夫人可来夹杈，刚强与张生说话。道"礼数不周休怪呵。教我女儿见哥哥咱！"（《董解元西厢记》卷三 [乐神令]）

（27）咫尺抵天涯，病成也都为他。几时到今晚见伊呵？业相的日头儿不转角，敢把愁人刁雪杀。○察、么、花。（《董解元西厢记》卷四 [出队子]）

（28）价、察、洒。○君瑞、莺莺越偎的紧，红娘道："起来么，娘呵？戴了冠儿把玉簪斜插。"欲别张生临去也，偎人懒兜罗袜。"我而

---

① 《辍耕录》卷二七"杂剧曲名"云："金章宗时董解元所编《西厢记》，世代未远，尚罕有人解之者。"钟嗣成《录鬼簿》卷上"前辈已死名公有乐府行于世者"即以董解元为冠首，称之为"大金章宗时人"。

　　　　今去也，明夜来呵。"（《董解元西厢记》卷六［恋香衾］）

　　全部共五支曲子，用了六个"呵₂"，都在韵脚上。再附上每支曲子的或前半或后半部分韵脚用字，足以确定其音读［a］之无误。

　　然而，《董解元西厢记》也同时使用了相当数量的"呵₁"。例如：呵、我。（卷二［甘草子传令］）多、何、呵、么。（卷三［赏花时］）么、卧、唾、可、呵。（卷五［牧羊关］）呵、可、婆、合、呵。（卷五［应天长］）呵、和、何、摩。（卷六［沁园春］）等等。《董解元西厢记》呈现了个"呵₁"、"呵₂"并立使用的局面，正是宋元音变过程中"呵"音读变化的真实反映。下面再举两个元人散曲用韵中"呵₂"的用例。

　　（29）莫将愁字儿眉尖上挂，得一笑处笑一时半霎。百钱长向杖头挑，没拘束到处行踏。饥时节选着那六局全食店里添些简气，渴时节拣那百尺楼上咽数盏儿巴。更那椀清茶罢，听俺几回儿把戏也不村呵。（杨立斋《哨遍》套数）

　　（30）芳草渡口，芳草渡口，白蘋岸侧，曲弯弯水绕人家。还自赴京华，说不尽许多潇洒。异日图将此景，俺只待归去凤城夸。烟光淡，斜阳下，渐觉荒村暮也。借旅邸今宵一睡呵。（无名氏《小醋大·情》套数）

　　"呵"作为一个语气，这个形体是用来体现这个语气的。从"可"得声的"呵"，从汉代至元代，音韵学家们构拟的基本思路是，由［a］──→［o］的变化。宋元时期"歌戈"韵的主要元音是［o］，应当是比较切合历史语音实际的。"呵"这一形体是用来体现［o］这一语气的；宋元间，《切韵》或《广韵》果摄字音读发生分化，部分字音读入《中原音韵》的"家麻"韵，如"大"、"他"、"么"，"呵₂"就是在这一历史语音变化背景下出现的。当"呵"［a］语气出现之后，人们也同时以"呵"这一习用形体来体现这个音。其结果是，"呵"这一语气助词在宋元间就出现［o］、［a］两个音读。这一现象，如同当时的语气助词"么"。这个"呵"应是与帛书《老子》一脉相承的形体，也是现代汉语语气助词"啊"前期形体。

　　我们前面提到《中原音韵》前后"歌戈"韵的变化，"呵₂"的出现不是偶然现象，是宋元整体音变中"歌戈"韵的一个音变。如同"么"［ma］之所以出现一样，只有把它们置之于汉语历史语音的发展变化中去，才能真正说明问题的实质。事实证明，离开历史语音去考察汉语的语气助词，将很难得到理想的结论。

　　（四）前面我们就"呵₂"的音读来源作了些探讨。我们接着要讨论的就是"啊"这个形体。太田氏推断,呼语的"阿"和宋元以来的"呵"合成一个词就是"啊"。然而,两个形体合并而成为第三个形体,看似有理。殊不知,这并非汉字构成的基本规则,当然也不是语气助词形体构成的基本规则。诚然,这种研究方法,并不可取。

按照汉语语气助词形体的构成规则,通常是以"表音符号+'口'旁"构成的。无疑,"啊"的构成,完全符合这一规则:表音符号"阿"+"口"旁──→啊。但根据《广韵》,阿,乌何切,不读[a]。我们现在要知道的是,乌何切的"阿",应该音[o],怎么会音[a]呢?因此,这一问题的解决,就至关重要。

阿,古时常用作大陵、高阜等义,表示这类事物的端顶处,其音读即"乌何切",唐宋时大体如此。例如,张九龄《登襄阳岘山》诗,末句"同心不同赏,留叹此岩阿",前押:过、何、磨、跎、波、多、和。韩愈《石鼓歌》"从臣才艺咸第一,拣选撰刻留山阿"句,前押:歌、何、戈、磨、罗、峨;后押:呵、讹、科、鼍、柯、梭,等等。黄庭坚《定交诗二首》之二"成道在礼乐,成山在丘阿"句,前后分别押:歌、峨、何、波、河、和、多、科;磨、鼍、诃。然而,问题并不止此,我们也看到"阿"读同《广韵》麻韵系的实例。我们在唐人的诗歌中就发现这样的用例。例如:

(31) 我马烦兮释我车,神之庙兮山之阿。予一拜而一祝,祝予心之无涯。涕汍澜而零落,神寂默而无哗……歌曰:今耶,古耶;有耶,无耶;福不自神耶,神不福人耶;巫尔惑耶,稔而诛耶;谒不得耶,终不可谒耶。返吾驾而遵吾道,庙之木兮山之花。(元稹《庙之神》诗)

例中删去了另押一韵的两句。诗中的"阿"通押"涯"、"哗"、"耶"、"花",都是《广韵》麻韵系字。

又唐人姚合《买太湖石》诗:"……波澜取不得,自后长咨嗟。奇哉卖石翁,不傍豪贵家。……比之昔所见,珍怪颇更加。……碧光入四邻,墙壁难蔽遮。客来谓我宅,忽若岩之阿。"此诗共十三韵,除此五韵,其余八韵入果摄。两个韵错杂使用,"阿"之读入麻韵系昭昭然。再又李商隐《安平公诗》前五韵:"大人博陵王名家,怜我总角称才华。华州留语晓至暮,高声喝吏放两衙。明朝骑马出城外,送我习业南山阿。仲子延岳年十六,面如白玉欹乌纱。其弟炳章犹两兆,瑶林琼树含奇花。"这两例可为例(31)的佐证。

(32) 虞之阳兮漓之湀,皇降集兮巫屡舞。桂酒湛兮瑶觞,皇之归兮何所。听驾兮天门,羽毛兮缤纷。俯故宫兮一慨,越宇宙兮无邻。无邻兮奈何,七政协兮群生嘉。信玄功兮不宰,犹彷彿兮山阿。

（张载《虞帝庙乐歌辞》之二）

例（32）乐歌辞，共押三韵：舞、所；纷、邻；嘉、阿。在宋代，"嘉"、"阿"相押，当然不应超出《广韵》"麻"韵范围。"嘉"，《广韵》、《集韵》均在"麻"韵，分别为古牙切、居牙切。那么，跟"嘉"相押的"阿"，音［a］无疑。

我们在有了上述用例的认识之后，面对下面用例就好理解了。

（33）今忽逢老者，下山呵。宅居那里周全歇，宿一夜。……怜伊现身说些介话。（《张协状元》九出［油核桃］）

例（33）引自钱南扬《永乐大典戏文三种校注》①。这支曲子中的"呵"，不是语气助词。"山呵"，即山阿。如果校注者没有错会是语气助词而改动的话，那么显然是因为音读相同，以"呵"用同"阿"。

（34）朔风撼破处士庐，冻云隔月天模糊。无名草木混色界，广平心事今何如。梅花荒凉似无主，好春不到江南土。罗浮山下藤芜烟，玛瑙坡前荆棘雨；相逢可惜年少多，竞赏桃杏夸豪奢。老夫欲语不忍语，对梅独坐长咨嗟；昨夜天寒孤月黑，芦叶卷风吹不得。髑髅梦老皮蒙茸，黄沙万里无颜色；老夫潇洒归岩阿，自锄白雪栽梅花。兴酣拍手长啸歌，不问世上官如麻。（王冕《题画梅二首》之一）

例（34）是元人的诗。为了阅读方便，根据用韵把全诗分为四个段落。其中末段首句"老夫潇洒归岩阿"句，是诗中换韵的承转句。按诗的惯例，承转句通常都入韵。因此，"岩阿"的"阿"，与"花"、"麻"为韵，读［a］。

这说明，在唐宋元时期，"阿"获得了［a］的音读。"阿"既然有［a］音读，那么，"阿"＋"口"旁而构成"啊"这一形体，充当感叹词和语气助词，就有了必不可少的语音基础。

就"啊"这一形体，我们现在能见到的最早记载，一是宋代《集韵》箇韵，"安贺切"；一是辽代释行均撰《龙龛手鑑》，"俗乌可、乌下二反"。《龙龛手鑑》未曾释义，《集韵》的"安贺切"，注云"爱恶声也"，似乎是感叹语气。《龙龛手鑑》的"乌下反"，是迄今为止所见到的"啊"字音读的最早记录。但是，这个音读，当时也可能是个感叹词。现代汉语仍用作感叹词，显然由来有自。我们所见到的语气助词"啊"之较早用例在元代②。例如：

（35）作个烟霞逸客，翠竹斋，薜荔阶，强似五侯宅。这一条青穗绦，

---

① 中华书局1979年版。

② 俞光中、植田均《近代汉语语法研究》（学林出版社1999年版）说"'啊'是清代以后才出现的"，并举了《红楼梦》十五回一例。这显然是从太田辰夫那里接受过来的。

傲煞你黄金带。再不著父母忧，再不还儿孙债。险也啊拜将台。（乔吉《失题》小令）

此例"也啊"连用，表达一种感叹语气，在句中表示提顿。到明代，多见到以"啊呀"形式出现的感叹用法①。

我们上面说明"山阿"的"阿"有[a]音，那么"啊"这个形体中的"阿"，到了宋、辽时期，无论是"山阿"的"阿"，还是"阿堵"的"阿"，似乎都变得无关紧要了。在"啊"这个形体内，"阿"的功用就是表示音读的。到了宋、元期间，当"阿"在用来表示感叹或语气时，就只有[a]一个音读。因此，"阿"+"口"旁所构成的"啊"，不会使人产生有异读的错觉，在表音、表义方面都有很强的确定性，特别是音读的确定性。"呵"则不同，如前面的叙述，它在宋元时期有[o]、[a]两读。而且，由"可"得声的"呵"，容易使人误读为[o]。在排除表义因素之后，由于表音方面具有的确定性，使"啊"在应用上显然优于"呵"。虽然"啊"有笔画较多的缺点，交际功能所需之选择，它还是历史地替代了"呵"，而且至今沿用不衰，道理恐怕就在这里。

"阿"在获得[a]音之后，除了构成语气助词"啊"之外，可能受到类化的影响，它本身首先获得的，应当是感叹词的职能。例如：

（36）阿耶耶！新罗国里打铁，火星烧著我指头。（《古尊宿语录》卷十七"云门匡真广录"）

（37）举生法师云："敲空作响，击木无声。"师以拄杖空中敲云："阿耶耶！"又敲板头云："作声么？"（《云门匡真禅师广录》卷中）

按，此例出《禅宗语录辑要》。②

（38）阿耶，惭愧杀人，这双我还穿不着！（《荡寇志》七七回）

这几例中的"阿耶"、"阿耶耶"，应当与明清时期出现的感叹词"啊呀"是一个音，只是形体不同而已③。阿耶，即是"啊呀"的前期形体。因此，其中"阿"，当音[a]，而非[o]。匡真禅师生活于晚唐五代，于南汉乾和七年顺寂。《广录》"阿"的音读，可与例（31）元稹《庙之神》诗"阿"的音读相为印证。

---

① 人民文学出版社"中国古典文学读本丛书"1980年版《西游记》中的诸多语气助词"啊"，据杨闽斋梓行《全像西游记》（中华书局"古本小说丛刊"影印本）查核，分别是"呵"或"阿"，以"呵"居多，未见"啊"的用例。

② 上海古籍出版社1992年版。

③ 阿耶，阿耶耶，也作"阿哪"，"阿哪哪"。如：师闻钟声，乃曰："阿哪，阿哪！"（《曹山元证禅师语录》）《华严》怎么道，譬如良药，然则苦口，且要治疾。阿哪哪！（《五灯会元》卷十七开先行瑛禅师）

在《五灯会元》里，常见到表示感叹的"阿呵呵"一词："阿呵呵！风流不在着衣多。"（卷二十道场明辩禅师）其中的"阿"与"呵"，应分别是［a］与［o］。如果是一个音读的话，就用不着两个形体来表示了。元、明、清间，还有"阿"单用为感叹词的。例如：

（39）阿，我付能把这残春捱彻。嗐，刬地是俺愁人瘦色□□。（《拜月亭》三折［倘秀才］）

例出《元曲选外编》本。《元刊杂剧三十种》本作"呵"。例中"阿"、"嗐"，都表示感叹。

（40）阿，天阴了，可盖酱缸。（《来生债》一折）

（41）阿，我这把刀那里去了？（《儿女英雄传》十九回）

"阿"作为语气助词使用，始见于宋、元间。例如：

（42）举头三尺有神明，两两分飞阿好闷。（《张协状元》二十出［尾声］）

（43）王翦招讨，比个胜负阿！（《秦併六国平话》卷上）

（44）你这店里草料都有阿没？（《老乞大》）

明、清时期亦有其例：

（45）花阿！我一生爱护，从不曾损坏一瓣一叶，那知今日遭此大难！（《醒世恒言》卷四）

（46）儿阿，你一些好事不做！（《醒世姻缘传》二十回）

（47）妙阿，这仙药下去，真是甘露沁心，虚火痰涎都挫下去也。（《荡寇志》一一六回）

（48）翠环回过头来眼泪汪汪的说："儜别忘了阿！"（《老残游记》十六回）

清朝初年，即逐渐可以见到"啊"的语气词用例了。如：

（49）马啊，你有心再驮我几步便好，怎么抛我在这里就去了？（《说岳全传》二十回）

（50）是啊，先把事情说开了，你再问我的不是还不迟呢。（《红楼梦》八三回）

（51）雨墨道："怎么你们店里没有油灯吗？"小二道："有啊。"（《三侠五义》三二回）

（52）阿哥，你怎么望他一般一配的争啊？（《清文指要》卷下）

从上面的论述可知，现代汉语语气助词"啊"最终确立，经历了从"呵₁"——"呵₂"、"阿"——"啊"这样三个演变阶段。元、明、清时期，是语气助词"呵"、"阿"、"啊"在汉语历史演变中交替的时代，几种形体同时存在，是个很正常的现象。作为语气助词，它们形体不同，都是用以体现 [a] 这个语气的。因此，当我们在考察近代汉语语气助词的时候，音读是最主要的。我们用以考察的原则是，以音概形，形、音、义综合考察。这样，就能摆脱一形一体的束缚，使视野更宽阔些，把问题看得更深透些。这一原则的根本特点，在于符合汉语历史语音实际与汉语语气助词形体的构造特性。

第四节　语气助词"哪"

本节讨论语气助词"那"。在近代汉语阶段，"哪"是后期形体，"那"是前期形体。它们分别代表了两个历史层次。《集韵》"箇"韵就已兼收了"那"、"哪"两个形体，音"乃箇切"，是"语助"。就语气助词来说，"哪"体现了语气助词形体上的典型特征，即"口"旁＋表音符号的结构形式。我们把"那"和"哪"看作用以体现一个语气的两个形体，讨论它的历史变化、使用及相关的问题。

（一）对于语气助词"那"，我们首先从音读上着眼，可以笼统地分为两个历史时期：

1. 以《广韵》"奴箇切"、《集韵》"乃箇切"为代表的前一时期音读；在这一时期，以"那"为形体。

2. 以宋词、元曲韵读所表示[①]的后一时期音读。这个音读一直沿用到现代汉语。这一时期内，先后使用"那"、"哪"两个形体。

在前一时期，我们所看到的较早用例，见于《后汉书》。如：

（1）韩康，字伯休……常采药名山，卖于长安市，口不二价，三十余年。时有女子从康买药，康守价不移。女子怒曰："公是韩伯休那？乃不二价乎？"（《后汉书·逸民传·韩康》）

唐代李贤注曰：

那，语余声也，音乃贺反。

李贤的这个音读，与前引《广韵》、《集韵》的音切是一致的。但这是个去声字，或许当时就是这么读。如果读平声，那就是《广韵》"奴箇切"的又音"奴哥切"，同"歌韵"的"诺何切"。但这一音读没有"语助"一说。

---

① 后期音读应入《中原音韵》之"家麻"韵，与阳声韵的"拏"同音，但未见收录。《中原音韵》"歌戈"韵上声收录的"那"，应是副词。《中州音韵》"农多切，何也"、"奴打切"两收。

（2）陈舞复传语云："不孝那！天与汝酒饮，不肯饮，中有恶物邪？"
（《晋书·愍怀太子传》）

按时间上说，此例早于上一例。《晋书》虽是唐人所编，但其中史料，当有所据。此例见于晋怀太子的《遗妃书》，应无可疑义。

（3）所说无一急，喈哈一何多。疲瘵向之久，甫问君极那？摇扇臂中疼，流汗正滂沱。（晋·程晓《嘲热客》诗）

全诗十韵，引例前五韵用字为：车，过，家，何，跨；后二韵字为：瑕，诃。根据王力《汉语语音史》魏晋南北朝韵部均归属"歌部"。"那"的音切，当同《广韵》歌韵之"诺何切"。

（4）休仁由来自营府国，兴生文书。二月中，史承祖赍文书呈之，忽语承祖云："我得成许那，何烦将来？"（《宋书·文九王传·始安王休仁》）

从上述用例看到，语气助词"那"很早就有疑问和非疑问两种用法。

六朝以后，我们很难在唐五代的文献中见到能让我们确定"那"音读的用例。然而，并非没有。例如：

（5）夜来归来冲虎过，山黑家中已眠卧。旁见北斗向江底，仰看明星当空大。庭前把烛嗔两炬，峡口惊猿闻一箇。白头老罢舞复歌，杖藜不睡谁能那。（杜甫《夜归》诗）

"那"与"卧"、"大"、"箇"相押为韵，与《广韵》、《集韵》反切同音。直到宋人的诗文中，才能见到较多的用例。例如：

（6）怎生那？被间阻时多。奈愁肠数叠，幽恨万端，好梦还惊破。可怪近来，传语也无箇。莫是瞋人呵？真个若瞋人，却因何、逢人问我。（周邦彦《浣溪沙慢》词）

例文是该词下阕。上阕押韵用字为：果，火，朵，琐，觯。

（7）劝觥斜注微波。真情著在谁那？只怕如今归去，酒醒无奈愁何。（袁去华《清平乐·赠歌者》词）

例文是该词下阕。上阕不同韵。

（8）太翁阴骘天来大。后隆山、层一层高，层层突过。簪绂蝉联孙又子，眼里人家谁那？算只有、瞿翁怎么。孙陆机云翁卫武，便屦声、毡复尚书坐。拚几许，犀钱果。（刘鑑《贺新郎·贺瞿翁倅生曾孙》词）

例文是该词下阕。上阙押韵用字为：贺，颗，堕，箇，火，左。

（9）整六十三岁，三月良辰，十一日贺。瑞气祥云，香烟重锁。此际高穹，选降星郎，又天花乱妥。冰玉形容，神仙标格，有谁知那？

（金·王喆《醉蓬莱》词）

例文是该词上阕。下阕押韵用字为：火，我，趓，箇。

（10）愁么，愁么，此愁着甚消磨。把脚儿撅了，耳朵儿搓，没乱煞也
　　　自撋挫。塞鸿来也那，塞鸿来也那。（《董解元西厢记》卷六
　　　［赛儿令］）

此例的"那"，形式上与"也"连文使用，"那"的语气助词性质不变，也是"诺何切"音读的延续。

根据我们如上的资料之推断，元代之前，语气助词"那"的前一个历史时期，基本告一段落。虽然此后仍可偶尔见到个别用例，也只是余波了。如明代用例：

（11）[净]既如此，你快把快把行装裹，衣饰与被窝。[丑]你火速火速觅轻舸，
　　　三板与憨梭。[净]只愁那妆么做势小妖魔，推三阻四恁般那？[丑]他若半
　　　句儿相推阻，我先把棍来搓。（《投梭记》十一出［麻婆子］）

宋、元音变，使一部分中古汉语果摄音读的部分字音，读入《中原音韵》语音系统的"家麻"韵。本章讨论到的语气助词"啊"、"吗"的类似演变，都是在这一历史语音变化背景下出现或完成的。同样，"那"的音变也是在这一过程中发生的。根据比较可靠的韵语资料，语气助词"那"这一音变之发生，起码可以追溯到北宋末年或南宋初年。例如：

（12）当年，曾胜赏，生香熏袖，活火分茶。□□□龙骄马，流水轻
　　　车。不怕狂风骤，恰才称、煮酒残花。如今也，不成怀抱，得似
　　　旧时那？（李清照《转调满庭芳》词）

此例是该词下阕。上阕押韵用字为：纱，吵，涯，□。作者生活的年代在宋元丰至绍兴年间。

（13）云髻盘鸦。眉山远翠，脸晕微霞。燕子泥香，鹅儿酒暖，曾见来
　　　那？（石孝友《柳梢青》词）

此例是该词上阕。下阕押韵用字为：花，他，家。

（14）水饭词云："水饭恶冤家，些小薑瓜，尊前正欲饮流霞。却被伊
　　　来刚打住，好闷人那！　不免着匙爬，一似吞沙。主人若也要人
　　　夸，莫惜更换三五盏，锦上添花。"（《夷坚三志》己集卷七"善
　　　谑诗词"）

上面三个宋人的用例，"那"分别表示疑问、询问和感叹语气。最突出的是，它们与例（1）至例（11）的语气助词"那"所代表的音韵地位是很不相同的。如果以《广韵》音系加以界定的话，例（1）至例（11）的"那"，当在"果摄"，而例（12）至例（14）的"那"当在"假摄"。音

韵地位在"果摄"的"那"，其元音可以用［o］（或［uo］）来描写。它始见于魏晋六朝，它使用的时间下限在宋代，代表了语气助词"那"的前一个历史时期，我们用"那₁"来表示它。音韵地位在"假摄"的"那"，其元音可以用［a］来描写。它始见于北宋末年或南宋初年，一直沿用到今天，代表了语气助词"那"的后一个历史时期，我们用"那₂"来表示它。汉语历史发展的趋势说明，金、元以来所见，主要使用的是"那₂"。例如：

（15）百媚莺莺正惊讶，道"这妮子荒忙则甚那？管是妈妈便来吵。"红娘低声报，"教姐姐睡来呵！"（《董解元西厢记》卷一［赏花时］）

（16）记相逢二八芳华。心事年来，付与琵琶。密约深情，便如梦里，春镜攀花。空恁底狐灵笑耍。劣心肠作弄难拿。到了偏咱，到底亏他。不信情杂，忘了人那？（卢挚《咏别》小令）

（17）等候多时不见他。这的是约下佳期话。莫不是贪睡人儿忘了那？伏冢在蓝桥下，意懊恼却待将他骂。听得呀的开门，蓦见如花。（关汉卿《新水令》套数）

（18）橹摇摇，声嗟呀，繁华一梦天来大。风物逐人化，虚名争甚那？孤舟驾，功名已在渔樵话。更饮三杯罢。（马致远《新水令·题西湖》套数）

（19）身不关陶唐禹夏，梦不想谋王定霸。容膝的是竹椽茅檐，点景的是琴棋书画。忘机的是鸥鱼凫鸭，更有那橘柚园遮周匝，兰地平坡凸凹。俺可也不痴又不呆，不聋又不哑，谁肯把韶光来虚那？哈哈，俺归去也呀。（无名氏《归来乐》小令）

（20）你亏心也子由他，造恶也尽交他。谩不过湛湛青天，离不了漫漫黄沙。上圣试鉴察，枉将他救拔，管他甚富那贫那！（《看钱奴》一折［鹊踏枝］）

（21）我子见扯剑出匣，他便揪住头发。吃察刀过处，头落地，苦痛天那！今日个不寻思，就就死擎王保驾。显得臣也忠心扶你晋朝天下。（《介子推》三折［上小楼］）

（22）大的儿前赴战场中，小的儿且在寒窗下。你守着这书册琴囊砚匣，您哥哥剑洞枪林快厮杀，九死一生不当个耍。我也不指望享荣华，只愿你无事还家。我把这农具收拾为甚那？大哥也恐怕你武不能战伐，文不解书劄，趁着个一犁春雨做生涯。（《救孝子》一折［赚煞尾］）

（23）我喫的这茶饭有难消化。母亲那肌肤瘦力衰乏。量这半杓儿粥都

添了有甚那？我转着这空碗儿我着这匙尖儿刮。我陪着个笑脸儿百般的喜洽。不由我泪不住行儿下。（《赵礼让肥》一折［醉扶归］）

（24）哎呦，我这里观瞻罢，见了他恶势煞。他骨碌碌将怪眼睁叉，迸定鼻凹，咬定龃牙。则被你唬杀人那！哎哟，一只手揪住咱头发，一只手就把刀拔。眼见得血光灾正应着龟儿卦。兀的不残生泼命，断送在海角天涯。（《盆儿鬼》一折［六幺序］）

从历史的发展变化看，我们可以这样认为，到元、明间，"那$_1$"向"那$_2$"的演变已经完成。此后人们在口头上的语气助词"那"，大致上都应当是"那$_2$"的音读。"那$_1$"的音读，从此成为了历史，或许个别方言尚有保留。

（二）语气助词"那"虽然始见于魏晋，但其后六朝到隋唐五代，我们所能见到的用例极少，更不用说能确定其音读的用例了。只是到了宋代及其以后，能见到的用例才多起来。这似乎在于资料的性质：晚唐五代之前，包括唐诗，文献偏于书面，只有禅宗语录等是口语的或比较接近口语的；唐五代以后的文献，包括宋词，都是比较接近当时口语的。为此我们不妨推论，"那"之出现伊始，就是口语的。它在人们的口头上，表示各种各样的语气。这里我们姑且撇开"那$_1$"、"那$_2$"的音读不论，就其所表示的语法意义作个概括的叙述。

甲，用于疑问句。

1. 用于问句末，表示疑问或询问。

（25）师普请锄地次，见黄檗来，拄钁而立。黄檗云："这汉困那？"师云："钁也未举，困箇什么！"（《镇州临济慧照禅师语录》）

（26）师问僧："汝是湖南出家那？"僧云："是。"（《云门匡真禅师广录》卷下）

例（25）、例（26）是晚唐五代的用例。

（27）黄纸苦催得高卧，青霞成癖谁能那？（杨万里《送王监簿民瞻南归》诗）

（28）正坐肆中，一黄衣卒忽至前，瞠曰："汝是符助教那？阴司唤汝。"（《夷坚丁志》卷十"符助教"）

（29）太子问臣声唤子甚那？有几处热疖坏疮发。微臣里忍痛难禁，声疼不罢。（《介子推》三折［朝天子］）

（30）这厮每少吃些酒么，这里睡倒。起来！可怎生不动那？（《杀狗劝夫》三折）

（31）那杂货铺儿是你的那？（《老乞大》）

（32）你向有才女之名，最是博古通今，可曾见过灵芝、铁树均在残冬开花那？（《镜花缘》五回）

2. 用于问句末，表示诘问语气。

（33）更这先生每，道有圣旨，无体例勾当行呵，他每不怕那？（《元代白话碑集录·〔78〕一三三一年鳌屟太清宗圣宫圣旨碑》）

（34）这般宣谕了，不谨慎行的和尚并咒师般不思，您每不怕那？不羞那？（《元典章·户部十·僧道税》）

（35）自古及今，那个人生下来便做大官享富贵那？（《拜月亭》三折）

（36）陈琳，你怎的这般打？敢怕他指攀你来那？（《抱妆盒》三折）

（37）这是你自做的差了，还要分辩什么那？（《留鞋记》四折）

（38）这般收拾的整齐时不好那？（《朴通事》）

3. 用于选择问句。

（39）这言语是实那？是虚？（《通制条格》卷十六"军马扰民"）

（40）你请我喫筵席来那？是索荆州来？（《单刀会》四折）

（41）大哥，这是冬天那？春天？（《汗衫记》一折）

（42）舍人道做甚么饭？做干饭那？水饭？（《朴通事》）

（43）知他如今是死那？活那？（《拜月亭》三折）

（44）客人，你要南京的那？杭州的那？苏州的那？（《老乞大》）

（45）这三箇伙伴是你亲眷那？是相合来的？（《老乞大》）

4. 用于反复问句或表示反复语气的句子里。

（46）今日以莺莺酬贤救命恩，问足下愿那不愿？（《董解元西厢记》卷六〔玉翼蝉〕）

（47）杀太守二十余人，灯下走脱者，须认得是刘备那不是刘备？（《三国志平话》卷上）

（48）再后金子根底休使者。再奏，大王每的使那不使？（《通制条格》卷八"器物饰金"）

（49）嫂嫂，咱坟园到那未哩？（《张千替杀妻》一折）

（50）可是由我那不那？（《拜月亭》四折）

（51）客人们，你打火那不打火？（《老乞大》）

乙，用于非疑问句。

1. 表示陈述语气。

（52）师住庵时，有一僧喫粥了便辞师。师问："汝去什摩处？"僧云："礼拜大沩。"师云："近那，喫餞了去也。"其僧便住。（《祖堂

集》卷十九观和尚)

(53) 老的,我想起来了也。这厮正是媳妇儿怀着十八个月不分娩,生这个弟子孩儿那。(《合汗衫》三折)

(54) 婆婆,我无事也不来,你许下这狗儿,我特来取那。(《杀狗劝夫》三折)

(55) 我是梁山泊宋江哥哥手下第十二个头领,金枪教手徐宁,你兄弟不是歹人那。(《争报恩》一折)

(56) (旦)妈妈,你不知道,那管甚么两房三房!当初在军中赘霍郎时,是节度贾公主婚,你来说合。(丑)是那,是那。(《燕子笺》四二出)

2. 表示慨叹、祈使等语气。

(57) 范泣告(圆)悟曰:"和尚有何方便,令某易会?"悟曰:"却有箇方便。"遂令"祇看,是箇甚么?"后有省曰:"元来恁么地近那!"(《五灯会元》卷十九成都范县君)

(58) 传奉圣旨来,依著已了的圣旨也者,整治立来的条画交行那!(《元典章六·台纲二·体察》)

(59) [铁拐云]特来度你为神仙,往蓬莱去。[正末云]休胡说那![唱]俺围珠翠冰绡内,胜蓬莱阆苑中。(《金安寿》一折[寄生草])

(60) 则你便是,怪道一个鼻子,和俺妳妳的一般般样那!(《勘头巾》三折)

(61) 迎儿,且莫睡则箇,这时辰正尴尬那!(《警世通言》卷十三)

3. 用于人名、称谓等后面,表示呼唤语气。

(62) 刘家女那,先贤的女人你也学取一个波!(《渔樵记》二折)

(63) 老爷那!平康巷里,是游闲传舍,来往难稽;况且小妇人呵,杜门久矣,那曾和他子夜追随!(《赠书记》六出[八声甘州])

(64) 素秋那,怎生发赴赵汝州也?(《红梨记》十七出)

(65) 我那儿那,你红颜当自嗟,你红颜当自嗟,命里逢凶煞。不是爱钱财,也非关爹娘恩寡也。(《投梭记》二十出[扑灯蛾])

(66) 俺百姓每痛杀,无根椽片瓦。那里有调和的五味全,但得个充饥罢。母子每苦痛哎天那!(《赵礼让肥》一折[那吒令])

(67) 天那,天那!可不冤屈杀了我罢了。(《金瓶梅》十二回)

此外,偶尔见用于吆喝语气。如:

(68) 张憨古,误了买卖也。[做走科,叫云]笊篱马杓,破缺也换那!(《渔樵记》三折)

（69）买菱那！买菱那！（《儒林外史》九回）

4. 用于句中，表示提顿语气。

（70）师谓众曰："是你诸人患颠那作摩？"（《祖堂集》卷十六黄蘗和
　　　尚）

（71）归卧晚香翠被。玉酒著人小醉。欲睡先来都不睡。此情那怎地。
　　　（毛滂《谒金门·昔游》词）

（72）哎，你个儿也波那，休学这令史咱，读书的功名须奋发。（《救孝
　　　子》一折〔天下乐〕）

（73）我见他瘸那瘸的，已是走不动了。（《醒世姻缘传》六九回）

（74）他这巢窝里有甚么情，不知给口棺材那没有！（《续金瓶梅》二五
　　　回）

　　我们把语气助词"那"的使用情况大略概括如上。人们自然会感觉到，
"那"包含着现代汉语"啊"和"呢"的部分职能。其次，从我们的引例
中也会发现，就"那"这个形体而言，使用到明代即基本上告一段落，清
代的用例极其有限。但这并不是"那"所代表的语气助词结束了使用的历
史，而只是代替以更能体现语气助词的形体"哪"。

　　（三）哪，是"口"旁＋表音符号"那"构成的新的形体。其实质就
是语气助词"那"加上"口"旁。这样一来，这个形体在构成上具有汉语
语气助词的规范意义，在使用上也专职化了，不与其他意义的"那"在形
体上有所交叉。就这一形体而言，已见于《集韵》：

　哪　1. 戈韵"那"小韵：哪 哪哪，傩人之声。囊何切。

　　　2. 箇韵"奈"小韵：那、哪，语助。乃箇切。

　　囊何切，是象声词。《龙龛手鉴》卷二：哪，俗奴贺切。这个音读同
"乃箇切"。都是"语助"词"哪"的音切，但都属于"那$_1$"的音读。我
们从宋人的实际使用中所见到的、能确定的音读的用例，都是"那$_2$"。如：

（75）簟铺湘竹帐垂纱。醉眠些。梦天涯。一枕惊回，水底沸鸣蛙。借
　　　问喧天成鼓吹，良自苦，为官哪？（辛弃疾《江神子·闻蝉蛙戏
　　　作》词）

（76）好箇主人家。不问因由便去嗏。病得那人妆晃了，巴巴。系上裙
　　　儿稳也哪？（辛弃疾《南乡子》词）

　　例（76）下阕用韵字为：些，赊，他。

（77）些底事，误人哪！不成真个不思家。娇痴却妒香香睡，唤起醒松
　　　说梦些。（辛弃疾《鹧鸪天》词）

　　结合前面"那$_2$"出现于北宋末年或南宋初年的推断，我们认为，"哪"

所表示的语气助词，在使用上大概都已不是"那₁"的音读。这一推论，应该是符合汉语历史的实际情况。

在元、明间，"哪"、"那"有时交互使用，这正是时代特点的体现；而且多作呼语使用。例如：

（78）圣旨么道，无体例的勾当做呵，尔每更不怕哪？（《语石》卷三"至元三年襄阳五龙庙圣旨碑"）

（79）则除是阎王亲自唤，神鬼自来勾。三魂归地府，七魄丧冥幽。天哪，那其间才不向烟花路儿上走。（关汉卿《一枝花·不伏老》套数）

（80）挨着靠着云窗同坐。偎着抱着月枕双歌。听着数着愁着怕着早四更过。四更过情未足，情未足夜如梭。天哪，更闰一更儿妨甚么。（贯云石《红绣鞋》小令）

（81）(带云)苦也!苦也!(唱)铜斗儿大院深宅，(带云)天哪!天哪!(唱)火烧的无根椽片瓦。（《公孙汗衫记》二折 ［耍三台］）

例出《元刊杂剧三十种》本。臧晋叔编《元曲选·合汗衫》将此例修改为：

天那，将我这铜斗儿般大院深宅，苦也啰，苦也啰，可怎生烧的来剩不下些根椽片瓦。

"哪"、"那"相同，所以能交互使用。有时在同一个作品中两个形体同时出现。如：

（82）天哪！果然杀死在此。（《双忠记》二九出）

天那！这是张爷爷、许爷爷、南将军、雷将军、姚绣衣、贾明府众人的尸首。（《双忠记》三三出）

总之，元、明开始，"哪"代替"那₂"逐渐使用开来。在使用中，既用于疑问句，也用于非疑问句。如：

（83）家私都打没了，那讨哪？（《邯郸记》二三出）

（84）你要去自去，我抱太子在此也不妨哪。（《金丸记》二十出）

除了戏曲，明人小说里尚未见到使用。到了清代中叶，如《儿女英雄传》、《济公全传》等，"哪"的使用频率都很高了。此处略举清人用例如下。

甲，用于问句例。

（85）薛姨妈道："又是蒋玉菡那些人哪？"（《红楼梦》九十回）

（86）那一夜不到地里守庄稼去，谁见个鬼哪？（《儿女英雄传》九回）

（87）天那！这样可怜的人，为甚苦苦要留在世间哪？（《忠烈全传》十

四回）

（88）贤弟到此何干哪？（《三侠五义》三八回）

（89）你二人在这山当大王哪？（《济公全传》一八一回）

（90）过了半天，方能开口说话，问道：“我们是死的是活的哪?”
　　　（《老残游记》八回）

（91）遍地都是这些东西，我们中国怎么了哪？（《二十年目睹之怪现
　　　状》二二回）

乙，用于非问句例。

（92）咱们都是死人哪。你听听！（《红楼梦》六七回）

（93）小菜碟儿一个大钱，吾是照顾你，赏你们脸哪！（《三侠五义》三
　　　二回）

（94）谁倒是信这些因哪果啊色呀空的壶芦提呢！（《儿女英雄传》二四
　　　回）

（95）你这个狠心贼哪，只爱黄金不爱娇儿，坏尽纲常，丧尽天良哟！
　　　（《忠烈全传》十七回）

（96）济公换上文生公子的衣裳，把自己的旧帽哪、僧袍哪卷好。（《济
　　　公全传》一四八回）

（97）大人哪，冤枉哟！（《老残游记》十八回）

我们如果以现代汉语的视角就可以看到，“哪”同时兼有现代汉语
“呢”和“啊”两个语气助词的职能。现代汉语的词典，已经不反映它的表
示疑问的职能，连同部分不表示疑问的职能，全都归之于“呢”；表示呼唤
的“哪”，则认为是“啊”在-n韵尾后的变体，时或用“呐”。然而，我们
偶尔还能见到它的用例。如：

（98）我点的吃的怎么这么慢！磨蹭什么哪！（《北京青年报》2004年8
　　　月30日A7版）

“哪”具有深厚的历史根源，似乎人们很难忘掉它。

（四）我们认为，在汉语历史上，跟“那”相关的语气助词，由于时间
或空间的不同，它们并不是应当混同一体的。从词义上说，可以说它们是一
个词族。但从历史语音上说，可以分为三个系列：

A.“呢［ni］”系。曾经有过“尔”、“你”、“哠”、“聻”、“尼”、
“呢”几个形体。

B.“那［na］”系。曾经有过“那”、“哪”，及现在的“呐”几个
形体。

C.“哩［li］”系。曾经有过“里”、“裏”、“裡”、“哩”几个形体。

其中，A、B 两系之间，声同而韵不同；A、C 两系间，韵同而声不同；B、C 两系之间，声、韵皆不同。在汉语的历史发展过程中，不同的声母系统之间，不同的韵母系统之间，很难发生字音融合的现象。因此，A、C 之间，B、C 之间，不能融合到一起。"哩"即使不能进入普通话，却在某些方言中继续存在和使用。A、B 两系的关系最令人疑惑。

有人探源"呢"，据《祖堂集》的"不落意此人聻"，而《景德传灯录》作"不落意此人那"，就能得出结论：

将"聻"改为"那"，可知"那"应为"聻"之变形。由"聻"变为"那"或许反映了呢₁语音上的变化，即"聻"字轻读音近"那"（. ni —→ . nə）①。

如果"聻"真的在北宋初年就"轻读音近'那'"的话，同一语气的"你"也应当"轻读音近'那'"，因为它们表示的是同一个语气。"聻"、"你"既然，那么后来的"呢"就更不用说了。若如此，作者所说的"呢₂"之音读（即今读之轻音），也就已有千年的历史。汉语史上语气助词轻读的问题，是一个尚未得到解决的问题，还有待大家努力攻研，以期得出科学的结论。遗憾的是，作者只根据一个互文不同，就作出如此大胆的臆断，我们要问，靠得住吗?! 我们在辽代的《龙龛手鑑》里看到"呢音尼"的记载。元人的《中州音韵》置"呢"于"齐微"韵，音"奴启切"。那么，在金、元时期，"呢"的音读仍为 [ni]；金、元时期，"那₂"或"哪"音读为 [na]，与"呢"的音读完全不同。在汉语音韵系统相当严密的历史条件下，北宋就轻读"聻"音近"那"，毫不足据!

宋、元音变以后，在近现代汉语之间，汉语部分音读曾经发生过一些变化。即部分 [i] 韵母发生舒张性音变，助词性之"的"、"得"、"地"，包括"呢"，都属于这一音变的结果。由于"呢 [ni]"音变为 [nə]，再加上"哪 [a]"在句末之轻读，"呢 [nə]"、"哪 [a]"之间的音读趋于接近、或至于混同。这是就语音内部变化所导致的趋同倾向。但这些音变，绝不可能发生在北宋，是较晚的事。此外，还有人为因素，就是人们的语言规范，有意识的倡导。其结果，把"哪"这个形体规范作疑问代词，以代替"那"，读上声，语气助词"哪"就失去了根基；再把"哪"表示疑问的职能归并于"呢"；又把不表示疑问的"哪"视为"啊"在 [-n] 韵尾后的音变。由此，语气助词"哪"就历史性地被分解了。

---

① 见江蓝生《疑问语气词"呢"的来源》，原载《语文研究》1986 年第 2 期，后收入《近代汉语探源》（商务印书馆 2001 年版）。

我们把语气助词"那"在汉语史上的发展变化叙述清楚了，相关的问题，如"啊"在［-n］韵尾后面变成"哪"的说法，究竟是否符合汉语历史实际，似乎也就释然了。我们再回头看看，在比较早的语气助词"那₂"、"哪"的用例中，并非全都出现在韵尾［-n］之后，如例（11）"得似旧时那"（李清照《转调满庭芳》词），（12）"曾见来那"（石孝友《柳梢青》词），（75）"系上裙儿稳也哪"（辛弃疾《南乡子》词）等。明、清时期的用例中也是这样，如："也不妨哪"（《金丸记》二十出），"若有一句作不到哪"（《红楼梦》十九回），"你这个狠心贼哪"（《忠烈全传》十七回），"这才叫修了出来哪"（《儿女英雄传》四十回），"都有我哪"（《济公全传》二七回），"冤枉哪"（《济公全传》四二回），"这是闹着玩儿的哪"（《杂碎录》二回）等等，都不接在［-n］韵尾之后。我们认为，现代汉语是历史发展的产物，现代汉语的"哪"不可能离开历史的沿袭性。我们根据汉语语气助词"那"的历史变迁，从历史演变的视角看，认为"哪"之形成是"啊"受前面［-n］韵尾影响的说法，具有局限性，容易引起学术上的误会。

最后，我们概括几点认识：

1. 语气助词"那"，在历史上有过音读［nuo］（或［no］）和音读［na］两个历史时期。［na］的音读是［nuo］的音读历史演变的结果。

2. "那"是前期形体，"那₁"音［nuo］，"那₂"音［na］。"哪"是后期形体，即"那₂"再加上"口"旁，音［na］。

3. 随着汉语语助词之普遍轻读，及部分［i］韵母音读的舒张，"哪"、"呢"音读接近，再经规范，"哪"的疑问职能归于"呢"，非疑问语气多归于"啊"。

4. 语气助词"哪"之轻读，不会早于明、清之前①。

第五节 语气助词"者"

本节讨论句末语气助词"者"。作为语气助词，"者"在汉语历史上有若干种用法。这里只从近代汉语的角度，着重讨论"者"的疑问语气和祈使、请求语气职能。在这两种职能中，前者有久远的历史，而后者出现得稍晚，我们主要描写它们的使用情况和相关变化。

① 研究昆曲的近人项远村，著有《曲韵易通》。该书下编的"检韵之部"（即检字表），以清代沈乘麐所著《韵学骊珠》为根据，置"呢"于"机微韵"，音"匿移切"。可参考。

（一）在展开讨论之前，就有关语气助词"者"的两个问题要交代一下。

其一，"者"在唐宋时期，其音读属于《广韵》"马"韵，章也切。①这个音读在韵语中有确切的体现。例如：

（1）火宅忙，须割舍，自古无常谁免者。暂寄浮生白日中，终归永卧黄泉下。（敦煌词《十二时·普劝四众依教修行》）

（2）叶重如将青玉亚。花轻疑是红绡挂。颜色清新香脱洒。堪长价。牡丹怎得称王者。（欧阳修《渔家傲》词）

下阕押韵用字为：画、麝、把、惹、下。

（3）咄咄汝何人，眼在眉毛下。明月相随万里来，何处分真假。 问著总无言，有口番成哑。荆棘丛中自在身，即是知音者。（陈瓘《卜算子》词）

（4）人道云出无心，才离山后，岂是无心者。自古达官酣富贵，往往遭人描画。只有青门，种瓜闲客，千载传佳话。稼翁一笑，吾今亦爱吾稼。（蒋捷《念奴娇·寿薛稼堂》词）

上阕押韵用字为：价、化、下、马。

这种用于"家麻"韵的"者"，作为一种习惯用法，我们在元、明时期的韵语中还可以见到。例如：

（5）是虽器质略，名亦不徒假。花腰鸣且急，可以愧来者。（元·王祯《土鼓》诗）

前面七韵用字是：苴、瓦、写、野、寡、雅、下。

（6）满引村醪罢，陡然看，江山如此，有谁能画。回首楚山千万里，直欲乘风而下。愁渺渺，谁知我者。人隔乡关风土异，听邻船没个江南话。频泪洒，悲秋夜。（明·曹武亮《贺新郎·月夜舟发九江用迦陵词韵》）

下阕押韵用字为：打、泻、化、罅、怕、挂。

由于历史语音的演变，"者"在金元间读入《中原音韵》的"车遮"韵。韵语中同样体现得很清楚，例如：

（7）这些儿事体难分别，如今也待怎者？莺莺情性，那里每也俏无了贞共烈。你好毒，你好呆，恰才那里相见些。你好羞，你好呆，亏杀人也姐姐。（《董解元西厢记》卷七［四门子］）

（8）珠冠儿怎戴者？霞帔儿怎挂者？这三簷伞怎向顶门遮？唤侍妾，

---

① 在汉语方言中，客家话仍保留这一音读。

篸捧者。我从来打鱼船上扭的那身子儿别。替你稳坐七香车。
（《望江亭》三折［圣药王］）

其次，作为表示疑问的语气助词，它所助的对象是表示疑问的语气副词。在很长的历史时期，"者"似乎依赖于语气副词而存在。但是，到了元代之后，它可以独立使用在问句之末，而此前似乎是不可想象的。例如：

（9）高皇有甚亏你处，唆使陈豨雁门造反者？（《前汉书平话》卷上）

（10）则你那顶凤翅盔戴来也那不曾戴者？（《三战吕布》三折）

（11）贫道杨通幽，为许上皇寻觅杨妃魂魄，特出元神，到处遍求。如今先到那里去者？（《长生殿》四六出）

但是，这种独立出现于问句末的"者"，并未使用开来，就随着助词"者"的历史使命之终结而结束。

在交代了上述这两种情况之后，我们就可以对语气助词"者"在历史上的使用加以条理了。

（二）关于"者"表示疑问的用法，杨树达《高等国文法》第九章和《词诠》都列举了如下三个用例：

安见方六七十如五六十而非邦也者？（《论语·先进》）

君言太谦！君而不可，尚谁可者？（《汉书·张安世传》）

仲卿！京师尊贵在朝廷人，谁踰仲卿者？（《汉书·王章传》）

杨先生在这里指出了一个大致的使用范围，但稍显笼统。我们拟把语气助词"者"在汉语历史上的情况加以描写，时间范围上加以扩展，用法上加以条理，以展现一个历史的概貌。

甲，当问句是询问人的时候，句末的"者"要求配合使用的是人称代词"谁"。通常构成"谁……者"的句式。例如：

（12）君即百岁后，谁可代君者？（《史记·萧相国世家》）

（13）今卿与天子相随，令于天下，谁敢不应者？（《三国志·魏书·曹真传》）

（14）谁能以物送至坏冢棺上者？（皇甫氏《原化记·刘氏子妻》）

（15）诸胡锐于斗，我与将军俱前死，尚谁报朝廷者？（《新唐书·李嗣业传》）

（16）可着谁人去陈州为仓官粜米者？（《陈州粜米》楔子）

（17）今日谁肯复以兵委公者？（《唐书志传通俗演义》第二二节）

在汉语历史上，与"谁"同义的有"孰"，它也可以进入这一格式。例如：

（18）卿去，孰可代者？（《朱子语类》卷一三一）

在明代的白话小说中，代词"何" ＋ "人"，犹例（16）之"谁人"，用作人称代词，也进入了这一格式，但用例不多。例如：

(19) 若吾师坠下，更有何人接引吾师者？（《古今小说》卷十三）

(20) 倘有危时，则何人可为披麻执杖者？又何人可为嗣位之主乎？
　　　（《北方真武祖师玄天上帝出身全传》卷二"太子头挽阴阳髻"）

与"谁人"、"何人"相配使用，是发展到近代白话出现的用法，但不离总体格局。从例（20）可见，"者"的职能犹助词"乎"。

乙，当问句是询问事为的时候，句末的"者"要求配合使用的是代词"何"。通常构成"何者"、"何为……者"等句式。

何者，用以询问原因。通常是说话者自我提问，自我解答。这种语句常用于政论或辩论性话语中①。例如：

(21) 蒙恬为秦将，北逐戎人，开榆中地数千里，竟斩阳周。何者？功多，秦不能尽封，因以法诛之。（《史记·项羽本纪》）

(22) 终闻尧舜之民，可比屋而封；桀纣之民，可比屋而诛。何者？尧舜为之隄防，桀纣示之骄奢故也。（《后汉书·杨终传》）

(23) 闻亲率戎马，远履西疆，阖境士庶，莫不怪骇。何者？莫知师出之名故也。（《魏书·韩延之传》）

(24) 此皆珍宝货帛之数，吾之所有，悉以充赠。何者？某本欲于此世界求事，或当龙战二三年，建少功业。今既有主，住亦何为！（张说《虬髯客传》）

(25) 公其善听之。何者？当今天下有讥谏之士，咸皆不减于先侍郎矣。然失在于倨，阙在于怒。（《唐摭言》卷十一"怨怒"）

(26) 以某观之，既白张存，则不得不自请，但裁授之际，有所未安。何者？以阁下为经略，则自陕西以至于边徼，斥候皆可处置；在延则局于一州，于他郡不接矣。（苏舜钦《上范希文书》）

说话者用"何者"提问，然后自我作答。这时的"何者"问的是"为什么"。

偶尔也见于对话，与上述用例迥别。如：

(27) 崟曰："犬虽猛，安能害人！"答曰："非人。"崟骇曰："非人！何者？"郑子方述本末。（沈既济《任氏传》）

此例的"何者"，已不属于前述范畴，在这里问的是"什么"。

---

① 刘淇《助字辨略》卷三"者"条有云：又《公羊传·桓公二年》："然则为取可以为其有乎？曰：否。何者？若楚王之妻媦，无时焉可也。"何休云："何者，将设事类之辞。"

　　何为者，是疑问代词"何"＋"为"＋语气助词"者"所构成的一种句式。由于"为"既可作动词，也可作系词表示判断，因此，这一句式既可问事为，也可用以问人，此外，还可以询问原因。下面分别举例略加说明。

　　1. 询问事为。

　　（28）且主父偃何为者？乃欲以女充后宫！（《史记·齐悼惠王世家》）

　　（29）鲜之大喜，徒跣绕床大叫，声声相续。（刘）毅甚不平，谓之曰："此郑君何为者？"（《宋书·郑鲜之传》）

　　（30）明日，牛氏奴驱其辎橐直入，即出牛氏居常所甓好幕帐杂物，列于庭庑间。李氏惊曰："此何为者？"奴曰："夫人将到，令某陈之。"（《玉泉子·邓厂》）

　　（31）张君何为者，业文三十春。（白居易《读张籍古乐府》诗）

·例（28）（30）（31）后面都有对"何为者"之问的回答。

　　（32）秋蛩何为者，四面作怨声。（杨万里《感秋》诗）

　　（33）果遇麦驮联翩来，第三者仰头相视。杜雨泣，欲牵以归，陈氏之役曰："此吾主家物，汝何为者？"杜曰："吾母也，当还元价以赎。"（《夷坚丁志》卷七"夏二娘"）

　　（34）又见官军之过者，皆江浙闽蜀之人，俯偻跛躄，竟日转徙道途之间，问之曰："汝何为者？"曰："救太原兵也。"识者默然。（《三朝北盟会编》卷五三）

　　（35）杳冥曰："子昨日何为者？"对曰："晨起洒扫，午餐而夕寐，弹琴读书，晤对良朋，如是而已。"（《老残游记续集》自序）

　　2. 询问是谁。

　　（36）有一仙人谓捧子曰："此僧何为者？莫非人间人乎？"捧子对曰："此僧名契虚，尝愿游稚川，故吾挈而至此。"（《宣室志》卷一"游仙都稚川"）

　　（37）（韦）弇谢曰："不意今日得为后世刘、阮，幸何甚哉！然则此为何所？女郎亦何为者？愿一闻之。"群仙曰："我，玉清之女也，居于此久矣。此乃玉清宫也。"（《宣室志》卷六"玉清三宝"）

　　"何为"在这类问话中，当是"为何"，意即"是谁"。所以上面二例分别回答"此僧名契虚"、"我，玉清之女也"。①

――――――――――――

　　① 在宋代，以"何"中心词询问人，除了"何为者"的结构外，尚有两种短语结构：

　　1. 为何者：我问："此为何者？"合词言："是宰相也。"（《夷坚三志》己集卷五"黄氏病仆"）

　　2. 是何者：汝是何者，夜入我门？（《夷坚三志》辛集卷九"焦氏见胡一姊"）按，后文云，"焦固问根源"，"始颦蹙言：'故为张大夫妾'。"

（38）于是偕行庙中，见阶垣下有一老僧，具桎梏，数人立其旁。袁生问曰："此何为者？"神曰："此僧乃县东兰若道成师也。有秩，故吾系之一岁矣。"（《太平广记》卷三百六"陈袁生"）按，原注出《宣室志》。

（39）翱因问曰："女郎何为者？得不为他怪乎？"美人笑不答。固请之，乃曰："君但知非人则已，安用问耶？"（《太平广记》卷三六四"谢翱"）按，原注出《宣室志》。

（40）程祠部守墓仆自支径黄泥路口归，逢三人同行，厉声曰："吾辈中以寺中会集，见召而往。汝何为者？而敢至此！"追逐欲殴之。（《夷坚丙志》卷十一"芝山鬼"）

（41）有一皂衣若现胥者揖廷下，持片纸前白曰："有引追秀才上供折帛。"……（金）愠其追呼无礼，率尔答之曰："我自有尚书户部符在此，汝何为者？"（《夷坚支志》戊集卷十"金谷户部符"）

以上七例"者"，都助询问"何为"，即问是谁。

3. 询问原因。

（42）卿性不好学，何为憎学者？（《晋书·载记·姚兴下》附尹纬）

（43）尚书饭白而细，诸人饭黑而粗，呼驿长嗔之曰："饭何为两种者？"（《朝野佥载》卷五）

（44）一日晨起，方坐肆间，有道人来食汤饼。食已，邀尉至闲处，呼为师父，且拜之。尉讶之曰："何为者？"（《梁谿漫志》卷十"俚语盗智"）

（45）弈者……即顾侍童，取瓢中者与之。童颇有吝色，曰："此何为者？而轻付之。"咄曰："非汝所知！"（《夷坚支志》戊集卷一"石溪李仙"）

（46）乌乎！五花营，千里马，珠如砾，金如瓦。亡妻走妾各事仇，三尺弓弦泪成把，黑神黑神何为者？（元·张宪《题黑神庙》诗）

上述用例中，"何为"即"为何"，询问为什么。

此外，以"何"为中心成分，可以构成表示疑问的词组，"者"可与之相搭配构成疑问句。在汉语历史上使用得很少，但出现得很早。例如：

（47）地者，先君之地。君亡在外，何以得擅许秦者？（《史记·晋世家》）

（48）守节缘财利美余而迁横行，何以劝边陲效命者？（《宋史·焦继勋传》附守节）

"何以"表示诘问语气。

（49）且说圣人处事，何故亦有做不成者？（《朱子语类》卷四七）

（50）是人不解我所说义者，显非也。何以故者？微也。（《金刚般若波罗蜜经讲经文》）

（51）寻常奉使绝域者不过待从官，何由有宰相入国者？（《夷坚乙志》卷七"何丞相"）

"何故"、"何以故"、"何由"表示询问缘由。

与"何"具有相同语法职能的，尚有"奚"和"胡"。它们能构成表示疑问的副词——奚为，胡为。句末的"者"也能与之相配合，构成疑问句。例如：

（52）问余奚为者？无阶忽上抟。（张九龄《荆州作二首》诗）

（53）展禽胡为者？直道竟三黜。（白居易《叹鲁二首》诗）

（54）客至不烹茶，痴痴呆立胡为者？（《女聊斋志异》卷二"玉桂"）

唐代之后，疑问副词"如何"、"怎"在近代汉语中兴起，"者"还能跟它们相配合构成疑问句。如：

（55）如何是一大藏教收不得者？（《五灯会元》卷六洛浦元安禅师）

（56）如何是年牙相似者？（《五灯会元》卷十三洞山良价禅师）

（57）这些儿事体难分别，如今也待怎者？（《董解元西厢记》卷八〔四门子〕）

（58）小哥，据你风流浪子，聪明俊俏，怎生出家者？（《金安寿》三折）

丙，在诘问句中，"者"与诘问副词"岂"等相配合，表示诘问语气。例如：

（59）昔太公封齐，崔杼杀君；伯禽侯鲁，庆父篡位。此二国岂乏学者？（《后汉书·盖勋传》）

前文有云："今欲多写《孝经》，令家家习之，庶或使人知义。"例文是对此说的质疑。学，即"习"也。

（60）使受恩者知其所归，怀爱者知其所付，岂不为君子始终之道者？（李朝威《柳毅》）

（61）吾弃家为僧，迨兹四纪。暴雷如此，岂神龙有怒我者？（《宣室志》卷七"雷击长蛟"）

（62）但常人之情，以幻质为己有，岂有得疾为废人而不力治者？（《泊宅编》卷八）

（63）吾岂祸人者？吾为天门授事，日掌此邦人祸福。（《夷坚丁志》卷十"天门授事"）

（64）此间四向无居人，山前谷畔纵有两三家，其妇女皆农樵丑恶，岂得如是绰约华姿者？（《夷坚三志》己集卷二"东乡僧园女"）

（65）为天子，为藩王，能每事遵守，岂有不福禄永远者？（《典故纪闻》卷八）

（66）岂有初到无鬼而任久有鬼者？（《皇明诸司公案传》卷三"周县尹捕诛群奸"）

（67）土地虽小，亦神也。岂有任妇自奔者？（《聊斋志异》卷四"土地夫人"）

其次，是构成"安……者"的诘问句式。例如：

（68）安有闻君父之丧，方虑祸难，不即奔波者？（《魏书·陆俟传》附丽）

（69）官用文书耳，安得交易钱数千缗而无券者？（《夷坚甲志》卷十九"毛烈阴狱"）

（70）安有鬼物公然出现而得宁贴者？（《夷坚三志》己集卷二"姜店女鬼"）

（71）按此令常行，民安有不足于衣者？（《典故纪闻》卷一）

此外尚有下列用例类型的配合使用方式。如：

（72）此皆建文故忠，讵昔忠今乱者？（《三垣笔记·附识补遗》）

（73）我施生宁求人者？（《觅灯因话》卷一"桂迁梦感录"）

（74）生兵入帝畿，野马临城阙，怕不把长安来闹者？（《长生殿》二十出〔离亭宴带歇拍煞〕）

（75）焉有宦室名士而毛遂于舆仆者？（《聊斋志异》卷四"念秧"）

此四例，句末语气助词"者"，分别与疑问副词"讵"、"宁"、"怕"、"焉"构成表示诘问的疑问句。

从上面的叙述可知，"者"作为表示疑问的句末语气助词，直到元明间，能与多类疑问副词相配使用，算得上是个较为活跃的一个语气助词。总体上看，它具有书面语的特性。这大概是承袭古代汉语而来的缘故。

（三）"者"在汉语历史上除了助疑问语气外，尚有两大突出的职能：一是用于前一分句末，表示提顿。即《词诠》所说的"助词或句，表提示"。二是用于句末，表示祈使、请求等语气。前者有着久远的历史，直到今天的书面语中仍然可以看到。从资料上看，出现的时代虽不算晚，但它被较普遍使用，却是在唐、宋之后。这里从略，只对后者的历史与使用作些叙述。

我们在历史资料中看到，表示祈使、请求等语气的"者"是唐代兴盛起来的一种用法。但其初始使用，已见于六朝。例如：

(76) 元淑势位卑，长卿宦情寡。二顷且营田，三钱聊饮马。悬风白云上，挂月青山下。心中欲有言，未得忘言者。（梁·吴均《咏怀诗》）

从诗意看，元淑、长卿二人在仕途上颇为失意。所以末句流露出安慰、劝导的语气。这与我们前面讲述的疑问语气是迥然不同类别的语气助词。从时序上看，这类助词比表示疑问的语气助词使用要晚好多。有一点似乎应当肯定，它是属于口语的。下面唐宋人的一些用例子，也可以说明这一点：

(77) 庭间有四樱桃树，西北悬一鹦鹉笼，见生人来，鸟语曰："有人入来，急下帘者！"（蒋防《霍小玉传》）

(78) （使者）因出怀中牒示慎，牒曰："董慎名称茂实，案牍精练，将分疑狱，必俟良能，权差知右曹录事者！"（《玄怪录》卷二"董慎"）

(79) 黄衣人又持往，须臾又有天符来曰："再省所申，甚为允当。府君可加六天副正使，令狐寔、程翥等并正法处置者！"（《玄怪录》卷二"董慎"）

例（78）（79），都是官府判案文牍，都应表示决断、命令的语气。

(80) 王禁私鬻华者！（《天圣广灯录》卷一）

(81) 且坐喫茶，举盐官，和尚唤侍者："将犀牛扇子来者！"云："扇子破也。"官云："扇子既破，还我犀牛儿来者！"（《古尊宿语录》卷九石门山慈照凤岩集）

据我们现有的资料看，元明时代是这类语气助词使用最为活跃时期。后面略分几项加以叙述。

甲，表示祈使、命令、催促等语气。

(82) 其余横枝儿的勾当，外做官的人每的勾当，隔越省官人每休奏者！（《元典章·圣政一"振朝纲"》）

(83) 除奉省部文字外，村坊里倚气力休安下者！无体例休取要饮食草料者！休教损坏桑枣果木等树者！（《通制条格》卷二八"扰民"）

(84) 我每名字里，交祝寿念经者！（《元代白话碑集录·[5]一二三八年凤翔长春观公据碑》）

(85) 燕王闻奏大怒，喝令金瓜武士："把下者！"（《七国春秋平话》卷中）

(86) 先剪头发齐眉，将新衣剥了，头面脱下，换与单薄衣服，贬在冷

宫者！（《前汉书平话》卷中）

（87）当先一人，茜红巾，熟铜甲，开山斧，高声叫曰："留下买路钱者！"（《三国志平话》卷中）

（88）红娘，看热酒，小姐与哥哥把盏者！（《西厢记》二本三折）

（89）小校过来，将那老子与我打着者！（《哭存孝》二折）

（90）〔张千做打科云〕你招了者！招了者！（《留鞋记》三折）

据后文包公说，"既是你的鞋儿，快招了罢"一语，"者"相当于助词"罢"。

（91）那天门天将，大小吏兵，放开路者！（《西游记》四回）

（92）呸！胡说！去守丹炉者！（《蕉帕记》二十出）

（93）中军督同众将，撤开连环甲马者！（《偷甲记》七出）

（94）剖龟童儿，立时与我剖开者！（《镜花缘》四五回）

（95）天尊发落道："尔等此番入世，务要认定自己行藏，莫忘本来面目。可抬头向天人宝镜一照者！"（《儿女英雄传·缘起首回》）

在元、明间的资料里，平话小说和元杂剧中，有较多的使用。

乙，表示请求或建议语气。

（96）楚王问诸将："赐那个将军为正先锋？"项梁奏曰："愿与秦斌为正先锋，景耀龙为副先锋者！"（《秦併六国平话》卷上）

（97）姐姐，且看红娘面，饶过这生者！（《西厢记》三本三折）

（98）兀那个老儿，你与我拿住那驴儿者！（《陈州粜米》三折）

（99）留着我哥哥侍奉母亲，杀了小生者！（《赵礼让肥》三折）

（100）哥哥，咱和你是同心共胆的好朋友，饶过我者！（《马陵道》四折）

（101）母亲，嫁了你孩儿者！（《金线池》一折）

（102）且请祖公公将惹祸缘由细说一番者！（杨潮观《吟风阁杂剧·韩文公雪拥蓝关》）

（103）我每一齐捱进去，坐下听者！（《长生殿》三八出）

丙，表示嘱咐语气。

（104）我有七年囚阻，众文武不得来见我。……众文武并吾子，皆听吾言者！（《武王伐纣平话》卷中）

（105）学究分付张角名方，"医治天下患疾，并休要人钱物。依我言语者！"（《三国志平话》卷上）

（106）您于帖木真根前好好做伴者！（《蒙古秘史》卷四）

（107）你则在这里者！等我报伏去。（《单刀会》三折）

（108）俺今日将莺莺与你，到京师休辱末了俺孩儿，挣揣一个状元回来者！（《西厢记》四本三折）

（109）叔叔是必记心者！奴这里专候。（《金瓶梅》一回）

（110）佛印说出八个字来，道是："逢永而返，逢玉而终。"又道："学士牢记此八字者！"（《古今小说》卷三十）

丁，表示意愿或决心。

（111）我去奏父王，教妳母去东宫者！（《武王伐纣平话》卷上）

（112）袁达高呼："石丙来者！与吾决死！"（《七国春秋平话》卷中）

（113）我招了者！是俺丈夫裴炎杀了王员外家梅香，图财致命来。（《绯衣梦》三折）

（114）我有一个小曲儿唤做《醉太平》，我唱来与你送行者！（《潇湘雨》二折）

（115）可名宝林，与你摩顶受记者！（《西游记》二本五出）

（116）既是明日要去，且让我今晚捉了妖精者！（《西游记》八一回）

（117）你看茫茫前路，雪渺模糊，且自崎岖前去者！（杨潮观《吟风阁杂剧·韩文公雪拥蓝关》）

语气助词"者"的上述四项用法，其词汇意义大抵都相当于"罢"。与此相比，词汇意义相当于"呵"、表示慨叹语气的"者"却是很难得见。如：

（118）大王，有相亏者！英雄如大王，而不能得天下；文章如杜默，而进取不得官。好亏我！（《夷坚丁志》卷十五"杜默谒项王"）

此例是对人间不平或怀才不遇的呼喊。究其意，"好亏我"一语后面似省去了一"者"字。若如此，杜默的话则是："大王，有相亏者！……；……好亏我者！"这样，就更好理解了。

（119）俺两口望着东岳爷参拜，把三岁喜孙，到三月二十八日，将纸马送孩儿焦盆内做一炷香焚了，好歹救了母亲病好。上圣有灵有圣者！（《小张屠焚儿救母》一折）

例（119）出《元刊杂剧三十种》。这一例是对岳神的呼喊，意为：我把孩儿当炷香焚烧给您了，您可要有灵有圣啊！

本节我们对语气助词"者"表示疑问语气的使用情况作了大致的梳理，然后叙述它表示祈使、请求等语气的使用情况。后一种用法，应当是前一种用法的合理拓展。两者的不同只在于语气之差别，本质上都是语气助词。语气的不同，反映在使用上的差别就是，表示疑问的"者"通常要求有相应的语气副词相配合，而后者只要求与句子的语气相协调而已。表示疑问的语气助词，是古代汉语用法的沿袭，而表示祈使、请求的"者"，初始虽见于六朝，其使用主要在唐宋以后。它们分别代表了两个历史层次。从我们后人的眼光看，分别体现了书面和口语。它们都终止于近代汉语时期。

第六节　语气助词"咱"

本节讨论语气助词"咱"。在汉语的语气助词系统中，看起来，"嗏"、"唦"（有时作"沙"）与"咱"似乎属于一类。① 它们有相对一致的使用时期，即宋代到元、明期间；词汇意义与语法职能有相类之处；它们有相对一致的使用范围，即词曲。例如：

嗏：

好箇主人家。不问因由便去嗏。病得那人妆晃了，巴巴。系上裙儿稳也哪。（辛弃疾《南乡子》词）

见人不住偷睛抹，被你风魔了人也嗏！（《董解元西厢记》卷一［香风合缠令］）

先生嗏，你今日不合死，明日我来杀你。（《任风子》二折）

唦：

意思里、莫是赚人唦？（黄庭坚《归田乐令》词）

芳草池塘，绿阴庭院，晚晴寒透窗纱。□□金锁，管是客来唦。（李清照《转调满庭芳》词）

张生闻语，连开门连问："管是恁姐姐使来唦？"（《董解元西厢记》卷四［胜葫芦］）

妹子呵，你好不知福，犹古自不满意唦？（《拜月亭》四折）

由于"嗏"、"唦"的整体使用频率并不高，无从作更详细的对比，我们也不以它们为讨论的对象，仅举数例如上。本节以"咱"为对象，对它在汉语史上的用法作平面的描述。

（一）语气助词"咱"，源起于宋词。但我们迄今所见到的，亦只有下面两个用例而已：

（1）引调得、甚近日心肠不恋家。宁宁地、思量他，思量他。两情各

---

① 吕叔湘先生曾说："是著，者，咱三字之为同一语助词之异式，已无疑义。"见《汉语语法法论文集》（商务印书馆 1984 年版）《释景德传灯录中在、著二助词》一文。

自肯，甚忙咱？（黄庭坚《归田乐令》词）

(2) 相逢比著年时节，顾意又争些。来朝去也，莫因别箇，忘了人咱？
（辛弃疾《眼儿媚·妓》词）

在宋代的这两个用例里，都含有诘问的口吻。两例的"咱"，都出现在韵脚上。这些特点也在金代词曲的用例中能体现出来。

在金代的《董解元西厢记》里，可以看到如下若干用例：

(3) 秦楼谢馆鸳鸯幄，风流稍似有声价。教惺惺浪儿每都伏咱[1]！不曾胡来，俏倬是生涯。（《董解元西厢记》卷一［醉落魄缠令］）

这是演艺人（或即作者）在开场白中夸口作秀的话。除此例可以提出疑义外，《董解元西厢记》的下面数例，都是不容疑义的语气助词：

(4) 手托着腮儿见人羞又怕，觑举止行处管未出嫁。不知他姓甚名谁，怎得箇人来问咱？（《董解元西厢记》卷一［墙头花］）

(5) 一箇走不迭和尚被小校活捽，諕得脸儿来浑如蜡滓，几般来害怕。绣旗底飞虎道："驱来询问咱！"（《董解元西厢记》卷二［玉翼蝉］）

(6) 恰正张生闷转加，蓦地红娘欢喜煞，又手奉迎他。连忙陪笑道："姐姐坐来么！"_{红娘曰："夫人使来，怎敢。"}○相国夫人教邀足下，是必休教推避咱。多谢解元呵！"（《董解元西厢记》卷三［赏花时］）

(7) 夫人可来夹衩，刚强与张生说话，道："礼数不周休怪呵！教我女儿见哥哥咱！"（《董解元西厢记》卷三［乐神令］）

(8) 手取金钗把门打。君瑞问："是谁家？""是红娘啰！待与先生相见咱！"（《董解元西厢记》卷四［胜葫芦］）

(9) 恁不做人，俺怎敢嗔他？自来不曾亏伊半恰。薄情的妈妈，被你刁镫得人来，实志地咱！（《董解元西厢记》卷五［玉翼蝉］）

我们把上面宋金时期有限的九个用例归纳一下，语气助词"咱"，无外乎在句末表示疑问、祈使、感叹等几种语气。同时，我们看到，"咱"都在《广韵》"麻"韵系的音韵地位上。《中原音韵》置于"家麻"韵阳平声。因此，它的音读应是［za］，而不是［zan］[2]。

在金代的词作中，"咱"尚有下面一例：

(10) 人生七十，罕希寿数。我今四旬有五。一箇形骸，便是七分入土。其余晚霞残照，遇风仙、才方省悟。好险咱！争些儿失脚，

---

① 凌景埏《董解元西厢记》校注："咱——这里是语尾助词，用法同'者''着'，和一般作为自称词不同。"

② 咱，《盆儿鬼》一折、《救孝子》一折，音释：兹沙切。

鬼使拖去。(马钰《满庭芳》词)

此例的"咱"表示感叹语气。虽不入韵,仍应音〔za〕。

(二)到了元、明时期,语气助词"咱"承继了宋、金时期使用的特性,在曲的范围内,得到较为广泛的使用,得到相当程度的发展。所谓曲,指的是元代的戏曲、散曲、南戏,及明代乃至清代的传奇。进入了曲以后的语气助词"咱",到了元、明时期,反而在词作里面已经很难看到使用了。下面就"咱"在元、明时期的主要用项,条列举例于后。

甲,用于句中或句末,表示请求、建议、嘱咐、劝勉等语气。相当于"罢"。

(11) 敢把征鞍跨,兵器惯曾拏,甲马营中是俺家。谢元帅相留纳,请稳坐安然受咱!容参拜阶墀下。(《风云会》一折〔醉扶归〕)

(12) 哥哥也,且住咱!将妹子怎生提拔。你是个洛伽山观世的活菩萨,这里不显出救人心待怎么?(《灰阑记》三折〔刮地风〕)

(13) 贫道山间林下,物外之人,无心名利。望天使回朝,方便回奏咱!(《陈抟高卧》二折)

(14) 郎中,仔细的评这脉咱!(《拜月亭》二折)

(15) 有几桩事,陛下索从微臣奏咱!(《霍光鬼谏》三折)

(16) 张生病重,我有一个好药方儿,与我将去咱!(《西厢记》三本四折)

(17) 长江大海龙神圣众,可怜孤子咱!(《西游记》一本二出)

(18) 冤屈也!爷爷与孩儿每做主咱!(《陈州粜米》二折)

(19) 员外,明日是清明节令,俺收拾下祭礼,请小叔叔一同上坟去咱!(《杀狗劝夫》楔子)

(20) 孩儿,道与交安排酒者,嗻看街楼上赏雪咱!(《汗衫记》一折)

(21) 婆婆,咱今夜子这里宿睡,明早五更时赶烧头炉香咱!(《看钱奴》三折)

(22) 你如今走投没路,我和你去李家叔叔讨口饭儿吃咱!(《东堂老》三折)

(23) 婆婆,我如今住庄上去计点,怕小梅分娩时分,若得个儿孩儿,千万存留了咱!(《老生儿》楔子)

例出《元刊杂剧三十种》本。

(24) 细寻思再想咱,好前程不是耍。由你彻骨的娘透了的滑,你那疑惑心则有半米儿争差,可敢错系了绿杨门外马。(曾瑞《一枝花·买笑》套数)

乙，用于句中或句末，表示祈使、命令、申斥等语气。

(25) 刘解元你且住咱！我可是问你喉。你在我根前无那半星儿实话，你看我恰便似浪蕊浮花。（《鸳鸯被》二折 [滚绣球]）

(26) 便做道搂得慌呵，你也索觑咱！多管是饿得你个穷神眼花。（《西厢记》三本三折 [沉醉东风]）

(27) 你休着您爷心困，莫不是你眼花。他莫不是共街坊妇女每行踏。这言语是实么？你休说慌咱！（《忍字记》二折 [牧羊关]）

(28) 今世里谁是长贫久富家。哎，你个儿也波那，休学这令史咱！（《救孝子》一折 [天下乐]）

(29) 把稍公快唤咱！恐家中厮捉拿。……快先把云帆高挂，月明直下。便东风刮，莫消停疾进发。（《倩女离魂》二折 [幺篇]）

(30) 主公，看这一阵厮杀咱！众将军每，小心在意咱！（《博望烧屯》三折）

(31) 我这里从头说，你那里试听咱！有吴融八韵赋自古无人压。有杜甫五言诗盖世人惊讶。有李白一封书吓的那南蛮怕。你只说秀才无路上云霄，却不道文官把笔平天下。（《红梨花》一折 [寄生草]）

(32) 裴中立，你与先生相见咱！（《裴度还带》二折）

(33) 你把这钞使完了时，再没宅子好卖了。你自去想咱！（《东堂老》一折）

(34) 一个潜身曲槛未撑达，一个背立湖山下。休得慌咱！多应穷汉饿眼生花。（《南西厢》① 二三出 [前腔]）

前腔，指 [驻马听] 曲牌。

(35) _{叔叔}此意你知么？伊休诈，_把这杯残酒饮干咱！（《义侠记》八出 [前腔]）

前腔，指 [古轮台] 曲牌。

丙，用于句中或句末，表示疑问语气。包括询问、诘问、选择问等语气。

(36) [末云]有甚言语嘱咐小生咱？[旦唱]你休忧文齐福不齐，我只怕你停妻再娶妻。休要一春语雁无消息。（《西厢记》四本三折 [二煞]）

(37) [杨兴祖云]母亲,还有甚言语教您孩儿咱？[正旦唱]儿呵，你不索问天问天买卦。也只为人消人消的这物化，弄的我母子分离天一涯。（《救孝子》一折

---

① 　这里指明人崔时佩、李景云以南曲改编的《西厢记》，俗称《南西厢》。

[青哥儿])

(38) 太子问臣声声唤子甚那？有几处热疖坏疮发。微臣里忍痛难禁，声疼不罢。臣这疼痛如刀刃扎。你又待损剐、损剐些肉咱？你直待咽咬煞微臣罢。(《介子推》三折[朝天子])

(39) 哦，是那费无忌了。虽然他百般谗谮，难道将军有如此大功，楚王也不做主咱？(《伍员吹箫》三折)

(40) 褪咱？臖咱？拟不定真和假。韩香刚待探手拿，小胆儿还惊怕。柳外风前，花间月下，断肠人敢道么？（周文质《朝天子》小令)

(41) 供养已毕，请问吾师如何行法召魂咱？(《长生殿》四六出)

丁，用于句中，表示提顿语气。

(42) 怎的教酪子里题名单骂，脑背后着武士金瓜。教几筒卤莽的宫娥监押，休将那软款的娘娘惊谑。你呀，见他问咱，可怜见唐朝天下。(《梧桐雨》三折[太平令])

(43) 这生我那里也曾见他，莫不是我眼睛花。手抵着牙儿是记咱。不由我心儿里相牵挂，莫不是五百年欢喜冤家。何处绿杨曾系马，莫不是梦儿中云雨巫峡。(《两世姻缘》三折[调笑令])

(44) 俺主人贪疆土自是伤风化，你不合将他天灵盖饮流霞。我说与你众人试鉴察咱，襄子这的是你毒害那他独霸？(《豫让吞炭》三折[酒旗儿])

(45) 则见满目春光景物夸。我在这月明中闲甎咱，又不知风吹柳絮可也是舞梨花。却被这海棠枝七林林将头巾来抹，又被这蔷薇刺急颤颤将绌衫来挂。(《盆儿鬼》一折[油葫芦])

(46) 你要我饶你咱，再对星月赌一个誓。(《调风月》三折)

(47) 姐姐，我问你咱，俺衙内大财大礼娶将你来，指望百年谐老，你只是不肯随顺，可是为何？(《生金阁》二出)

(48) 诵诗书稚子无闲暇，奉甘旨萱堂到白发，伴辕轳村翁说一会挺膊子话。闲时节笑咱，醉时节睡咱，今日里无是无非快活煞。(字罗御史《一枝花·辞官》套数)

(49) 俺学唱咱，学说咱，谁敢和前辈争高下。赵真真先占了头名榜，杨玉娥权充个第二家①。替佛传法，锣敲月面，板撒红牙。(杨立

---

① 作者序曰："张五牛商正叔编双渐小卿，赵真卿善歌，立斋见杨玉娥唱其曲，因作《鹧鸪天》及《哨遍》以咏之。"见隋树森编《全元散曲》，中华书局1964年版，第1271页。

斋《哨遍》套数)

（50）那老子彭泽县懒坐衙，倦将文卷押，数十日不上马。柴门掩上咱，篱下看黄花。爱的是绿水青山，见一簡白衣人来报，来报五柳庄幽静煞。(无名氏《红锦袍》小令)

戊，用于句中或句末，表示感叹语气。

（51）呀，怎知今日呵得遇这荣华。则俺个苍颜皓首一庄家，也会绯袍象简带乌纱。孩儿，你可也喜咱！不枉了从前教你学兵法。(《薛仁贵》四折〔喜江南〕)

（52）我则见落日平林噪晚鸦，天涯，何处家。则俺那弟兄每日月好是难过咱！母亲也年纪高，觔力乏。被这些穷家活把他没乱煞。(《赵礼让肥》一折〔天下乐〕)

（53）自从打了二贼，一卧二旬而不起。好是烦恼人咱①！(《霍光鬼谏》三折)

（54）早是没外人，阿的是甚末言语那，这个妹子咱！(《拜月亭》三折)

（55）爷爷不与孩儿做主，谁做主咱！(《陈州粜米》二折)

（56）老的，眼见一家儿烧的光光儿了也，教俺怎生过活咱！(《合汗衫》二折)

（57）(婆)孙二，你回来了。欢喜咱！(末)欢喜甚的？(婆)你的哥哥娶嫂嫂。(《小孙屠》八出)

（58）姐姐，你欢喜咱，拏将你仇人来了也！(《争报恩》四折)

（59）孩儿幼小，倘或扭折他胳膊，爷爷就打死妇人，也不敢用力拽他出这灰阑外来。只望爷爷可怜见咱！(《灰阑记》四折)

（60）笑指梅香骂，檀口些娘大。可怜咱！肯承搭，羞弄香罗帕。小桃花，鬓边插，即世儿风流俊煞。(张可久《湖上书所见》小令)

己，用于句末，表示说话人具有某种意愿的语气。

（61）为甚媒人，心无惊怕。赤紧的夫妻每，意不争差。我这里蹑足潜踪，悄地听咱。一个羞惭，一个怒发。(《西厢记》二本三折〔锦上花〕)

（62）这都是一般儿的执象简戴乌纱，好着我眼花。眼花只得偷晴抹，去向那文武班中试寻咱。(《青衫泪》四折〔叫声〕)

---

① 例出徐沁君《新校元刊杂剧三十种》。徐原校云："咱"原作"自"。今改。钟按，"自"于文意不谐，当形误。改"咱"是。

（63）霍山、霍禹造反，须索奏知天子去咱！（《霍光鬼谏》四折）

（64）时遇雪天，身上无衣，肚中无食，特来问爹爹娘娘讨些残汤剩饭咱！（《合汗衫》一折）

（65）路旁有一座山神庙儿，我且入这庙儿里略歇息咱，待雪定便行。一箇草铺儿，我且在这上面坐咱。走这一日，觉我这身子有些困倦，我权且歇息咱。将这玉带放在这藁荐下，贴墙儿放着，我略合眼咱。（《裴度还带》三折）

（66）哥哥，不干你事，是我杀了人来，我和这两个贼折证咱！（《杀狗劝夫》四折）

（67）风摆檐间马，雨打响碧窗纱。枕剩衾寒没乱煞，不着我题名儿骂。暗想他，忒情杂，等来家，好生的歹斗咱！我将那厮脸儿上不抓，耳轮儿揪罢，我问"你昨夜宿谁家"。（无名氏《三番玉人楼》小令）

（68）俺元帅破敌成功，未及受赏，先已薨逝，特将讣音报与二位将军知道。这里正是营前，不免进入去咱！（《玉镜台记》二四出）

庚，用于称谓、动词短语之后，表示呼唤语气。

（69）先生咱，子不我要杀你！趁着这一弄儿景，到来杀你呵！（《任风子》二折）

（70）这家那家叫吖吖，"街坊每救火咱！"几家瓦厦，忽剌剌被巡军都曳塌。_{天呵!}苦痛杀！真加人唾骂。（《汗衫记》二折［青山口］）

例出徐校本《元刊杂剧三十种》本。《元曲选》本《合汗衫》相关文字作"街坊每救火那"。

（71）风浪起怎生奈何？救人咱！（《竹叶舟》三折）

（72）师父，救弟子咱！（《竹叶舟》四折）

上面二例，均出《元刊杂剧三十种》本。例（71）相关文字，《元曲选·竹叶舟》三折作"哎哟，船坏了也。渔翁，你救我咱！"语气稍有出入。

（73）叫化咱！叫化咱！可怜见俺许来大家私，被一场天火烧的光光荡荡。（《合汗衫》三折）

《看钱奴》三折"叫化咱！叫化咱！可怜见俺无揸无倚，无主无靠"，与此同。

上面我们归纳助词"咱"所表示的七种语气，可窥知它的基本面貌。这些用例都出自元、明，乃至清朝时期"曲"的范围，其中主要包括元曲、散曲，南戏、传奇已经少见。因此我们可以说，语气助词"咱"是宋元明间的词曲语词，与通常所谓的口语词性质不一样。除了曲词之外，不少用例见于宾白，仍属"曲"的范围。

元、明时期，由于曲在民众中的广为流传，或许受此影响，在"曲"的范围之外，也偶尔可以见到语气助词"咱"的用例。如：

(74) 大夫休怒，且商议咱！（《七国春秋平话》卷上）

(75) 乐毅曰："论武，你更不敢出战。交你试看我阵咱！"乐毅布数阵，孙子都识。孙子言曰："我布一阵你试看咱！"（《七国春秋平话》卷中）

(76) 罢，姐姐！他把与人，须饿了他，不饿我，与他遮盖咱！（《型世言》十四回）

这样的用例，在明、清白话小说中很是稀罕。这就与元曲的范围内较为广泛使用的史实，形成鲜明的对照，明显出"咱"自身的词汇特性。

(三) 根据前面叙述的"咱"在使用上的特性，我们界定语气助词"咱"是个词曲语汇。实际上，到了元、明时期，词里面已经很难看到它的使用，仅见于曲的范围了。我们认为，"咱"的存在与使用过程是："咱"首先在宋词中出现，由于词与曲词具有很多相一致之处，"咱"进入曲词。《董解元西厢记》里的语气助词"咱"全都在曲词里、而且全都入韵，就是强有力的说明。在这个基础上，到了元杂剧再扩展使用到宾白里面，由宾白偶尔使用到小说。历史事实告诉我们，"咱"起于宋词，但它的使用随着元曲盛衰而盛衰，这就是它的主要历程。明、清传奇以及曲之外的少数用例，仅是末流而已。

在汉语语气助词系统里，如此依附于一种文体而存在的现象，还是极少见的。例如语气助词"休"，它在词曲里也有较高频率的使用，但它在明代的传奇与小说中，仍不乏用例。这是"休"与"咱"的异同处。这种异同，是否与它们的来源有关，尚无从判断。

我们在本节开头提到，"咱"与"嗺"、"唦"像是一类语气助词。从使用上看，它们没有相互瓜葛之处。相反，"咱"与语气助词"者"，具有相通之处。下面看几组实际用例：

(77) [净云] 我小人知罪了，只望上圣饶过些儿咱！（《盆儿鬼》二折）

　　　[净云] 上圣，你则是可怜见，饶过我者！（《盆儿鬼》二折）

这一组用例，语言环境，即时间、地点、所涉内容均相同，说话者是同一个人，都是请求的语气，其之使用，可证"咱"、"者"语法职能一致。

(78) [仁宗云] ……前日我查访寇承御所在，说已死过多年了，只有

你还在。你可将上项的事，备细说与寡人听咱！（《抱粧盒》四
折）

[仁宗云]……我闻得父皇在御园中怎生打金弹来。从头至尾，
说与寡人听者！（《抱粧盒》四折）

这一组用例，除了祈使语气之外，与上一组用例大致相同。在两组用例
里再清楚不过地显示，"咱"、"者"作为语气助词，具有相同的表达功能，
在语法职能上具有相通的特性。再如：

(79)（正末云）众军拿下者！既为元帅，军有常刑。推转者！（驾上云
了）（正末云）且留下者！（向驾云）我王万岁万万岁！想古往
今来，多少功臣名将，谁不出于贫寒碌碌之中。听微臣说咱！
（《追韩信》三折）

例中"且留下者"、"听微臣说咱"，都是向皇上求情的话。

(80) 哥哥可怜见，只饶过您兄弟咱！（《马陵道》四折）

哥哥，嗜和你是同心共胆的好朋友，饶过我者！（《马陵道》四
折）

这种语气的"者"、"咱"，犹如"罢"。如："哥哥，我庞涓知罪了也。
可怜见我一世为人，只是饶了我罢！"（《马陵道》四折）其余都如是。

上面事实表明，"咱"与"者"在语法位置上，因音读相近或因方言而
通用，不足为奇。"者"作为疑问语气助词使用，是很早的事情。"咱"在
宋、金时期与"者"发生混用现象，当时"者"的音读尚未发生变化。宋
元音变，"者"的音读发生了变化，读入《中原音韵》的"车遮"韵。而
当"则"从促音变成舒声时，就当时的语音而言，似乎与"咱"、"者"在
使用上也可以发生瓜葛。例如：

(81) [小末上]……是甚么东西，绊了我一交。我试看咱。[做看科]
原来是梅香。你起来！怎么湿挞挞的？有些月色，我试看则。两
手鲜血，不知甚么人杀了梅香！这事不中，我跳过墙来，我走还
家去者！（《绯衣梦》二折）

(82) 早来到也，咱见相公去则。（《云窗梦》四折）

(83) 小生来到府前，须索过去则。（《云窗梦》四折）

如上述三例所示，"咱"、"者"、"则"在某种情况下，如表示意愿时，
是可以互通的。这无疑具有某种启示意义。就是说，宋、元间"咱"、
"者"、"则"之作为语气助词，由于语音上有相近之处，导致使用上相互影
响，出现语法上有类似的职能，似乎不是不可能的。

第七节　动态助词"讫"

在汉语历史上，在表示动态的助词"毕"、"了"、"竟"、"讫"、"已"一族词之中，"讫"是除"了"之外，在使用方面，出现得相当早，终止得却相当晚的一个。就这一形体而言，有动词、副词、介词等各种用法，本节讨论它的动态助词来源和用法。在汉语相当长的历史时期内，这种用法的"讫"，应当是基本词汇之一。

在汉语研究史上，"讫"的使用很早就被注意到了。清人刘淇在《助字辨略》卷五"讫"条说：

《魏志·邯郸淳传》注："诵俳优小说数千言讫"。此讫字，已也，毕也。

就是说，"讫"在"诵"的动宾短语后面，表示行为终了。

本节我们讨论完成动词到动态助词的变化①。

（一）《说文》：讫，止也。《汉书·谷永传》"继嗣蕃滋，灾异讫息。"颜师古曰："讫，止也。"讫息，就是止息。表示终止，是动词，这是它的本义。既是动词，它可以单独作谓语，如："平南事讫，牂牁、兴古獠种复反。"（《三国志·蜀书·张嶷传》裴松之注引《益部耆旧传》）；它也可以要求有补语。如："今天既讫我汉命，乃眷北顾。"（《三国志·魏书·文帝纪》裴松之注引《献帝传》）当"讫"置于动词或动词短语后面，表示行为动作终了时，它就成为动词或动词短语的补充成分，成为完成动词。在词汇意义上可以用来比对的有"毕"。例如：

平朝出求食，逢饿贼，将亨〔之〕，平叩头曰："今旦为老母求菜，老母待旷为命，愿得先归，食母毕，还就死。"因涕泣。贼见其至诚，哀而遣之。平还，既食母讫，因白曰："属与贼期，义不可期。"遂还诣贼。（《后汉书·刘平传》）

在动补短语"食母"之后，先后使用"毕"和"讫"，都是完成动词。又如：

至人定烧香讫，本家恨不得经。（《冥祥记》）

《太平广记》卷一一十"周珰"条引文，"讫"改为"毕"，也都是一个意思。

---

① 关于"完成动词"的说法，参见本人《近代汉语完成态动词的历史沿革》一文。《语言研究》1995 年第一期。

　　当"讫"置于动词之后，表示行为动作发生或实现时，作为动态助词，词汇意义上可以用来比对的有"了"。例如：

　　才然说罢，晁盖大怒，喝叫："孩儿们！将这两个与我斩讫报来！"……晁盖道："……这厮两个把梁山泊好汉的名目去偷鸡吃，因此连累我等受辱……孩儿们，快斩了报来！"（《水浒传》四七回）

　　例中先后用了"讫"和"了"，其语法用途与词汇意义也都是一致的。上面的两个用例中的"讫"，代了它的历史与变化。我们下面分别简略讨论作为完成动词的"讫"和作为动态助词的"讫"在历史上的使用。

　　我们首先讨论作为完成动词的"讫"在历史上的使用。下面请看一些用例：

（1）时天暑热，（曹）植因呼常从取水，自澡讫，傅粉。（《三国志·魏书·王粲传》裴松之注引《魏略》）

（2）使下议讫，书版署置，更使所亲信代领诸军。（《三国志·魏书·钟会传》）

（3）苞葬讫，谓乡人曰："食禄而避难，非忠也；杀母以全义，非孝也。如是，有何面目立于天下！"遂欧血而死。（《后汉书·独行传·赵苞》）

（4）得茧百二十头，大如瓮。每一茧，缲六七日乃尽。缲讫，女与客俱仙去，莫知所如。（《搜神记》卷一"园客"）

（6）祭讫，掘棺出，开视，女身体貌全如故。（《搜神后记》卷四"徐玄方女"）

（7）孙兴公、许玄度共在白楼亭，共商略先往名达。林公既非所关，听讫，云："二贤故自有才情。"（《世说新语·赏誉》）

（8）李元礼谡谡如劲松下风……陈仲弓初令大儿元方来见，膺与言语讫，遣厨中食。（《殷芸小说》）

（9）怀拜受讫，乃于其庭跨鞍执矟，跃马大呼。（《魏书·源贺传》附思礼）

上面是魏晋六朝的部分用例。

依据这些用例稍加归纳，完成动词"讫"的使用，凸显出几个特点：

1. 置于动词谓语后面，表示该行为或动作终了。

2. "讫"处于前一分句之末，有提起后一分句的作用；后一分句回答接下来发生了什么。

3. 前一分句缀"讫"的动词，通常是不及物动词。

下面再略举若干用例。

（10）祭讫，灵车欲过，使者请曰："对数未尽。"（《封氏闻见记》卷
　　　六"道祭"）

（11）（张）说谢讫，便把毛仲手起舞，嗅其靴鼻。（《朝野佥载》卷
　　　五）

（12）（玄）咒讫，令备棺椁，逡巡而至。（稗海本《搜神记》卷六）

（13）拜讫，俄有一吏当庭唱曰："诸郎君就坐，只东双西。"（《唐摭
　　　言》卷三"期集"）

（14）茅山使者及异笟人在野外处置讫，老夫为郎亦自刎。（薛调《刘
　　　无双传》）

（15）至五更后，老人睡起，自盥洗讫，怀中取一葫芦子，大如拳。
　　　（《原化记·潘老人》）

（16）敏求趋拜讫，仰视之，即故柳澥秀才也。（《河东记·李敏求》）

（17）此饼犁地两遍熟，概下种耪耢收刈打飏讫，磑罗作面，然后为
　　　饼。（《朝野佥载》卷五）

（18）童子点茶来，师啜讫，过盏托与童子。（《景德传灯录》卷十八杭
　　　州龙册寺道怤禅师）

（19）官人踞床坐，吏从旁持簿，指姓名叫呼，尸辄起应……点讫，呵
　　　道去。（《夷坚志补》卷十"王宣宅借兵"）

　　在上面所举的用例中，后一分句都表示随之发生的行为。除此之外，后
一句也可以是表示某种情形或状态的出现。例如：

（20）静能曰："此混沌初分白蝙蝠精。"言讫，七孔血流，偃仆于地。
　　　（《独异志》卷下"张果老"）

（21）项即厉声呼："天有命，杀黄龙者死！"言讫，湫水尽溢。（《太
　　　平广记》卷四二一"任项"）按，原注出《宣室志》。

　前文有云："言毕，湫当满。"

（22）察见纸钱烧讫，皆化为铜钱。（《河东记·辛察》）

（23）季卿啜讫，充然畅适，饥寒之苦，洗然而愈。（《太平广记》卷七
　　　四"陈季卿"）按，原注出《慕异记》。

　　后一分句情形或状态的出现，有的与前一分句存在某种（如因果）联
系，有的却不尽然，如"言讫，忽不见"、"食讫，夜已深"之类。

　　动词下接完成动词"讫"的形式，直到元明清间还能见到。如：

（24）第二日与荡州，见太守具言讫，一同去羑里城内，见监囚人冯
　　　凶。（《武王伐纣平话》卷中）

（25）众人依其言，捞起尸首埋讫，放了水灯回去。（《包龙图判百家公

案》五十回)

(26) 语讫，郝霍然如梦醒，狼狈遁去。（《阅微草堂笔记》卷四"滦阳消夏录"）

"讫"既可以用在句中，也可以用于句末，表示行为动作终了。这时，前面常有副词"已"与之相呼应。例如：

(27) 太常令人发坛上石，尚书令藏玉牒已，复石覆讫，尚书令以五寸印封石检。（《后汉书·祭祀志》上）

(28)（帝）又云："若尔，须作诏书。"侍郎崔劼、裴让之奏云："诏已作讫。"（《魏书·孝静纪》）

(29) 悉严备已，白太子言："圣子当知，今已驾讫。"（《法苑珠林》卷十"出游部"）

(30) 于窗中窥之，惟有脑骨头颅在，余并食讫。（《太平广记》卷三六一"泰州人"）按，原注出《朝野佥载》。

(31) 向暮，一婢前曰："女郎已艳粧讫。"（《宣室志》卷十"郑德楙鬼婚"）

(32) 李未合来，昨追时已检讫。（《太平广记》卷三八十"郑洁"）按，原注出《博异记》。

用于句中的"讫"，在语法上有提起后一分句的作用；用于句末的"讫"，具有成句的作用。它们在词汇意义上是一致的。

末了须提一下，当带有"讫"的动词是单音节时，语句有三种表现形式：

1. "讫"前后均为单音节动词，没有语义上的关联：言讫觉。（《独异志》卷中）；语讫礼，礼讫又语。（《酉阳杂俎》前集卷五"怪术"）

2. "讫"前后均为单音节动词，后一个动词前有"乃"或"而"起关联作用：产讫而死。（《独异志》卷中）；食讫而去。（《朝野佥载》卷四）；言讫而殁。（《封氏闻见记》卷三"铨曹"）

3. "讫"后的成分是双音节词组或动词短语：书讫使读。（韩愈《石鼎联句·序》）吊讫出门。（稗海本《搜神记》卷一）谢讫复坐。（《太平广记》卷三四三"窦玉"）投讫巫还。（《太平广记》卷四二一"萧昕"）

这些都是使用中出现的形式，与"讫"本身的语法意义与词汇意义无关，而且时间上也比较早。

（二）上面我们叙述了接在动词后面的完成动词"讫"，当它处于前一分句之末时，具有提起后一分句的作用。当适应语意的需要而要求动词有宾语或补语时，"动＋讫"就会成为"动＋宾（或补）＋讫"的格式。这一格式，既可以用于前一分句末，也可以置于整个句子末了，然而，语法位置的不同，它们所起到的语法作用是不同的。下面分别加以叙述。

甲，"动＋宾（或补）＋讫"的格式，是一个古老的格式。当这个格式用于前一分句末了时，同样具有提起后一分句的作用。例如：

（33）奏事京师讫，当之部，时有黑龙见东莱。（《汉书·谷永传》）

（34）（娥亲）夜数磨砺所持刀讫，扼腕切齿，悲啼长叹。（《三国志·魏书·庞淯传》裴松之注引皇甫谧《列女传》）

（35）后三日，瑜请幹与周观营中，行视仓库军资器仗讫，还宴饮。（《三国志·吴志·周瑜传》裴松之注引虞溥《江表传》）

（36）日既暝，整服坐，诵《六甲》、《孝经》、《易》本讫，卧。（《搜神记》卷十八"刘伯夷"）

（37）平旦，至流水侧，从孔中引出五脏六腑，洗之讫，还内腹中。（《搜神后记》卷二"佛图澄"）

（38）（防）广敛母讫，果还入狱。（《后汉书·钟离意传》）

（39）先哭战亡将士，洗疮讫，夜还救（桓）宣。（《晋书·毛宝传》）

（40）府君西向坐，简视名簿讫，复遣（赵）泰南入黑门。（《冥祥记》）

（41）淹素能饮啖，食鹅炙垂尽，进酒数升讫，文诰亦办。（《南史·江淹传》）

（42）梁孝元在蕃邸时，撰西府新文史讫，无一篇见录者。（《颜氏家训·文章篇》）

以上是汉魏六朝时期的部分用例。

（43）发是语讫，持泪洗眼，眼遂复明。（《大唐西域记》卷三"南山窣堵波"）

（44）余读诗讫，举头门中，忽见十娘半面。（《游仙窟》）

（45）宣露布讫，舞蹈者三，又拜。（《封氏闻见记》卷四"露布"）

（46）绍喫三椀讫，判官则领绍见大王。（《太平广记》卷三八五"崔绍"）按，原注出《玄怪录》。

（47）又安置小磨子，硙成面讫，却收木人子于箱中，即取面作烧饼数枚。（《幻异志·板桥三娘子》）

（48）师来晨迁化，今日并无僧到。自出山口，唤得一人，令备香薪于山所讫，被衣而坐。（《祖堂集》卷九南岳玄泰和尚）

这种格式，一直使用到宋元间。如：

（49）高祖御楼阅其俘馘，宣露布讫，遣漆其头颅，函送契丹。（《旧五

代史·晋书·安重荣传》)

(50) 有一士人，读《周礼疏》，读第一板讫，则焚了。(《朱子语类》卷十一)

(51) 一夕，闭茶肆讫，闻外有人呻痛声。(《夷坚乙志》卷七"布张家")

(52) 阿计替引帝入州，见同知讫，乃令于驿舍安泊。(《宣和遗事》后集)

从上述引例中可以看到，两个分句之间，存在有事理上的某种联系，因此，常见后一分句首有表示承接的关联词，如：便，复，果，还，乃，却，等等。

当"讫"用在单音节动词下接单音节宾语或补语、而动宾短语或动补短语容易被人们当作一种行为看待时，这时"动＋宾（或补）＋讫"格式容易被视为相当于"动＋讫"的形式。例如：

(53) 徐凿堑安营讫，乃入谒，具陈其状。(《三国志·魏书·于禁传》)

"凿堑"、"安营"，都是动宾短语，各自也都是一种行为，可以看作一个动词。

(54) 其伴慧觐便为作呗讫，其神犹唱赞。(《搜神后记》卷五"清溪庙神")

(55) 下聘讫，女婿将数十人迎妇。(《梁书·诸夷传·波斯国》)

(56) 凡文案既成，勾司行朱讫，皆书其上端，记年月日，纳诸库。(《旧唐书·职官志》二)

(57) 时使者宣诏讫，师范盛启宴席，令昆仲子弟列座。(《旧五代史·梁书·王师范传》)

(58) 徐公立时签押讫，发了出去。(《海公大红袍全传》十一回)

诸如例中的"凿堑"、"安营"、"作呗"、"下聘"等等，都是动宾短语。由于汉语发展的双音节倾向，当它们又下接完成动词"讫"时，人们就容易把它们视为动词。

乙，"讫"用于句末，表示行为事态完成或终了。这时，前面时有"已"与之相呼应。例如：

(59) 雨三月尽，集三藏讫。(《大唐西域记》卷九"第一结集")

(60) 龟年善打羯鼓。玄宗问："卿打多少杖?"对曰："臣打五千杖讫。"(《大唐传载》)

(61) 左补阙毕乾泰，瀛州任丘人。父母年五十，自营生藏讫。(《朝野

金载》卷五）

（62）前月二十一日，卢台戍军乱，害副招讨宁国军节度使乌震，寻与
安审通斩杀乱兵讫。（《旧五代史·唐史·明宗纪》四）

（63）湖南王进逵以（何）敬真失律，已枭首讫。（《旧五代史·周
书·太祖纪》三）

（64）今已为经营，到诸监司，举状七纸皆足，并发放在省部讫。（《湖
海新闻夷坚续志》前集卷二"制使报德"）

（65）长老依言分付师兄师弟、徒子徒孙等讫。（《许仙铁树记》十二
回）

我们上面对完成动词"讫"的用法，予以条理，从中看到，"动 + 讫"
和"动 + 宾（或补）+ 讫"是它的基本使用形式。两个格式分别可以用于
句中和句末，表示行为动作或事态终了。完成动词"讫"是由动词使用过
来的，"动 + 宾（或补）+ 讫"可以视为其生存的标识。完成动词"讫"
的使用，可以上溯到汉魏，具有长远的历史。

（三）上面就完成动词"讫"的历史状况作了叙述。完成动词是动态助
词"讫"形成的根据。两者的关系，可以从如下几方面加以考察。

其一，缀于形容词后面对于判断动态助词"了"具有极其重要的意义。
通观汉语史上完成动词与动态助词之间的演变关系，这是其中之一，即某完
成动词能置于形容词后面，表示该词完成了向动态助词的演变。如"白了
少年头"的"了"，虽然当时仍然音读为［liao］，但语法意义上它已经是动
态助词了。

其次，如果某完成动词进入了"动 + 助 + 宾（或补）"的格式，该词也
应该算完成了向动态助词的演变。如"结果了他性命"、"吃了半个时辰"
（《水浒传》十回）的"了"，即是其例。

再次，某完成动词能下接在表示结果的动补短语后面，如"劝解住了"
（《红楼梦》三回）的"了"，亦如是。

根据这些原则，在近代汉语阶段，除"了"之外，尚有"罢"、"毕"、
"讫"，还有"却"，应该完成了自我的演变，进入了动态助词之列。下面简
略叙述动态助词"讫"的使用情况。

"讫"在使用过程中，很早就发生了变化，某些接在不及物动词后面的
"讫"，我们如果以"终了"义去释读它，就会产生一种不协调感。例如：

（66）尚书左丞郤诜与舒书曰："公久疾小差，视事是也，唯上所念。
何意起讫还卧，曲身回法，甚失具瞻之望。"（《晋书·魏舒传》）

所谓"起讫还卧"，指前文"以年老，每称疾逊位。中复暂起，署兖州

中正，寻又称疾"的行为。这里"讫"已不是表示行为终了，而是表示行为发生。

(67) 再寝，又梦前妇人曰："长官终不能相救，某已死讫，然亦偿债了。"（《太平广记》卷一三四"李明府"）按，原注出《报应录》。

(68) 群胥子乃散报景生之家，而景生到家，身已卒讫，数日乃苏。（《太平广记》卷三八四"景生"）按，原注出《玄怪录》。

此二例的"讫"，分别用在"死"、"卒"之后。从事理上说，这类动词只有发生，无所谓终了。因此，"死"、"卒"后面的"讫"，有如"矣"，有如"了"。

(69) 上官年十八，归于灵龟，继楚哀王后。本生具存，朝夕侍奉，恭谨弥甚，凡有新味，非舅姑噉讫，未曾先尝。（《旧唐书·列女传·上官氏》）

此例的"讫"，亦表发生。谓不敢在公婆"噉"之前先尝，"讫"不表终了。如此等等，"讫"在使用中词义有所变化，衍生出表示行为动作发生或实现的意义来。一直到明、清时期，仍能看到它的用例。如：

(70) 将几封问候书函，并辅廷回复父兄的书扎，俱付家人湛桂收讫。（《醒名花》十五回）

(71) 此盛德之事，惜乎我冷某未曾遇着，让仁兄做讫。（《绿野仙踪》二四回）

(72) 惠观民亲取自己布被，盖了兄弟脚头，倒关上门，自去睡讫。（《歧路灯》四十回）

类似这样接在不及物动词后面的用法，《歧路灯》不乏用例，如："当堂找补算明，各投遵依去讫"。（三一回）"锡匠怕南门落锁，挑起担儿走讫"。（三八回）等等，此类意义的"讫"，明、清时期通常都是助词"了"的职能范围。特别是明、清一些小说用于句末的"动+去+讫"形式中的"讫"，一般也都属助词"了"的职能范围。如：

(73) 右臣近奉圣旨，参定叶祖洽所试策，臣已与刘攽等定夺奏闻去讫。（苏轼《参定叶祖洽廷试策状》之二）

(74) 德崖领命去讫。（《英烈传》十一回）

(75) 下官即将这靴舍与二郎神供养去讫。（《醒世恒言》卷十三）

(76) （陆芳）赏了四个家人二百两银子，又与了一百两盘费，与他姑母回了极重的厚礼，打发回江西去讫。（《绿野仙踪》四回）

从上面的使用可以体会到，"讫"已经离开了终了义，表示行为动作发生、实现或完成，进入了动态助词的语法范畴。

　　除单纯用在动词后面之外，"讫"还可以用于句中，进入"动 + 讫 + 宾（或补）"的格式。例如：

（77）江南站户，俱係苗粮户内差拨，因而消乏，卖讫地，即将所卖之家，先行随地收税。（《元典章·户部五·典卖》）

（78）曹应定告接养义男曹归哥，因为逃走，不听教训是，应定用针笔于本司面上刺讫"曹"字一个。（《元典章·刑部三·不义》）

（79）阮有成状告本家驱口小沈，因放马，食践讫苏则毛等田禾。（《元典章·刑部六·保辜》）

（80）又三日前，打听得长安斩讫韩信也。（《前汉书平话》卷上）

（81）皆因吕厚谗言，杀讫骁将二人。（《前汉书平话》卷中）

（82）逢一村收一村，逢一县收一县，收讫州府不知其数。（《三国志平话》卷上）

如上数例，"讫"在宾语之前。

（83）曹归哥于闰四月初二日，拾起铁斧，于应定后颈上砍讫一下血出。（《元典章·刑部三·不义》）

（84）有兄穆八意嗔，将豁子口上打讫二拳。（《元典章·刑部三·不睦》）

（85）章相公开边时，及曾相公罢边时，共借讫三千七百万贯，至今未见朝廷支偿。（《宣和遗事》前集）

（86）于是按着桂姐，亲讫一嘴，才走出来。（《金瓶梅》五二回）

（87）两个干讫一度，作别。（《金瓶梅》八六回）

如上数例，"讫"置于补语之前。

与助词"了"一样，作为动态助词的"讫"，也能用于句末。例如：

（88）若却征碑文，以刊削为辞，当引使视其镌刻，仍告以闻上讫。（《太平广记》卷一七十"姚元崇"）按，原注出《明皇杂录》。

"闻上"，即后文所云"奏御"，"讫"即表示"闻上"的行为进行过了。

（89）秋胡行至林下，见一石堂讫。（《秋胡变文》）

（90）臣二月十三日，当日于宣政门外谢讫，便辞进发，今月一日到任上讫。（《唐摭言》卷十四"主司失意"）

（91）顷之，吏驰去报守恩曰："白侍中受枢密命，为留守讫。"留守大惊，奔马而归。（《旧五代史·周书·王守恩传》注引《五代史补》）

王守恩为京洛留守，周高祖怒其失礼，指派白文珂亟去代之。"为留守讫"，意即做留守了，或做了留守。

（92）本都即无当入籍秀才，但有一人平日称张秀才，已往桂阳军贩桐油讫。（《湖海新闻夷坚续志》卷二"桐油秀才"）

从前面的叙述可以看到，表示"终了"义的完成动词"讫"，自唐五代以来，词义逐渐发生一些变化，在动词、动宾或动补短语后面，可以表示行为动作或事态发生或实现。"讫"就逐渐由完成动词衍生出动态助词的用法。如果我们以动态助词"了"作为比照，就在近代汉语的范围内，尽管在相当长的时期内共时存在，但无论在使用的频率还是广泛性上，它们之间都有着很大的差距。

我们曾经提到，使用在形容词后面，对动态助词"了"具有标志性的意义。恰恰在这一点上，是"讫"的重要缺陷。缺少了形容词后面的使用功能，它的语法作用和社会交际的职能，就不可避免受到很大的局限，这或许就是其未能延续下来的重要内因。"讫"本身使用范围的狭窄性，加上"了"的强势使用，"讫"的消失，势所难免。

第八节　动态助词"定"

本节讨论动态助词"定"。这是近代汉语所特有的一种用法。对于它的助词语法功能，张相《诗词曲语辞汇释》卷三曾经有所表述。他说：

定，语助辞，犹了也；得也；着也；住也。用于动辞之后。

然后分门别类，征引诗词曲用例加以说明。这里仅对动态助词"定"之表示持续的语法职能的形成与使用，略加探讨。

（一）关于"定"，《说文解字》、《广韵》都义释为"安也"。《广韵》"径"韵例举地名"定州"解释说："帝尧始封唐国之城，秦为赵郡、钜鹿二郡，汉为中山郡，后魏置安州，又改为定州，以安定天下为名。"言之为"安定"者，谓该处乃战乱之地，欲"安"之"定"之也。"安"、"定"义同，自古而然。

从唐代始，"定"开始用到了动词后面，充当补充成分，表示行为动作的结果。例如：

（1）每两铠负一折足者以过，往入少卿院堂前，大小排列定。（《太平广记》卷三六五"郑绸"）按，原注出《灵怪集》。

定，在例中表示"排列"的结果。

（2）侧身入其中，悬磴尤险艰。扪萝蹑檬木，下逐饮涧猿。雪逗起白

鹭，锦跳惊红鳟。歇定方盥漱，濯去支体烦。（白居易《游悟真寺
诗》）

作者写跋涉艰险，到了百丈碧潭，歇息"定"了，这才洗濯一番，轻
松一下。此"定"是"歇"的结果。

（3）自别崔公四五秋，因何临老转风流。归来不说秦中事，歇定唯谋
洛下游。（白居易《赠晦叔忆梦得》诗）

此例的"定"，也是"歇"的结果。

当"定"被用在另外一些动词后面作为表示结果的补语时，还可以引
申出其他意义，比如相当于"住"。例如：

（4）万木云深隐，连山雨未开。风扉掩不定，水鸟去仍回。　（杜甫
《雨》诗）

掩不定，犹言"掩不住"。

（5）帝曰："何不奏达？"（宇文）达曰："表章数上，为段达扼定而不
进。"（韩偓《开河记》）

意谓段达扼住表章，不进呈皇上。

（6）叶磨数刅剑，惟有清风剪不断。根乱一窝丝，缠定白云寒不散。
（李之仪《为僧作石菖蒲赞》诗）

（7）彩舫红妆围定，笑西风、黄花班鬓。君欲问、投老生涯，醉乡歧
路偏近。（晁补之《万年欢·次韵和季良》词）

张相说，此犹云围住。

这个意义在宋以后的文献中常能见到。如：

（8）欲待踰墙，把不定心儿跳，怕的是月儿明，夫人劣狗儿恶。（《董
解元西厢记》卷四［碧牡丹］）

（9）普天下汉子尽做都先有意，牢把定自己休不成人。（《调风月》一折
［混江龙］）

（10）谎的我咬定下唇，掐定指纹，又被这个不防头爱撒的砖儿稳，可
是他便一博六浑纯。（《燕青博鱼》二折［油葫芦］）

（11）京城危急，（吕）布急领军回……比及到长安城下，贼兵云屯雨
集，围定城池。（《三国演义》九回）

（12）相公便紧守城池，差数十个人围定牢门，休教走了。（《水浒传》
六九回）

（13）（瑶琴）遂一念转了，忙来抱住殷尚赤。殷尚赤正要打第三拳，
绝他的性命，忽被瑶琴走来抱定，便说道："你劝什么，他有好
意到你来？"（《后水浒传》十四回）

此例对同一个人的同一个动作，先后用"抱住"、"抱定"来叙述，这对"定"的用法给了很清楚的注解。"住"、"定"都是动词"抱"的结果补语。

这类与"住"相通的"定"，很容易由此引申为表示行为动作或状态持续不变，成为与"着"具有相同语法职能的动态助词。关于这一点，我们从"定"在使用中所显示的特性中可以看到。

第一，互文见义。

（14）闷抵着牙儿，空守定粧台，眼也倦开，泪漫漫地盈腮。（《董解元西厢记》卷七［大圣乐］）

（15）宝纛旗中，簇拥着多智足谋吴学究；碧油幢下，端坐定替天行道宋公明。（《水浒传》五八回）

（16）那孙大圣护定唐三藏，取经僧全靠着美猴王。（《西游记》八二回）

（17）（一个妇人）背后抗着一个男孩，有三四岁；怀中抱定一子，也有一两岁。（《济公全传》三二回）

第二，异文见义。

（18）你休笑这丐儿披定羊皮獭，你会首休猜做大卧单。（《岳阳楼》二折［隔尾］）

郭马儿在吕洞宾这支曲词前，有句宾白，其中有说："你披着半片羊皮，乞儿模样好嘴脸。"曲词的"披定"，宾白作"披着"。"定"、"着"词义相同，语法作用也相同。

（19）众英雄护定老小，只顾往前走。（《荡寇志》八二回）

后文云"刘广同两个儿子，紧紧护着刘母，只往前厮杀。""希真、刘广、刘麒的娘子保着刘夫人，苦战不得脱。"例中的"定"，同"着"。

（20）钟馗喜出望外，跟定蝙蝠，踊跃而去。（《斩鬼传》一回）

例出一回末了。二回开头接话云："话说钟馗跟着蝙蝠，领着阴兵，浩浩荡荡，早已到了阳世。"此"定"，亦同"着"。

再如《济公全传》十九回："后面又进来一个（大鬼）……手拉铁链锁定一人。"同书二二回："李怀春一听锁着济公，心中方才明白。""锁定"、"锁着"，都是同一种行为动作。"定"和"着"，都表示状态持续。

张相在"定（一）"条曾举一异文例，抄录如下：

李清照《声声慢》词："守着窗儿，独自怎生得黑?"赵辑《宋金元人词·漱玉词》本，"着"字下注云："《贵耳集》上，引断句作定。"是更可为"定"与"着"义通之证。

第三，并列同义。

（21）儿呵，休交两口儿每日逐朝眼巴巴的空倚定着门儿望。（《薛仁贵
　　　衣锦还乡》楔子［端正好］）

　　例出《元刊杂剧三十种》本。"倚定着"，《元曲选》本《薛仁贵荣归
故里》作"倚定"。定着，是由"定"、"着"并列复合构成，义犹"着"。

（22）三衙家绕定着亲娘扒背，兀的后宫中养军千日。（《贬夜郎》三折
　　　［上小楼］）

（23）（真人）言罢，就要走出门去，不想道这个琼琼把定着门儿。
　　　（《萨仙咒枣记》九回）

（24）他两个同王福出了南坛，来到东门外，看见有百十余人围定着湘
　　　子。（《韩湘子全传》十二回）

（25）月娘还不放心，又使回画童儿来，叫他跟定着妳子轿子，恐怕进
　　　城人乱。（《金瓶梅》四八回）

（26）他做的腾空子皈依了道，我好似尾生般抱定着桥。（《红梅记》三
　　　十出［前腔］）

　　在这些用例中，"定着"是以同义并列方式构成的。如例（21）"定
着"，别的版本可以用"定"来代替，就在于"定"与"定着"构成虽不
相同，语法作用却是一致的。

　　互文、异文及同义并列的构词方式，是研究汉语词汇时，常常用来作为
判断词义的有效手段。我们运用这种手段，探讨"定"在动词后面所表示
的实在意义，同样是言之有据的。

　　（二）根据上面三个方面使用上所显示的特点，足以证明，近代汉语时
期用在动词后面的"定"，是动态助词"着"的同义词。它们有着共同的语
法特性，在动词后面表示持续状态。

　　下面我们扼要地叙述一下动态助词"定"的使用情况。

　　甲，构成"动＋定"形式的动词短语，在句末用作谓语，表示行为动
作持续。例如：

（27）本宅众亲簇拥新人到了堂前，朝西立定。（《快嘴李翠莲记》）

（28）俺本待闲遣水云兴，被藕丝嫩把柔肠厮系定，越教人惹恨牵情。
　　　（吕天用《一枝花·白莲》套数）

（29）朝至暮不转我这眼睛，孜孜觑定，端的寒忘热饥忘饱冻忘冷。
　　　（《玉镜台》二折［煞尾］）

（30）守门的左右约有四五十军士，簇捧着一个把门的官人在那里坐
　　　定。（《水浒传》六一回）

（31）常遇春正在烦恼，只见汤和领了十数只中样大的船，船上皆把牛

皮张定。(《英烈传》十三回)

(32) 济公带陈亮进了山门，只见那边监寺的正在那里站定。(《济公全传》三九回)

上举用例中，"定"并非都用以结句，这里引例时视语意断句。

乙，构成"动＋定"形式的动词短语，在句中修饰谓语，表示行为发生的持续方式。例如：

(33) 吴山与金奴母子相唤罢，到里面坐定喫茶。(《古今小说》卷三)

(34) 叵耐这瞎老驴，与儿子说道你常来楼上坐定说话。(《古今小说》卷三八)

(35) 梦兰方才听算命的，也知有命，守定过日不提。(《忠烈全传》七回)

丙，构成"动＋定＋名"形式的动词短语，表示行为动作的持续状态。例如：

(36) 使筋力搂定拳头，恰浑如茧丝线模样。(《刘知远诸宫调》第一〔墙头花〕)

(37) (张生)逐定红娘，见夫人忙施礼。(《董解元西厢记》卷三〔惜奴骄〕)

(38) 倚定门儿手托腮，闷答孩地愁满怀。(《董解元西厢记》卷五〔赏花时〕)

(39) 丑禅师宠定个天香，笑吟吟携手相将。凤帏中路柳参禅，鸳帐底烟花听讲。(赵彦晖《一枝花·嘲僧》套数)

(40) 杵尖上排定四颗头，腔子内血向成都闹市里流，强如与俺一千小盏黄封头祭奠酒。(《双赴梦》四折〔随煞尾〕)

(41) 你看承似现世的活菩萨，则待恋定泼烟花。(《酷寒亭》一折〔油葫芦〕)

(42) (包)拯着公人掘开，地中视之，只见一领稿荐卷定一死妇人，约年二十六七。(《包龙图判百家公案》三十回)

(43) 只见武松左手拿住嫂嫂，右手指定王婆。(《水浒传》二六回)

(44) 若守定这蠢物，怎得有这般富贵！(《后水浒传》九回)

(45) 吴小员外回身转手，搭定女儿香肩，搂定女儿细腰，捏定女儿纤手，醉眼乜斜。(《警世通言》卷三十)

(46) 后面跟定一人，也是兔头蛇眼，龟背蛇腰。(《济公全传》八十回)

丁，构成"动＋定＋名"形式的动词短语，在句中修饰谓语。这是动态助词"定"最常见的一种用法，而这种用法较早的用例见于宋金时期。例如：

(47) 看定新巢，初怜语燕。游丝正把残英胃。酒尊也会不相违，风光本自同流转。（吴则礼《踏莎行·晚春》词）

(48) 若古礼有甚难行者，也不必拘。如三周御轮，不成是硬要扛定轿子旋三匝！（《朱子语类》卷八九）

(49) 随定我，小兰堂，金盆盛水绕牙床。时时浸手心头熨，受尽无人知处凉。（李之仪《鹧鸪天》词）

(50) 两脸泪流如线，谩哽咽，短叹长吁，又定手前来分辨。（《刘知远诸宫调》第一〔抛毬乐〕）

(51) 一篙尊相的蛾儿，饶定那灯儿来往。（《董解元西厢记》卷三〔迎仙客〕）

以上是宋、金时期若干用例。

(52) 段珪听言，忽然便起，可离数步，回头觑定刘备骂："上桑村乞食饿夫，你有金珠，肯与他人！"（《三国志平话》卷上）

(53) 倚定门儿语笑喧。来往星眸厮顾恋。彼各正当年。花阴柳影，月底共星前。（杨果《赏花时》套数）

(54) 卖卦的先生把你脊骨飚。十长生里伴定箇仙鹤走。白大夫的行头。（王和卿《天净沙·绿毛龟》小令）

(55) 名虽担着风月，心上恋着芳菲。绕定这寻芳客身上舞，不若在卖花人头上飞。（《庄周梦》二折〔幺篇〕）

以上是元代的部分用例。

(56) 天师大怒，举起个七星宝剑，指定王神姑大骂。（《西洋记通俗演义》三八回）

(57) 君王龙位抽身起，靠定金栏问事因。（《包龙图公案词话·张文贵进宝传》）

(58) 排下阵图，呼喝一声，那牛跟定众孩子旗旛串走，总不错乱。（《英烈传》五回）

(59) （蕃将）自骑骏马，横定大刀，执绛旗一面，往来指引。（《东游记》卷上"钟离大败蕃将"）

(60) （宫女）挤死命上前挽留，也有攀定帏幔苦劝的，也有拖住轮辕不放的。（《艳史》二六回）

(61) 来保、韩道国雇了四乘头口，紧紧保定车辆暖轿，送上东京去了。（《金瓶梅》三七回）

　　戊，构成"动 + 定 + 方所"形式的动词短语，在句中修饰谓语，表示行为动作发生或进行的方式。例如：

　　（62）宋江等守定在床前啼哭，亲手敷贴药饵，灌下汤散。（《水浒传》六十回）

　　（63）那人倚定禅堂道："师父，我不是妖魔鬼怪，亦不是魍魉邪神。"（《西游记》三七回）

　　以上是明人小说的部分用例。

　　到了清代，出现了明显的变化，即使用的范围大大缩小。例如：

　　（64）（绍闻）写了帖子，放在拜匣，饭后携定双庆，登门送启。（《歧路灯》七七回）

　　（65）在黑影中细细留神，见有个道姑，一手托定方盘，里面热腾腾的菜蔬，一手提定酒壶，进了角门。（《三侠五义》七七回）

　　再加上我们前面举例提到的《荡寇志》、《斩鬼传》，与元、明时期比较，使用范围狭窄多了。诸如《红楼梦》、《儿女英雄传》等，都没有见到动态助词"定"的用例。由此可推知，大概是清代中叶，动态助词"定"的使用基本告一段落。

　　动态助词"定"除了接在动词后面之外，也犹如"着"，还可以接在一些介词后面，以指示行为发生的朝向。例如：

　　（66）用柳枝蘸着逆流水，照定天香小姐脸上一洒去。（《桃花女阴阳斗传》十四回）

　　（67）（和尚）说完，口中念念有词，冲定房中一抓，立刻夫人里面好了。（《济公全传》二四回）

　　但是，这类用例极其有限。

　　上面，我们对表示行为动作持续的动态助词"定"作了扼要的讨论，从宋代开始使用，直到明清，其通行时间整个的都在近代汉语范围内。然而，与"着"略加比较，就可以看到，动态助词"定"仅使用在一个狭窄的范围内。它本身存在着两个致命的弱点：

　　1. 只要求使用于不及物动词后面，而这些动词又具有静态的特质。从前述用例看到，"定"要求的动词有：把，伴，保，抱，叉，宠，搭，跟，横，护，系，卷，看，扛，靠，立，恋，搂，捏，搭，排，披，觑，饶，守，随，托，围，携，倚，站，张，指，坐。

　　2. 原则上只用于单音节动词后面。并非不能使用在双音节动词后面，然只能算是特例，因为用例太少见了。如：

（68）上阵处三绺美须飘，将九尺虎躯摇，五百个爪关西簇捧定个活神
　　　道。（《单刀会》一折［金盏儿］）

（69）所哭者，惜夫人蒙太子深宠，受用定金屋银屏，锦衾绣褥，食前
　　　方丈，侍女重围。（《两汉开国中兴传志》卷一·帝业承传统绪）

　　自身两个特性的存在与约束，动态助词"定"在汉语发展中，无疑形成一种自我抑制，随着汉语的发展与变化，最后只能被摒弃。这也许就是"定"的助词职能消亡的内在因素，也是最根本的因素。

第九节　比拟助词"似的"

　　本节讨论"似"、"也似"、"似的"在汉语历史上的使用和演变，探寻它们的来源。虽然在形体上看是三几个词，它们都是以"似"为核心，来源上相互承继，历时有所变化，它们是渊源关系很近的一个词族，故不再分立章节，只是分别段落，加以论述。

　　（一）比拟助词"似"、"也似"、"似的"三个相关的形体，既体现了发展变化的三个阶段，也体现了历时的先后次序。这几个词的构成中，"似"是词根，是核心部分，其他都是辅助成分。因此，讨论它们的时候，首先得了解"似"。

　　似，《广韵》止韵"似，嗣也，类也，象也，详里切。"其中"象"，即"像"。类，似，像，都表示两个事物，或两个事为相类，但不相同。现代汉语的比拟助词"似的"之"似"，应即来源于表示"相似"、"类似"、"像似"的动词"似"。当"似"构成比拟短语作修饰成分时，它就成了助词。下面我们首先了解助词"似"在汉语历史上的使用。

　　（1）生杖鱼鳞似云集，千年之罪未可知，七孔之中流血汁。（《大目乾
　　　连冥间救母变文》）

　　该篇变文末了记云："贞明柒年辛巳岁四月十六日净土寺学郎"薛某写。据此得知，变文的创作应在五代梁朱友贞朝贞明七年（公元922年）之前，或可泛言之五代初年。例中"生杖"，疑当为"绳杖"，绳索之类的刑具①。例文是变文的三句唱词。在变文的讲述部分，有相关的文字说："狱主闻语，扶起青［提］夫人，提拔四十九道长钉，铁锁锁腰，生杖围绕。"结合起来，

---

　　① 项楚《敦煌变文选注·汉将王陵变》第127页"遂将生杖引将来"句下注［一］云，"生杖"一词变文屡见。他除引用此例外，还引《降魔变文》"生杖围身"一例。他说，凡"生杖"皆应作"绳杖"，是古代捆缚罪人的刑具。《搜神后记》卷六："……忽逢四人，各执绳及杖来赴述。"谓有四人执绳杖来擒捉冯述。（余略）

不难理解，生杖紧密绑缚在身上，看上去就像鱼鳞一般。"鱼鳞似"以短语的形式修饰动词"云集"，用作状语，形容生杖"云集"的状态。汉语历史上，好些密集状态的事物，都可以用"鱼鳞"来比拟。例如：

五十万雄兵雁翅而分行，三百〔员〕战将鱼鳞似相逐。

这是《前汉书平话》卷上的一个用例，与"鱼鳞似云集"用法相当①。可见，"似"在五代初年已用作助词。

（2）百年山崖风似颓，如今身化作尘埃。四时祭拜儿孙在，明月长年照土堆。（敦煌曲《女人百岁篇》）

此诗表示对人生易逝的感叹，一阵风过似的就衰老了，就离开了人世。比拟短语"风似"修饰动词谓语"颓"。"似"是比拟助词。例出任二北《敦煌曲校录》。任氏在"凡例"中，以"唐写卷"、"唐人"来表述敦煌曲的历史时代。因此，我们把例（1）、例（2）界定在晚唐五代，大概不成问题。

到宋代，我们能在词作中看到一些用例。例如：

（3）清歌学得秦娥似。金屋瑶台知姓字。可怜春恨一生心，长带粉痕双袖泪。（晏几道《玉楼春》词）

秦娥是古代的善歌者。晏词称赞妓者的歌唱得秦娥那样好，很有些名气，但悲怨度日。"秦娥似"置于句末，用以结句。这个短语仍是表示比拟的，"似"也是助词。

（4）百花未报芳菲信。一枝深得春风近。只有雪争光。更无花似香。（晁端礼《菩萨蛮》词）

短语"花似"，修饰"香"，指香气，作定语。

（5）儿童寿酒邀翁醉。笑欣欣相戏。休画老人星，白发苍颜，怎解如翁似。（王之望《醉花阴·生日》词）

作者是绍兴八年（公元1138年）进士，52岁生日作此词。翁醉酊酊，白发苍颜，画的老人星怎能像我似的呢！"如……似（的）"相配搭的结构，此例是比较早的。

（6）记得曾游，短棹红云里。聊相拟。一盆池水，十里西湖似。（王十朋《点绛唇·清香莲》词）

此词上阕讲西湖，清净而荷花香。例文下阕忆划船红云里，池面虽小，

---

① 古人常以"鱼鳞"比喻多而密集的事物。例如："新坟将旧冢，相次似鱼鳞。"（北周·释无名氏《五盛阴》诗）"新坟影旧冢，相续似鱼鳞。"（王梵志"前死未长别"诗）"子胥乃布兵列阵，一似鱼鳞。"（《伍子胥变文》）"殿前冠剑鱼鳞立，东风入仗旗脚回。"（梅尧臣《和吴冲卿元会》诗）"数万香官两边排列得似鱼鳞一般。"（《水浒传》七四回）

其净，其香，犹如十里西湖似的。最后两句，作者明言是用来"相似"的。

(7) 应叹余生舟似氾，浪涛中、几度身尝试。书有恨，剑无气。(魏了翁《贺新郎·生日前数日杨仲博_约载酒见访即席次韵》词)

作者感叹自己一辈子飘泊不定。比拟短语"舟似"作状语，修饰动词"氾"。又魏了翁《贺新郎·管待杨伯昌_{子谟}劝酒》词："等闲富贵浮云似。须存留、几分清论，护持元气。"其中"浮云似"亦表比拟。

(8) 而今柳阴满院。知花空雪似，人隔春远。(张辑《杏梁燕·寓解连环》词)

(9) 极目天如画。水花中、涌出莲宫，翠楹碧瓦。胜景中川金、焦似，勒石□□□□。尚隔浦、风烟不跨。(曹橹孙《贺新郎·题江心》词)

这一例虽不完整，但其中"胜景中川金焦似"句的"似"，显然是个比拟助词。意谓作者眼前所见的景色，宛如金山与焦山似的。

此外，在宋诗中，也能见到一些用例。如：

(10) 岁月斜川似，风流曲水惭。辛盘得青韭，腊酒是黄柑。(苏轼《立春日小集呈李端叔》诗)

短语"斜川似"，是用来比拟岁月如斜川流急，消逝得快。

(11) 鹤本非胎生，古卵尚遗壳。千年石似坚，覆在凤山脚。(杨万里《筠菴》诗)

谓鹤卵历经千年，成了化石，所以像石头那样坚硬。比拟短语"石似"修饰形容词"坚"。

(12) 潭潭之居移气体，新年七十儿童似。朝朝见客步如飞，窗下时时看细字。(宋·赵与虤《娱书堂诗话》卷下)

周益公休致，白石黄景说贺以古风。"儿童似"，谓像儿童那样，步履如飞，眼睛不花。

下面再举金代的几个用例：

(13) 把山海似深恩掉在脑后，转关儿便是舌头，许了的话儿都不应口。(《董解元西厢记》卷三〔侍香金童·尾〕)

(14) 鱼水似夫妻正美满，被功名等闲离折。然终须相见，奈时下难捱。(《董解元西厢记》卷六〔恋香衾〕)

(15) 刘安抚从怒恶，不似今番瞅。一对眼睁圆，龙□尽变改，失却紫玉似颜色。(《刘知远诸宫调》第十二〔玉翼蝉〕)

前面从晚唐五代到宋金时期，我们看到，"似"当作比拟助词，是与用来作比拟的事物不可分割地连在一起的，所以我们通常以"比拟短语"来表述它们。如前面所举的用例中，其中比拟短语，有作定语的（鱼水似夫妻），有作状语的（风似颓，石似坚），有的用以结句的（如翁似），等等。

在我们前面所举的用例中，有一个共同的特点，被用来作比拟的都是名物，即用一种事物的性状，比拟另一事物。到了元、明以后，随着比拟助词使用的频繁，范围的扩大，就突破了这一局限。下面我们按比拟短语的构成分别举例叙述。

甲，名物＋似

作定语例：

（16）兄弟想着哥哥山海似恩临未曾报答。（《张千替杀妻》二折）

（17）俺这里锦片似夷门，天宫般帝城。（《绯衣梦》三折［斗鹌鹑］）

（18）老婆婆听得花锦似一片说话，即时依允。（《古今小说》卷十）

作状语例：

（19）落花，落花，红雨似纷纷下。（汤式《谒金门·落花》小令）

（20）小人印板儿似记在心上。（《合汗衫》一折）

（21）这般火似热的天气，又挑着重担。（《水浒传》十六回）

（22）两口刀雪片似飞来，连砍数十人。（《隋史遗文》四八回）

用于句末例：

（23）多艳丽，更清姝神仙，摽格世间无。当时只说梅花似，细看梅花却不如。（《简贴和尚》）

（24）忽闻左目中小语如蝇，曰："黑漆似，叵耐杀人！"（《聊斋志异》卷一"瞳人语"）

（25）我在方才就仿佛坐如痴，立如痴，如同雷轰顶上时；饥不知，饱不知，热锅蝼蚁似。（《济公全传》二一八回）

除此之外，最突出的变化，是助词"似"与动词短语相结合，组成表示比拟的短语作状语，修饰谓语。与助词"似"结合构成比拟短语的动词短语有两类：主谓短语，动宾短语。我们分别举例如下：

乙，主谓结构＋似

（26）乘着建德兵不隄防，提起两条铜，泰山压顶似打下来。（《隋史遗文》五五回）

（27）那官儿……就把刀来向项下一刭，山裂似一声响，倒在阶下。（《型世言》二二回）

丙、动宾结构＋似

（28）做娘的剜心似痛杀杀刀攒腹，做爷的滴血似扑簌簌泪满腮，苦痛伤怀。（《看钱奴》二折［滚绣球］）

（29）逗猴儿似汤那几棍儿，他才不放心上。（《金瓶梅》七三回）

（30）（沈实）忙请到厅上，插烛似拜下去。（《三刻拍案惊奇》八回）

（31）伯爵跑上去就是两个巴掌，打的这孩子杀猪似叫。（《续金瓶梅》
　　　　十五回）

　　主谓结构与动宾结构下接"似"，构成了动词性的比拟短语，这就突破
了仅限于构成名词性短语的局限，大大地拓展了比拟短语的使用空间。这标
志着比拟助词脱离了初始状态，发生了质的变化，是一个飞跃性的发展。这
个过程是在金、元、明间完成的。

　　（二）比拟助词"似"从唐五代生成以来，很长时间都是以单音节的形
式被人们使用着。到宋、金以后，适应汉语双音节的趋势，以"似"为词
根，先后产生了"也似"、"似的"等极富生命力的比拟助词。这是比拟助
词"似"在构成上的一次变化。也许正是由于双音节词的出现，又反过来
抑制了"似"使用。到了清代，能见到的用例已经不多了。

　　比拟助词"也似"，是元、明时期使用得非常普遍的一个词。它是由
"也"＋"似"构成的。"也"在这个构成中不具有词汇意义，只具有构词
上的辅助作用。也就是说，它在"也似"中，犹如前缀，在于足音，使
"似"形成双音节词。从现在掌握的资料看，"也似"的最早用例见于宋人
词作中。例如：

　　（32）祝寿祝寿，筵开锦绣。拈起香来玉也似手。拈起琖来金也似酒。
　　　　　祝寿祝寿。（史浩《浪淘沙令·祝寿》词）

　　作者史浩，大约生活在南宋崇宁五年至绍熙五年之间，即公元 1106
年—1194 年之间。也就是说，"也似"已见于公元十二世纪。但整个宋、金
时期，能见到的用例并不多。

　　（33）正熟睡，盆倾也似雨降，觉来后不见牛驴。（《刘知远诸宫调》第
　　　　　二〔锦缠道〕）

　　郑振铎先生根据与《刘知远诸宫调》同时出土的文物资料考证，认为
《刘知远诸宫调》是十二世纪的产物，跟《董解元西厢记》同一时期，但比
《董解元西厢记》要早些①。那么，此例与史浩的用例相当于同一时期。

　　（34）把那弓箭解，刀斧撇，旌旗鞍马都不藉。回头来觑着白马将军，
　　　　　喝一声爆雷也似喏。（《董解元西厢记》卷三〔墙头花·尾〕）

　　以上是比拟助词"也似"较早的三个用例。

　　我们说，"也似"的构成为了足音的需要，在"似"前缀以"也"。这

---

　　①　见 1958 年文物出版社影印本《刘知远诸宫调》跋。

在元、明间的异文可作佐证。例如：

(35) 想哥哥山海也似恩临几时尽。(《张千替杀妻》二折［倘秀才］)

后文宾白有云："兄弟想着哥哥山海似恩临未曾报答，哥哥受兄弟四拜。"同一个意思，却不用"也似"表达。

(36) 捣蒜也似阶前拜则么？我是个贫斋道，住在山阿，怎生把你儒生度脱？(《竹叶舟》四折［倘秀才］)

例出《元刊杂剧三十种》。例文首句，《元曲选》本作"则问你捣蒜似街头拜怎摸"。

(37) 晁凤也不消再往乡去，飞也似跑回来。(《醒世姻缘传》二十回)

同回后文描写为同一事奔波的晁凤"都骑了骡马，飞似走回庄上"。

这些用例中的异文明白显示，由单音节的"似"发展而来的"也似"，助词的特性依旧。这是元、明间人们使用的事实给我们提供的提示。

"也似"从宋、金出现之后，在元、明时期使用为多。元、明间一些用法，极具时代特色。下面略举一些比较常见以"也似"构成的比拟短语的用法。

比拟短语作定语：

(38) 恁时节风流嘉庆，锦片也似前程。(《西厢记》一本三折［幺篇］)

元曲里常用"锦片也似"比拟美好的事物。如：锦片也似园林无半答儿空闲处。(无名氏《妓名张道姑》套数) 和你那锦片也似秦川做不得主。(《渑池会》三折［尾声］) 我有那……锦片也似房廊画堂。(《忍字记》三折［川拨棹］) 我成就了你锦片也似夫妻，美满恩情。(《望江亭》一折)；明代小说也有以"花锦"作比。如：东京开封府汴州花锦也似城池。(《三遂平妖传》一回) 都是极言美好。

(39) 殿直从里面叫出二十四岁花枝也似浑家出来。(《简帖和尚》)

元、明间常用"花枝也似"比拟人之美貌。如：他有个花枝也似女儿。(《碾玉观音》) 花枝也似儿郎都放过了。(《三遂平妖传》五回)

(40) 围场中惊起一个雪练也似白兔儿来。(《五侯宴》二折)

元、明间常用带"雪"的偏正名词比拟洁白的事物。如：抢出一条吊桶大小雪花也似蛇来。(《水浒传》一回) 窄窄袖儿，露出雪藕也似的手腕。(《荡寇志》七一回)

(41) 则我那银盆也似庬儿腻粉钿，墨锭也似髭须着绒绳儿缠。(《虎头牌》二折［相公爱］)

银盆，或用"银盘"。如：只见空地上一后生……银盘也似一个面皮。

（《水浒传》二回）

(42) 这世里欠田文，都是些吃敲的石季伦。屋也似金银，山也似珠珍。（《贬黄州》四折［川拨棹］）

(43) 他生的塔也似一条大汉，井椿也似两条腿，酱钵也似一对拳头，栲栳来也似一个肚子，乌盆也似一双眼睛。（《独角牛》二折）

(44) 三尺宽肩膀，灯盏也似两只眼，直挺挺的立地，山也似不动惮。咳，正是一条好汉。（《朴通事》）

(45) 一个观音也似女儿，又伶俐，又好针线。（《醒世恒言》卷十四）

比拟短语作状语的类型较多，姑且分为如下几类，举例略加述说。

甲，名词＋也似，修饰动词谓语。

(46) 不索你糕也似烟雾翀，谜也似猜，我运浆担水趱下资财。（《衣锦还乡》二折［醋葫芦］）

(47) 只见一位长长大大的院君，虎也似骂将出来。（《醋葫芦》十二回）

(48) 莫不朝廷中别有甚关机事，却怎竹节也似差天使？（《东窗事犯·楔子》）

(49) 我这家私，火焰也似长将起来。（《冤家债主》一折）

(50) 这一家大小太山也似靠着你。（《金瓶梅》六二回）

(51) 那土阄上枪炮矢石，已密麻也似守住。（《荡寇志》一二二回）

又《荡寇志》七十一回："只见密密层层，成千成万，无数的帐房，一带一带的鱼鳞也似比著。"鱼鳞也似，同例（1）之"鱼鳞似"。

乙，动词短语＋也似，修饰谓语。

A. 主谓短语＋也似

(52) 刀搅也似柔肠断，爬推也似泪点垂，似醉有如痴。（谷子敬《集贤宾·闺情》套数）

(53) 对阵的大队番军，山倒也似踊跃将来。（《水浒传》八四回）

(54) 武大云飞也似去街上卖了一遭儿回来。（《金瓶梅》五回）

B. 动宾（或动补）短语＋也似

(55) 荔枝尘闪脱，将海棠根过，撇风也似飞上马嵬坡。（《天宝遗事诸宫调·践杨妃》）

(56) 那妇人听了这话，插烛也似拜谢宋江。（《水浒传》三二回）

明人常以"插烛也似"来比拟磕头的动作。如：插烛也似拜了八拜。（《隋史遗文》三五回）插烛也似磕头，谢了赏赐。（《金瓶梅》九六回）到

了跟前，插烛也似磕下头去。（《续金瓶梅》三五回）

  （57）皇甫殿直拏起箭簳子竹，去妮子腿上便摔，摔得妮子杀猪也似
    叫。（《简帖和尚》）

  明人常以"杀猪也似"比拟叫喊行为。如：被西门庆揪住顶角拳打脚
踢，杀猪也似叫起来。（《金瓶梅》二八回）老和尚托地跳出来，一把抱住，
杜氏杀猪也似叫将起来。（《拍案惊奇》卷二六）

  （58）小二独自一个，撺梭也似伏侍不暇。（《水浒传》十回）

  （59）（朝议）忽然喉中发喘，连嗽不止，痰声曳锯也似响震四座。
    （《二刻拍案惊奇》卷八）

  在明人的小说里，形容人的行为动作快速，常用"飞也似"来比拟，
如：口中打着唿哨，飞也似来。（《水浒传》八十回）凡飘动、飞行的事物，
都可以与"飞"等构成比拟行为动作快速的短语。如：那王保保飞烟也似
去。（《英烈传》七十回）抄报的飞蜂也似捎下信来。（《醒世姻缘传》十七
回）带领虎衣壮士，旋风也似卷来。（《荡寇志》八九回）

  C. 名词＋也似，修饰形容词或形容词谓语。

  （60）这马非俗，浑身上下血点也似鲜红。（《三国志平话》卷上）

  （61）性儿神羊也似善，口儿蜜钵也似甜，火块儿也似情忺。（乔吉
    《嘲少年》小令）

  （62）昨日简金凤钗枣瓤赤，今日简银匙筯雪练也似白。（《金凤钗》三
    折［牧羊关］）

  （63）张开了血盆也似红的口，伸出那铦刀也似快的舌头来。（《张生煮
    海》三折）

  （64）黄豆来大的，血点也似好颜色圆净的，价钱大，你要那？（《朴通
    事》）

  （65）见他口里吐血，面皮蜡查也似黄了。（《水浒传》二五回）

  （66）滕生也尽力支陪，打得火块也似热的。（《拍案惊奇》卷六）

  （67）见大红千层石榴花开得火也似红。（《续金瓶梅》三三回）

  丙，用于陈述句末。

  （68）把个门儿关闭闭塞也似，便是樊哙也踏不开。（《宣和遗事》前集）

  （69）街上泥冻的只是一划狼牙也似，马们怎么当的？（《朴通事》）

  （70）单单只剩得一个何观察，捆做粽子也似，丢在船舱里。（《水浒
    传》十九回）

  （71）一个个鬼撺掇的也似，不知忙的是甚么！（《金瓶梅》四六回）

  （72）象队之后，都是神龙卫兵马，豹尾枪排得麻林也似。（《荡寇志》

七一回）

用于陈述句末的比拟短语，常用作结果补语。

我们从资料方面看，"似"和"也似"之使用，大体上在明、清之际基本告一段落。

（三）我们上面叙述了比拟助词"似"和"也似"的关系，它们的起始与使用。在使用上，除了元代有少数用例外，此前的用例都不带助词"的"。也就是说，"似的"与"也似的"两个形体，都是明代才出现和使用起来的。其出现的历史条件是，"的"经过宋、元音变，入声韵尾脱落，读如［ti］，与助词"底"音读相同，与"地"音读相近。在这样的语言历史背景下，宋初已经开始作格助词使用之"的"，因音读的关系，与助词"底"、"地"混同使用。因此，在"似"、"也似"修饰名词、修饰动词与用于句末的前提下，分别吸纳"的"（注意：不用"底"和"地"）作为比拟短语的辅助成分，似乎不难理解。或许宋元音变"的"成为舒声字之后，与"似"和"也似"构成的比拟短语结合在一起，还要有个时间过程。因此，"似的"、"也似的"不见于元人史料。然而，《元曲选》里看到的一些用例，实有可疑之处。例如：

（73）丕，那眼脑恰像个贼也似的。（《合汗衫》一折）

（74）忽然看见山坡前走将一个牛也似的大虫。（《合汗衫》三折）

（75）靠着祖宗福德，有泼天也似的家缘家计。（《看钱奴》三折）

这三例在《元曲选》里都见于宾白。《元刊杂剧三十种》本，分别在《公孙汗衫记》和《看钱奴买冤家债主》里，都没有类似的宾白。为此，有理由怀疑这几例"也似的"出自明人之手。《元曲选》宾白里的用例，都可能是这种情况。

下面就"似的"和"也似的"之使用，一起作个扼要的叙述。

甲，比拟短语作定语。

似的

（76）尽力一掌，打了呼饼似的一个焌紫带青的伤痕。（《醒世姻缘传》五二回）

（77）头上正中挽了髻子，插了个慈菇叶子似的一枝翠花。（《老残游记》十回）

（78）他老子叫了一乘囚笼似的小轿子，叫女儿坐了。（《二十年目睹之怪现状》五十回）

也似的

（79）你看泼天也似的大浪，可不苦也！（《楚昭公》三折）

（80）繇他飞天也似的好汉，也只索缩了一大半。（《醋葫芦》一回）

（81）花枝也似的①一个小娘子，年方一十九岁。（《平妖传》二二回）

（82）那一个粉团也似的和尚，怎生熬得过？（《拍案惊奇》卷三四）

（83）你看他撕去红纱衫儿的两只袖子，赤着两条雪藕也似的臂膊。
　　　（《荡寇志》八三回）

乙，比拟短语作状语。

似的

（84）我们两马也飞烟似的随着他。（《英烈传》七十回）

（85）说着，把门拴雨点似的向如钩身上打下来。（《听月楼》二回）

（86）晁大舍也直橛儿似的跪着。（《醒世姻缘传》十一回）

（87）胡屠户凶神似的走到跟前。（《儒林外史》三回）

（88）底下差役炸雷似的答应了一声"嗄"。（《老残游记》十六回）

也似的

（89）（殷尚赤）扯了屠俏，朝着孙本推金山倒玉柱，插烛也似的拜。
　　　（《后水浒传》二七回）

（90）我两个腰子，落出也似的痛了。（《金瓶梅》五三回）

（91）那张脸汤泡屁股也似的红肿起来。（《荡寇志》八十回）

（92）众军兵暴雷也似的答应了一声。（《绿野仙踪》三一回）

（93）只闻郭槐杀猪也似的喊起来。（《三侠五义》十九回）

丙，用于陈述句末（包括分句）。

似的

（94）东房里极干净，糊得雪洞似的。（《醒世姻缘传》四十回）

（95）这就好了，我喜欢的什么似的。（《红楼梦》二七回）

（96）说着，又把嘴撇的瓢儿似的。（《儿女英雄传》四十回）

（97）这却是大海捞针似的，那里捉得他着。（《二十年目睹之怪现状》
　　　七回）

也似的

（98）怪囚根子，谎的鬼也似的。（《金瓶梅》二六回）

（99）阶下潮也似的，一起拜过，又是一起。（《梼杌闲评》四五回）

（100）这就无怪其然你把个小脸儿绷的单皮鼓也似的了。（《儿女英雄
　　　传》二三回）

偶尔也能看到问句末的用例。如：

_____

① 也似的，罗贯中《三遂平妖传》五回作"也似"。也似的，应是冯梦龙所认可。

（101）怪小淫妇儿，如何狗挺了脸似的？（《金瓶梅》四六回）

（102）你看这断纹，不是牛旋似的么？（《红楼梦》八九回）

（103）不然，我们怎么赶獐的似的呢？（《三侠五义》十七回）

"似的"、"也似的"所构成的比拟短语，其中"的"是具有历史特性的固定用法。尽管元、明时期"的"、"底"、"地"在当作格助词时，常见混用现象，但在"似"和"也似"后面，绝不使用"底"和"地"。这似乎是当时人们共同的认识。① 这一历史语言现象说明，"的"与"似"、"也似"组合成词的时候，格助词"的"已经完全取代了"底"的历史地位，格助词"底"已成为了历史。即使在格助词"底"最时兴的宋元间，也没有出现"似底"、"也似底"这样的形体。这是近代汉语的语言现象之一。

明、清时期还有两个形体：似价，也似价。例如：

（104）看着那张姑娘插烛似价拜了四拜。（《儿女英雄传》十三回）

（105）又是嬷嬷妈、嬷嬷妹妹，一盆火似价的哄着姑娘。（《儿女英雄传》二十回）

（106）盗得一匹好马，雪练也似价白。（《水浒传》六十回）

（107）几个村童来往穿梭也似价伺候。（《儿女英雄传》十五回）

"价"在其中，相当于助词"地"；但历史上尚未看见"似地"、"也似地"这样的形体。由于"价"没有结构助词"的"的语法功能，当它处在定语的语法位置时，须在"也似价"后加"的"。如：

（108）旋子边上搁着一把一尺来长泼风也似价的牛耳尖刀。（《儿女英雄传》五回）

（109）只见他打半截子黑炭头也似价的鬓角子，擦一层石灰墙也似价的粉脸，点一张猪血也似价的嘴唇。（《儿女英雄传》七回）

"价"是助词，不是格助词。使用中常见要借助于"的"。此外，"价"的使用，可能还受方言与地域的限制，这类比拟助词未见广为使用。

在"似"为词根构成的若干个比拟助词中，只有"似的"仍然在现代汉语使用着。它的长处有二：1. 符合汉语双音节为主的构词习惯；2. 由于"的"自身所具有的历史语言特性，使"似的"既能修饰或限制名词，又能修饰动词，还能在句末借以结句；不仅能用于陈述句，还能用于问句。这些使用上的特点，正是"似的"在交际功能方面富有生命力的具体体现。

---

① 这一历史语言现象，很可能将被逐渐模糊。略引几例为证：偏偏霍德像听大新闻似地一字不漏地捕捉播音员的语言。（《北京晚报》1996年2月9日尹淑梅《就怕认真》）他们像空姐似地逐一登记每个乘客的用餐需求。（《环球时报》2001年6月19日《坐印度火车相当舒服》）小狼再也不会从狼洞里疯了似地蹿出来了。（姜戎《理性控掘——关于狼图腾的讲座与对话》）

"是的"、"也是"是"似的"、"也似"之异体，是由于部分北方方言"是"、"似"音读混同而出现的一种现象。两者不存在本质的区别。下面引用几个例子，最早见于《金瓶梅》和《醒世姻缘传》。

"是的"用例：

（110）他和小厮两个在书房里，把门儿插着，捏杀蝇子儿是的。（《金瓶梅》三五回）

（111）他往你屋里去了，你去罢，省的你欠肚儿亲家是的。（《金瓶梅》五一回）

（112）这们皮贼是的，怎么怪的媳妇子打！（《醒世姻缘传》五二回）

（113）不知的那起小人，还只当我们眼里没人是的。（《红楼梦》六回）①

《济公全传》三十回："仿佛酒里放搁上什么东西是的。"亦是其例。

"也是"用例：

（114）须臾把丫头拶起来，拶的杀猪也是叫。（《金瓶梅》四四回）

（115）那张千李万许多人，蜂拥也是赶来。（《韩湘子全传》十六回）

（116）众人仍分作两队，下了小船，飞也是摇去了。（《古今小说》卷二一）

"也是"与"也似"一样，以后实际运用中很少见。《荡寇志》一百回："阵前密麻也是佛狼机、子母炮"，亦是其例。

（四）我们前面主要讨论了两个问题：

首先，比拟助词"似"的发展变化历程。经由"似——也似——似的、也似的"之历史变化，从晚唐五代"似"之使用，到宋、金时期"也似"的出现，明代"似的"、"也似的"之形成，直到清末，"似的"（连同明末出现的异体"是的"）成为唯一的形体，一直使用到今天。

其次，比拟助词"似"的使用。迄今为止所见到的用例，"似"和"也似"都首先出现在名词后面，以事物作比拟，是人们初始的观念。然后使用在动词、动词短语以及形容词等后面，以事为或事态作比拟，使比拟助词得以广泛的使用、极大的发展，极大地扩展了使用范围。

可见，比拟助词"似"及其使用，是汉语不可忽视的一个语法现象。现在要解决的问题是，比拟助词"似"的历史来源：是如某人说的搬自蒙古语，还是源于汉语自身？根据对汉语相关历史事实的查考，能给我们提供支持的，只能是后者，绝非前者。②

---

① 例出《乾隆抄本百廿回红楼梦稿》。上海古籍出版社1984年版。

② 李思明《晚唐以来的比拟助词体系》（《语言研究》1998年第二期）一文中说：我们认为，"似"系比拟助词是来源于汉语本身，不是套用外族语言。我完全支持这一观点。

　　在汉语中，与比拟助词"似"具有历史关联的，就是"相似"。它是个动词，古已有之。例如：

　　同音者相和兮，同类者相似。（《楚辞·七谏·谬谏》）

　　夫人设厨，厨亦精珍，与王母所设者相似。（班固《汉武帝内传》）

　　病者之见也，若卧若否，与梦相似。（《论衡·订鬼篇》）

　　"相似"者，形貌、性状近似，然并不相同。因此，常以"与……相似"格式比较两两相近的人或事物，在古今汉语中被广为使用。如：

　　皆教以诚信不欺诈，有病自首其过，大都与黄巾相似。（《三国志·魏书·张鲁传》）

　　帝取之看，大如燕卵，三枚，与枣相似。（《博物志》卷三"异产"）

　　施续帐下都督，与仆相似。（《搜神记》卷十六"黑衣客"）

　　在"相似"的构成中，"似"是核心，"相"是辅助性的。

　　我们在讲述比拟助词"似"与"也似"时提到，它们起始都出现在名词之后。然而，是什么导引"似"到了名词后面呢？我们认为，正是"相似"。请看下面例子：

　　（117）红颜旧来花不胜，白发如今雪相似。（王谌《后庭怨》诗）

　　（118）于阗采花人，自言花相似。（李白《于阗采花》）

　　（119）柳色烟相似，梨花雪不如。（令狐楚《宫中乐》诗）

　　（120）如何鬓发霜相似，更出深山定是非。（蔡京《责商山四皓》诗）

　　（121）浮生聚散云相似，往事微茫梦一般。（李群玉《重经巴丘追感》诗）

　　（122）出语经相似，行心佛证安。（裴说《寄僧知乾》诗）

　　（123）衫作嫩鹅黄，容仪画相似。（寒山"董郎年少时"诗）

　　（124）溪潭水澄澄，彻底镜相似。（拾得"松月冷飕飕"诗）

　　这些置于名词后面的"相似"，与该名词相结合，构成短语，是用来比拟前面的事物的。这类"名+相似"的短语使用得很早，如：

　　又有火林山，山中有火光兽，大如鼠……晦夜即见此山林，乃是此兽光照，状如火光相似。（东方朔《海内十洲记·炎洲》）

　　但这种表示比拟的短语，无疑是比拟短语的象形体，或者说是原始形态。例（121）"相似"与"一般"处在同一语法位置上，对我们体味它的语法特征，颇具启示意义。

　　到了宋代，随着人们思维的缜密、语言表达方式的完善，以"相似"构成的类似比拟短语，便超出了单纯的"名词+相似"的范畴。例如：

　　（125）问先生有甚，阴德神丹，霜雪里、鹤在青松相似。（朱敦儒《洞

仙歌》词)

（126）想得如潮水涌起沙相似？（《朱子语类》卷一）

（127）三家村里老婆传口令相似，识个什么好恶！（《古尊宿语录》卷十五"云门匡真广录"）

（128）某甲当时如在灯影里行相似。（《五灯会元》卷十一南院慧颙禅师）

这些"相似"与前面的动词短语并不是紧密的结合，我们以为，应当认可"相似"在作动词的同时，语法上兼作比拟助词。

下面我们归纳一下唐宋间，以"相似"形成的表达比拟的基本格式。

甲，如……相似。其中"如"，也说"犹如"、"恰如"、"正如"等：

（129）三度问佛法的大意，三度蒙他赐杖，如蒿枝拂着相似。（《镇州临济慧照禅师语录》）

（130）不分贵贱，不别亲疏，如大家人守钱奴相似。（《祖堂集》卷八曹山和尚）

（131）理，如一把线相似，有条理，如这竹篮子相似。（《朱子语类》卷六）

（132）有一般不识好恶，向教中取意度商量成于句义……犹如俗人打传口令相似，一生虚过也。（《镇州临济慧照禅师语录》）

（133）且如今学者考理，一如在浅水上撑船相似，但觉辛苦，不能鄉前。（《朱子语类》卷一一四）

（134）设使千佛出兴，恰如蚊蚋相似。（《圆悟佛果禅师语录》卷十一）

（135）正如鬼出来念《大悲咒》相似，正所谓妖言也。（《朱子语类》卷一三十）

明代还有"犹若……相似"的格式。如：

（136）那秋千飞在半空中，犹若飞仙相似。（《金瓶梅》二五回）

乙，似……相似。其中"似"，也说"恰似"、"一似"、"正似"等。如：

（137）东海鲤鱼打一棒，雨似倾盆相似。（《云门匡真禅师广录》卷中）

（138）莫背地里似水底捺葫芦相似。（《杨岐方会和尚语录》）

（139）似担百十斤担相似，须硬着筋骨担。（《朱子语类》卷十二）

（140）什摩念经，恰似唱曲唱歌相似。（《祖堂集》卷十八仰山和尚）

（141）此中不唤作心，不唤作佛，亦不是物，直似红炉上着一点雪相

似。(《圆悟佛果禅师语录》卷十二)

在这些格式里,借助动词"相似",用以表示比拟。

(142) 呀,你看城围的铁桶似紧。(《红梅记》二三出)

(143) 他把守得铁桶也似,如何攻得!(《荡寇志》一一六回)

这两例用"铁桶 + 比拟助词"来表示某一事态所达到的程度,在元、明时期是很常见的表达方式,但比拟助词通常以"相似"来表示。例如:

(144) 见吕布铁桶相似,张飞着力杀上血湖洞入去,到于城中。(《三国志平话》卷上)

(145) 俺这里有军兵百万,安下营寨,枪林剑洞,如铁桶相似。(《伊尹耕莘》三折)

(146) 围裹的铁桶相似,怎生救解?(《水浒传》八四回)

(147) 瞒的家中铁桶相似。(《金瓶梅》三七回)

(148) 我看了看庙门,又关得铁桶相似。(《儿女英雄传》八回)

以上述情况可知,当时人们认为,"相似"、"也似"、"似"在用作比拟时,没有什么区别。

此外,"相似"构成的比拟短语,还可以作状语和定语,如:

(149) 香严立此个问头,喻如一团火相似不可触。(《大慧普觉禅师语录》卷十四)

(150) 四下小船如蚂蚁相似望大船边来。(《水浒传》八十回)

(151) 单表潘金莲,自从月娘不在家,和陈经济两个前院后庭,如鸡儿赶弹儿相似缠做一处。(《金瓶梅》八五回)

(152) 算计得停停当当,铁炮相似的稳当。(《醒世姻缘传》八六回)

(153) 那一条尾巴,与一条锦绳相似来回摆动。(《绿野仙踪》六回)

(154) 把我这座铁桶相似一座庙给毁了。(《济公全传》一九五回)

如"铁炮相似的稳当",又如"就像包拯相似的待善哩"(《醒世姻缘传》十一回)那样,"相似"能带助词"的",就如同"似的"、"也似的",完全具备了比拟助词的语法特征。

就形式而言,如果换个角度,从"似的"朝"相似"看,同样能看到两者之间密不可分的联系。请看下面几组对照用例:

1. "像……似的":

(155) 这就像刊板儿似的,一点儿不消再算计。(《醒世姻缘传》八四回)

从尾脄上把筋一抽,却像拽线傀儡相似,百骸具动。(《醋葫芦》十七回)

2. "仿佛……似的"：

（156）只见大小树枝，仿佛都用簇新的棉花裹着似的。（《老残游记》六回）

前面腰间插着一把宰猪的尖刀，仿佛抱着相似。（《三侠五义》四三回）

3. "同、如……似的"：

（157）这班穷都同一群疯狗似的，没有事情说了。（《官场现形记》二八回）

买嘱一班人都与晁大舍如一个人相似。（《醒世姻缘传》十回）

4. "动 + 得……似的"：

（158）家里收拾摆设的水晶宫似的。（《红楼梦》八三回）

打得他雪片相似，只饶他拆了房子。（《古今小说》卷一）

这几组用例，就其格式而言，现代汉语还仍然使用着。这些非作定语、状语使用的"似的"，显然犹如"相似"，突显出两者之间内在的历史联系。

通过与"相似"用法上的种种历史联系与比较，我们有理由说，汉语历史上，在比拟助词"似"、"也似"未形成之前，借助动词"相似"来表示比拟，无疑是汉语的一个历史事实。我们同样有理由说，正是"相似"被借用作比拟，因此，它就是汉语比拟助词的前期形体，也借助于它，把"似"导引到名词后面。在这些方面，其作为演变过程中过渡性的历史作用，无可替代。在后来的变化中，"相似"的"相"被摒弃，真正的比拟助词"似"就应运生成。这个时间在晚唐五代。由于对汉语词汇双音节趋势的认同感，当人们为了使用上的方便，又在"似"前缀入辅助成分的"也"，于是形成"也似"①。这见于南宋词作和金代的诸宫调。

人们会问，动词"相似"与助词"相似"它们的区别在哪儿呢？我们说，区别在于使用上的特性：

其一，动词"相似"能被肯定，也能被否定。例如：

里中有三坟，累累正相似。（诸葛亮《梁甫吟》诗）

世间亿万人，面孔不相似。（拾得"世间亿万人"诗）

洞山云："若有个个，则不相似。"（《祖堂集》卷六神山和尚）

其二，动词"相似"能带补语。例如：

---

① 直到明末，仍有人认可"相似"的比拟助词特性，因此也出现了"也相似"这一形体的比拟助词。例如：怎禁乍时到了，先一个狄希陈唬的鬼也相似，躲躲藏藏。（《醒世姻缘传》四四回）"也相似"，同"也似"。如：新宰得一头黄牛，花糕也相似好肥肉。（《水浒传》十五回）上海人民出版社1975年版《水浒全传》"也相似"作"也似"。

门前宿客，面貌相似郎君。（皇甫氏《原化记·崔尉子》）

今人却块坐了，相似昏倦，要须提撕著。（《朱子语类》卷十四）

只见那个颠鬼仰起头儿就相似猢狲之精，睁开一双眼睛就相似金睛猛兽。（《萨仙咒枣记》四回）

后代子孙为父母，相似你家父母；为哥嫂者，相似你家哥嫂。（《金印记》四二出）

动词"相似"的这两个使用上的特点，助词"相似"都是不具备的；同样，"也似"也不具有上述语法特性。动词与助词之间的本质差别就在这里。所以我们说，"相似"是比拟助词的前期形体，它是借用动词的形式来表示的；从"相似"脱胎变化而来的"似"、"也似"、"似的"，才是名副其实的比拟助词。"相似"、"也似"之所以有这些历史联系，在于它们都具有共同的词根"似"。它们的使用、发展与变化，都离不开这个词根。

前面的叙述，我们从各个角度说明比拟助词"似"自身发展变化的过程，也就是它的历史来源。我们可以简单图示如下：

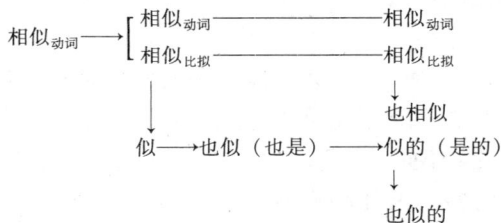

$$相似_{动词} \longrightarrow \begin{cases} 相似_{动词} & \text{————} & 相似_{动词} \\ 相似_{比拟} & \text{————} & 相似_{比拟} \end{cases}$$

$$\downarrow \qquad\qquad\qquad\qquad 也相似$$

$$似 \longrightarrow 也似（也是）\longrightarrow 似的（是的）$$

$$\downarrow$$

$$也似的$$

（五）我们对"似的"进行了一番探讨，以图示的方式，加以综合，应当是一目了然的。下面在文字上再略加概括。

1. 表示类似的动词"相似"，在唐代借用或兼用作比拟，是汉语比拟助词的前期形体。到明、清时期，以"相似"为主体的短语，既能充当定语、状语，也能用于句末。但作定语、状语的用例极有限。

2. 比拟助词"似"脱胎于"相似"，去除了动词义素，成为真正意义的比拟助词。时间在晚唐五代。

3. "也似"是汉语词汇双音节趋势需求出现的。"也"只起足音的作用，不具有词义因素。不能与"相似"的"相"相提并论。"相似"能被肯定或否定，能带补语；"也似"不具备这些语法特性。这是两者最本质的区别。

4. "似的"之"的"，既具有足音的作用，也有格助词"的"和助词"地"的语法意义。这是由"的"在近代汉语的历史语言条件决定的。它们是一个较特殊的偏正组合。

5. 比拟助词"也似"、"似的",是汉语自身历史发展变化的产物。

从我们前面的讨论可知,比拟助词"似的",从它的来源到发展变化,无一不是植根汉语及其变化规则。有人曾经对"似的"进行过所谓探源,其结论与我们的说法完全相反。

1992 年江蓝生在《中国语文》第六期上发表了一篇文章,题为《助词"似的"的语法意义及其来源》。作者虽然说"本文对某些问题的看法还只是探讨性的",但对自己的结论却没有丝毫疑义的口气。1999 年参与主编《近代史汉语研究(二)》,亲自将此文收入其中;接着,2000 年,作者又收入论文集《近代汉语探源》①。从作者所表示的态度看,无疑是一篇极受看重的文章。

对于此文,值得我们在科学意义上关注的,是探源部分,且看她采取什么样的方法、什么样的依据与得出什么结论。作者在该文第二部分说:

始见于金元资料里的比拟助词"也似"和"似"的来历很可怀疑。根据我们的初步考察,"也似"和"似"的出现,很可能是受阿尔泰语(主要是蒙古语)语法的影响所致。

作者告诉读者:

比拟助词"也似"始见于金元戏曲作品及元代某些文献里。

单用"似"作比拟助词也始见于金元戏曲资料里。

她的"结论"之二说:

金元时代白话资料里的比拟助词"似"是汉语搬用蒙古语比拟表达语序时新产生的语法成分。另一比拟助词"也似"的"也",可能是汉语在借用蒙语比拟后置词"似"时,为把比拟助词"似"跟动词"似"从形式上区别开来而添加的衬词。

这就是该文的主要结论。至于作者得出结论的方法和依据,无非就是他人提供的几个蒙语例子。我们完全可以反问:如此"考察"可靠吗?经过七八年,作者在另一篇文章中重申比拟式"应是汉语受到阿尔泰语(主要是蒙古语)语法影响所致"②。

我们要问的是,作者如此坚信自己的所谓"初步考察",那么晚唐五代的汉人到哪儿去"搬用"蒙古语!就是史浩使用"也似"之时,距南宋最后灭亡的公元 1278 年,尚有将近百年时间,元朝尚未立国,汉人何从"搬

---

① 商务印书馆 2001 年版。

② 《从语言渗透看汉语比拟式的发展》,见《中国社会科学》1999 年第四期。后收入《近代汉语探源》。

语？在科学研究领域，重申或坚持立场，并不能使非科学的观点⋯结论。凡是科学结论，都应当经得起历史的检验和事实的推敲。

此文的思路和结论，读者有理由推测，作者在道听途说中得知蒙古⋯拟表达时序"的语法之后，于是臆断汉语的比拟用法来自蒙古语；⋯前提，其收集资料的范围就只限于金元戏曲及元代某些文献，这就⋯。于是，她的探源的方法，仅依据他人提供的几个蒙语句子，再戴⋯尔泰语渗透的理论帽子，既省力气，又堂皇而且入时。此文以臆断为思⋯指导，缺乏基本的资料支持，缺乏科学的理论依据，缺乏有力的科学论证，得出了违反汉语历史事实的结论，就成为它的基本特征。如果说，上个世纪八九十年代学术空气浮躁、急功近利盛行在语言学界有所反映的话，这就是一篇具有标本意义的东西。如此做学问，权术乎？学术乎？汉语史学界，无论对哪一个年龄层的同仁，都能够从中获取教益。

第十节　格助词"的"

格助词"的"，是现代汉语使用极为频繁的一个词。本节讨论格助词"的"。这里不具体讨论它的使用特点，而是讨论它在近代汉语中的出现与音读变化的一些问题。有关这些问题，在汉语研究的历史上，我们的先辈如吕叔湘先生和王力先生，分别从不同的角度，对"的"有过一些论述。这些论述引领我们去认识和思考问题，起到至关重要的作用。

（一）王力先生在论及"底"、"地"作形容词或副词词尾时，在《汉语语法史》[①] 第九章有这样的一段论述：

在书面语言里，"底"、"地"改写作"的"，最先见于宋人的话本，而话本是经元人改写的。当时"的"已经不念入声，所以它能表示［ti］音。后来"的"字变了轻声，又念［tə］音了。所以"的"字的应用应该是元代以后的事。

这段话原见于《汉语史稿》[②] 第三章第三十八节"形容词和副词的发展"，文字几乎完全相同。

对于我们讨论结构助词"的"之发生与发展的历史，王先生的这段话很重要，并很值得探讨。其中值得我们深入讨论的，有这样两个观点：

1. "的"字的应用应该是元代以后的事；

---

① 商务印书馆 1989 年版。
② 商务印书馆 1980 年新 1 版。

2. 当时"的"已经不念入声，所以它能表示［ti］音。后来"的"了轻声，又念［tə］音了。

前者，王先生指出"的"字使用的起始时限；后者，王先生指出"的"曾经有过念［ti］的历史变化过程。对于结构助词"的"之历史研究说来，都是极重要的问题。我们在这里先探讨第一个问题，把第二个问题放到后面去讨论。

从上面王力先生的论述可知，他认为结构助词"的"之应用是元代以后的事，因此，当接触到宋人"的"字助词的用例时，即持否定态度。例如王先生在《汉语史稿》第三章 320 页注②说：

《朱子语类四纂》卷一有一句"如何都唤做外面入来的？"这"的"字恐怕是传抄之误。

此注亦见于《汉语语法史》第九章 130 页注①，只是改出处为《朱子语类》卷一。然而，我们查阅《朱子语类》卷一，并未发现"如何都唤做外面入来的"一语。

对于近代汉语研究来说，《朱子语类》是一部很重要的文献，相当程度地反映了南宋时期的口语。其中结构助词的职能几乎都是用"底"来表示的，但《朱子语类》并非只有"底"，不用"的"。全书"的"的用例共有三例：

（1）亚夫问致知、诚意。曰："心是大底，意是小的。心要恁地做，却被意从后面牵将去。"（《朱子语类》卷十六）

（2）韩师朴是简鹊突的人，荐蔡京，欲使之排曹子宣。（《朱子语类》卷一三十）

（3）仁义是实有的，道德却是总名，凡本末小大无所不该。（《朱子语类》卷一三七）

由此可见，若真有王先生所见"外面入来的"一语，并不一定是传抄之误。王先生谓之误，他有个前提："的"必须在入声韵尾脱落之后，音读上才能与"底"相衔接，发生兴替关系。因此定格其始用在元代，进而据此推论元代以前出现的结构助词"的"可能有误。

事实证明，王先生的意见与历史事实颇有距离。音读"都历切"（《广韵》）或"丁历切"（《集韵》）之"的"，无妨它成为结构助词。除《朱子语类》之外，元代之前尚有相当的例证说明这一点。例如：

（4）魂梦悠扬不奈何，夜来还在故人家。……檀的慢调银字管，云鬟低缀折枝花。（徐铉《梦游三首》之一）

该诗之二有"蘸甲递觞纤玉手，含词忍笑腻于檀"句，其中"檀"与例中的"檀"应是相通的，当指以檀为质地的乐器。例中"檀的"是用来作修饰的。徐铉生活在公元917—992年，历仕南唐和北宋。

  （5）陈述古密直知建州浦城县日，有人失物，捕得莫知的为盗者。
    （《梦溪笔谈》卷十三"权智"）

  "莫知的"，意为无数的，形容数量大。宛委别藏本《续墨客挥犀》卷十"能辨盗"条作"未知的"。

  （6）学是至广大的事，岂可以迫切之心为之？（《二程遗书》卷十八
    "伊川先生语"）

  此例之外，尚有二例：著心，只那著的是何？（卷十二）然气体日渐长大，长的自长，减的自减，自不相干也。（卷十八）

  （7）太后亦更喜欢，道与皇帝：南朝煞是应副本国也，如有些小的公
    事，也且休恐恶模样。（沈约《乙卯入国奏请·别录》）

  （8）到这地位，不知性命所在；一生聪明，要作甚么三世诸佛！则是
    一个有血性的汉子。（钱缅《钱氏私志》）①

  （9）大抵契丹地土一齐都得，岂有不得银绢的道理？（《三朝北盟会编》
    卷十四）

  （10）赵良嗣辞讫房亩出馆，径遣高庆裔来，谕以宵尤割系是北朝皇
    帝最亲任听干的近上的大臣，权最重。（《三朝北盟会编》卷十
    四）

  例（9）、例（10）均出自赵良嗣《燕云奉使录》。

  （11）世间那有医不得的病！汝试以脉示我。（《夷坚支志》景集卷八
    "茅山道士"）

  （12）谁伴明窗独坐。和我影儿两簡。灯烬欲眠时，影也把人抛躲。无
    那，无那。好簡恓惶的我。（向滴《如梦令》词）

  （13）夜来梦见一条蛇儿，都是龙的头角。（《张协状元》四出）

  （14）朋助张从宾逆人张延播、张继祚等十人，宣令收捕，亲的骨肉并
    处斩。（《旧五代史·晋书·高祖纪第二》）

  如上用例，"的"字结构都是用来修饰或限制中心词的。

  （15）饶德操作僧后，有《送别外弟蔡伯世》诗云："要做仲尼真弟子，
    须参达磨的儿孙。"时诸说禅者不一，故德操专及之。（吕本中
    《紫微诗话》）

  （16）善藏此方，虽他的亲人亦不可传，传之则不灵矣！（《夷坚三志》
    壬集卷六"罗山道人"）

---

  ① 此例转引自《汉语大词典》。

（17）恁么则北塔的子，韶石儿孙也。（《五灯会元》卷十五百丈智映禅师）

（18）我的状元分付它：官员相见便没奈何；还是妇女庄家到厅下，十三小杖，把门子打。（《张协状元》三五出［赵皮鞋]）

以上四例，"的"字结构表示领属关系。

（19）你便是我家供养的，面目衣裳一般，只是身体长大不同耳。（《夷坚志补》卷十二"仙居牧儿"）

（20）三年客里情怀。千里亲闻，一寸灵台。彩燕金钗，青丝生菜，还思纤手安排。韶光是也，可人的、如今再来。介他眉寿，但愿年年，春酒盈杯。（陈德武《庆春宫·立春》词）

（21）香艳怜渠好，无端杂荦窠。向来因藕断，特地见丝多。实有终成的，露摇争奈何。深房莲底味，心里苦相和。（吴聿《观林诗话》引杨元素《荷花》诗）

以上三例，"的"字构成名词性结构，或用以成句。这种用法之"的"，似乎与"者"有直接的传承关系。如：志于声色利达者，固是小；剿摸人言语的，与他一般是小。（陆九渊《语录》下）

上述用例足以证实，结构助词"的"在宋代的使用是历史的真实。王先生的说法，不足以否定如此众多的用例。

我们曾经说到，《朱子语类》里仅有结构助词"的"三个用例，而大量的结构助词的语法职能是以"底"来体现的。相比之下，金代的《董解元西厢记》则已是完全不同的面貌。其中用以修饰或限制之"的"字结构就有120余例。如：五百年前疾憎的冤家（卷一），削了发的金刚（卷二），似初下云端来的驱雷使者（卷三），业相的日头儿不转角（卷四），又没个亲熟的人抬举（卷五），把系着的裙儿胡乱剪（卷六），那张郎的做作于姐姐的恩情不少（卷七），托付你个慷慨的相识（卷八），等等。结构助词"底"仅一例：天下有底英雄汉闻名难措手（卷八）。可以说，《董解元西厢记》所显示的状况，"的"已基本上完成了与"底"的兴替过程。以此为根据，我们似乎可以推测，宋金时期话本中的结构助词"的"，也不应是元人或全是元人改动的结果。

由于我们看到了北宋初年"的"字的用例，因此，我们相信入声音读之"的"，同样能够完成它结构助词的职能。王力先生认为"的"必须是舒声才能作结构助词，多半是一种带揣测性的误解。

（22）无边春色。试从汉谕堂边觅。儿前上寿孙扶掖。九十娘娘，身是五朝客。　　眼前富贵浑闲历。箇中真乐天然的。儿孙强劝持余

沥。娘道休休，明日儿生日。（魏了翁《醉落魄·任隆庆之母正
月十一日生隆庆十三日生日》词）

（23）君瑞君瑞墙东里，一跳在墙西里。扑地听一人高叫道"兀谁？"生
　　　曰："天生会在这里。"〇闻语红娘道："踏实了地，兼能把戏。你
　　　还待教跳龙门，不到得恁的。"（《董解元西厢记》卷四 ［黄莺儿］）

从这两个例子，我们似乎看到"的"之使用与变化。使用，指的是不
管促声还是舒声，"的"都可以充当助词，并不一定非要舒声才行。变化，
指的是到《董解元西厢记》时，"的"已经出现舒声的音读，如 ［黄莺儿］
曲，"的"就用在舒声韵上。从这个意义上说，宋元音变，其中包括促音的
变化，我们都看到一个时间过程。因此，元代之前的格助词"的"之存在
与使用，没有必要过多地怀疑。如话本中的用例：

（24）取那常挂的病拐，脚跌浓血之鞋。（《三分事略》）

（25）这三件物事，烦你送去适间问的小娘子。（《简贴和尚》）

（26）你娘的屁！你家老婆便是河东狮子。（《快嘴李翠莲记》）

（27）他是做花的手艺人。（《花灯轿莲女成佛记》）

如此之类，其中"的"之使用，宋元话本之个别用例受元人的改动，
在所难免，但数量如此之众，再作这样的揣测，就很难说是历史的真实了。
汉语历史的真实情况应该是，入声的助词"的"出现以来，与"底"有过
共时并用的时期；音变之后，韵尾脱落，然后才逐渐取代"底"的助词语
法地位。这个过程，不可能一朝出现与完成，也许从宋代就开始了。

（二）上面我们叙述了格助词"的"在宋代使用的历史事实。在《董解
元西厢记》中如例（23）所示，"的"已有舒声的音读。这里我们要探讨的
就是，脱落了入声韵尾之"的"，它的音读是怎么样的。

上一节我们提到王力先生的意见。简单地说，元代不念入声，能表示
［ti］音；后来变了轻声，念 ［tə］音。按照王力先生的意见，都历切——
［ti］ —— ［tə］轻声，是助词"的"语音变化的轨迹。入声韵尾脱落之后
与轻声出现之前，中间有个 ［ti］音读的历史过程。

吕叔湘先生在《论底、地之辨及底字的由来》一文曾说：

"底"和"地"何以后来都写成"的"？虽说语助之词大率依声为字，
本可随便写，但"底"、"地"、"的"有上，去，入之别，何以能混同？
"的"字现在说轻声（并且说 də 不说 di），想来"底"和"地"写成
"的"，都是已经变成轻声之后的事。①

_____

① 《汉语语法论文集》商务印书馆 1984 年版，第 130 页。

末后，吕先生说：

《中原音韵》把"的"字列为"入作上"；若当时确是如此，则"底"字用"的"代就只是用同声调的罕用字来代常用字，更觉自然。但"地"字写"的"一定在两字都变为轻声之后。①

通盘地领略王、吕两位先生的意见，王先生着眼于"的"字入声韵尾脱落后音读为［ti］，不在乎声调；而吕先生着眼于"的"字入声韵尾脱落后是轻声还是上声。因为他认为，作为助词的"底"、"地"、"的"都如现代汉语一样是轻声的，所以吕先生一再说：

"底"和"地"写成"的"，都是已变轻声之后的事；

"地"字变轻声当在"底"字变轻声之后；

需要找一个别的字代替轻声的"底"和"地"；

"地"字写"的"一定在两字都变为轻声之后。

诸如此类，我们能明白吕先生强调的是，近代汉语之所以助词"底"、"地"、"的"交互使用，轻声是形成这一局面的必要条件。

我们在（一）里叙述了"的"从北宋即已使用，那时"的"还处于促音阶段，若说那个时候"底""的"变了轻声，显然很困难。

再说"地"写成"的"，《董解元西厢记》不乏其例。如：走得掇肩的喘（卷一），礯礯的鼓响（卷二），殷勤的请你（卷三），我眼巴巴的盼（卷五），抵死的着言语支对（卷六），越越的哭得灯儿灭（卷七），逆子贼臣望风的怕（卷八），等等。反而言之，按吕先生的思路，"的"写成"地"也应当一样。如《董解元西厢记》：

掉曲弯弯的宫样眉儿，慢松松地合欢髻小。（卷一）

在宋、金时期，认为这个写作"地"之"的"已是轻声，恐怕同样困难。这里关键是，吕先生显然对《中原音韵》把"的"字列为"入作上"持有疑问，而且"入作上"之"的"恰恰又在"齐微"韵，所以才有上面所举"若当时确是如此……更觉自然"便于进退的话。王力先生以他音韵学家的眼光，指出"的"脱落入声韵尾后音读是［ti］，轻声［tə］是后来的变化。这无疑是点睛之笔，卓越的见解，对"的"字音读变化之认识具有历史性的意义。

但是王先生提出了问题，却没有作更多的论述。我们现在有必要做的，就是"的"之所以念［ti］之论断，给予具体的论证。下面我们从三个方面来论述王先生的这一论断。

---

① 《汉语语法论文集》商务印书馆1984年版，第131页。

甲，通过元、明时期的韵书，透视"的"在当时的音韵地位。

元代周德清的《中原音韵》，把当时"的"之音读，以"入声作上声"加以描述，归入了"齐微"韵。相邻几个小韵的排列为：

　　○的靮嫡滴○德得○涤剔踢

陆志韦先生在《释〈中原音韵〉》[1] 一文中，把"齐微"韵的韵母构拟为 [i] 和 [ei]。杨耐思先生在《中原音韵音系》一书中，把"的""德"两个小韵的韵母分别构拟为 [i] 和 [ei]，与陆先生所拟一致。王力先生《汉语语音史》之"元代音系"拟"齐微"韵的韵母为 [i]。李新魁先生《〈中原音韵〉音系研究》拟"齐微"之开口为 [i] 和 [ei]。

元代卓从之的《中州音韵》"齐微"韵"入作上声"类里，以"的滴镝嫡靮蹢扚"七字为一小韵。"的"的音韵地位同《中原音韵》。

《中原雅音》是在《洪武正韵》之后成书的一部韵书，成书于明代。邵荣芬先生曾作过考定。他在《中原雅音研究》一书所列《中原雅音》"同音字表"中，"齐韵"上声为：

　　的（音底）齼（丁礼切）

从元、明时期的一些韵书看，"的"的音韵地位在上声，音同"底"，这无疑是入声韵尾脱落后它的实际音读。诸家韵书及音韵学家对其的认识，大体上都是一致的：元明间之"的"，元音为 [i]，在上声。

乙，通过元曲用韵，考察结构助词"的"所处的音韵地位。

汉语历史上，诗、词、曲的韵脚用字，其主要元音都相同或相近。根据这一原理，我们能够寻求对"的"音读的认识。例如：

（28）我死呵记相识，你从今好将息。与我干取些穷活计，休惹人闲是非。你再休贪杯，现放着旁州例。你若求妻，娶一个端方稳重的。（《张千替杀妻》四折 [得胜令]）

（29）见那厮手慌脚乱紧收拾，被我先藏在香罗袖儿里。是好哥哥和我做头敌，咱两个官司有商议。休题！休题！哥哥撇下的手帕是阿谁的？（《调风月》二折 [尧民歌]）

以上两例，除"非"之外，韵脚用字的韵母均为 [i]。"的"的韵母当与之相同。下面用例大致同此。

（30）俺敛与柴，济与些米，甫能我拾下些吃的无穿的。您爷受绝腊月三冬冷，您娘拨尽寒炉一夜灰。饿的肝肠碎。甚的是羊肉白面，子是些淡饭黄齑。（《衣锦还乡》三折 [三煞]）

---

① 见《陆志韦近代汉语音韵论集》，商务印书馆1988年版。

(31) 你着我穿新的他穿旧的，我喫好的他喫歹的。常言道夫妻是福齐。俺两口儿过日月，着他独自落便宜。怎肯教失了俺夫妻情道理。(《西厢记》五本二折 [倘秀才])

(32) 或是你受一道宣，或是你受一道敕。你若是还家呵，把一盏庆喜酒在你这娘跟前跪。兀的是我二十载孤孀落得的。(《剪发待宾》三折 [尾声])

(33) 包待制比问牛的省气力，俺父亲比那教子的少见识，俺秀才每比那题桥人无那五陵豪气。打的个遍身家鲜血淋漓，包待制又葫芦提，令使每桩不知。两边厢列着祇候人役，貌堂堂都是一火酒俞娘的。隔牢撺彻墙头去，抵多少平空寻觅上天梯，等我俞你妳妳歪尸。(《蝴蝶梦》三折 [滚绣球])

(34) 您哥哥为人无改移，我这里便要写待写着个甚的。不争我便恋着他恩义，怎肯着我弟兄每分在两下里。兄弟你莫嫌迟，你与我疾忙研墨，我手擎着纸共笔。索将他来便舍弃，则消的我别主媒再寻一个年少的。(《神奴儿》一折 [后庭花])

以上是元杂剧的部分曲词用例。

(35) 展放愁眉，休争闲气。今日容颜，老如昨日。古往今来，恁须尽知。贤的愚的，贫的和富的。(关汉卿《乔牌儿》套数)

(36) 好田园，佳山水，闲中真乐，几箇人知。自在身，从吟醉，一片闲云无拘系，说神仙恰是真的。任鸡虫失得，夔蚿多寡，鹏鹌高低。(张养浩《闲居》小令)

(37) 看了些英雄休争闲气，为功名将命亏。笑豫让，叹鉏麑，待图个甚的。论功劳胜似燕乐毅，论才学不如晋李仪。常言道才广妨身，官高害己。(周文质《自悟》套数)

(38) 若论迟，有甚奇，破着呵不打枉驱驰。怕两帖子救一，道两马可当十。巴到家不得马休题，更有截七带去的。(周德清《斗鹌鹑·双陆》套数)

(39) 燕语莺啼，和风迟日，郊外踏青，禁烟寒食。拜扫人家，这壁共那壁；悲喜交杂，哭的共笑的。坟前列子孙，冢上卧狐狸。几处荒坟，半全共半毁；几陌银钱，半灰共半泥；几箇相知，半人共半鬼。(张碧山《锦上花·春游》套数)

(40) 临行愁见整行李，几日无心扫黛眉。不如饮的奴先醉，他行时我不记的，不强似眼睁睁两下分离。但去着三年五岁，更隔着千山万水，知他甚日来的。(无名氏《水仙子》小令)

（41）须将酩酊酬佳致，乐意开怀庆喜。但愿岁岁赏元宵，则这的是人
　　　生落得的。（无名氏《斗鹌鹑·元宵》套数）

以上是元人散曲用例。

　　上述是元杂剧、散曲的用例，从这些用例可以清楚地看到，"的"与之
为韵的字，都在《中原音韵》"齐微"韵内。据此可知，助词"的"当时
不念［tə］，当念［ti］。这个音读一直延续使用到明、清时期。例如：

（42）你每真个见鬼，这松柏孤坟在何处？恰才小鬼是我粧扮的。（《琵
　　　琶记》二七出［好姐姐]）①

　　［好姐姐］曲分别由旦、末、丑各唱一节组合而成。例末"的"与前面
两个曲子的"计"、"持"、"畿"和"济"为韵，引例从略。

（43）拍手笑嘻嘻，却原来只恁般的，珠藏衣里。怎教咱踏遍天涯，都
　　　无甚奇，把虚空嚼破全没味。又何须向外驰，求得将来只自家
　　　的。（《昙花记》五三出［泣颜回］）

（44）当初道杀已尽，只留他公主的。如何削草根不去，至令得今日萌
　　　芽起。怎留伊，如今定计，杀却赵孤儿。（《八义记》二九出
　　　［簇御林］）

（45）因我饥有谁怜济，你坏他推托与谁。杀他三个，可知你朝廷宰
　　　职，来灵隐寺做斋设祭。这里头包含着气，人尽知。两边对面，
　　　是你自家做的。（《精忠记》二八出［五韵美］）

以上是明人的传奇。

（46）胡秀士手中擎定潇湘管，叫声："老包你听知！……可笑你既作
　　　阎君察善恶，何故不杀贼夫妻？莫非也怕奸秦桧，所以才袖手旁
　　　观妆哑痴？这正是乾坤默默无报应，地府冥冥却有私！五阎王若
　　　得让我胡迪作，定把那万恶奸贼剥了皮！"叶老道一旁微冷笑；
　　　书香、琴韵笑嘻嘻："相公你若是作了阎老五，不用说，判官小
　　　鬼是我俩的。"（《风波亭》卷二一）

（47）我几度欲言仍自止，怕说着又添亲怨忆。我偷将泪滴。为甚沉吟
　　　无语，几多叹息？你心戚戚，为何的？把衷肠事说与吾知。（《如
　　　是观传奇》九出［福马郎］）

　　以上二例是清人的说书和传奇，均见《岳飞故事戏剧说唱集》②。

　　从上面元、明，乃至清人的用韵上，察看"的"在当时的音读，都沿

---

①　据《六十种曲》本，中华书局1982年版。钱南扬校注本《元本琵琶记》在二六出。
②　杜颖陶、俞芸编，上海古籍出版社1985年版。

袭在《中原音韵》的"齐微"韵上。

丙，生活在明代的人，距宋元音变发生的年代不远；更重要的是，他们口头上说的，正是音变后的音读。因此，明人对"的"字音读之见解，显然具有更高的可信度。这里要提到的，就是臧晋叔编辑《元曲选》时所做的"音释"。他在《元曲选》每一折（包括"楔子"）的后面，几乎都有对该折曲词中某些用字予以音释。跟我们的考察有关的，是对"的"之直音。整部《元曲选》中，"音释"为"的 音底"者，凡43例①。由于"的"在使用中体现出多种语法作用与词汇意义，这43例大体分配如下：

1. 格助词14例
2. 甚的、怎的15例
3. 同"得"11例
4. 同"地"2例
5. 端的1例

也就是说，当时"的"表示如上五种词汇意义或语法意义时，臧晋叔说都读与"底"音同。下面我们就助词的范围，即1、2、4、类各举一、二例于后：

（48）待嫁一个老实的又怕尽世儿难成对；待嫁一个聪俊的又怕半路里轻抛弃。（《救风尘》一折［油葫芦］）

（49）这担儿便轻如您的，你道我担荆筐受苦，比你那担火院便宜。（《任风子》三折［满庭芳］）

（50）至如个穷人家女孩儿到十六七或是谁家来问亲那家来做媒，你教女孩儿羞答答说甚的。（《墙头马上》一折［天下乐］）

（51）我则怕一去朱颜唤不回，误了我这佳期，待怎的。若得简俏书生早招做女婿，暗暗的接了财，悄悄的受了礼，便落的虚名儿则是美。（《留鞋记》一折［天下乐］）

（52）我坐则坐战兢兢的，他醉则醉气丕丕的。我这里低着头沉吟了半晌，他那里不转睛瞅了我一会。（《杀狗劝夫》二折［脱布衫］）

---

① 《黄粱梦》二折"音释"，有"的 音低"一例，"低"、"底"虽音近，亦未计入"音底"次数。由于"音释"集中置于每折（或楔子）之后，而不是置于该所释词之后，有时在确定所释是哪一个词时，会出现一些困难。即如《黄粱梦》例："碓音对 的 音低 逗音豆……（后略）"，"的"出现在宾白中，"碓"与"对"之间使用了十五个不同用法之"的"，如：没穿的；吕岩的浑家；不伶俐的勾当；慢慢的饮酒耍子；奉圣人的命；（到的阵面上）；（吃酒的是谁）；（小的每）；（眼见的说谎）。且其中有助词，有非助词。因此要确定所释是哪一类"的"或哪一个"的"，确乎困难。相比之下，用于曲词中的（就"的"而言，此类为多）容易辨别些。所以，统计只是个大概，提供参考而已。

　　我们姑且先撇开所释"的"之实际意义，此类"的"都不宜是轻声。
正如王力先生所言，是音［ti］。明人直音"底"，应是当时读"的"之准
确记音，也是当时的口语音读。这样我们就容易理解"底""得""的"
"地"之交互使用现象在元、明时期之所以存在①。

　　我们最容易理解的，是格助词"底"向"的"之过渡，究其原因，是
"的"字入声韵尾脱落之后，两者在词义相同的基础上，又加上音［ti］的
一致。所以《元曲选》以"底"释"的"是最恰切不过的。在当时的情况
应是，"的"、"底"间音读相同，"的"与"得"、"地"间是音读相近：
"得"音［tei］，"地"［ti］去声。正是在这种历史语音背景之下，"的"能
表示助词"地"的语法职能，这不算稀奇。反之，偶尔"地"也能表示
"的"的助词职能。如：

　　（53）香喷喷地、软揉揉地酥胸如雪。（《董解元西厢记》卷五［风吹
　　　　　荷叶］）

　　（54）人死后浑如悠悠地逝水，厌厌地不断东流。（《董解元西厢记》卷
　　　　　八［哨遍缠令］）

　　此例"悠悠地"是定语，"地"用于修饰语与中心词之间。

　　（55）见里面黑洞洞地，不知多少深浅。（《水浒传》五四回）

　　"地"犹"的"，同回有"李逵脱得赤条条的"，语法意义相同。

　　"的"用同"地"、"得"，犹如今语说的白字。这种现象到清代还能看
到。例如：

　　（56）忙忙的来交聘礼，凶凶的强夺歌妓。（《桃花扇》二二出［剔银
　　　　　灯］）

　　（57）只愿扇儿寄去的速，师傅来装得早。（《桃花扇》二三出［鸳鸯
　　　　　煞］）

　　其所以会如此，是由于"的"、"得"在入声韵尾脱落之后，其音读同
［ti］或近［ti］，于是乎出现这种音同音近的互用现象。

　　上面我们从"的"在韵语中的音读、明人的"音释"以及"底"、
"的"、"地"的交互使用，说明"的"入声韵尾脱落以后，音读同"底"，
即音［ti］，是一个历史的存在。我们认识到这一存在，有利于识别一些历
史现象。

　　（三）在现代汉语里，"的"实词音［ti］，虚词音［tə］。在汉语很长

---

　　① "的"、"得"二字交互使用，远比我们想象的早。五代时期的吕岩《沁园春》词："向南
山采的，蟾酥乌血，和合北海，七宝灵芽。时遇阳春，收归璃室，碾磨香尘腻水加。"其中"的"，
当是与"得"互用的极早例子。

的历史时期里，《广韵》的"都历切"，《集韵》的"丁历切"，直到《中原音韵》之入"齐微"韵上声，不论是入声，还是舒声，都只一个音读。

在敦煌变文《父母恩重经讲经文》有一段唱词曰：

为人不解思恩德，返倒父娘生五逆；

共语高声应对人，拟真嗔眼如相喫。

伴恶人，为恶迹，饮酒樗蒲难劝激；

长遣慈亲血泪垂，每令骨肉怀愁戚。

释迦尊，留教勅，看取经文须审的；

若是长行五逆歹人，这身万计应难觅。

其中之"的"，应即是《广韵》释义"指的"之"的"。也就是唐宋以来常能见到的"的实"之意。在这段变文唱词里，"的"与"逆"、"喫"、"激"、"戚"、"觅"五字相押为韵。这些字的入声韵尾脱落之后，都出现在《中原音韵》的"齐微"韵中。

金人马钰《踏云行·赠丫髻姚玄玉》词：

丫髻之中，明藏两吉。师名顶戴休更易。钟离昔日亦如斯，姚公仿效宁无益。性烛修完，命灯挑剔。灵光朗照知无极。迎仙客唱踏云行，瑶台月里投端的。

其中"端的"之"的"，与"髻"、"易"、"益"、"剔"、"极"相押为韵，这些字的入声韵尾脱落之后，也都出现在《中原音韵》的"齐微"韵。

又《刘知远诸宫调》第十二〔一枝花〕曲：

三娘此日，筵上还分析，"妹妹听妾身话端的。是俺先招安抚为女婿，一别十三载，都是贤德夫人抬举，交他荣贵。○今谢你夫妻特重意，取奴不相弃。三娘心愿足，感恩惠。只子母团圆，与你拂床并叠被。早是难将恩报得，失甚斟量，更敢要金冠霞帔。"

"的"字入声韵尾脱落后，与"贵"、"弃"、"惠"、"被"、"帔"相押为韵，都在《中原音韵》"齐微"韵内。

因此，汉语历史音变中共通的特性，决定了"的"在入声韵尾脱落之后，与其他相押的字一样进入《中原音韵》的"齐微"韵，而不是别的音读。也就是说，宋元音变之后，脱落了入声韵尾之"的"，只能以〔ti〕为其音读，而不是别的。须知，上述与"的"相押韵的字，至今仍保持着当时的音读；只有"的"是个例外，除了保持〔ti〕音读（如"端的""的确"）之外，用作虚词之"的"出现了〔tə〕的音读。那是后来音变所形成的，而非宋元音变的直接结果。

《中原音韵》"齐微"韵"的、靮、嫡、滴"四个字为一小韵。因此，我们可以在宋、金、元、明间的文献中，时见以"的"代替"嫡"、"滴"使用的现象。例如：

的——嫡

（58）师云："我从耽源处得名，沩山处得地。"古堤云："莫是沩山的子么？"（《袁州仰山慧寂禅师语录》）[1]

（59）长老开堂，的嗣何人？（《金陵清凉院文益禅师语录》）

（60）咱是的亲爹娘生长，似奴婢一般摧残。（《刘知远诸宫调》第十二［伊州令］）

（61）劝君开觉悟，休驰才俊，听取余言。有逍遥妙路，无说无传。决烈一刀两段，绝缘虑、自是通玄。真功就，留侯的裔，继踵作神仙。（马钰《满庭芳·和张飞卿殿试韵》词）

（62）刘肥曰："吾与惠帝是太后的子。"（《前汉书平话》卷中）

（63）你教窦娥随顺了我，叫我三声的的亲亲的丈夫，我便饶了他。（《窦娥冤》二折）

（64）秦大叔是老爷的内侄，老夫人是的亲的姑母，后堂认了亲了。（《隋史遗文》十四回）

《隋史遗文》是明人的小说。上面用例看到，不管是促音还是舒声，"的"以音同而通用为"嫡"。到《隋史遗文》时，它们都当音［ti］，而不是别的。

的——滴

（65）怪早来喜蛛儿的溜溜在檐外垂，灵鹊儿咋咋地头直上噪，昨夜个银台上剥地灯花爆。（《三夺槊》二折［贺新郎］）

（66）我则见的溜溜的立不住腿脡摇，忔扑扑地把不住心头跳。（《三夺槊》二折［乌夜啼］）

（67）只见水底下钻过船火儿张横来，一手揪住头发，一手提定腰胯的溜溜丢上芦苇根头。（《水浒传》七八回）

"的溜溜"形容某种行为发生或进行的状态，直至今天，通常用"滴"字。如"滴流流地杂彩旗摇"（《董解元西厢记》卷二），"滴流流的落叶辞柯"（《董解元西厢记》卷六）。"的"是"滴"的同音借字。之所以能假借，就是它们的韵母都是［i］。

宋人王千秋《好事近·寿黄仲符》词中说："须洗玉荷为寿，助穿杨飞的。"此"的"，当借用作"镝"。

---

[1]　见《禅宗语录辑要》，上海古籍出版社1992年版。例（59）同。

元明以来，"嫡"、"滴"、"镝"音［ti］，一直未发生变化。同音相借之"的"字，亦当音［ti］，无可置疑。如此之类，都可为《元曲选》"的音底"之佐证。

近人项远村《曲韵易通》①是研究昆曲字音的著作。其中"下编"是表格式的韵书，对南（昆曲）北（京剧）字音都有细腻分析。其中第二十四表"质直韵"舌端清音收字如下：

滴嫡適镝蹢的靮（南跌乙切，北叶底）

这显然与《中原音韵》一脉相承。京剧"的"字"叶底"之说明，等同于《元曲选》"音释"之"的音底"。这一音读，是戏班师徒历代口耳相传下来的，直至今天的京剧唱念中没有改变。这一音读，也正是宋元音变入声韵尾脱落后"的"的口头音读在今天的遗存。

上面的论述，都是依据历史文献记载的史实考证。我们这里还要提到的是当今方言的实际使用情况。根据李荣先生主编的《汉语方言大词典》，如：《济南方言词典》（钱曾怡编）、《牟平方言词典》（罗福腾编）、《徐州方言词典》（苏晓青 吕永卫编）、《西安方言词典》（王军虎编）、《银川方言词典》（李树俨 张安生编）、《万荣方言词典》（吴建生 赵宏因编）诸分卷，对助词职能之"的"，其音读都是以［ti］的轻声来描写的。我们认为，上引诸方言的这个"的"与宋元音变后"音底"之"的"，无疑应当有着历史渊源的关系。在这层历史关系上，"音底"之"的"，在上引诸方言演变为今读［ti］轻声，而在北京话则演变为今读［tə］轻声。上引诸方言除了声调之外，比北京话保持了更古的音读，正是方言与普通话的差别之一。

根据上面的论述，格助词"的"之历史演变，可以概括如下：

唐、宋间"都历切"或"丁历切"之"的"，宋元音变后"音底"，但不读轻声；后来进一步的演变是，北京话音［tə］轻声，北方若干方言则保留音［ti］，但读轻声。

这样，助词"的"就形成了现代汉语北方方言音读的基本格局②。如果把"的"作为一个字音加以概述的话，它的历史变化可以图示如下：

图示中的"北方方言"，指上引《汉语方言大词典》诸分卷描写的方言。我们从图示中可以看到：

1. 宋元音变以后，"音底［ti］"是北方方言（包括北京话）共同的音读，也不分实词或虚词；

① 中华书局 1963 年版。
② 在北方方言里，助词"的"尚有其他音读，如贺巍编《洛阳方言词典》音［li］轻声等。

的_{都历切} → 的 音底[ti] → 北京话 → 助词 "的[tə]"（轻读）

实词 "的[ti]"（不轻读）

北方方言 → 助词 "的[ti]"（轻读）

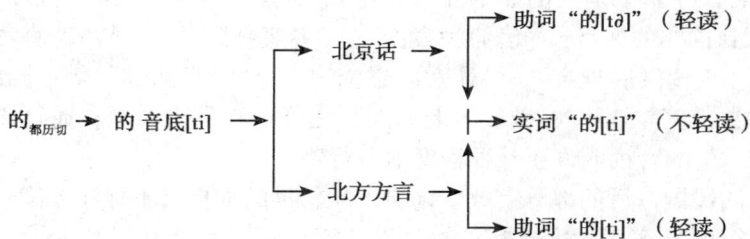

2. 助词"的"之轻读与宋元音变，并非共时出现的语言现象，轻读是音变后较晚发生的事；

3. 北京话助词"的"在较晚的时候又出现了一次音变，形成现在的音读［tə］，因此有别于其他北方方言，但有共同的轻读。

叙述到这里，我们可以更清楚了解王力先生和吕叔湘先生之间理解的不同点。我们认为，王先生主张"的"入声韵尾脱落后念［ti］，然后再念［tə］，更符合助词"的"历史变化的实际。吕先生的看法缺少了［tə］音读之前还有念［ti］这一中间环节，对《中原音韵》似持疑义态度。从北方方言助词"的"音［ti］轻声看，北京话不可能超越"音底［ti］"的阶段，入声韵尾脱落，直接念作［tə］。

在北方方言的音读里，助词"的"多音［ti］轻声，唯有北京话音［tə］轻声。为其如此，显现了突出的特点。它的出现是宋元音变之后，部分汉字［i］韵母发生舒张性变化的结果。关于这一点，将在他处予以论述。这里要提出的另一问题是，北京话助词"的"之轻声出现于何时？到目前为止，我们还没有找到考察"的"字轻声音读产生的途径。我们考察"的"字"音底"时，常观察它在韵语中所显示的音韵地位。到了清代中叶上下仍然能够用得上这类透视方法。例如：

（68） 碧落悠悠玉笛飘，隐隐金钟击，风过帘间，一阵灵芬起。多应早在墉城里。缓步云程，可好带我青衣，免似了孤鹊无依，向别个争闲气。早难道成仙作佛是硬心的？（《红楼梦散套》第十五诉愁·［南商调·梧桐树]）①

但毕竟这种用例已经很少见了。我们只能凭感觉予以推测，这也许是"的［ti］"已经向音读［tə］变化的一种迹象，也说不定。

我们还得提一笔的是，二十世纪二三十年代，文人笔下助词"的"以

① 见阿英编《红楼梦戏曲集》，中华书局 1978 年版。

"底"表示的，并非个别。例如翻开《许地山文集》①，仅散文集《空山灵雨》就能看到这样的标目："信仰底哀伤"，"春底林野"，"银翎底使命"，"美底牢狱"，"疲倦底母亲"，"处女底恐怖"，"乡曲底狂言"等；同时，也有"难解决的问题"，"补破衣的老妇人"之类。在那个时期，通行语里头，"的［ti］"的音读或许还某种程度地通行着。

　　我们检阅民国以后的部分字典、词典，比较早的词典都不标注今读。如民国七年发行的《实用大字典》"的"以"丁历切"作音注。其中⑦"语助词"项说，"宋人书中凡语助之辞，皆作底，并无的字，是近人之误"，尚不屑于"的"字的流通使用。上海会文堂新记书局民国十一年六月出版的《中华民国最新字典》还以"读若底"作音释。中华书局民国十八年十一月发行的《新桥字典》，"的"字条下首次分别两个音：以"ㄉㄧ"注实词，以"读若底"注语助词。直到1937年的《国语词典》（其删节本《汉语词典》）用ㄉㄜ注"的"；1949年的《国音常用字汇》，才又在ㄉㄜ音前标注了轻读号"·"。由此可见，确定助词"的"的音读，实际上是个语音规范过程。这与我们前面考察"的"之音变既有联系，却又是两回事。

　　最后要提一句的是，根据王力先生的见解，也根据我们的论证，"的"在入声韵尾脱落之后，表示［ti］音，即"音底"。吕先生也说，"的"字当时确如《中原音韵》"入作上"，助词"的"代替"底""更觉自然"。王先生认为，"的"字是后来变轻声念［tə］音的。据此，我们认为，"底"在用作助词时，并不像今天"的"那样是读作轻音的。因此，当今有些词典在给历史上的助词"底"拟作"de"音，并不符合汉语历史的真实。

---

① 高巍选辑，新华出版社1998年版。

后　记

随着《近代汉语虚词研究》一书之出版，前后将近二十年的一个研究课题——近代汉语虚词研究——也就告一段落。当时申报这一课题本身，就存在先天不足：本人在这个领域没有学术根底，更没有学术积存，只好边学边做；在具体项目次序之安排上，以词典为先，时间也拖拉得长；个人的课题，据说按规定不能列为重点。不是重点，就意味着没有任何资金支持。于是，本人自嘲为傻瓜工程。独木桥是自个儿上去的，也为学术良心所驱使，硬挺着往前走，一直到今天。

2000年10月《近代汉语虚词词典》交稿，旋即投入本书的撰写工作，于2006年完成初稿；2007年从初稿中加以遴选，并确定章节，进行修改；2008年8月最后定稿。完稿之时，恰逢中国社会科学院离退休干部工作局出台新政策，给予全额出版资助。烦难顿解，喜出望外。这是首先要感谢的。

其次要感谢的是中国社会科学出版社任明主任。我们素未谋面，他在审阅了本人提供的内容说明及样稿之后，凭借丰富的阅历，认为有相当的出版价值，毫不犹豫地力挺出版，亲自策划，并担任责任编辑。如此痛快之接洽，本人平生少有类似经历，又是喜出望外，感慨不已。

再次，家人的理解极其难得。有了他们长期的理解与支持，没有了干扰与不快，才能在并不宽敞的家居内，有个相对平稳的工作环境，得以最终完成这一课题。电脑方面关键的技术操作，有赖于钟山的全力协助。

此外，还要感谢部分同事。在长期的工作中、以至在逆境中，得到他们的鼓励、关怀与帮助。

对上述有关方面和人士，再一总地说声：多谢！

本人学术生涯短暂，多有艰难，但在科学探求上却矢志不渝。我曾这样对窗友述说个人境遇："襕衫一袭遮羞涩，白屋三间写文章。"然应补充两句："冷对白眼读苦书，时遣伤怀探幽微。"如此，庶几完全。本书之出版，慰藉莫大。

钟兆华

2008年9月 北京 潘家园寓所